W0190170

Kohlhammer

Irmtraud Fischer

Gotteskünderinnen

Zu einer geschlechterfairen Deutung
des Phänomens der Prophetie und der Prophetinnen
in der Hebräischen Bibel

Verlag W. Kohlhammer

Umschlagabbildung:
Hilde Goldschmidt: Selbst, vor geöffnetem Fenster stehend
Aquarell, um 1945/48; 48 x 41 cm
Sammlung Gerhard Schneider, Olpe

Umschlag: Data Images GmbH
Gesamtherstellung:
W. Kohlhammer Druckerei GmbH + Co. Stuttgart
Printed in Germany
ISBN 3-17-017457-6

Meinen beiden „Uraltfreundinnen"
Henriette Prantl-Pieber und Marija Vrečar

Als die Idee zu diesem Buch entstand, gab es zu den biblischen Prophetinnen kein einschlägiges Buch auf dem Markt. Zu einzelnen Prophetinnen und Texten, wie etwa zu Mirjam oder Debora, waren zwar wissenschaftliche Monographien aus den späten 80er Jahren vorhanden, aber das Material um die von Frauen getragene Prophetie wurde offensichtlich als zu „dünn" für eine Monographie erachtet, zumal ja in deutschsprachigen Ländern noch immer die Vorstellung herrscht, daß die eigentliche Prophetie „Schriftprophetie" sei und in den „Prophetenbüchern" beinah keine Frauen als Subjekte der Prophetie vorkommen. So war klar, daß ein Buch über Prophetinnen sich vor allem den Erzählungen über Prophetie im sogenannten „Deuteronomistischen Geschichtswerk" widmen muß. Daß eine solche Fragestellung mit einer Revision des Prophetieverständnisses verbunden ist, versteht sich von selbst. Vorarbeiten zu diesem Konzept, die in das Jahr 1994 zurückgehen, habe ich in den letzten Jahren sukzessive publiziert. Dabei haben mich vor allem zwei Artikel von Fachkollegen inspiriert, die das engere Verständnis von Prophetie als Schriftprophetie in bezug auf Prophetinnen bereits verlassen haben: Rainer Kesslers Artikel über Mirjam und die Prophetie der Perserzeit und Udo Rüterswördens Beitrag über Hulda.

Im November 2001 ist die lesbar geschriebene Habilitationsschrift von Klara Butting zum Thema erschienen. Wir wußten etwa ein Jahr lang, daß wir beide mit einem kanonischen Ansatz zum selben Thema arbeiten. Während Klara Butting sich auf Mirjam, Debora und Hulda beschränkt, wird dieses Buch, das Prophetie vom Ämtergesetz des Deuteronomium her versteht, thematisch breiter angelegt sein und bezüglich mancher Texte auch zu anderen Ergebnissen kommen. Die Fragestellung scheint jedenfalls in der Luft zu liegen. Vielleicht regen die beiden Bücher weitere Arbeiten an, die das in der christlichen Exegese traditionell androzentrisch enggeführte Phänomen der Prophetie in aller altorientalischen Weite wahrzunehmen versuchen.

Die „Gotteskünderinnen" wagen noch mehr als die „Gottesstreiterinnen" den schwierigen Spagat zwischen lesbarem Buch und Fachpublikation. So ist der erste Teil, die Einleitung, als methodische und hermeneutische Hinführung für theologisch interessierte Laien gedacht. Andere Passagen, die etwa penibel die Belege mantischer Praktiken im AT besprechen, sind mehr als Stützung meiner Thesen für wissenschaftlich Interessierte gedacht. Sie sind in kleinerer Schrift gedruckt und können daher auch überblättert werden, da die Ergebnisse teils am Schluß, teils durch Übersichtstabellen zusammengefaßt werden.

Für die Fertigstellung der Druckvorlage habe ich vielfältigen Dank auszusprechen. Allen voran meiner bewährten Mitarbeiterin Claudia Rakel, die die Formatvorlage und das Layout erstellt hat und Christina Leisering, die mit ihrer Genauigkeit beim Gegenlesen eine unentbehrliche Hilfe war. Für das mühsame Korrekturlesen danke ich zudem Christina Nießen, für Registererstellung und Literaturbeschaffung Julia Kausch und Christian Braunagel, sowie meiner Sekretärin Gertrud Schäfer. Jürgen Schneider danke ich für die bereits bewährte, völlig unkomplizierte und gerade darin nicht selbstverständliche Zusammenarbeit mit dem Verlag.

Bonn, im Juli 2002

Irmtraud Fischer

Inhalt

I. ZU EINER GESCHLECHTERFAIREN AUSLEGUNG VON BIBLISCHEN TEXTEN

„...so daß ihre Seiten voll sind
von jener seltsamen geschlechtlichen Qualität,
die nur entsteht,
wenn das Geschlecht sich seiner nicht bewußt ist."

Virginia Woolf, Ein Zimmer für sich allein

Dieses Buch versteht sich, wie der Titel bereits zu erkennen gibt, als Fortsetzung meiner ebenfalls im Kohlhammer-Verlag erschienenen Monographie „Gottesstreiterinnen". Die Geschichten um die Frauen der Genesis werden dort mit den Geschichten um die Männer als Einheit gelesen und nicht als Ergänzungen zu einer aus den Patriarchen-Erzählungen gestalteten Volksgeschichte verstanden. Da eine isoliert geschriebene Frauengeschichte als Kompensationsgeschichte wahrgenommen würde, die abermals die Männergeschichte als die Norm der „offiziellen" Geschichte bestehen lassen würde, benenne ich die „Väter-Erzählungen" in „Erzeltern-Erzählungen" um – und nicht in „Mütter-Erzählungen". Mit einem geschlechterfair zu nennenden Forschungsansatz hebt das Buch die Erzählungen um die Frauen aus der Trivialisierung, in welche sie die Rezeptionsgeschichte und auch die Exegese der letzten hundert Jahre häufig abgedrängt hat. Die „Gottesstreiterinnen" werten so die *eine* Geschichte der beiden Geschlechter als politische und theologische Geschichtsschreibung des Gottesvolkes Israel.

Dieses Buch befragt mit derselben geschlechterfairen Hermeneutik unter dem Titel „Gottesstreiterinnen" das Phänomen der Prophetie. Es geht die Bedeutung von Prophetinnen im vielstimmigen Konzert der biblischen Überlieferung nach. Wie bei den „Gottesstreiterinnen" (was ins Hebräische übersetzt „Israelitinnen" heißt) für die Texte der Genesis ein geschlechterfairer Zugang zentrales Anliegen meiner Auslegung war, soll nun auch für den Kanonteil der Prophetie nach einer geschlechtergerechten Deutung und Sprachwahl gesucht werden. Denn die biblische Forschung redet beinahe immer noch ausschließlich von „Propheten", sowohl zur Bezeichnung des Kanonteils und der einzelnen Bücher als auch zur Benennung jener Menschen, die nach Zuschreibung des Bibeltextes hinter diesen Zeugnissen stehen.

1. Ein geschlechterfairer Forschungsansatz mit feministischer Option

Feministische Exegese kann nunmehr bereits auf ein reiches Forschungsspektrum, auf verschiedenste hermeneutische Ansätze und auf eine ausgefeilte Adaption von Methoden zurückblicken. Ein geschlechterfairer Forschungsansatz[1] thematisiert die Tatsache, daß das Geschlecht nicht nur eine Analysekategorie der feministischen Theorie, sondern jeglicher Forschung ist, auch wenn diese sie nicht offenlegt. Er zeigt den sogenannten „gender-bias" der traditionellen Forschung auf: Fragestellungen werden geschlechtsspezifisch formuliert, Methoden unterschiedlich angewendet und Forschungsergebnisse aufgrund des Geschlechts divergierend ausgewertet. Zudem mahnt er zur Vorsicht, wo Geschlechterstereotypen des christlichen Abendlandes vor allem der beiden letzten Jahrhunderte zur Beurteilung der in den Texten dargestellten Realität biblischer Menschen verwendet werden. Da Frauen auch heute selbst in unseren Breiten noch immer nicht gleich ermächtigt sind, Gesellschaft, Kultur, Religion und auch Sprache zu prägen, ist Geschlechterforschung aber nicht neutral zu betreiben, sondern mit einer „feministischen Option". Diese Parteilichkeit zugunsten des weiblichen Geschlechts hat den Anspruch, die ungerechten Geschlechterverhältnisse in gerechtere umzuwandeln. Die mageren zehn Prozent von Frauen in Führungspositionen im Deutschland des Jahres 2002 lassen die andauernde patriarchale Struktur der Gesellschaft offenkundig werden.

Historische Texte, die in einer patriarchalen Kultur entstanden sind, sind in bezug auf Frauengeschichte wie Eisberge zu sehen: Nur ein kleiner Bruchteil ist sichtbar, der große Rest ist im Meer der Vergessenheit untergetaucht, wenngleich manchmal noch in seinen wahren Ausmaßen erahnbar. Bei der kreativen Rekonstruktion[2] dieser unsichtbar gemachten Wirklichkeit muß bezüglich weiblicher Prophetie einerseits angenommen werden, daß die wenigen Notizen auf ein wesentlich breiteres Phänomen hinweisen. Andererseits kann das biblische Textgebäude nicht einfach durch die Hervorhebung bislang vernachlässigter Teile restauriert werden. Speziell das Gedankengebäude der Prophetie zeigt sich nicht nur als renovierungsbedürftig, sondern es bedarf der grundlegenden Adaptierung.

Zudem muß die Rezeptionsgeschichte der biblischen Texte kritisch befragt werden. Der gender-faire Forschungsansatz in diesem Buch hat heutige Leserinnen und Leser im Blick, für die die biblischen Texte nicht einfach Befunde der Historie darstellen, sondern die davon überzeugt sind, daß aus diesen Schriften Gott die Menschen auch heute noch anreden will. Das Mühen um eine geschlechtergerechte Darstellung und Gestaltung von Gesellschaft, Kultur und Religion ist von diesem Gesichtspunkt her kein modischer „Schnick-Schnack", sondern eine schlichte Notwendigkeit. Wenn die Bibel heute noch bedeutsam sein soll, *muß* sie für die

Fragen von heute zum Sprechen gebracht werden. Aneignung der Tradition ist aber nie unverändertes Weitergeben von Übernommenem, sondern immer kreative Aktualisierung[3] desselben. Ein solches Vorhaben ist keineswegs neu, sondern bereits *innerbiblisch* gut bezeugt.

2. *Eine dem Bibeltext und den Geschlechtern gerechte Sprache: Die Gottheit Israels, Prophetie und prophetische Menschen*

Seit Menschen im Alltag nicht mehr das Hebräisch der Bibel sprechen, ist die Notwendigkeit einer Übersetzung und Aktualisierung der Sprache gegeben. Die Aneignung der biblischen Tradition muß sich daher auch heute um eine geschlechtergerechte Sprache bemühen. Bibelübersetzungen hat man, um eine antiquierte Sprache zu vermeiden, immer wieder revidiert. In bezug auf eine in manchen Ländern der Erde bereits zum Gesetz erhobene geschlechtergerechte Sprache ist in den gängigen deutschsprachigen Bibelübersetzungen bisher allerdings noch nichts geschehen.[4]

Die *Sprache der Hebräischen Bibel* hat einige Besonderheiten gegenüber dem Deutschen, die bei einer adäquaten Übersetzung zu berücksichtigen sind. So kennt das Hebräisch kein sächliches Geschlecht und auch keine geschlechtsneutralen Substantive, was allein schon die Möglichkeit einer neutralen Umschreibung sprachlich unmöglich macht. So ist etwa die gängige Übersetzung von בְּנֵי-יִשְׂרָאֵל mit „Söhne Israels" nur dann wirklich korrekt, wenn ausgeschlossen werden kann, daß weibliche Personen mit der Bezeichnung mitgemeint sind. Im Deutschen muß die Übersetzung daher meist „Kinder" lauten, da nach heutigem Sprachgebrauch niemand annehmen würde, daß ein Paar sechs Töchter und einen Sohn haben könnte, wenn es von sich sagt, daß es sieben בָּנִים, „Söhne", habe. Überspitzt gesagt: Ein einziges männliches Subjekt macht einen Plural von tausenden Frauen zu einer männlich beschriebenen Gruppe. Ebenso ist es mit den אָבוֹת, die zwar ausschließlich die „Väter" bezeichnen können, in den meisten Fällen jedoch die „Eltern" meinen. Eine entsprechende geschlechtsneutrale Vokabel, wie sie das Deutsche hat, steht im Hebräischen nicht zur Verfügung. Die androzentrische Engführung gilt auch für die hebräischen Verbformen, die sowohl im Singular als auch im Plural in der 2. und auch 3. Person zwischen Männern und Frauen differenzieren, aber wiederum bei Vorhandensein eines einzigen männlichen Individuums eine Mehrzahl grammatikalisch immer maskulin präsentieren.

Da der gender-bias in der Sprache grammatikalisch nur die männlichen Subjekte und Objekte sichtbar macht, wird als Folge davon der weibliche Anteil an der historischen Realität verschwiegen. Allein die Tatsache, daß nur wenige Menschen etwas von Prophetinnen im Ersten Testament wissen, zeigt die Inadäquatheit der Beschreibung des Phänomens der Prophetie durch den Ausdruck „Propheten". In diesem Buch wird daher die übliche Sprachwahl „Prophet" und „Propheten", die für den ganzen Kanonteil, für ein einzelnes Buch, aber auch für eine prophetisch begabte Gestalt oder Erzählfigur stehen kann, in der Regel vermieden. Sowohl für das Gesamtphänomen als auch für den Kanonteil wird der Begriff „Prophetie" verwendet. Zur geschlechtsneutralen Bezeichnung der „Propheten" wird meist eine adjektivische Umschreibung wie etwa „prophetisch begabte Menschen" oder „prophetische Gestalten" gewählt. Solche Ausdrücke sind zwar keine wortwörtlichen Wiedergaben und klingen etwas holprig, aber sie sind dann die einzig korrekten, wenn ausgeschlossen werden kann, daß explizit nur Propheten oder ausschließlich Prophetinnen gemeint sind. Die Schreibung des weiblichen Plurals mit hervorgehobenem I (ProphetInnen) wird damit nicht aus ästhetischen Gründen weitgehend vermieden, sondern aus der Einsicht heraus, daß diese Schreibweise nicht hörbar gemacht werden kann.

Eine geschlechtsneutrale Sprachwahl soll in Ansätzen auch für die Rede von Gott versucht werden. Dort, wo der Gottesname steht, wird nicht der aus der griechischen Bibelübersetzung stammenden christlichen Tradition gefolgt, die mit dem für heutige Lesende überaus mißverständlichen, weil in der Alltagssprache popularisierten, „Herr" übersetzt. Statt dessen wird aus dem Hebräischen Text das Tetragramm JHWH übernommen, das aber aus Respekt vor der entsprechenden jüdischen Tradition unvokalisiert bleibt. Denn der jüdischen Überlieferung, die die Aussprache des Gottesnamens verbietet, haben wir ja all die auszulegenden Texte zu verdanken. Wo im Hebräischen der Gattungsname אֵל, „Gott", steht, wird auch so übersetzt. Der für JHWH meist verwendete Plural אֱלֹהִים, „Gott" / „Götter", der sowohl die Einzahl als auch die Mehrzahl bezeichnen kann, wird jedoch verfremdet meist mit „Gottheit" übersetzt. Es mag gewiß Einwände gegen diese Übertragung geben; dieses Buch nimmt demgegenüber jedoch das biblische Verbot ernst, sich kein die Weite der Gottesvorstellung einengendes Bild von JHWH zu machen: Dtn 4,16 *verbietet* bekanntlich in Auslegung des Bilderverbotes *an erster Stelle das männliche Bild*.

Eine verfremdende Wiedergabe des Textes wird grundsätzlich auch bei der Übersetzung des Hebräischen ins Deutsche gewählt. Aus meiner Vortragstätigkeit weiß ich, daß gerade eine teils die hebräische Wortstellung nachahmende, möglichst konsequent gleiche Übersetzung einer Vokabel, die die Leitworttechnik des Hebräischen und die Stilfiguren weitgehend sichtbar macht, die Aufmerksamkeit steigert, obwohl dies zu Lasten eines glatten und schönen Deutsch gehen muß. Gerade den Lesenden, die den Hebräischen Text nicht selber übersetzen können, wird so die Fremdheit der biblischen Sprache bewußt gemacht, was zu aufmerksamerem Lesen anregt. Aber diese hier getroffene Wahl einer holprigen deutschen Wiedergabe ist freilich eine Geschmacksfrage, über die sich treffend streiten läßt.

3. *Vom Sein und vom Werden: Die Bibel als sinnvoller Erzählzusammenhang und als historisch gewachsener Text*

Die Bücher der Hebräischen Bibel werden im folgenden als Sammlung kanonischer Texte verstanden, die in sich eine *sinnvolle* und für die Gemeinschaft, die diese Texte als Heilige Schriften anerkennt, auch *sinngebende* Einheit bilden (= kanonischer Endtext). Diese Sammlung hat eine lange Geschichte, die zwar nicht mehr in allen Einzelheiten nachzuvollziehen ist, für deren Wachstum es jedoch Anhaltspunkte in den Texten selber gibt. Die daraus sich ergebenden Thesen zur Entstehung ganzer Kanonteile, einzelner Bücher, größerer Erzählzusammenhänge sowie kleiner Texteinheiten werden teils durch Hinweise aus anderen biblischen oder auch außerbiblischen Texten, Bildern und archäologischen Zeugnissen gestützt.

Die historisch-kritisch orientierte Forschung, die die letzten zwei Jahrhunderte im deutschen Sprachraum geprägt hat, hat die Suche nach den Ursprüngen von Texten gerade im Kanonteil der Prophetie sehr ernstgenommen. In der Verfolgung ihres Zieles, den „Sitz im Leben", die Entstehungssituation eines Textes, zu erheben, hat sie zum Teil sogar eine vorliterarische, mündliche Überlieferung angenommen, die noch rekonstruierbar sei. Bei zwei der im folgenden zu besprechenden Texten war dies besonders relevant: Sowohl das Mirjamlied (Ex 15,20f.) als auch das Deboralied (Ri 5) wurden traditionell zu den ältesten Texten der Bibel überhaupt gerechnet.

In den letzten dreißig Jahren, in denen nicht nur die Pentateuchforschung, sondern auch die Forschung an der Prophetie in einem grandiosen Umbruch begriffen ist, ist das Vertrauen in die Rekonstruktion der Vorstufen des heutigen Endtextes immer mehr geschwunden.[5] Viele Passagen werden wesentlich später datiert als noch vor zwei Jahrzehnten allgemein üblich. Dies gilt vor allem dann, wenn man nicht mehr auf einen „Jahwisten" in der frühen Königszeit zurückgreifen kann, der einen Ausgangspunkt für die Entwicklung der hebräischen Sprache und für theologische Vorstellungen lieferte. So hat sich – einerseits aus der Not, keine sicheren Anhaltspunkte für eine Frühdatierung und für eine einigermaßen gesicherte Chronologie mehr zu haben, und andererseits auch aus der Erkenntnis heraus, daß nicht irgendwelche Vorstufen des Textes, sondern die Bibeltexte im letzten Stadium ihrer Entstehung die „Heilige Schrift" bilden – eine intensivere Hinwendung zum kanonischen Endtext ergeben. Man setzt nicht mehr nur beim „Werden" des Textes an, sondern wieder mehr bei seinem „Sein",[6] bei den Büchern und sogar bei den Buchsammlungen. Damit stellt ein höheres Alter von Texten kein Kriterium für höhere Dignität mehr dar. Ein redaktioneller Text ist nicht weniger bedeutsam als einer, der wahrscheinlich nahe an den erzählten Ereignissen steht. „Die Naivität früherer Generationen, die vom vorliegenden Text aus unmittelbar auf das mündliche Wort des Propheten rückschließen zu können glaubten, ist uns ein für allemal genommen."[7]

4. Erzählte und erzählende Zeit: Der Bibeltext zwischen Erzählzusammenhang und literarischer Religionsgeschichte

Die Textauslegungen in diesem Buch gehen nur dann der historischen Entstehungssituation von Texten nach, wenn dies für die Fragestellung relevant ist. Im folgenden wird von *erzählender Zeit* gesprochen, wenn die Entstehungssituation und -zeit eines Textes im Blick ist. Wenn die Zeit, in der eine Geschichte spielt, thematisiert wird, ist von *erzählter Zeit* die Rede. In den seltensten Fällen fallen in der Bibel diese beiden „Zeiten" zusammen. Immer ist dabei jedoch vorauszusetzen, daß das Erzählte in die Zeit und zu dem Umfeld paßt, von dem man erzählen will. Denn niemand erzählt bewußt eine Geschichte, die nicht in die Zeit paßt, die er darstellen will, es sei denn, es handelt sich um eine Parodie oder eine Verfremdung. So gut wie nie ist vorauszusetzen, daß man mit Geschichten keine Botschaft für die erzählende Zeit vermitteln will. Immer trägt eine Geschichte irgendwo das Kolorit ihrer Zeit ein, auch wenn sie noch so sehr durch antikisierende Ausgestaltung um eine „originalgetreue" Darstellung postulierter früherer Lebensverhältnisse bemüht ist. Schreiben und Aufzeichnen von Erzähltem sind im Alten Orient immer absichtsvolle Akte, da nur wenige Leute des Schreibens und Lesens mächtig waren und zudem umfangreicheres Schreibmaterial wesentlich kostbarer war, als es heute ist.

Da es sich bei sehr vielen Erzählungen, die Prophetinnen vorstellen, um eher junge Texte handelt, wird versucht werden, sie jeweilig sowohl in der erzählten Zeit und in ihrem literarischen Umfeld zu verstehen als auch in der erzählenden Zeit in ihren sozialgeschichtlichen und literarhistorischen Kontexten. Beide Zugangsweisen sind legitim, wenn man die entsprechenden Fragen stellt: Erzählungen, die den Anspruch haben, Geschichte darzustellen, dürfen nicht einfach als historisch angenommen werden, will man nicht einem Biblizismus oder sogar Fundamentalismus verfallen. Aber die Textentstehungs- und Religionsgeschichte können auch nicht die biblische „Fabel", den roten Faden biblischer Geschichtsdarstellung, als Gesamtentwurf in Frage stellen. Die Bibel kann damit sowohl als Text, der als solcher für jegliche Rezeption die Ausgangsbasis bildet, analysiert werden, als auch von ihrem literarhistorischen Entstehen her als Sammlung geschichtlich zu verortender Texte verstanden werden. Entscheidend ist nur, daß die beiden unterschiedlichen Zugangsweisen thematisiert werden, um eine unreflektierte Vermischung der Fragestellungen zu vermeiden. „Die Geschichte ist nicht ohne deutende Überlieferung zu haben; nur die Überlieferung ermöglicht den Zugang zur Geschichte. Dies mag wie eine Selbstverständlichkeit klingen. Tatsächlich erschweren wir uns den Zugang zur Bibel gerade dadurch, daß wir den Traditionsprozeß und die Absicht der Tradenten nicht ernst nehmen."[8]

5. Geschlechtergrenzen überschreitende Textbezüge – ein interessantes Phänomen innerbiblischer Schriftauslegung

Gerade in spät entstandenen biblischen Texten gibt es das Phänomen, daß ältere Texte, die bereits eine Art sakrosankten Charakter gehabt haben, in vielfältiger Weise aufgegriffen werden: Erzählfiguren werden den bereits als bedeutend anerkannten biblischen Personen nachgestaltet; Situationen und Problemkonstellationen, die aus frühen Schriften bekannt sind, werden aufgegriffen; ganze Texte werden durch Zitate eingespielt. In der wissenschaftlichen Literatur wird das Phänomen solcher Textbezüge meist „Intertextualität" genannt.[9] Da mit dem Konzept der Intertextualität, wie es ursprünglich entwickelt wurde, die Frage nach dem historischen Wachstum und dem soziokulturellen Kontext der Texte nicht verknüpft ist, verwende ich diesen Terminus zur Vermeidung weiterer Begriffsverwirrung nicht mehr oder stelle ihn in Anführungszeichen, um anzuzeigen, daß ich den Begriff verfremde. Wie oben dargelegt, stehe ich insofern in der historisch-kritischen Forschungstradition, als ich die Rückfrage nach soziokulturellen und historischen Entstehungssituationen nach wie vor für sinnvoll, ja für unerläßlich erachte. Gleichzeitig lese und rezipiere ich den Bibeltext jedoch in seiner kanonischen Endform. Daher nenne ich das zu beschreibende Phänomen, daß jüngere Texte der Bibel auf ältere zurückgreifen und damit sowohl die älteren Texte als auch sich selber auslegen, nicht Intertextualität, sondern „Textbezüge".

Biblische Textbezüge setzen in der im folgenden beschriebenen Form bereits Teile verschrifteter Überlieferung mit einer gewissen Dignität voraus. Das gilt für literarische Gattungen (z. B. Siegeslieder bei Mirjam, Debora und Judit), für ganze Erzählungen (Judit und Holofernes als Relektüre von David und Goliat), für einzelne Zitate (z. B. wird Gen 12,1-4 in Gen 24,1-9 und Rut 2,11 aufgegriffen),[10] für deutende Stichwortverbindungen (z. B. Jes 55,1-3 und Dtn 2),[11] für Themenkomplexe (z. B. alte und neue Schöpfung in Gen 1 und in Jes 65,16ff.)[12] oder für Motive (z. B. die vorerst unfruchtbare Frau gebiert einen später für ganz Israel bedeutsamen Sohn) und Erzählstrukturen (z. B. Gen 17 und Gen 18,1-16 oder die parallel gebauten Erzählungen Gen 21.22).[13]

Für literarhistorisch späte Texte, die Frauen als eigenständige Subjekte der Handlung darstellen, ist dabei ein Phänomen bemerkenswert, das bislang kaum als solches thematisiert wurde: *Weibliche Figuren* werden in den Erzählungen *männlichen Figuren* nachgestaltet, wodurch sie in die Nachfolge bedeutsamer Männer gestellt werden. Dieses am besten als „transgender", als die Geschlechtergrenzen überschreitendes Netz von Textbezügen zu bezeichnende Phänomen ist durchaus ambivalent und kann unterschiedlich gedeutet werden.

- Wird das Phänomen für Frauen *positiv* gedeutet, so kann daraus auf soziale Verhältnisse geschlossen werden, in denen (freilich innerhalb patriarchaler Verhältnisse) Frauen den Männern annähernd gleichgestellt waren. Frauengestalten können auch – oder sogar – mit Männerfiguren gedeutet werden: Die Funktion solcher Geschlechtergrenzen überschreitender Textbezüge kann daher einerseits der Darstellung der *Egalität* zwischen Männern und Frauen dienen. Andererseits kann ihre Funktion aber auch präskriptiv gedeutet werden: Frauen sollen den Männern gleichwertig werden, und die Texte wollen zu einem Veränderungsprozeß in diese Richtung anregen.
- Wird das Phänomen für Frauen *negativ* interpretiert, so sieht man dahinter die Vorstellung, daß JHWH *sogar Frauen* benutzt, um seine Stärke und Macht zu erweisen. Sogar durch die Hand einer Frau vermag er zu retten, und sogar durch den Mund einer Frau kann sein Wort ergehen (z. B. Jaël und Debora). Noch negativer wird der Sachverhalt gedeutet, wenn man annimmt, daß die Frau durch Angleichung an eine männ-

liche Erzählfigur bildlich gesprochen erst „zum Mann werden"
muß, um ernstgenommen zu werden.

Welche wertende Deutung gewählt wird, hängt nicht nur von der
Einstellung zur patriarchalen Gesellschaftsstruktur ab, die nach
den Kriterien des Geschlechts, des sozialen Standes, der ökonomischen Ressourcen, der Ethnizität, der Religion und des Alters dis-
kriminiert. Die Wahl wird auch bestimmt von der Einschätzung,
ob die Bibel überhaupt frauenbefreiende Texte beinhaltet oder ob
sie nicht vielmehr ein Buch ist, das Unterdrückung legitimiert.
Meine Position dazu ist von Realismus bestimmt: Es gibt in der
Bibel Texte, die die Unterordnung von Frauen, ja sogar die Gewalt
gegen sie legitimieren oder zumindest nicht eindeutig genug ab-
lehnen. Diese wurden im Christentum gerne und breit rezipiert.
Aber es gibt genauso Texte, die die Herrschaft von Menschen über
andere, insbesondere der männlichen über die weiblichen, nicht
für gottgegeben, sondern für eine Ordnung der in Sünde gefallenen
Welt betrachten (vgl. Gen 3,16). Und es gibt viele, in den
christlichen Gemeinden weitgehend unbekannte Texte über Frauen
in leitenden gesellschaftlichen Positionen, denen neue Seiten
abzugewinnen sind, wenn man sie mit einer feministischen Option
befragt.

Frauenfiguren werden innerbiblisch also nicht nur durch andere Frauenfiguren gedeutet. So wird in den folgenden Kapiteln zu
erweisen sein, daß Prophetinnen nicht allein in der Nachfolge
Mirjams stehen können, wie etwa Klara Butting meint,[14] sondern
vor allem in der Nachfolge des Mose.

6. Wer verfaßt im Kulturkreis des Alten Orients prophetische Texte?

Wer im letzten Jahrhundert in der alttestamentlichen Wissenschaft
in traditioneller Weise ausgebildet wurde, denkt beim Phänomen
der Prophetie automatisch an die Schriftpropheten,[15] deren Bücher
– mit Ausnahme von Maleachi, „mein Bote" – allesamt mit Männernamen benannt sind. Wir wissen freilich heute durch historisch-
kritische Forschung, daß an diesen Schriftprophetenbüchern sehr
viele Hände gearbeitet haben. Die Worte der „Gottesmänner" sind
in ihrer Herkunft beileibe nicht geklärt. Bei manchen der Propheten ist mit Sicherheit anzunehmen, daß sie selber keine einzige
Zeile ihres Buches verfaßt haben (z. B. Amos) – was natürlich
nicht ausschließt, daß Prophetenbücher dennoch originale Worte
von historischen Prophetengestalten überliefern können.

Mit der Einsicht, daß der Autor des heutigen hebräischen Textes, selbst wenn es sich um authentische Worte handeln sollte,

nicht mit dem Propheten identisch ist,[16] stellt sich die Frage nach der Verfasserschaft anders. Erst recht ist dies der Fall bei Fortschreibungen von Prophetenbüchern, wie etwa bei der Juda-Redaktion des Hoseabuches, die sicherlich mindestens eine Generation später die im Nordreich entstandenen Hoseatexte bearbeitet. Noch deutlicher sichtbar werden die Fortschreibungen im Jesajabuch: Jesaja selber erhält nach der sogenannten „Denkschrift" Jes 6-8 den Auftrag, selber Worte aufzuschreiben. Ein Nukleus des Buches ist damit vielleicht auf die historische Figur, die im ausgehenden 8. Jhd. in Jerusalem wirkt, zurückzuführen. Aber das Jesajabuch, das wir heute vor uns haben, beinhaltet Texte, die beinah ein halbes Jahrtausend später entstanden sind. Die prophetischen Kreise, die an diesem Buch weiterschreiben, verstehen sich damit ganz eindeutig in der Nachfolge des großen Jerusalemer Propheten. Sie aktualisieren seine Botschaft in ihre jeweils veränderte Zeit und Situation hinein. Dabei wollen sie gerade nicht als eigenständige prophetische Gestalten in Erscheinung treten, sondern schreiben ihre Prophetie in der Nachfolge des Jesaja anonym (besonders auffällig ist in diesem Zusammenhang das abgrenzbare Korpus Jes 40-55, Dtjes).

Aber: Wer sagt uns eigentlich, daß es Schüler, ausschließlich Nachfolger des Jesaja waren, deren Texte uns im Buch überliefert sind? Wir können mit unserem historischen und literaturwissenschaftlichen Instrumentarium nicht auf die Verfasser oder Verfasserinnen von biblischen Texten rückschließen. Bei manchen Texten läßt sich die Trägerschaft enger eingrenzen als bei anderen, aber historisch greifbar wird damit keine der Autorenpersönlichkeiten. Wir können daher nicht mit Sicherheit sagen, ob Frauen an den Prophetenbüchern mitgeschrieben haben. Wir können aber auch *nicht* behaupten – wie dies die traditionelle Forschung a priori ohne Reflexion tut – daß an diesen Büchern nur Männer als Verfasser beteiligt waren. Wir wissen es schlicht und einfach nicht.

Wenn nun aber in der Bibel von Frauen die Rede ist, die Lieder dichten oder Texte aufschreiben, ist es wahrscheinlich, daß diese in biblischen Büchern auch zu finden sind – wenngleich es durchaus nicht jene sein müssen, die man Frauen in den Mund oder in die Feder legt. Prophetische Texte sind diesbezüglich mit der „Hermeneutik des Verdachts"[17] zu lesen, daß primär nur das männliche Geschlecht in Erscheinung tritt und Frauen in der Prophetie zu Randerscheinungen gemacht werden. Wenn in der Bibel überhaupt von Frauen in einer Berufsgruppe die Rede ist, dann ist damit zu rechnen, daß das dahinterliegende historische Phänomen größere Ausmaße hatte. Es ist also anzunehmen, daß es erheblich mehr Frauen gab, die prophetisch tätig waren, als uns dies die Prophetenbücher weismachen wollen. Wenn Frauen in einer Berufsgruppe tatsächlich *nicht* tätig waren, haben wir in biblischen Texten davon auch keine Nachrichten (z. B. schlachtopfernde JHWH-Priesterinnen, wie heute in der Katholischen Kirche nirgends von amtierenden Priesterinnen berichtet wird, weil es das dahinterstehende Phänomen nicht gibt). Wenn aber die Bibel von Prophetinnen spricht, dann ist nicht nur damit zu rechnen, daß es diese tatsächlich gab – sonst würden solche Notizen sicherlich fehlen –, sondern daß es wesentlich mehr gab, als die Schrift uns dies überliefert, und daß sie erheblich größere Bedeutung hatten, als dies aus den oft auf Notizen reduzierten Nachrichten hervorgeht.

Prophetie wird heute, da im christlich geprägten Kulturkreis die historisch-kritische Darstellung der Geschichte der Prophetie die kanonische Deutungsgeschichte beinah verdrängt hat, als ein ausschließlich von Männern getragenes Phänomen gesehen. Dieser ernüchternde Befund schlägt sich auch in der einschlägigen feministischen Forschung nieder, wenn etwa in der von Athalya Brenner herausgegebenen Reihe „The Feminist Companion to the Bible"[18] in jeder Serie ein ganzer Band den vier Kapiteln des Rutbuches gewidmet ist, jedoch nur ein einziger der gesamten Prophetie.

Aber wir haben zum Glück nicht nur die biblischen Texte der Schriftpropheten, die auf prophetische Tätigkeit von Frauen schließen lassen. Prophetie ist nicht nur *kein ausschließlich männliches* Phänomen, sie ist *auch kein ausschließlich israelitisches* Phänomen. Die Archäologie hat im letzten Jahrhundert schriftliche Zeugnisse ans Licht gebracht, die prophetische Texte aus dem Umfeld der altisraelitischen Kultur belegen.

So sind etwa aus den Briefen, die sich im Archiv der syrischen Stadt Mari fanden, viele Belege für prophetisches Reden bezeugt. Das zahlenmäßige Verhältnis der aufgefundenen Prophetien (das ist ja nur ein Ausschnitt!) belegt ungefähr gleich viele Texte von Prophetinnen wie von Propheten. Man mag nun einwenden, daß Mari zeitlich sehr weit von der israelitischen Königszeit, in der die frühesten Texte der Bibel entstanden sind, entfernt ist, da die Mari-Briefe aus den letzten Jahren König Zimri-Lins stammen (ca. 1717-1695 v. Chr.). Man kann die Maritexte sicher nicht als „Paralleltexte" zu biblischer Prophetie lesen. Dennoch zeigen sie in ihren sprachlichen Mustern Ähnlichkeiten mit manchen biblischen Texten, was auf eine geprägte prophetische Sprache im vorderorientalischen Kulturraum hinweist. So finden sich etwa die Botenformel, Visionen, Träume und Zeichen oder auch Dynastieverheißungen an den König. Um nur ein Beispiel zu zitieren:

„Zu meinem Herrn sprich: Folgendermaßen Addu-duri,
deine Magd: Seit dem Untergang des Hauses deines Vaters
habe ich nie wieder einen derartigen Traum gesehen –
meine Zeichen – wie auch schon früher – sind folgende
beiden: In meinem Traum trat ich in den Tempel der Belet-
ekallim ein, und (– siehe da! –) Belet-ekallim war nicht an
ihrem Platz! Auch die Statuetten, die (für gewöhnlich) vor
ihr (stehen,) waren nicht vorhanden!"[19]

Zeitlich näher an der alttestamentlichen Schriftprophetie sind die
neuassyrischen Prophetien aus der Zeit Asarhaddons und Assur-
banipals (ca. 680-630 v. Chr.). Die namentlich gezeichneten Texte
stammen mit wenigen Ausnahmen alle von Frauen. D. h. Frauen
haben nach den derzeit zugänglichen Belegen zeitgenössischer
Prophetie außerhalb der Bibel in prophetischer Funktion sogar die
Oberhand. Wir bewegen uns hier in knapp nachjesajanischer bis
jeremianischer Zeit. Das heißt, daß prophetische Frauen im Kul-
turfeld des Alten Orients, zu dem eben auch Israel gehört, etwas
völlig Normales waren und nicht eine Aufmerksamkeit erregende
Ausnahme.[20] Was mit der Hermeneutik des Verdachts bereits erhoben wurde, wird damit auch von anderer Stelle her rückbestä-
tigt. Wenn sich in bezug auf die literarische Gattung und auf den
Inhalt prophetischer Botschaften (vgl. etwa das Heilsorakel:
„Fürchte dich nicht!") Übereinstimmungen zwischen biblischer
und außerbiblischer Prophetie feststellen lassen, dann stellt sich
die Frage, ob wir denn auch bei der geschlechtsspezifischen Verteilung mit einer ähnlichen Korrespondenz zu rechnen haben.
Wiederum sei ein typisches Beispiel für die Prophetie einer Frau
angeführt:

„Aus dem Munde der Rimutte-allate aus der Stadt
Darachuja, die innerhalb der Berge (liegt). Fürchte dich
nicht, Asarhaddon! Ich, Bel, spreche mit dir. Die Balken
deines Herzens überwache ich wie deine Mutter, [die] dich
ins Leben rief. 60 große Götter sind mit mir hingetreten,
dich zu beschützen. Sin (steht) zu deiner Rechten,
Schamasch zu deiner Linken, 60 große Götter stehen um
dich herum (und) gürteten deine Lenden. Vertraue nicht auf
Menschen, deine Augen erhebe (und) schaue auf mich! Ich,
die Ischtar von Arbela, stimmte dir den Assur freundlich.
(Als) du ganz klein warst, habe ich dich aufgehoben.
Fürchte dich nicht, preise mich!"[21]

Bezüglich außerbiblischer Prophetie von Frauen ist dabei noch
eines zu bedenken, wenn nach Spuren weiblicher Prophetie innerhalb der Bibel gesucht wird: Die prophetischen Texte, die Frauen

zugeschrieben werden, unterscheiden sich weder durch Inhalt noch in der literarischen Form wesentlich von den anonymen oder den Männern zugeschriebenen Texten. Die Frage nach weiblicher Autorinnenschaft ist daher mit besonderer Vorsicht zu behandeln.

Vielmehr wird danach zu fragen sein, ob die Lebenszusammenhänge von Frauen in den Texten authentisch präsent sind oder ob sie vielmehr in der männlichen Sichtweise derselben dargestellt werden. Worte, die ein Text einer Frau in den Mund legt, können sehr wohl von einer männlichen Sichtweise geprägt sein. Denn auch heute noch können konservative Frauen das patriarchale System und das androzentrische Weltbild authentischer vermitteln als aufgeschlossene Männer. Wir haben also deutlich zu unterscheiden zwischen Autorschaft, die bei biblischen Texten nie eindeutig zu beantworten ist, und Frauen- bzw. Männerstimmen, die in den Texten präsent sind. Die beiden sind nicht deckungsgleich. Wie Athalya Brenner und Fokkelien van Dijk-Hemmes gezeigt haben,[22] ist eine geschlechtsspezifische Betrachtungsweise nicht in bezug auf Verfasserschaft, wohl aber in bezug auf den androzentrischen oder gynozentrischen Blickwinkel, unter dem die Texte verfaßt sind, möglich.

7. Biblische Prophetie aus der Vogelschau: Abschied von althergebrachten Denkstrukturen

Während der Abfassung meiner Dissertation[23] zu einem prophetischen Text war mir ein Konzept von Prophetie als Phänomen mit männlicher Trägerschaft präsent. Erst die Vorarbeiten zum Tora-Verständnis des Propheten Jesaja,[24] die in das Jahr 1994 zurückgehen, haben mich zu einem Verständnis des gesamten Phänomens der Prophetie der Hebräischen Bibel als „Prophetie in der Nachfolge des Mose" geführt.[25] Meine Bonner Vorlesungen „Frauen als Subjekte und Objekte der Prophetie" und zur Einleitung in die Prophetie aus den Jahren 1998 und 2001 haben mir dabei mehrere Sachverhalte immer deutlicher werden lassen:

- Die unterschiedliche Abgrenzung des Kanonteils der Prophetie in der jüdischen und christlichen Tradition ist keine Sache der bloßen Reihenfolge biblischer Bücher, sondern hat entscheidenden Einfluß auf das Verständnis von Prophetie.[26]
- Das Bild der großen prophetischen Individualisten, das christlichen Gemeinden in Predigt und Katechese immer noch vermittelt wird, trägt nicht mehr.[27] Es ist historisch dem Streben christlicher Forscher nach historisch-kritischer Beleuchtung des Phänomens der Prophetie, wie der christliche Kanonteil sie darstellt, zuzuordnen.

- Die wenigen Belege, die sich im Alten Testament über Prophetinnen finden lassen, finden sich überwiegend außerhalb des christlichen Kanonteils der Prophetie. Die Erzählungen um die Prophetinnen oder Hinweise auf sie werden im Christentum damit als geschichtliche Beispielserzählungen wahrgenommen, denen wesentlich weniger Potential für eine Aktualisierung zugestanden wird als den sogenannten Schriftpropheten, da diese als Vorläufer und zugleich Zeugen des Messias Jesus von Nazareth rezipiert werden.
- Zumindest die späteren Schichten, die in den Büchern der Propheten nachzuweisen sind, verstehen Prophetie als Auslegung und Aktualisierung der Mosetora und sind damit theologisch den sogenannten „Prophetenerzählungen" des historischen Kanonteils an die Seite zu stellen.

Diese Thesen sollen im folgenden näher erläutert und auf ihre Konsequenzen in bezug auf das Bild von Prophetinnen im gesamten AT hin befragt werden. Sie sind auch an jenen Texten nachzuprüfen, die nach dem Verständnis des christlichen Kanons – und damit nach dem Prophetenparadigma der christlichen alttestamentlichen Exegese – nicht primär zur Prophetie gehören.

Wenn sich dieses Buch pointiert der sich immer deutlicher formierenden Gegenposition zur traditionellen Prophetenforschung anschließt, so will es keinesfalls durch die Betonung sowohl des Endtextes als auch der Vorderen Prophetie die Bedeutung der historischen Forschung an der Schriftprophetie negieren – diese steht unzweifelhaft fest, auch wenn dies im folgenden nicht immer wieder betont wird.[28]

---

[1] Siehe dazu Fischer, Irmtraud, Das Geschlecht als exegetisches Kriterium. Zu einer gender-fairen Interpretation der Erzeltern-Erzählungen, in: Wénin, André, Hg., Studies in the Book of Genesis, BEThL 155, Leuven 2001, 135-152; 138f.

[2] Zu den hermeneutischen Voraussetzungen siehe Schüssler Fiorenza, Elisabeth, Zu ihrem Gedächtnis..., München 1988; 98-103.

[3] Zu einem sehr weit gefaßten Begriff der „Aktualisierung" siehe bereits Willi-Plein, Ina, Vorformen der Schriftexegese innerhalb des Alten Testaments, BZAW 123, Berlin 1971; 11. Zum Verhältnis von Aktualisierung, Typisierung und Typologie vgl. ebd., 268.

[4] Eine Wende bahnt sich hier erst an: Im Frühjahr 2002 hat sich das Projekt „Bibel für das neue Jahrtausend – die Testamente in gerechter Sprache" konstituiert.

[5] Zu dieser Trendumkehr siehe vor allem die späteren Arbeiten von Odil Hannes Steck wie z. B. Steck, Odil Hannes, Die Prophetenbücher und ihr theologisches Zeugnis, Tübingen 1996, oder auch Rendtorff, Rolf, Kontinuität und Diskontinuität in der alttestamentlichen Prophetie, ZAW 109 (1997), 169-187.

[6] Zur treffenden Unterscheidung von „Werden und Sein des Textes" siehe Seitz, Christopher R., Mose als Prophet, BZ 34 (1990), 234-245; 236.

[7] Jeremias, Jörg, Prophetenwort und Prophetenbuch, JBTh 14 (1999), 19-35; 24.

[8] Vanoni, Gottfried, Mose – Prototyp des Mittlers zwischen Gott und seinem Volk, Diaconia Christi 23 (1988), 2-12; 2.

[9] Zur Problematik der Verwendung des Begriffs „Intertextualität" in der Exegese siehe Hatina, Thomas R., Intertextuality and Historical Criticism in New Testament Studies: Is There a Relationship?, BI 7 (1999), 28-43.

[10] Siehe dazu ausführlicher Fischer, Irmtraud, Rut, HThK.AT, Freiburg 2001; 176f.

[11] Vgl. Fischer, Irmtraud, Der Schriftausleger als Marktschreier. Jes 55,1-3a und seine innerbiblischen Bezüge, in: FS Steck, Odil Hannes, Schriftauslegung in der Schrift, Kratz, Reinhard G. u.a., Hg., Berlin 2000, 153-162.

[12] Siehe Steck, Odil Hannes, Der neue Himmel und die neue Erde. Beobachtungen zur Rezeption von Gen 1-3 in Jes 65,15b-25, in: FS Beuken, Willem A.M., Studies in the Book of Isaiah, van Ruiten, Jacques – Vervenne, Marc, Hg., BEThL 132, Leuven 1997, 349-365.

[13] Zu den letzten beiden Beispielen vgl. Fischer, Irmtraud, Gottesstreiterinnen, Stuttgart 2000^2; 37-71.

[14] Vgl. Butting, Klara, Prophetinnen gefragt, Wittingen 2001; 77.99f.

[15] Daß dies noch im 19. Jhd. trotz der Tatsache, daß Mose bei den Schriftpropheten keine Rolle spielt, anders war, zeigt der Forschungsüberblick bei Perlitt, Lothar, Mose als Prophet, EvTh 31 (1971), 588-608; 588-590.

[16] Siehe dazu vor allem den außerbiblisches Vergleichsmaterial heranziehenden Artikel von Nissinen, Martti, Spoken, Written, Quoted, and Invented: Orality and Writtenness in Ancient Near Eastern Prophecy, in: Ben Zvi, Ehud – Floyd, Michael H., Hg., Writings and Speech in Israelite and Ancient Near Eastern Prophecy, SBL Symposium Series 10, Atlanta 2000, 235-271; bes. 270f.

[17] Vgl. zu diesem hermeneutischen Schritt Schüssler Fiorenza, Elisabeth, Brot statt Steine, Fribourg 1988; 50-52.

[18] Vgl. Brenner, Athalya, Hg., The Feminist Companion to the Bible, Sheffield 1993ff. (Ser I); 1998ff. (Ser II).

[19] Übersetzung: Dietrich, Manfried, Prophetenbriefe aus Mari, TUAT II/1, Gütersloh 1986, 83-93; 89f.

[20] Spieckermann, Hermann, Juda unter Assur in der Sargonidenzeit, FRLANT 129, Göttingen 1982; 302, vermutet sogar, daß eine Prophetin wie Hulda nur auf dem Hintergrund der assyrischen Vorbilder zu verstehen sei.

[21] Übersetzung: Hecker, Karl, Zukunftsdeutungen in akkadischen Texten, TUAT II/1, Gütersloh 1986, 56-82; 57-58.

[22] Vgl. van Dijk-Hemmes, Fokkelien, Traces of Women's Texts in the Hebrew Bible, in: Brenner, Athalya – Dies., On Gendering Texts, BIS 1, Leiden 1993, 17-109; bes. 108f.

[23] Fischer, Irmtraud, Wo ist JHWH? Das Volksklagelied Jes 63,7-64,11 als Ausdruck des Ringens um eine gebrochene Beziehung, SBB 19, Stuttgart 1989. (Die Schreibweise JHWH wurde vom Verlag im Titel in „Jahwe" geändert; ich zitiere daher das Original.)

[24] Die Arbeiten sind publiziert: Fischer, Irmtraud, Tora für Israel – Tora für die Völker, SBS 164, Stuttgart 1995; sowie Dies., Die Bedeutung der Tora Israels für die Völker nach dem Jesajabuch, in: Zenger, Erich, Hg., Die Tora als Kanon für Juden und Christen, HBS 10, Freiburg 1996, 139-167.

[25] Erhellend zu dieser Konzeption sind im deutschen Sprachraum die Arbeiten meines Bonner Kollegen Udo Rütersworden, vor allem der Artikel von Rütersworden, Udo, Es gibt keinen Exegeten in einem gesetzlosen Land (Prov 19,18 LXX), in: FS Herrmann, Siegfried, Prophetie und geschichtliche Wirklichkeit im alten Israel, Liwak, Rüdiger – Wagner, Siegfried, Hg., Stuttgart 1991, 326-347, wenngleich er die Aufgabe des Propheten eher darin sieht, „die Einhaltung der Thora anzumahnen" (ebd., 335). Zur nachexilischen Rezeption des Phänomens der Prophetie siehe ebenso Barton, John, Oracles of God, London 1986.

[26] Siehe dazu bereits Fischer, Irmtraud, Feministische Exegese – eine Herausforderung, ThPQ 149 (2001), 146-155.

[27] Vgl. dazu den kritischen Artikel von Schmid, Konrad, Klassische und nachklassische Deutungen der alttestamentlichen Prophetie, ZNThG 3 (1996), 225-250.

[28] Das Buch hat kein Interesse an einer vollständigen Bibliographie; soweit vorhanden, wird daher nicht auf Einzelmonographien, sondern bevorzugt auf Forschungsüberblicke verwiesen werden, die Interessierten entsprechende Hinweise bieten.

II. DAS VERSTÄNDNIS DER PROPHETIE IN DER JÜDISCHEN UND DER CHRISTLICHEN BIBEL:

HINFÜHRUNG ZU EINEM UNTERSCHIEDLICH REZIPIERTEN PHÄNOMEN

„Eine Pforte ist nur eine Pforte,
wenn sie einen Palast um sich herum hat,
sonst wäre sie nur eine Öffnung,
was sage ich, nicht einmal das,
denn eine Leere ohne etwas Volles drumherum
ist nicht mal eine Leere."

Umberto Eco, Baudolino

Mit der Hellenisierung des Vorderen Orients in der Folge des Eroberungszuges Alexanders des Großen wird für die jüdischen Gemeinden ab dem 3. Jhd. v. Chr. die Übersetzung der Hebräischen Bibel ins Griechische notwendig, weil ihre Mitglieder zunehmend mehr Griechisch sprechen und an der hellenistischen Kultur Anteil nehmen. Die „Septuaginta" genannte griechische Bibelübersetzung entsteht in einem Zeitraum von mehr als zwei Jahrhunderten. Ob diese fortlaufend in die griechische Sprache und teils auch in das griechische Denken übertragenen Bücher bereits in einer festen Abfolge angeordnet waren, darüber gibt es kaum Auskünfte. Da die frühen Christen sich bei ihrer Mission der im jüdischen Kontext entstandenen Septuaginta bedienten, verwarf die jüdische Gemeinschaft schließlich diese teils sehr freie Übertragung ihrer Bibel und erarbeitete für ihren Gebrauch neue griechische Übersetzungen. Die Septuaginta wurde damit mehr und mehr zum christlichen „Alten Testament".

Das Alte Testament übernimmt zwar alle Bücher der Hebräischen Bibel, folgt aber weder in der Anordnung der Bücher noch in der Zuordnung einzelner Schriften zu den Kanonteilen der in der jüdischen Tradition überwiegend belegten Reihenfolge.[1] Die heute hierzulande als katholische Tradition geltende Erweiterung des Alten Testaments durch zusätzliche, in den ältesten belegbaren Originalen meist nur in griechischer Sprache belegte Schriften (sogenannte deuterokanonische oder apokryphe Bücher) findet sich zwar seit frühchristlicher Zeit. Die Kirchen der Reformation haben aber aufgrund der damaligen zeitgeschichtlichen Strömung des Humanismus und seines Rufes, an die historisch belegbaren Quellen zurückzugehen, ausschließlich den Umfang der Hebräischen Bibel als kanonische Schriften übernommen. Beide Versionen des „Alten Testaments", das wir vielleicht besser das „Erste Testament"[2] nennen sollten, weisen dabei Inkonsequenzen auf: Die Reihenfolge der Bücher folgt in beiden Fällen der ältesten Übersetzung der Hebräischen Bibel, der griechischen Septuaginta (= LXX). Gleichzeitig wird jedoch den Übersetzungen nicht der Text der Septuaginta zugrunde gelegt, der an einigen Stellen massiv vom hebräischen abweicht, sondern der Text der Hebräischen Bibel, der allerdings an manchen Stellen nach der Septuaginta korrigiert wird.[3] Diese Inkonsequenzen bei der Rezeption von unterschiedlichen Traditionen sind aufgrund theologiegeschichtlicher Entscheidungen zustande gekommen. Sie können und müssen daher sowohl auf ihre Sinnhaftigkeit als auch auf ihre Konsequenzen für das Verständnis der Texte befragt werden.

Der Hebräischen Bibel, deren Text bei der Übersetzung der Vorzug gegeben wird, muß auch mit ihrer Kanonanordnung, die das Christentum nicht übernommen hat, mehr Gehör verschafft werden. Wie lohnend das Hören auf die der Hebräischen Bibel eigenen Tradition gerade für das Verständnis der Prophetie ist, wird im folgenden gezeigt werden. Wenn der christliche Kanon das Alte Testament durch das Neue Testament fortsetzt, mag zwar aufgrund des zweiten Teils der Bibel die Beibehaltung der bestbezeugten Septuagintaordnung theologisch konsequent sein. Da das Prophetiekonzept des Hebräischen Kanons das im kanonischen Endtext intendierte ist, ist es aber nicht nur für jüdische Lesende ertragreich. Weil das Christentum heute weder Vorstufen des hebräischen Textes (wie dies manche Auswüchse der historisch-kritischen Exegese mit ihrer Suche nach originalen Prophetenworten glauben machen wollten) noch spätere Rezeptionen als Heilige Schriften anerkennt, sondern den biblischen Endtext in der Form der veritas hebraica, kann das jüdische Verständnis der Prophetie für christliche Menschen nicht irrelevant sein.

1. Prophetinnen im christlichen Kanonteil der Prophetie

Die Anordnung der biblischen Bücher in unseren deutschsprachigen Bibelausgaben folgt im wesentlichen der Haupttradition der griechischen Übersetzung,[4] die in Gesetz (Pentateuch), geschichtliche Bücher (wobei dazu etwa in der Lutherbibel die Bücher von Gen-Est zählen), Weisheit und Psalmen sowie Prophetenbücher gegliedert ist. Dabei umfaßt der klassische christliche Prophetiekanon ausschließlich jene Bücher, die nach Propheten benannt sind. Er erweitert die in der Hebräischen Bibel eine Trias bildenden Propheten Jesaja, Jeremia und Ezechiel durch Daniel zu den sogenannten vier „großen Propheten". Diesen läßt er die Sammlung der zwölf sogenannten „kleinen Propheten", die im Dodekapropheton zusammengefaßt sind, folgen.

Damit endet der christliche Kanonteil der Prophetie mit Maleachi und seiner Ankündigung, vor dem Tag JHWHs, dem großen und furchtbaren Tag, den Propheten Elija zu senden (Mal 3,23f.). In den christlichen Gesamtbibelausgaben liest man diese Verse unmittelbar vor den Evangelien und ihrer Frage, ob denn nicht Johannes der Täufer (Mt 11,14; 17,10-13; Lk 1,17) oder sogar Jesus (Mt 16,14; Mk 6,15; 8,28; Lk 9,19) der wiedergekommene Elija sei. Elija und Mose treten nach diesem Verständnis in der „Verklärungsperikope" gemeinsam als die Verkörperung von „Gesetz und Propheten" und als Zeugen der Beglaubigung für ihren neutestamentlichen Nachfolger auf.[5]

Der unmittelbare Anschluß der Erzählungen über Jesus von Nazareth an den Schluß der Prophetie im AT wurde in der Theologiegeschichte kaum als neutrales Zusammentreffen zweier Buchteile, sondern meist als theologisch relevante Fortsetzung angesehen. Klaus Koch[6] hat in seinem vor dreißig Jahren erschienenen Band „Ratlos vor der Apokalyptik" diese Deutungen als „Profeten-Anschluß-Theorie" bezeichnet: Den zu großen Einzelgängern hochstilisierten Männern, die die Religion Israels entscheidend prägten, konnte mit dieser theologisch gewerteten Kanonabfolge nahtlos der Gründer des Christentums, der „Charismatiker" Jesus von Nazareth gegenübergestellt werden: Der alles Bisherige in den Schatten stellende Mann konnte als Anschluß und Abschluß für eine lange Reihe großer Männer verstanden werden, die allerdings durch den jüdischen Nomismus etwa ein halbes Jahrtausend unterbrochen worden sei. Die ausschließlich christliche, teils massiv antijüdische Ausrichtung dieses theologischen Ansatzes wird damit bereits deutlich.

DIE UNTERSCHIEDLICHEN KANONTEILE DER PROPHETIE	
Hebräische / Jüdische Tradition	Griechische / Christliche Tradition
Zugehörigkeit von Büchern:	*Zugehörigkeit von Büchern:*
Vordere Propheten: Jos - 2 Kön + **Hintere Propheten:** 3 große (Jes, Jer, Ez) + 12 kleine Propheten (Hos-Mal)	= **Schriftpropheten:** 4 große (Jes, Jer, Ez, Dan) + 12 kleine Propheten (Hos-Mal)
Kanonanordnung:	*Kanonanordnung:*
Mittelstellung Zwischen Tora und Schriften	**Schlußstellung** im AT, gefolgt vom NT

Wie Konrad Schmid[7] unlängst gezeigt hat, sind in kaum einem anderen Bereich des ATs die Ergebnisse der klassischen historisch-kritischen Exegese so populär geworden wie beim Prophetenbild. Die Propheten sind nach diesen Forschungen – und sind es in unserem Alltagsbewußtsein noch immer – Männer von einsamer, intellektueller und spiritueller Kraft. Ihre Namen sind allesamt Männernamen, und der Mainstream der Prophetenforschung war davon überzeugt, daß sie charismatische Einzelgestalten wären, die die Religion Israels ab der zweiten Hälfte der Königszeit zu dem gemacht hätten, was wir heute in den alttestamentlichen Texten vorfinden und was in der Forschung die „*israelitische* Religion" – wohl gemerkt nicht die jüdische – genannt wurde.

In einer derart androzentrischen Forschungstradition ist auch kein Gespür dafür da, das Fehlen großer Frauen in dieser Reihe wahrzunehmen; und das, obwohl im NT bei Lk 2,36-38 ein – offensichtlich in der Exegese kaum als solcher erkannter – Anknüpfungspunkt hergestellt wird: Dem frommen Mann Simeon wird Hanna an die Seite gestellt, deren Lobpreis zwar nicht – wie jener des Mannes – direkt zitiert wird, die aber im Gegensatz zu Simeon explizit als „Prophetin" bezeichnet wird. Die Prophetin Hanna hat (wenn man von den prophetisch redenden Töchtern in Ez 13,17ff. und Joël 3,1 einmal absieht) im *christlichen* Prophetiekanon allerdings nur eine einzige Vorgängerin: die Prophetin, zu der der Prophet Jesaja nach Jes 8,3 geht und deren Kind einen sprechenden Namen erhält.

Diese in der griechischen Kanontradition kaum vorhandene „Reihe" von Prophetinnen sieht nun aber in der Bücherfolge der Hebräischen Bibel wesentlich anders aus und läßt sich damit als genuin biblisch erweisen.

2. *Prophetinnen im jüdischen Kanonteil der Prophetie*

Das Judentum kennt nach dem Traktat Megilla 14a des Babylonischen Talmuds sieben Prophetinnen: Sara, Mirjam, Debora, Hanna, Abigajil, Hulda und Ester. Die Reihe dieser Frauen macht bereits klar, daß „*die Prophetin*" völlig anders definiert ist als das weibliche Pendant zu dem, was sich Christenmenschen unter Propheten vorstellen. Der Talmud bedenkt Frauen mit dem Titel „Prophetinnen", die es in besonders intensiver Weise mit Gott zu tun haben und mit ihm reden. Der Ansatz für ein solches Verständnis ist bereits in der Bibel selber gegeben und nicht auf weibliche Gestalten begrenzt, wenn etwa eine der sehr späten Schichten des Pentateuchs in Gen 20,7.17 den Patriarchen Abraham zum fürbittenden „Propheten" macht.

PROPHETINNEN IM JÜDISCHEN UND CHRISTLICHEN KANON	
Hebräische Bibel (jüdisch)	Septuaginta (christlich)
Tora: **Mirjam** (nur Ex 15,20; implizit in Num 12)	*Pentateuch:* **Mirjam** (nur Ex 15,20; implizit in Num 12)
	Geschichtsbücher: **Debora** (Ri 4,4) **Hulda** (2 Kön 22,14ff.; 2 Chr 34,22ff.) **Noadja** (Neh 6,14)
Jüdischer Prophetiekanon: **Debora** (Ri 4,4) **Hulda** (2 Kön 22,14ff.) **Prophetin**, zu der Jesaja geht (Jes 8,3) **prophetisch redende Töchter** (Ez 13,17ff.; Joël 3,1) + *implizit:* **diensttuende Frauen am Offenbarungszelt** (Ex 38,8; 1 Sam 2,22) **Prophetin von En-Dor** (1 Sam 28,3ff.)	*Christlicher Prophetiekanon:* **Prophetin**, zu der Jesaja geht (Jes 8,3) **prophetisch redende Töchter** (Ez 13,17ff.; Joël 3,1)
Schriften: **Noadja** (Neh 6,14) **Hulda** (2 Chr 34,22ff.)	
Talmud (Megilla 14a)	
Sara, Mirjam, Debora, Hanna, Abigajil, Hulda, Ester	

Die talmudische Reihe von Prophetinnen stimmt nicht mit jener überein, die in der Hebräischen Bibel als Prophetinnen bezeichnet werden: Dort werden Mirjam in Ex 15,20, Debora in Ri 4,4, Hulda in 2 Kön 22,14 und 2 Chr 34,22, Noadja in Neh 6,14 und die Frau, zu der nach Jes 8,3 Jesaja geht, „Prophetinnen" genannt. Hinzu kommen noch die prophetisch redenden Töchter von Ez 13,17 und Joël 3,1. Implizit, dies wird noch zu erweisen sein, werden in der Hebräischen Bibel auch die im christlichen Kontext meist als „Hexe von En-Dor" bezeichnete Frau aus 1 Sam 28,3ff. und vermutlich auch die am Offenbarungszelt ihren Dienst leistenden Frauen aus Ex 38,8 und 1 Sam 2,22 in die Prophetie eingereiht.

Aufgrund der unterschiedlichen Kanoneinteilung werden die im hebräischen Text „Prophetinnen" genannten Frauen in der jüdischen und christlichen Tradition unterschiedlichen Teilen der Bibel zugeordnet. Der Pentateuch, der in der christlichen Tradition meist auch als Geschichtsbuch verstanden wird, kennt Mirjam als Prophetin. Wenn im jüdischen Kanon Mirjam die einzige Prophetin in der Tora ist und dort an die Seite des Mose gestellt wird (Ex 15; vgl. Num 12), so ist zu vermuten, daß dieser Frau eine Sonderstellung zukommt, die Auswirkungen auf den unmittelbar folgenden Kanonteil der Prophetie hat.

Die Hebräische Bibel reiht die in der Septuagintatradition als Geschichtswerke verstandenen Bücher Josua - 2 Könige zu den sogenannten *Nebiim rischonim*, zu den „Frühen" oder „Vorderen Propheten". Dadurch wird Prophetie nach der Sichtweise der Hebräischen Bibel nicht – wie in der christlichen und vor allem in der wissenschaftlich-exegetischen Tradition der letzten zwei Jahrhunderte – auf die „Schriftprophetie" enggeführt, sondern auf die Erzählungen um prophetische Gestalten ausgeweitet. Durch eine solche Kanoneinteilung wird das in der kirchlichen Praxis oft zu findende Mißverständnis, daß „Propheten" immer nur Männer gewesen seien, da doch die vier großen und die zwölf kleinen Prophetenbücher unter den Namen von *männlichen* Propheten überliefert seien, entscheidend korrigiert. Daß diese Sichtweise der Prophetie wesentlich „biblischer" ist als das christliche Verständnis der Prophetie als *Schrift*prophetie, erweisen nicht nur die (literarhistorisch späten) großen Geschichtsrückblicke, die die gesamte Geschichte Israels als von der Prophetie begleitet darstellen,[8] sondern vor allem das Verständnis der Prophetie in der Tora, dem „Grundgesetz" Israels. Die Tora genießt in der Hebräischen Bibel einen Ehrenvorrang vor allen anderen Büchern, vergleichbar den Evangelien innerhalb des NTs. Es ist daher anzunehmen, daß das Prophetieverständnis der Tora den Kanonteil der Prophetie entscheidend beeinflußt.

[1] Zu den zahllosen, historisch belegten unterschiedlichen Reihenfolgen der Bücher in den einzelnen Traditionen, die jedoch auch eine überwiegend bezeugte Hauptform erkennen lassen, siehe Brandt, Peter, Endgestalten des Kanons. Das Arrangement der Schriften Israels in der jüdischen und christlichen Bibel, BBB 131, Bonn 2001.

[2] Siehe dazu Zenger, Erich, Das Erste Testament, Düsseldorf 1995[5].

[3] Als berühmtestes Beispiel sei hier nur die „junge Frau von Stand" der Hebräischen Bibel von Jes 7,14 angeführt, die in den christlichen Bibeln, der Septuaginta folgend, traditionell mit „Jungfrau" übersetzt wird.

[4] Dabei muß betont werden, daß die LXX-Tradition auch andere Abfolgen und Stellungen sowohl des Prophetenkanons als auch innerhalb desselben in der Anordnung der Bücher kennt. Siehe dazu Brandt, Endgestalten, 172-217.

[5] Zu Jesus von Nazareth als Prophet in der Nachfolge des Mose siehe Kraus, Wolfgang, Die Bedeutung von Dtn 18,15-18 für das Verständnis Jesu als Prophet, ZNW 90 (1999), 153-176.

[6] Vgl. Koch, Klaus, Ratlos vor der Apokalyptik, Gütersloh 1970, 35-46.

[7] Siehe Schmid, Deutungen, 225-250.

[8] Vgl. 2 Kön 17.21 und auch die Chronikbücher, deren Konzepte im Kapitel über Hulda noch näher dargestellt werden.

Was die Tora zum Phänomen der Prophetie zählt und was nicht, was die Aufgabe der Prophetie ist und welchen Stellenwert sie hat, das erfahren wir nicht nur aus den Erzählungen über prophetische Gestalten, die in der Tora auftreten, sondern vor allem aus zwei einschlägigen Texten des Deuteronomiums, aus Dtn 13,2-6, dem Gesetz gegen abtrünnige Propheten, und aus Dtn 16,18-18,22, der sogenannten „Ämtergesetzgebung", die in ihrem letzten Teil auf die Prophetie eingeht.

1. *Propheten, die zum Abfall von JHWH anleiten: Dtn 13,2-6*

Das erste Gesetz, das in der Tora auf prophetisch begabte Menschen zu sprechen kommt, nimmt als Fallbeispiel an, daß die um zu JHWH *hinzuführen* eingesetzten Menschen von ihm *wegführen* wollen. Vor jeglicher Vorschrift, was Prophetie in Israel sein soll, wird also der Fall der Falschprophetie, die nicht im Namen der Gottheit Israels geschieht, abgehandelt.

> (2) Wenn in deiner Mitte ein Prophet oder ein Träume Träumer aufsteht und dir Zeichen oder Wunder gibt, (3) und es kommt das Zeichen und das Wunder, von denen er zu dir geredet hat, indem er sagte: „Wir wollen hinter anderen Gottheiten hergehen, die du nicht kanntest, und wollen ihnen dienen!" (4) Auf die Worte jenes Propheten sowie auf die Träume solcher Träumer sollst du nicht hören. Denn JHWH, eure Gottheit, prüft euch, um zu erkennen, ob ihr JHWH, eure Gottheit, mit ganzem Herzen und mit ganzer Seele liebt. (5) Hinter JHWH, eurer Gottheit, sollt ihr hergehen, ihn sollt ihr fürchten, seine Gebote sollt ihr halten, auf seine Stimme sollt ihr hören, ihm sollt ihr dienen und an ihm sollt ihr hängen. (6) Aber jener Prophet oder jener Träume Träumer soll getötet werden! Denn Widerspenstigkeit hat er geredet gegen JHWH, eure Gottheit, die euch herausgeführt hat aus dem Land Ägypten und die dich freigekauft hat aus dem Sklavenhaus, um dich vom Weg abzubringen, auf dem JHWH, deine Gottheit, dir befohlen hat zu gehen. Du sollst das Böse aus deiner Mitte ausrotten!

Der Passus Dtn 13,2-6 steht im Rahmen dreier kasuistisch präsentierter Verordnungen für den Fall der Verführung zum Abfall von JHWH. Dabei fällt auf, daß nicht in der für das Kasusrecht üblichen 3. Pers. geredet wird (wenn jemand etwas tut, dann...), sondern Israel in seiner Gesamtheit (in 2. Pers. Sg.) angesprochen wird. In allen drei Fällen wird angenommen, daß die Verführung, vom Hauptgebot der ausschließlichen Verehrung JHWHs abzuweichen, aus der Mitte Israels selber kommt: In allen drei Fällen[1] handelt es sich insofern um noch gravierendere Angelegenheiten, als dies jegliche Anstiftung zum Abfall von JHWH ohnehin ist, da die Verführenden entweder besonders dazu qualifiziert sein sollten, zur Gottheit Israels hinzuführen, es sich um besonders Nahestehende handelt oder sogar eine ganze Gemeinde dazu aufruft: In V2-6 ist der Verführer ein Prophet, in V7-12 sind es Familienmitglieder sowie Freunde, in V13-19 eine ganze israelitische Stadt.

I. PROPHETISCH BEGABTE MENSCHEN

V2: *Wenn* (כִּי) in deiner Mitte ein Prophet (נָבִיא)
  oder Träume Träumer (חֹלֵם חֲלוֹם) aufsteht...

V3: indem er sagt (לֵאמֹר) + direktes Zitat:
  „Wir wollen hinter anderen Gottheiten hergehen,
  die du nicht kanntest, und wollen ihnen dienen!"
  נֵלְכָה אַחֲרֵי אֱלֹהִים אֲחֵרִים אֲשֶׁר לֹא־יְדַעְתָּם וְנָעָבְדֵם

V6:   <u>Todeswürdiges Vergehen</u>

II. FAMILIENMITGLIEDER

V7: *Wenn* (כִּי) dein(e) Bruder/Sohn/Tochter/Frau/Freund
  dich verführen will...

V7: indem er/sie sagt (לֵאמֹר) + direktes Zitat:
  „Wir wollen hinterhergehen und dienen anderen
  Gottheiten, die du – und deine Eltern – nicht kanntest"
  נֵלְכָה וְנַעַבְדָה אֱלֹהִים אֲחֵרִים אֲשֶׁר לֹא יָדַעְתָּ אַתָּה וַאֲבֹתֶיךָ

V11:   <u>Todeswürdiges Vergehen</u>

III. GANZE STÄDTE

V13: *Wenn* (כִּי) du in einer deiner Städte hörst...,
  daß Männer ... aus deiner Mitte ausgezogen sind...

V14: indem sie sagen (לֵאמֹר) + direktes Zitat:
  „Wir wollen hinterhergehen und dienen
  anderen Gottheiten, die ihr nicht kanntet"
  נֵלְכָה וְנַעַבְדָה אֱלֹהִים אֲחֵרִים אֲשֶׁר לֹא־יְדַעְתֶּם

V16:   <u>Todeswürdiges Vergehen</u>

In allen drei Abschnitten wird die Anstiftung zum Abfall und zur Verehrung fremder Gottheiten durch eine direkte Rede der betreffenden Menschen wiedergegeben (V3.7.14). Sie rufen dazu auf, hinter „anderen Gottheiten" als JHWH, die Israel „zuvor nicht kannte" (אֱלֹהִים אֲחֵרִים אֲשֶׁר לֹא יְדַעְתָּ), herzugehen und ihnen zu dienen (נֵלְכָה וְנָעָבְדֵה).[2] In allen drei Abschnitten wird die Tat als todeswürdiges Vergehen bewertet (V6.16.11). Das Verbrechen, um das es in allen drei Fällen geht, ist ein Verstoß gegen das Erste Gebot, gegen den Ausschließlichkeitsanspruch JHWHs. Das Vergehen ist deswegen so schwerwiegend, weil nicht nur jemand von JHWH abfällt, sondern darüber hinaus noch versucht, auch andere Personen dazu zu bewegen, dasselbe zu tun.

An erster Stelle wird ein prophetisch begabter Mensch genannt, der „in deiner Mitte" (בְּקִרְבְּךָ) „aufsteht" (יָקוּם). Damit wird einerseits deutlich, daß es sich eindeutig um *israelitische* Prophetie handelt. Andererseits wird bereits durch die Formulierung des eigenmächtigen „Aufstehens" (קוּם qal) die mangelnde Legitimation durch JHWH angedeutet. Denn das Prophetiegesetz formuliert im krassen Gegensatz dazu, daß JHWH einen Propheten wie Mose aus Israels Mitte „aufstehen *lassen*" wird (קוּם hif.: Dtn 18,15.18).[3]

Die zum Abfall von JHWH anleitende Person wird „ein Prophet" (נָבִיא) oder „ein Träume Träumer" (חֹלֵם חֲלוֹם) genannt.

Die Offenbarung im Traum wird hier unter das Phänomen der regulären Prophetie gestellt, wie dies etwa in Num 12,6 der Fall ist. Traumoffenbarung ist im AT allerdings nicht auf Propheten beschränkt (vgl. z. B. Josef in Gen 39; Abimelech in Gen 20,3-7). Anders als etwa in Joël 3,1, wo die verheißene kollektive Begabung mit dem Geist, der die Prophetie bewirkt, auch durch Träume angezeigt wird, oder im späten Danielbuch (2,1ff.) spielt im Jeremiabuch die Traumoffenbarung in der Auseinandersetzung mit Falschprophetie eine überaus zweifelhafte Rolle. Der Traum wird dort als inadäquates Offenbarungsmittel gesehen, weil er in spezifischer Gefahr stehe, nur erfunden und erlogen zu sein (vgl. Jer 23,25-32). Die Trägerschaft solcher Traumoffenbarung wird ähnlich wie in Dtn 13,2 mit einem Parallelismus von נָבִיא, „Prophet", und dem Verb sowie dem Substantiv aus der Wurzel חלם, „träumen", charakterisiert. Jer verwendet den männlichen Plural „Propheten", Dtn dagegen den maskulinen Singular. In der pluralischen Maskulinform können Frauen immer mitgemeint sein. Dasselbe könnte auch für den Singular von Dtn 13 zutreffen. Da aber die Perikope an vergleichbarer Stelle Frauen explizit nennt (V7), übersetze ich hier konsequent mit der männlichen Form. Auch in Dtn 17,2-7 ist bei der Anstiftung zu Fremdkulten, zum „Hinterhergehen hinter anderen Göttern als JHWH", ausdrücklich auch von Frauen die Rede. Dreimal werden Mann *und* Frau genannt (V2.5a.5b). Damit ist zumindest für Teile des dtn Gesetzes eine explizite Thematisierung der

Geschlechterdifferenz nachweisbar. Nimmt man den maskulinen Singular in Dtn 13,2 ernst, dann wird die Traumsehung vorwiegend als männliches Phänomen dargestellt. Tatsächlich findet sich in der Bibel weder ein Beleg in bezug auf prophetisches Träumen noch ein erzählender Text, der eine Traumoffenbarung mit einer Frau in Verbindung bringen würde.

Der falsche Prophet und Träumer von Dtn 13,2 gibt dem Volk vorerst „Zeichen oder Wunder" (אוֹת אוֹ מוֹפֵת). Mit dieser Formulierung sind nun aber nicht irgendwelche Spektakel gemeint, sondern damit bezeichnet das Dtn (z. B. 4,34; 6,22; 7,19 u.ö.) die wunderbaren Umstände bei der Herausführung aus Ägypten. Es wird also mit einem Menschen gerechnet, der durchaus nicht nur plappert. Diese Zeichen „kommen" dann auch, und zwar indem der Prophet redet und sie deutet: „Wir wollen hinter anderen Gottheiten hergehen, die du vorher nicht kanntest, und wollen ihnen dienen!" (V3). Der Prophet benützt also seine sehr wohl eintreffenden „Zeichen oder Wunder" dazu, von JHWH *weg*zuführen. Daraus ist zu schließen, daß das AT durchaus damit rechnet, daß auch im Namen anderer Gottheiten Zeichen oder Wunder gewirkt werden können (anschaulich dargestellt z. B. im Rahmen der Plagenerzählung in Ex 7). Lapidar wird aber festgestellt, daß „du" – wie das Dtn das Volk häufig anredet – nicht auf die Worte dieses als Propheten bezeichneten Mannes hören sollst – und auch nicht auf die geträumten Träume.

Die Tatsache, daß solch ein falscher Prophet mit Worten, Zeichen oder Wundern, die sogar „gegeben" werden können, überhaupt in Israel möglich ist, wird als Prüfung Gottes deklariert. V4b.5 schärft den Ausschließlichkeitsanspruch Gottes an „euch"[4] nochmals ganz im Sinne des Dtn ein und nimmt dabei eindeutig auf das *„Sch^ema Jisrael"* aus Dtn 6,4ff. Bezug. Erst dann wird bestimmt, was mit dem Propheten oder Traumseher geschehen soll: Er hat ein todeswürdiges Verbrechen[5] begangen, da er gegen den Gott, der Israel aus dem Sklavenhaus Ägypten herausgeführt hat, geredet und zum Abfall von ihm verführt hat. Der Passus wird mit einem בְּעַרְתָּ-Satz abgeschlossen, der üblicherweise die Ahndung von Kapitalverbrechen angibt: „Du sollst das Böse in deiner Mitte wegschaffen / ausrotten".

Anders als im Prophetiegesetz von Dtn 18,19ff. wird hier das Eintreffen nicht als Zeichen für die Echtheit des Wortes gewertet. Es wird *nicht mit einer späteren Überprüfbarkeit* gerechnet, sondern die *Falschprophetie steht von vornherein fest*. Als Kriterium reicht aus, daß der Prophet nicht dazu anleitet, JHWH zu dienen. Nicht die eintreffenden Worte, Zeichen oder Wunder und auch nicht die spezifischen Inhalte seiner Botschaft qualifizieren damit diesen Propheten, sondern die Intention seiner

Rede: Eine Botschaft, die explizit von JHWH wegführt, bedarf keiner weiteren Kriterien, um sie als falsch zu entlarven. Wenn sich Prophetie, die dazu da ist, die göttliche Botschaft an Menschen zu vermitteln, nicht einmal an das Grundgesetz des Fremdgötterverbotes hält, ist sie von vornherein nicht akzeptabel. Wie Matthias Köckert treffend gesehen hat, „mißt 13,3 die Prophetie inhaltlich am Fremdgötterverbot, argumentiert also mit der Tora als entscheidendem Kriterium für alle Prophetie und setzt damit das in Dtn 18,15ff. bestimmte Verhältnis von Tora und Prophetie voraus."[6]

2. Prophetie im Verheißungsland ist Prophetie nach (dem Tod des) Mose: Dtn 18,9-22

Das sogenannte „Prophetengesetz", das als Abschluß der Ämtergesetzgebung in Dtn 16,18-18,22 steht, ist von seiner Einleitung her als Weisung für das Leben im Land stilisiert. Dies ist nicht nur damit zu begründen, daß das ganze Dtn Moserede vor dem Übertritt ins Verheißungsland ist, sondern daß sowohl beim Königsgesetz als auch beim Prophetiegesetz die zeitliche Bestimmung für die Gültigkeit angegeben wird:

> Wenn du in das Land kommst, das JHWH,
> deine Gottheit, dir gibt, dann... (Dtn 17,14; 18,9).

Auf diese Weise werden von vornherein das Königtum und die Prophetie,[7] wie sie im folgenden sowohl negativ als auch positiv abgegrenzt werden, als Phänomene des Kulturlandes gesehen und aufeinander hingeordnet. In Dtn 18,12 werden alle diese Praktiken als תּוֹעֵבָה, „Greuel", vor JHWH bezeichnet. Nach V9.12-14 sind es gerade sie, die JHWH veranlassen, die autochthonen Völker aus dem Land zu vertreiben, um es Israel zu geben. Indirekt wird hier bereits darauf verwiesen, daß Israel, sollte es sich nicht an diese Weisung halten, ebenfalls vertrieben werden wird (vgl. Dtn 8,19f.). Eine frühestens exilische Abfassungszeit wird dadurch wahrscheinlich.[8]

Mose als der Prophet par excellence, zu dem er in diesem Abschnitt, und vor allem im Nekrolog von Dtn 34,10-12, stilisiert wird, lebt zur Stunde der erzählten Zeit noch. Die Prophetie Israels im Verheißungsland wird damit eindeutig von jener der Völker abgesetzt, die nach der dtn Fiktion zu dieser Zeit im Land leben. Sie wird aber vor allem von der vorangehenden Exodus- und Wüstenwanderungszeit abgegrenzt, die, in prophetischen Kategorien gesprochen, die Zeit des Mose und der Mirjam ist.

Der Abschnitt zur Prophetie im Rahmen der sogenannten „Ämtergesetzgebung" des Dtn läßt sich inhaltlich in zwei Teile gliedern: Dtn 18,9-14a bestimmt, was für Israel nicht unter Prophetie rangieren soll. Dtn 18,14b-22 beschreibt sodann positiv, was und wie Prophetie im Land und Volk Israel sein soll.

2.1 Was ist Prophetie? Die negative Abgrenzung

Die Abgrenzung der Prophetie Israels gegenüber den mannigfaltigen Techniken zur Erkundung des Gotteswillens, wie sie die autochthonen Völker pflegen, beginnt mit dem Verbot, diese Praktiken zu erlernen und anzuwenden. Dadurch erhält die folgende Aufzählung den Anschein, daß keine dieser Methoden im Volk Israel je vorher angewendet wurde, sondern es sich ausschließlich um die prophetischen Praktiken der ursprünglichen Einwohner Kanaans gehandelt habe.[9] Literarhistorisch gesprochen, heißt dies, daß die Gesetzespromulgation bereits mit dem narrativen Kontext der bevorstehenden Inbesitznahme des Landes verbunden ist.[10]

Viele erzählende Texte aus der Frühen Prophetie erweisen aber gerade, daß sich all die Praktiken auch in Israel finden. Die „Fabel" des sogenannten „Deuteronomistischen Geschichtswerkes" (DtrG), der durchgängige Erzählfaden, der das Leben im Land verfolgt, läßt die meisten dieser Techniken der Zukunftserkundung zwar bereits durch den ersten König verbieten (vgl. 1 Sam 28,3). Wenn dann aber vor allem die Könige als Proponenten[11] all der verbotenen Mittel vorstellt werden (vgl. 2 Kön 21,6), dann erweist sich nur das, wovor Dtn 18,9.12-14 noch vor dem Betreten des Landes warnt: Wer solches im Land tut, wird daraus vertrieben werden. Das letzte Kapitel der Vorderen Prophetie, 2 Kön 25, berichtet dann auch konsequent von der Exilierung des Königs und eines Großteils der Bevölkerung. Dieses Ereignis macht rückgängig, was mit dem ersten Kapitel der Vorderen Prophetie begann, nämlich die Inbesitznahme des Landes (Jos 1).

Dieser Erzählfaden ist eine zurückblickende Deutung der Katastrophe des Landverlusts. Für die religionsgeschichtliche Situation in der Königszeit ist sie nur bedingt aussagekräftig. Die vielfältigen Belege, von denen sehr viele später als die Königszeit sind, erweisen aber, daß das Phänomen der Prophetie wesentlich breiter gefächert war. Wenn nekromantische, magische und divinatorische Praktiken im Rahmen des Prophetiegesetzes überhaupt genannt werden, ist dies nicht anders zu erklären, als daß sie allesamt zur Prophetie gezählt wurden und das Gesetz in Dtn 18,9-14a nun präskriptiv bestimmt, was künftig als ungeeignetes Mittel der Gotteswillens- und Zukunftsergründung gelten soll:

(9) Wenn du in das Land kommst, das JHWH, deine Gott-heit, dir geben wird [, dann soll gelten]: Nicht sollst du ler-nen, gemäß den Greueln dieser Völker zu tun. (10) Nicht soll unter dir gefunden werden [ein Mensch], der seinen Sohn oder seine Tochter durchs Feuer gehen läßt, [nicht] einer, der *Wahrsagung der Wahrsagerei*, <u>Divination</u>, Omi-nadeutung oder Zauberei betreibt (11) oder Beschwörung beschwört, der einen toten Ahnen oder einen Erkennenden anfragt oder die Toten befragt. (12) Denn wer das tut, der ist JHWH ein Greuel, und um solcher Greuel willen ver-treibt JHWH, deine Gottheit, sie vor dir. (13) Du aber sollst untadelig sein vor JHWH, deiner Gottheit. (14) Denn diese Völker, die du beerben wirst, hören auf <u>Divination</u> und *Wahrsagerei* Treibende.

Welche Praktiken werden nun unter dem Phänomen Prophetie im Gesetz von Dtn 18,9-14a erfaßt? Es sei vorab betont, daß die gewählten Übersetzungen zu den einzelnen Tätigkeiten unsicher bleiben müssen, da wir so gut wie nirgends genauere Berichte über die Ausführung der bezeichneten Aktivitäten haben.

- Nicht soll sich bei dir finden *„jemand, der seinen Sohn oder seine Tochter durchs Feuer gehen läßt"*. Hier handelt es sich mit ziemlicher Sicherheit um Praktiken der Moloch-Verehrung. Belege für diesen Kult gibt es im AT viele.[12] Wahrscheinlich reagiert auch diese Aussage auf eine wohl erst in unmittelbar vorexilischer bis weit in die nachexilische Zeit florierende Moloch-Verehrung. Bei Moloch ist vermutlich eine vorderorientalische Gottheit angesprochen, die als Malik bereits in Ebla bezeugt ist. Im AT wird sie nur hier und in Lev 20,2-6 in Verbindung mit Totenbefragung genannt. Allerdings ist für den Kult dieses Gottes nirgends Totenbefragung oder Wahrsagerei nachzuweisen. Ob die Formulierung „durchs Feuer gehen lassen" auf Menschenopfer verweist oder bloß auf einen Weiheritus der Kinder hindeutet, ist umstritten.[13] Jedenfalls wird der Moloch-Kult sonst nir-gends mit prophetischen Phänomenen verbunden – außer hier und in von dieser Stelle abhängigen Texten. In 2 Kön 23,10 gehört er (neben Toten- und Geisterbefragung: 23,24) zu jenen devianten Kulten, die Joschija in seiner von der Prophetin Hulda initiierten Reform verbieten läßt.
- Jemand, der *„Wahrsagung der Wahrsagerei betreibt"* (קֹסֵם קְסָמִים), kommt im AT in einer Reihe mit dem Moloch-Kult sonst nur noch in der ausführlichen Begründung für den Untergang des Nordreiches in 2 Kön 17,17 vor. Um außerisraelitische Praktiken, wie sie auch für Babel belegt sind (vgl. Ez 21,26-34), handelt es sich beim Seher Bileam, der in seiner Segensansprache bekennt (Num 23,23), daß gegen Israel weder Wahrsagen noch Omendeutung etwas ausrichten können (vgl. auch Jos 13,22). Der erste König über Israel, Saul, versucht sie für sich zu nutzen (1 Sam 28,8; vgl. 15,23). In Jes 3,2 und

Mi 3,11 erscheinen Wahrsager unter den Honoratioren Jerusalems und in Gesellschaft von Weisen (Jes 44,25; vgl. auch Sach 10,2). Jer 14,14 nennt Wahrsagen zusammen mit trügerischen Visionen explizit im Kontext von Falschprophetie. Noch deutlicher ist der Zusammenhang mit der Falschprophetie in der Erzählung um die Auseinandersetzung Jeremias mit Hananja: Jeremia ruft mit dem Joch auf dem Nacken dazu auf, nicht auf die Propheten, *Wahrsager*, Divinatoren, Träumer und Zauberer zu hören (Jer 27,9; vgl. 29,8f.). Als Jeremia das Kriterium der Echtheit der Prophetie nach Dtn 18,21f., das Eintreffen des Wortes, einfordert, zerbricht Hananja das Joch (Jer 28,9f.). Wenn daraufhin Jeremia in seinem Brief an die Verbannten ausdrücklich auf die „Propheten in eurer Mitte" verweist, die er als Träumer, Wahrsager und Lügenverbreiter denunziert, so bezieht sich der Text abermals auf die Gesetze bezüglich der Prophetie in Dtn 13,2 und 18,15.18. Auch in Ez 13,6.9.23 ist der Kontext eindeutig jener der Diskussion um wahre und falsche Prophetie, im Rahmen derer Frauen und Männer in Israel beschuldigt werden, neben anderen magischen und mantischen Methoden auch diese Form der Wahrsagerei zu betreiben (vgl. auch Ez 22,28). Schließlich werden in Mi 3,5-7 die Wahrsager klar unter die prophetisch und mit Visionen begabten Menschen gezählt. Wahrscheinlich handelt es sich bei der hier mit „wahrsagen" wiedergegebenen Methode um eine Möglichkeit der Zukunftsergründung, die im Alten Orient (= AO) immer einen religiösen Aspekt hat. Oft ist vermutet worden, daß es sich um eine Form des Losorakels handeln könnte, das mit Ja-Nein-Entscheid funktioniert.

- Die mit *„Divination betreiben"* übersetzte Methode der Wissenserschließung (מְעוֹנֵן) hat möglicherweise etwas mit der Deutung einer „Wolke" (עָנָן) zu tun.[14] Entweder handelt es sich um eine Form der Divination, des In-Erscheinung-treten-Lassens der Gottheit, oder um eine meteorologische Form der Zukunftsvorhersage. Ich übersetze hier auch deswegen mit Divination, da die Wolke im AT häufig als Symbol der Anwesenheit Gottes, insbesondere beim Offenbarungsempfang, eine große Rolle spielt (z. B. bei der Horebtheophanie in Dtn 4,11, der Offenbarung an Mose, Mirjam und Aaron in Num 12,5 und jener an Mose, Aaron und Samuel in Ps 99,7). In Lev 19,26 wird Divination gemeinsam mit anderen magischen Formen wie Omendeutung, in Mi 5,11 zusammen mit Zauberei und devianten Kultobjekten verboten. Manasse wird in 2 Kön 21,6 und 2 Chr 33,6 beschuldigt, alle diese Praktiken als offizielle Kultformen eingeführt und nicht auf die Prophetie, die zum Befolgen der Mosetora anweist, gehört zu haben (2 Kön 21,8ff.).
- Auch bei jenen, die *„Omina deuten"* (מְנַחֵשׁ), ist unklar, welche Handlungen wirklich gemeint sind. In Gen 44,5.16 wird dieser Ausdruck für die Becherwahrsagung verwendet. Deshalb scheint mir die naheliegende Deutung von Frank-Lothar Hossfeld und Ivo Meyer,[15] die, von der Wurzel נחש ausgehend, die Methode als Schlangenbeschwörung interpretieren, unwahrscheinlich zu sein.
- *„Jemand, der Zauberei treibt"* (מְכַשֵּׁף), findet sich sowohl am Pharaonenhof in Ägypten (Ex 7,11) als auch nach Dan 2,2 am Hof

Nebukadnezzars, um dessen Träume zu deuten. Da diese Leute mit Stäben hantieren, die zu Schlangen werden, handelt es sich wahrscheinlich um eine Art Schadenszauber. Vielleicht ist auch in Mal 3,5 eine solch übelwollende Handlung angesprochen, da sie in einer Reihe mit groben ethischen Verstößen steht. Ex 22,17 hat das Partizip in der Femininform „Zauberin". Über diese bestimmt das Bundesbuch, daß sie getötet werden soll. Bei dieser Praktik ist also weibliche Trägerinnenschaft nicht nur innerisraelitisch (vgl. die Beschimpfung für Isebel in 2 Kön 9,22), sondern auch in bezug auf Babel (Jes 47,9.12) biblisch explizit bezeugt, was darauf schließen läßt, daß in den grammatikalisch männlichen Formen von Jer 27,9 und 2 Chr 33,6 Frauen mitgemeint sind.

- „Jemand, der Beschwörung beschwört" (חֹבֵר חָבֶר), ist offensichtlich ein Mensch, der auch Schlangenbeschwörung betreibt (Ps 58,6 und Sir 12,13). Die Technik wird auch von den Mantikern Babels ausgesagt (vgl. Jes 47,9.12).

- Die drei Formen der Toten- und Geisterbefragung – *„jemand, der einen toten Ahnen* (אוֹב) *und einen Erkennenden* (וְיִדְּעֹנִי) *anfragt* (שֹׁאֵל), *und Tote befragt* (וְדֹרֵשׁ אֶל־הַמֵּתִים)" – finden sich ähnlich formuliert in Jes 8,19 ebenfalls im Kontext der Frage um rechte Prophetie.[16] In Jes 8,19 ist דרש – wie bei der Anfrage an Hulda in 2 Kön 22,13 – mit der Präposition בְּעַד verbunden. Daß damit der Aspekt der Fürbitte[17] und nicht des Befragens ausgedrückt werden soll, ist aufgrund der Objekte in Jes 8 unwahrscheinlich. Daß aber דרש nicht nur neutrale Zukunftsergründung meint, sondern damit immer auch eine Mittlerfunktion zwischen Angefragten und Anfragenden verbunden ist, steht für den AO außer Zweifel. Die Technik der Befragung, ob man sie sich nun durch Mittel oder rein verbal durch Kultpersonal vorzustellen hat, wird im AT häufig auch in bezug auf JHWH gebraucht. Die Gottesbefragung wird bei Entscheidungsfragen angewandt und durch Losorakel getätigt. Das „Anfragen an" geschieht fast immer durch Vermittlung,[18] meist durch einen Propheten (vgl. 2 Kön 3,11; 8,8ff.). Die Technik an sich scheint also neutral zu sein. Was sie verwerflich machen kann, sind die Objekte der Befragung, die hier alle dem Totenreich zuzuordnen sind.[19] In Lev 19,31 wird Totenbeschwörung und das Befragen der Totengeister im Kontext von Divinationsformen genannt. Mit diesen beiden letzten Praktiken ist wohl ein Ahnenkult angesprochen, der nicht bloß Totenbefragung über ein Orakel meint, sondern mit einer kultischen Verehrung der Ahnen verbunden gewesen sein könnte. Brian Schmidt vermutet massiven mesopotamischen Einfluß, der ab Manasse in Israel wirksam gewesen sei. Erst das Dtn „kanaanisiere" diese Methoden, die in der ausgehenden Königszeit z. T. innerhalb des JHWH-Kultes praktiziert wurden.[20]

REIHEN ABZULEHNENDER „PROPHETISCHER" PRAKTIKEN VON DTN 18,9-14

Moloch-Ritus	Wahrsagung קסם	Divination עונן	Omendeutung נחש	Zauberei כשף	Beschwörung חבר	Totenbefragung אוב	Geisteranfrage ידעני
Lev 20,2-5		Lev 19,26	Lev 19,26			Lev 19,31 Lev 20,6.27	Lev 19,31 Lev 20,6.27
	1 Sam 28,8					1 Sam 28,3-9	1 Sam 28,3.9
2 Kön 17,17 2 Kön 21,6	2 Kön 17,17	2 Kön 21,6	2 Kön 17,17 2 Kön 21,6			2 Kön 21,6	2 Kön 21,6
	Jer 27,9	Jer 27,9		Jer 27,9			
2 Chr 33,6		2 Chr 33,6	2 Chr 33,6	2 Chr 33,6		2 Chr 33,6	2 Chr 33,6
2 Kön 23,10	Num 23,23	Mi 5,11 Jes 57,3	Num 23,23	Mi 5,11 Jes 47,9.12	Jes 47,9.12	2 Kön 23,24 Jes 8,19 Jes 19,3	2 Kön 23,24 Jes 8,19 Jes 19,3

Bei allen in Dtn 18,9-14 aufgezählten Praktiken geht es um eine von Menschen veranstaltete Form der Herrschaft über Göttliches zum Zweck der Zukunftsergründung. Die Gottheit soll durch gewisse, Spezialwissen erfordernde Methoden gezwungen werden, in Erscheinung zu treten oder sich kundzutun.

Solche Praktiken sind vor allem in der assyrischen Religion des 7. Jhd. bestens belegt und daher nicht einfach „ins dtr. Gruselkabinett"[21] zu verweisen. „Die Faszination, die von dieser Religion auf Jahweglaubige ausgehen konnte, ist nicht leicht zu überschätzen. In ihr bot sich scheinbar die Möglichkeit umfassender ritueller Lebenssicherung, in ihr wurde durch magische Praktiken der göttliche Schutz gleichsam sichtbar, in ihr war der Kontakt zur Gottheit zwar mittelbar, doch jederzeit rituell herzustellen".[22]

Die vorangehende Tabelle listet Texte auf, die die in Dtn 18,9-14 erwähnten Praktiken gehäuft aufweisen und für unsere Fragestellung besonders aufschlußreich sind. Dabei ist vorauszuschicken, daß die meisten Belege gleich mehrere solcher Praktiken gleichzeitig anführen. Bereits von der Einleitung her ist klar, daß der registerartig gestaltete Text von Dtn 18,10f. *unerwünschtes* Verhalten auflisten will. Aber allein die Tatsache, daß all diese Praktiken *innerhalb des Prophetiegesetzes* abgehandelt werden, erweist, daß sie – von wem auch immer – als im Umkreis der Prophetie stehend angesehen wurden. So stellt sich die Frage, in welchem Rahmen die anderen Texte diese Formen der Zukunftsergründung und Gegenwartsdeutung sehen.

Auffällig ist die häufige Nennung der Praktiken im Heiligkeitsgesetz. Vom Moloch-Kult ist das erste Mal die Rede im Zusammenhang mit dem Verbot von Sexualkontakten unter Verwandten (Lev 18,21). Nach dem Verbot von homosexuellen Akten und von Sodomie folgt eine ausführliche Erklärung, warum das alles in Israel verboten sein soll. Wie im Prophetiegesetz wird als Begründung die Abgrenzung Israels von den Völkern, die vor ihm im Lande lebten, angegeben (Lev 18,3.24-30). Sie wird hier noch wesentlich breiter ausgeführt, als dies in Dtn 18,9.14 der Fall ist. Beide Male aber ist der Gedankengang derselbe: Gott selber hat diese Völker aufgrund der angeführten Greuel vor dem Volk Israel vertrieben. Israel soll daher nicht dasselbe tun, um nicht auch das Land zu verlieren. Ein Kapitel weiter geht Lev 19 auf Divination, Omendeutung und Totenbefragung ein (Lev 19,26-31). Im Kontext stehen Bestimmungen über Kultpraktiken wie die Verpflichtung, den Sabbat zu halten, oder das Verbot, sich Verletzungen zuzufügen (V27-30), wie sie ähnlich bei prophetischen Gruppen im Rahmen des Baalskultes biblisch belegt sind (vgl. 1 Kön 18,28). Von Prophetie ist in dieser Liste, die mit Dtn 18,9ff. vier Praktiken gemeinsam hat, sonst nirgends ausdrücklich die Rede. Lev 20 behandelt unter den todeswürdigen Vergehen wiederum den Moloch-Kult und schließt in V6-8 das Verbot von Totenbeschwörung an, die in 20,27 noch einmal als todeswürdiges Vergehen eingeschärft wird. Die

Texte dazwischen behandeln diverse Sexualverbote, aber auch das Verbot des Ehebruchs und der Verfluchung der Eltern. Der Kontext der im Heiligkeitsgesetz verbotenen Praktiken ist damit nicht als genuin prophetischer zu bestimmen.

Anders ist dies in 1 Sam 28, bei der Erzählung um die Frau von En-Dor, die Samuel aus dem Totenreich heraufbeschwört, damit Saul ihn über die bevorstehende Schlacht befragen kann. Dieses Kapitel wird in Teil III ausführlich behandelt, und es wird sich zeigen, daß es eine narrative Abhandlung über wahre und falsche Prophetie darstellt.

Der große Geschichtsrückblick anläßlich des Untergangs des Nordreichs, 2 Kön 17,7-23, führt in V17 Moloch-Kult, Wahrsagung und Omendeutung im Kontext vielfältiger Formen der Verehrung fremder Gottheiten an. Der Vollzug all dieser kultisch devianten Praktiken sowie die Verehrung anderer Gottheiten haben zusammen mit der Weigerung, auf die Prophetie zu hören, zum Untergang des Nordreiches geführt. Die Auflistung von Moloch-Kult, Divination, Omendeutung und Totenbefragungen unter den Vergehen des Königs Manasse in 2 Kön 21,6 liest sich daneben wie eine Ankündigung, daß auch die Geschichte des Südreiches nicht anders enden wird. JHWH schickt prophetisch Begabte, um Juda den bevorstehenden Untergang anzukündigen, da sich das Volk samt seinem König weigert, auf die Mosetora zu hören (2 Kön 21,8-16). Die Version der Chronik, die ja ein ganz anderes Manassebild bietet als 2 Kön, läßt die Warnung dagegen nicht durch Prophetie, sondern durch JHWH selber ergehen (2 Chr 33,10ff.), woraufhin sich der König denn auch bekehrt. Die Aufzählung von 2 Chr 33,6 hat – mit Ausnahme von Wahrsagung und Beschwörung – den gleichen Umfang wie jene von Dtn 18,9ff.

In der Liste von Jer 27,9, in der prophetische Menschen an erster Stelle genannt werden, ist der Kontext der Auseinandersetzung um die Frage nach wahrer und falscher Prophetie eindeutig. An der Zeichenhandlung des Joches, das in seiner Aussagekraft ambivalent ist und von Hananja und Jeremia verschieden gedeutet wird, entzündet sich ein sehr ausführlich dargestellter Konflikt um die Legitimität von Prophetie und ihren Mitteln.

Vermutlich ist dies auch für die Praktik der Totenbefragung und der Geisteranfragen in Jes 8,19 der Fall, die in derselben Reihenfolge wie in Dtn 18,11 angeführt werden. Mit Blick auf das Prophetiegesetz werden diese Aussagen am besten als Ablehnung der Prophetie der Nachfolge des Mose verstanden. Da JHWH sein Angesicht verborgen hat (Jes 8,17), wendet Israel sich den Totengeistern und Mantikern zu, die flüstern und murmeln (Jes 8,19f.), anstatt auf das Wort des Propheten zu hören. Jesaja wartet währenddessen auf JHWH – und damit auf das Eintreffen der Gottesbotschaft (vgl. Dtn 18,21f.). Er und seine in den Dienst der Botschaft gestellten Kinder fungieren als Zeichen und Wunder am Zion (Jes 8,18; vgl. den Zeichen oder Wunder wirkenden Propheten in Dtn 13,2f.). Da die Botschaft nicht angenommen wird, soll sie, wie die Tora für künftige Generationen gültig, aufgeschrieben, verschnürt und versiegelt in den Schülern tradiert werden, bis die Worte eintreffen.[23] Wer aber rechte Prophetie abweist und sich okkulten Praktiken zuwendet, hat keine Zukunft (Jes 8,16.20).[24] Auch in diesem Punkt ist sich Jes 8 mit dem Prophetiegesetz einig. So läßt sich für Jes 8,19f. festhalten, daß es im gesamten Passus ab 8,11ff. um die prophetische Sendung in Abgrenzung zu Berufskollegen geht, denen „dieses Volk da" Glauben schenkt. Jes 8 ist damit, ebenso wie Jer 27, ein konkretes Anschauungsbeispiel der in Dtn 18,9ff. präsentierten Thematik.

Als Resümee dieses Abschnittes, der die in Israel künftighin verbotenen Praktiken skizziert, ist daher festzustellen, daß diese durchaus nicht nur in Dtn 18 mit Prophetie in Verbindung gebracht werden, sondern beinah immer. Die vermutlich älteren Texte tun dies explizit, die eindeutig deuteronomistisch geprägten sind bereits durch beide Prophetiegesetze, Dtn 13,2ff. und 18,9ff., beeinflußt: Prophetie muß Prophetie im Namen JHWHs sein, sonst ist sie keine. Sie dient dazu, das Erste Gebot, die Alleinverehrung JHWHs, und damit das Verbot jeglicher Verehrung fremder Gottheiten durchzusetzen. Dazu bedarf es keiner magischen oder nekromantischen Praktiken.[25] Prophetie in Israel ist geprägt durch das Wort, das der prophetisch begabte Mensch hört und weitergibt, damit das Volk es hört und danach handelt.

2.2 Israels Prophetie wird am Sinai / Horeb gestiftet

Vor Betreten des Landes wird festgelegt, daß es für Israel anders sein soll als bei den Völkern, damit Israel im Lande bleiben kann. Mit diesem Abschnitt Dtn 18,14b-22 beginnt nach der negativen Abgrenzung dessen, was in Israel *nicht* Prophetie sein soll, die positive Deklaration, wie Prophetie in Israel zu verstehen ist und wie sie zustande kam:

(14b) Für dich aber hat es JHWH, deine Gottheit, nicht so gegeben. (15) Einen prophetischen Menschen aus deiner Mitte, aus deinen Geschwistern, wie mich, wird JHWH, deine Gottheit, aufstehen lassen. Auf ihn sollt ihr hören. (16) Gemäß allem, was du von JHWH, deiner Gottheit, am Horeb am Tag der Versammlung folgendermaßen angefragt hast: „Ich kann nicht fortfahren, die Stimme JHWHs, meiner Gottheit, zu hören, und dieses große Feuer kann ich nicht nochmals sehen, ohne zu sterben!" (17) Da sprach JHWH zu mir: „Gut ist es, was sie geredet haben. (18) Einen prophetischen Menschen will ich aufstehen lassen für sie aus der Mitte ihrer Geschwister, einen wie dich. Ich gebe meine Worte in seinen Mund, und er wird alles, was ich ihm befehle, zu ihnen reden. (19) Wenn es jemand geben sollte, der nicht auf meine Worte hört, die er in meinem Namen reden wird, von dem erfrage ich es selber. (20) Doch der prophetische Mensch, der sich anmaßt, ein Wort in meinem Namen zu reden, das ich ihm nicht befohlen habe zu reden, und einer, der redet im Namen anderer

Gottheiten, jener prophetische Mensch soll sterben." (21) Und wenn du in deinem Herzen sprichst: „Wie können wir das Wort erkennen, das JHWH nicht geredet hat?" (22) Dann gilt: Der prophetische Mensch redet im Namen JHWHs, und das Wort geschieht nicht, und es kommt nicht, dann ist es das Wort, das JHWH nicht geredet hat. In Anmaßung hat der prophetische Mensch geredet. Du sollst dich wegen ihm nicht befremden lassen.

Nach Dtn 18,15ff. steht jegliche Prophetie in der Nachfolge des Mose. Im Land, in das Mose nach dem Erzählzusammenhang des Pentateuchs ja nicht hineinziehen wird, wird JHWH jeweils neu aus Israels Mitte eine prophetische Gestalt, wie Mose sie war, aufstehen lassen. Auf diese ist zu hören. Gemäß der Vorstellung des Dtn, nach der Ämter nicht nur profane Ordnungsfunktion in einer sozialen Einheit haben, sondern dem göttlichen Reglement unterliegen, wird auch die Prophetie geordnet. Sie hebt sich aber insofern von den übrigen Ämtern ab, als sie als einziges der Ämter direkt von JHWH eingesetzt wird. Die Gründung der Institution der Prophetie geschieht nach dem Ausweis von 18,16 direkt am Horeb. Anläßlich der Offenbarung am Berg bittet Israel selber darum, da es fürchtet, die Gottesbegegnung nicht heil zu überstehen. Die Begründung für das *prophetische Amt* wird in der *Mittlerschaft* zwischen dem furchterregenden Gott und dem Volk gesehen (V16).

Damit wird auf die Ereignisse Bezug genommen, die in Dtn 5 dargestellt werden. Von Angesicht zu Angesicht (5,4) redet JHWH auf dem Berg inmitten des Feuers mit dem gesamten Volk. Während das Volk aus Angst vor dem Feuer nicht auf den Berg hinaufsteigt, steht Mose zwischen JHWH und dem Volk, um die Worte, im speziellen die Zehn Gebote (5,6-21), zu empfangen und weiterzuverkünden (V5.22). Aber bereits dieses Geschehen, durch das Israel von weitem die Gottesbegegnung miterlebt, ist dem Volk zu gefährlich. Die Vorstellung, daß man Gott nicht sehen könne, ohne zu sterben, ist aber kein Ausweichmanöver des Volkes, sondern wird von Gott als tatsächlich bestehende Gefahr anerkannt. Die Bitte um Moses alleinige Mittlerfunktion zwischen Gottheit und Volk bezeichnet JHWH daher als berechtigt (Dtn 5,23-30). Ja, die Scheu des gesamten Volkes wird von der Gottheit sogar als Erweis von Frömmigkeit gesehen (V29). Mose aber wird zum selben Zeitpunkt als Mittler des ganzen nun folgenden Gesetzes eingesetzt, das Israel künftig im Land halten soll (V31). Damit wird die direkte Offenbarung des Dekalogs von der durch Mose vermittelten Offenbarung aller Rechtsvorschriften abgesetzt. Diese Vorstellung des durch Mose vermittelten Gesetzeswerkes findet sich ebenso im Buch Exodus (Ex 20,18-21). Während aber der Erzählzusammenhang des Pentateuchs zunächst berichtet, wie nach der Weisungsoffenbarung am *Sinai* (Ex 20-24) für das künftige Leben des Volkes die *Priesterschaft* und das *Heiligtum* gestiftet werden (Ex 25ff.; Lev), so vertritt das Deuteronomium demgegenüber die theologische Anschauung, daß nicht der Kult und das Heiligtum die Beziehung zwischen Gott und Volk lebendig halten, sondern die *Prophetie*. Wird das kultische Mittleramt durch Abstammung von Aaron weitergegeben und somit durch die Genealogie des Stammes Levi bestimmt, so ist das Vermittlungsamt der *Prophetie nicht erblich*. Es wird jeweils neu durch die Gottheit Israels selber besetzt, indem sie bei Bedarf eine prophetische Gestalt aufstehen läßt. Insofern ist freilich unter Vorbehalt von einem „Amt" zu sprechen.

2.3 Was ist Prophetie? Die positive Bestimmung

Die Bestimmung dessen, was Prophetie in Israel sein soll, wird als Gottesrede an Mose wiedergegeben, die er nun dem Volk mitteilt (Dtn 18,17-20). Dabei erweist sich mit V18, daß das, was Mose als Alternative für Israel in V15 präsentiert hat, der Gottesoffenbarung am Horeb entspringt. Einen Menschen aus Israels Mitte, der wie Mose die Vermittlungsfunktion zwischen Gott und Volk bezüglich der göttlichen Willenskundgabe wahrnehmen soll, wird JHWH selber jeweils neu erstehen lassen. JHWH legt diesem Propheten seine Worte in den Mund, damit er alles sage, was Gott ihm aufgetragen hat. Die Worte prophetisch erweckter Menschen sind damit Worte Gottes. Wer auf die Worte von derart autorisierten Menschen nicht hört, wird vom Gott Israels selber zur Rechenschaft gezogen werden (V19). Das in der Moserede gegebene Gebot „Auf ihn sollt ihr hören!" (V15b) wird in der Gottesrede insofern problematisiert, als von vornherein mit Ungehorsam, mit dem verweigerten Hören auf das Wort, gerechnet wird (V19).

Zusätzlich führt die Gottesrede noch eine weitere mögliche Komplikation beim prophetisch vermittelten Offenbarungsgeschehen ein. Noch einmal wird als Kontrast das Thema der Falschprophetie angesprochen, jedoch nicht wie in V8-14 in der Form der falschen Praktiken, sondern in Anlehnung an Dtn 13,2ff. unter dem Aspekt des fehlenden Auftrags von JHWH. Daß es sich dabei nicht um ein theoretisches Gedankenspiel handelt, zeigt sich in der Art, wie das Problem präsentiert wird: Die Frage nach den Unterscheidungskriterien wird als direktes Zitat einer Rede des Volkes eingeführt (V21), wodurch hervorgehoben wird, daß es sich um eine bedrängende Fragestellung in Israels Mitte handelt.

Wie soll Israel das Problem der nicht von JHWH autorisierten Prophetie lösen? Dtn 18,20 weiß um zwei unterschiedliche Komplikationen, die beide bereits in Dtn 13 thematisiert, dort jedoch anders gelöst wurden. Es wird einerseits damit gerechnet, daß es prophetische Menschen geben kann, die behaupten, im Namen JHWHs zu reden, aber keine Wortoffenbarung – wie sie in V18 vorgesehen ist – nachweisen können. Das sind Menschen wie Hananja, die sich anmaßen, ein Wort JHWHs zu haben. Erzählerisch illustriert wird diese Konstellation falscher Prophetie etwa im Vorwurf an Jeremia nach der Tempelrede (Jer 26,16). Die anklagende Partei, die ihm die Autorisierung abspricht, fordert seinen Tod, weil er im Namen JHWHs geredet hat. Andererseits wird wie in Dtn 13 mit Prophetie im Namen anderer Gottheiten gerechnet. Hier wie dort wird dieses Faktum als todeswürdiges Vergehen eingestuft (Dtn 13,6; 18,20b).

Anders jedoch als in Dtn 13 wird im Prophetiegesetz davon ausgegangen, daß Falschprophetie, insbesondere jene im Namen fremder Gottheiten, *nicht* eintrifft (18,22). Wahre Prophetie ist mit dieser hier gegebenen Abgrenzung zum Zeitpunkt der Verkündigung nur mehr dadurch erkennbar, daß sie im Namen JHWHs gesprochen wird. Die Probe aufs Exempel läßt sich nur rückblickend machen: Erst die Geschichte erweist, ob ein Wort wahr war oder nicht, und zwar dadurch, daß es eintrifft oder nicht. Ob ein Wort, das im Namen JHWHs geredet wird, es wert ist, sich befremden zu lassen oder nicht, kann mit dem Kriterium des Eintreffens in der Situation des Redens nicht entschieden werden.

Wie schmerzlich dies nicht nur Israel, sondern sogar einen Propheten treffen kann, zeigt anschaulich die Geschichte um die Zeichenhandlung mit dem Joch in Jer 27-28: Hananja behauptet, ein anderes JHWH-Wort als Jeremia zu haben, und deutet das Joch konträr (28,1-4.10f.). In dem Augenblick, in dem Hananja dem wahren Propheten sein Zeichen „stiehlt", um es umzudeuten, weiß Jeremia nicht, ob es ein wahres oder ein falsches Wort ist. Er „zitiert" in dieser Situation hilflos das Kriterium des Eintreffens aus Dtn 18,22, muß aber vorerst als Geschlagener das Feld räumen, um auf ein neues Wort seines Gottes zu warten (28,5-17). Wenn die Geschichte damit endet, daß Hananja noch im selben Jahr stirbt (V17), so liest sich diese Notiz als ein durch Gott vollstrecktes Todesurteil, wie es in Dtn 18,20 vorgesehen ist.

Prophetie als Kommunikationsvermittlung zwischen Gott und Volk				
Kommunikations-prozeß	*Wahre Prophetie von JHWH beauftragt* *Dtn 18,15-19*	*Falschprophetie im Namen JHWHs* *Dtn 18,19-22*		*Falschprophetie im Namen anderer Gottheiten* *Dtn 13,2-6 18,20*
Sender	JHWH gibt das Wort	JHWH gibt kein Wort		JHWH prüft das Volk
Vermittelnde Person	Prophetischer Mensch „wie Moses"	Prophetischer Mensch maßt sich das Wort nur an		Prophetischer Mensch führt von JHWH weg
Schicksal der Botschaft	Wort trifft ein	Wort trifft Nicht ein		Wort und Zeichen können eintreffen
Reaktion der Empfänger	Volk hört auf ihn	Einzel-ner hört nicht auf ihn	Volk soll sich nicht befremden lassen	Volk soll nicht hören
Resultat	Überle-ben des Volkes bei der Offen-barung	selber verant-wortlich	Tod für den prophetischen Menschen	Tod für den prophetischen Menschen

3. Das Konzept „Mose als Prophet" und seine Relevanz für den Kanonteil der Prophetie

Faßt man die Sichtweise des Phänomens der Prophetie in Dtn 13.18 zusammen, so ergeben sich folgende Gesichtspunkte: Prophetie hat eine Mittlerfunktion zwischen Gott und dem Volk und wurde am Sinai eingesetzt. Als erster prophetischer Akt kann insofern die Vermittlung der Tora – außer dem Dekalog – durch Mose angesehen werden (Dtn 5; 18,16).[26] Prophetie steht in Israel in der Nachfolge des Mose (18,15.18). Insofern er nicht nur der Prophet par excellence ist, sondern vor allem der Gesetzesmittler, hat Prophetie in seiner Nachfolge mit der Vermittlung der Weisung, der Tora, zu tun. Ob man deswegen die Prophetie als die „eigentliche gesetzgeberische Gewalt"[27] ansehen muß, sei dahingestellt. Prophetie ist in Zeiten nach dem Deuteronomium immer auch *Aktualisierung* der Tora. Das Prophetieverständnis der Hebräischen Bibel ist daher mehr durch die in der Tora eingesetzte Institution als durch das charismatische Verständnis der Schriftprophetie geprägt.[28]

Wahre Prophetie abzulehnen, ist ein Vergehen, für das JHWH Rechenschaft fordert (18,19). Sie wird von der Falschprophetie einerseits anhand der Beauftragung durch JHWHs Wort (18,18f.) und andererseits durch das Eintreffen des Wortes abgegrenzt (V22). Spricht ein prophetisch begabter Mensch im Namen anderer Gottheiten, ist nicht einmal das Eintreffen des Angekündigten ein Erweis für die Echtheit des Wortes (Dtn 13,2-6), denn in Israel hat JHWH die Monopolstellung als Sender prophetischen Wortes.

Dtn 18,9-14 rechnet bei der Umschreibung des Phänomens mit einem sehr vielfältigen Erscheinungsbild der Prophetie. Auch Praktiken, die eher zu Fremdkulten gehören, werden darunter subsumiert (z. B. Moloch-Kult). Es gibt Indizien – und darauf wird bei der Auslegung von 1 Sam 28 noch zurückzukommen sein –, die darauf hinweisen, daß sich jene Kreise, die solche Formen praktizierten, zur Zunft der Prophetie gerechnet haben. Für die Fragestellung nach den Prophetinnen im AT heißt dies, daß auch bei solchen Phänomenen nach „Prophetinnen" zu suchen ist, wenngleich diese – zumindest in der Zeit nach dem Dtn – sicher als Falschprophetinnen angesehen wurden. Denn Israel bedarf keiner dieser Praktiken. Das Hören auf die Tora und die prophetischen Menschen, die sie aktualisieren, reicht aus, um den Gotteswillen in Gegenwart und Zukunft zu ergründen.

Auf die Vorstellungen, was Prophetie in der Hebräischen Bibel ist, haben auf der kanonischen Endtextebene die Prophetiegesetze aus dem Dtn prägende Kraft. Literarhistorisch gesehen haben aber vor allem Texte aus den klassischen Prophetenbüchern großen Einfluß auf das Prophetieverständnis gehabt. So ist das Prophetenbild des Deuteronomistischen Geschichtswerks sicher wesentlich von Jeremia und von seinen Auseinandersetzungen mit der Falschprophetie beeinflußt. Da seine Worte wie bei keinem anderen Propheten vor ihm in deutlichster Weise und in erfahrbarer

Zeit eingetreten sind, bekam dieser Prophet bereits im Exil große Bedeutung.

Die Diskussion, was wahre und was falsche Prophetie sei, findet sich sowohl in den Prophetenbüchern als auch im Dtn. In welchem zeitlichen Verhältnis die entsprechenden Texte stehen, läßt sich nicht mit gewünschter Eindeutigkeit bestimmen und kann hier nicht weiter diskutiert werden. Daß Zusammenhänge bestehen und daß die Beeinflussung in beide Richtungen geht, darüber kann jedoch kein Zweifel sein.

Für den Aufweis des Verständnisses der Prophetie im kanonischen Endtext ist die Entstehungsgeschichte der Texte zwar nicht von entscheidender Bedeutung, es ist aber anzunehmen, daß die Auseinandersetzungen der vorexilischen Prophetie den Anstoß zur Formulierung des Prophetiegesetzes gaben. Wie auch immer das Prophetiegesetz des Dtn entstanden sein mag, ob es aus einem Guß oder aus mehreren Schichten gewachsen ist, für den Zeitpunkt, an dem es seine heutige Form erhielt, muß bereits die Verbindung des Sinai bzw. des Horeb mit der gesetzgebenden Gottesoffenbarung (Bundesbuch und dtn Gesetze) vorausgesetzt werden. Denn „daß die Anfangsphasen beider Rechtsbücher weder mit Mose noch mit dem Sinai bzw. Horeb als Offenbarungsberg verbunden sind, kann als weitgehender Konsens heutiger Forschung gelten."[29] Das aus den Diskussionen der Prophetenbücher um wahre und falsche Prophetie angeregte Prophetieverständnis des Dtn wirkt wiederum auf die Schriftprophetie zurück. Für das Jesajabuch habe ich dies exemplarisch in der Monographie „Tora für Israel – Tora für die Völker" aufgezeigt. Zweifellos ist aber das Konzept der Prophetie in der Nachfolge des Mose, die als Aktualisierung der Tora verstanden wird, nicht nur in die Bücher Jesaja, Jeremia[30] und Ezechiel,[31] sondern auch in das Dodekapropheton eingegangen (vgl. z. B. die Judastrophe 2,4f. im Völkerzyklus von Am 1-2 sowie Hos 12,11.14).[32]

Da Prophetie nach Dtn 18,15ff. jenes Amt ist, das in der Nachfolge des Mose nicht von Menschen, sondern direkt von JHWH eingesetzt und jeweils neu weitergegeben wird, ist sie das bedeutendste aller Ämter Israels. „[F]ür den Propheten gibt es keine menschliche Amtseinführung".[33] Deswegen setzen die prophetischen Gestalten in der Richterzeit die militärische Führung (Barak durch Debora: Ri 4,6) sowie den ersten König ein (Saul durch Samuel: 1 Sam 10) und bestimmen in der Königszeit dort, wo Dynastien zerbrechen, den neuen König (vgl. z. B. David durch Samuel: 1 Sam 16; Jerobeam durch Achija von Schilo: 1 Kön 11,29ff.; Jehu durch Elischa: 2 Kön 9). Historisch gesehen könnte die Vorrangigkeit der Prophetie vor allen anderen Ämtern auch darin begründet sein, daß sie in ihrer vorexilischen, charismatischen Form als einziges der Ämter das Exil unbeschadet überlebte, während das Königtum sein Reich und die Priesterschaft ihren Tempel verlor.[34]

Während im Alten Orient Könige nie Gegenstand der Gesetzgebung sind, da sie die Gesetze erlassen, wird nach dem Erzählzusammenhang des Dtn das Königtum noch vor seiner Einsetzung reglementiert (Dtn 17,14-20). Es wird in diesem „utopischen"[35] Verfassungsentwurf mit so wenig Kompetenzen ausgestattet, daß man getrost auch ohne es leben kann. Dies trifft sowohl für die erzählte Landnahmezeit als auch für die erzählende nachexilische Zeit zu.[36] Die unterschiedliche Bedeutung der Ämter zeigt sich im biblischen Erzählzusammenhang auch darin, daß im AO Könige eine „Kindheitsgeschichte" haben, während solche im AT für herausragende Propheten – für Mose und Samuel – erzählt werden.

Mose regelt seine Nachfolge in bezug auf seine Führungsfunktion selber durch Handauflegung (Dtn 34,9) und übergibt so der von JHWH zur Landnahme beauftragten Führungsgestalt Josua (vgl. Dtn 31,23) vor dem Tod seine Autorität. Jos 1,7f. stellt Josua sodann in den Farben des dtn Ämtergesetzes nicht als Propheten[37] dar, sondern in der Funktion des Königs, der eifrig das Buch der Tora studiert, um seine politische Leitungsfunktion entsprechend wahrnehmen zu können (vgl. Dtn 17,18f.). Die Nachfolge Moses als Prophet hingegen bleibt offen. Sie wird offensichtlich von JHWH direkt und nach Bedarf besetzt.

Durch den dem prophetischen Amt inhärenten Mangel an nahtloser Sukzession erklärt sich wohl auch, warum nach Dtn 17,18 und 31,9 die Priester das Buch der Tora aufbewahren. Nicht ihr Amt hat die Gewalt über die aktualisierende Auslegung der Tora, sondern sie sind die Verwalter für die Zeit und Dauer, für die keine prophetische Gestalt erweckt ist. Ihre Tora-Kompetenz bezieht sich auf die Entscheide des sakralen Gerichtsverfahrens (Dtn 17,11), die genauso des Gehorsams bedürfen wie die prophetischen Worte (vgl. 17,12; 18,19). Diese Aufteilung des jeweiligen Anteils an der Bewahrung und Weitergabe der Tora wird in Num 12 noch eine Rolle spielen.

Die Sukzession nach Mose teilt seine Ämter auf. War er, der Gesetzesmittler aus priesterlichem Geschlecht, Prophet und politische Führungsgestalt in einem, so wird diese Ämterfülle nie mehr jemand in sich vereinen. Dieses Faktum der biblischen Überlieferung thematisiert die literarhistorisch vermutlich zur Endredaktion des Pentateuch gehörende Stelle Dtn 34,10-12: „Niemals mehr wird in Israel ein Prophet aufstehen wie Mose, der JHWH von

Angesicht zu Angesicht kannte". Die Zeichen und Wunder, wie er sie vor dem Pharao und beim Exodus des Volkes tat, haben einmaligen Charakter. Der Tod des Mose ist die Geburtsstunde des Pentateuchs[38] – und damit auch des Kanonteils der Prophetie.[39] Die prophetischen Gestalten nach ihm werden zwar teils noch mehrere Ämter in sich vereinen, aber niemand wird mehr die Fülle seiner Autorität und Macht haben. Vor allem aber wird niemals mehr jemand in seiner Nachfolge „Gesetz und Prophetie" in sich vereinigen.

Was dies heißt, sei abschließend noch an der Gestalt des Elija veranschaulicht.[40] Wenn Elija nach seinem glänzenden Sieg über die Propheten und Prophetinnen anderer Gottheiten meint, bei Moses Machtfülle noch einmal anknüpfen zu sollen (1 Kön 19), so wird dies von Gott zurückgewiesen: Elija flieht vor den Nachstellungen der Königin Isebel und geht *vierzig Tage und Nächte* den Weg durch die Wüste zum Gottesberg Horeb[41] zurück, den Israel unter der Leitung von Mose, Mirjam und Aaron vierzig Jahre in die Gegenrichtung gegangen ist. Dort, wo Mose sich *vierzig Tage und Nächte* am Berg aufhielt (Ex 34,28), angekommen, begegnet er aber nicht JHWH selber, sondern, wie es sich für einen Propheten in der Nachfolge des Mose geziemt, *seinem Wort* (19,9). Obwohl Elija sämtliche Phänomene der Sinaitheophanie miterlebt, begegnet er in ihnen nicht JHWH wie es einst Mose gewährt war. Er erfährt die Gottheit Israels nicht in den vulkanischen Phänomenen, sondern hört nur eine Stimme. Aber in der dünn säuselnden Stimme erkennt er die Anwesenheit seines Gottes und verhüllt wie Mose sein Angesicht (vgl. 19,13; Ex 3,6). Die Stimme aber fragt ihn, was er am Horeb wolle, und schickt ihn sogleich seinen Weg durch die Wüste wieder zurück.[42] Denn mit dem Amt des Offenbarungsmittlers am Horeb ist Elija nicht betraut, wohl aber mit dem der *Prophetie*.[43] Deswegen wird er angewiesen, einen neuen König und einen Nachfolger als Prophet zu suchen und sie zu salben (19,16). Elija wird hier in die Nachfolge Samuels gestellt, der ebenfalls einen Gegenkönig zu salben hat (1 Sam 16), da der amtierende Herrscher nicht auf das Gotteswort gehört hat (vgl. 1 Sam 15,22ff.) oder sogar anderen Gottheiten nachgefolgt ist und den Propheten JHWHs nach dem Leben getrachtet hat (vgl. 1 Kön 19,2.14-18). Zudem wird Elija beauftragt, beim Aufstehen eines Propheten *in seiner Nachfolge und in jener des Mose* mitzuwirken: Der von ihm als Nachfolger gesalbte Elischa steht tatsächlich auf (קום: 1 Kön 19,21), wie JHWH es nach dem Prophetiegesetz in Dtn 18,15.18 zugesagt hat.

Die Textzusammenhänge, die selbst die Schriftpropheten mit der Mosenachfolge verbinden, machen deutlich: „Es gibt also bereits innerhalb der biblischen Literatur das, was man im allgemeinsten Sinne Auslegung nennen könnte. Die Nachgeschichte biblischer Texte hat ihre Wurzeln selbst in biblischen Texten; der Kanon enthält bereits Zeugnisse für die quasi kanonische Geltung bezeugten Wortes."[44] Die Gestaltung nicht nur prophetischer Einzelgestalten, sondern des ganzen Kanonteils als Prophetie in der Nachfolge des Mose ist eines dieser Zeugnisse, dem im folgenden nachgegangen werden soll.

Wurden die Textzusammenhänge zwischen der prophetischen Mosegestalt und den beiden Propheten Samuel[45] und Elija[46] sowie Hulda[47] in der Forschung bereits thematisiert, so hat dies für die Gestalt, die in unmittelbarer Nachfolge des Mose steht, für Debora, erstmals Klara Butting getan.[48] Bevor der Nachfolge des Mose nachgegangen werden kann, muß aber zuerst die Tora nach den erzählenden Texten über Prophetie und Prophetinnen befragt werden.

---

[1] Zu Dtn 13 siehe die Analyse bei Dion, Paul E., Deuteronomy 13: The Suppression of Alien Religious Propaganda in Israel during the Late Monarchical Era, in: Halpern, Baruch – Hobson, Deborah W., Hg., Law and Ideology in Monarchic Israel, JSOT.S 124, Sheffield 1991, 147-216.

[2] Daß diese theologischen Vorstellungen durch das altorientalische Vertragsrecht angeregt sind, hat Otto, Eckart, Treueid und Gesetz, ZAR 2 (1996), 1-52, eindrücklich aufgezeigt.

[3] Siehe dazu Köckert, Matthias, Zum literargeschichtlichen Ort des Prophetengesetzes Dtn 18 zwischen dem Jeremiabuch und Dtn 13, in: FS Perlitt, Lothar, Liebe und Gebot, Kratz, Reinhard G. – Spieckermann, Hermann, Hg., FRLANT 190, Göttingen 2000, 80-100; 84.

[4] Die Anrede „euch" läßt dabei wohl kaum auf eine spätere Erweiterung schließen, wie dies häufig für die Pluralanrede im Dtn der Fall ist, sondern auf eine spätere Schicht des Dtn, die bereits die Anreden mischt. Siehe dazu Braulik, Georg, Das Buch Deuteronomium, in: Zenger, Erich u.a., Einleitung in das Alte Testament, KStTh 1/1, Stuttgart 2001[4], 125-141; 129. Zur Einbettung in den Kontext und zum Alter von Dtn 13 siehe die Diskussion bei Köckert, Prophetengesetz, 82-85.

[5] Gerstenberger, Erhard S., „Apodiktisches" Recht „Todes"Recht?, in: FS Boecker, Hans Jochen, Gottes Recht als Lebensraum, Mommer, Peter u.a., Hg., Neukirchen-Vluyn 1993, 7-20; 19, hat gezeigt, daß es sich dabei nicht um die Todesstrafe handeln muß, sondern um „eine dem Menschen entzogene Gottesstrafe".

[6] Köckert, Prophetengesetz, 85.

[7] Vgl. dazu Rendtorff, Kontinuität, 173-178.

[8] Die Forschung, die teils durchaus noch mit vorexilischen Elementen im Prophetiegesetz rechnet, ist übersichtlich dargestellt bei Rütersworden, Udo, Der Verfassungsentwurf des Deuteronomiums in der neueren Diskussion, in: FS Reventlow, Henning, Altes Testament – Forschung und Wirkung, Mommer, Peter – Thiel, Winfried, Hg., Frankfurt 1994, 313-328, und Otto, Eckart, Von der Gerichtsordnung zum Verfassungsentwurf, in: FS Kaiser, Otto, „Wer ist wie du, HERR, unter den Göttern?", Kottsieper, Ingo u.a., Hg., Göttingen 1994, 142-155, sowie bei Köckert, Prophetengesetz. Da beinah alle Texte, die von den in V9ff. erwähnten Praktiken sprechen, frühestens exilischen Ursprungs sind, schließe ich mich hier Köckert, Prophetengesetz, 96, an: „Also ... muß das Prophetengesetz als ganzes im literarischen Kontext des dtr Dtn verstanden werden, und zwar schon in seiner jüngeren Gestalt."

[9] Schmidt, Werner H., Das Prophetengesetz Dtn 18,9-22 im Kontext erzählender Literatur, in: FS Brekelmans, Christian H.W., Deuteronomy and Deuteronomic Literature, Vervenne, Marc – Lust, Johan, Hg., BEThL 133, Leuven 1997, 55-69; 60, verweist darauf, daß die priesterlichen Texte „den Gegensatz zwischen Zauberei und Gotteswort" durch die Plagenerzählung schon nach Ägypten verlegen.

[10] Vgl. dazu bereits Lohfink, Norbert, Kerygmata des Deuteronomistischen Geschichtswerks, in: FS Wolff, Hans Walter, Die Botschaft und die Boten, Jeremias, Jörg – Perlitt, Lothar, Hg., Neukirchen-Vluyn 1981, 87-100; 91.

[11] Diese Darstellung läßt es m. E. nicht zu, die Praktiken einer Untergrund- oder Volks-religiosität zuzuweisen, wie Spronk, Klaas, Beatific Afterlife in Ancient Israel and in the Ancient Near East, AOAT 219, Kevelaer 1986; 257, es mit der Nekromantie versucht.

[12] Vgl. z. B. 2 Kön 16,3; 17,17; 21,6; 23,37 u.ö., vgl. auch noch Lev 18,21.

[13] Zur Praxis des Moloch-Kultes siehe die Deutung von Weinfeld, Moshe, The Worship of Molech and of the Queen of Heaven and Its Background, UF 4 (1972), 133-154, der meint, daß dies Weihriten für Fremdgottheiten waren, bei denen man die Kinder nicht tötete. Siehe dazu auch die Diskussion bei Albertz, Rainer, Religionsgeschichte Israels in alttestamentlicher Zeit, GAT 8/1, Göttingen 1992; 297-302. Ackerman, Susan, Under Every Green Tree, HSM 46, Atlanta 1992; 117-143, meint hingegen, daß die Kultpraktiken für Moloch ursprünglich Ausdrucksform der vorexilischen, jahwistischen Volksreligiosität und Kinderopfer im AO weit verbreitet gewesen seien.

[14] Vgl. EÜ; vgl. Gen 9,14: Wolken wölken: Wolken in Erscheinung treten lassen.

[15] Vgl. Hossfeld, Frank-Lothar – Meyer, Ivo, Prophet gegen Prophet, BiBe 9, Fribourg 1973, 150.

[16] Siehe zum Folgenden Fischer, Tora, 51-57.

[17] So Rüterswörden, Udo, Die Prophetin Hulda, in: FS Donner, Herbert, Meilenstein, Weippert, Manfred – Timm, Stefan, Hg., ÄAT 30, Wiesbaden 1995, 234-242; 238.

[18] Vgl. aber auch ohne Mittler, allerdings דרשׁ אֶת in Gen 25,22 durch Rebekka.

[19] Wie Tropper, Josef, Nekromantie, AOAT 223, Kevelaer 1989; 241, festgestellt hat, ist die Prohibitivreihe, die er aufgrund des Zusammenziehens der letzten Methoden, bei denen es um Totenbeschwörung geht, als siebenteilig ansieht, durch zwei Praktiken gerahmt, die mit chthonischen Phänomenen, mit Unterweltsgottheiten, zu tun haben: Moloch- und Ahnen- bzw. Totenkult. Dtn 18,10f. setzt er aufgrund der AT-Parallelen einheitlich in frühestens exilische Zeit.

[20] Vgl. Schmidt, Brian B., The „Witch" of En-Dor, 1 Samuel 28, and Ancient Near Eastern Necromancy, in: Meyer, Marvin – Mirecki, Paul, Hg., Ancient Magic and Ritual Power, Religions in the Graeco-Roman World 129, Leiden 1995, 111-129; 127.

[21] Spieckermann, Sargonidenzeit, 375.

[22] Ebd., 377.

[23] „Wo Propheten die Niederschrift ihrer Worte einmal begründen ... ist stets das von den Hörern abgewiesene Wort im Blick. Die Schriftlichkeit des Wortes garantiert gegenüber unwilligen Zeitgenossen die Gültigkeit des Gotteswortes." (Jeremias, Jörg, Die Anfänge der Schriftprophetie, ZThK 93 (1996), 481-499; 485).

[24] Vgl. dazu Fischer, Tora, 56f.

[25] „Die beiden Gesichtspunkte, menschliche Mitwirkung und der Gebrauch technischer Mittel, waren wahrscheinlich auch der Grund für die Aufnahme der magischen Praktiken in die Verbotsreihe – neben den orakelhaften. Im Gegensatz dazu geht die Prophetie unmittelbar von Jahwe aus und bedarf weder menschlicher Veranlassung noch Manipulation." (Rüterswörden, Udo, Von der politischen Gemeinschaft zur Gemeinde, BBB 65, Frankfurt 1987; 80).

[26] Ohne die Verbindung zur Prophetie herzustellen, formuliert die Deutung der Gabe der Einzelgesetze als Auslegung des Dekalogs bereits Zenger, Erich, Wie und wozu die Tora zum Sinai kam, in: Vervenne, Marc, Hg., Studies in the Book of Exodus, BEThL 126, Leuven 1996, 265-288; 288: „Weil JHWH am Sinai nur die Zehn Worte gesprochen und selbst aufgeschrieben hat, braucht es die Auslegung und Konkretion dieser Zehn Worte für die vielen Lebens- und Gesellschaftsfelder danach."

[27] Lohfink, Norbert, Die Sicherung der Wirksamkeit des Gotteswortes durch das Prinzip der Schriftlichkeit der Tora und durch das Prinzip der Gewaltenteilung nach den Ämtergesetzen des Buches Deuteronomium (Dt 16,18-18,22), in: Ders., Studien zum Deuteronomium und zur deuteronomistischen Literatur I, SBAB 8, Stuttgart 1990, 305-323; 321.

[28] „Einmal ist Prophetie hier eine Institution; dies mag verblüffen, da gern der Prophet als Charismatiker von dem Bereich der Institutionen abgesetzt wird." (Rüterswörden, Hulda, 239).

[29] Zenger, Tora, 284; zur Forschungsdiskussion siehe ebd., 267-277.

[30] Die Textbezüge zwischen Jeremia und Mose hat, wenngleich mit einer heute so nicht mehr vertretbaren Chronologie, Holladay, William L., The Background of Jeremiah's Self-Understanding, JBL 83 (1964), 153-164, sowie Ders., Jeremiah and Mose: Further Observations, JBL 85 (1966), 17-27, erarbeitet. Siehe auch Rüterswörden, Exegeten, 330-336.

[31] Siehe dazu Duguid, Iain M., Ezekiel and the Leaders of Israel, VT.S 56, Leiden 1994; 92-109.

[32] Vgl. z. B. Köckert, Matthias, Das Gesetz und die Propheten in Amos 1-2, in: FS Preuß, Horst Dietrich, Alttestamentlicher Glaube und Biblische Theologie, Hausmann, Jutta – Zobel, Hans-Jürgen, Hg., Stuttgart 1992, 145-154.

[33] Braulik, Georg, Die deuteronomischen Gesetze und der Dekalog, SBS 145, Stuttgart 1991; 58.

[34] Vgl. dazu Hossfeld, Frank-Lothar, Untersuchungen zu Komposition und Theologie des Ezechielbuches, fzb 20, Würzburg 1983²; 514f. Aurelius, Erik, Der Fürbitter Israels, CB.OT 27, Stockholm 1988, 204f., hat gezeigt, daß die Figur des Mose ab dem Exil die gesetzgebende Funktion von König und Priester übernommen hat.

[35] Lohfink, Gewaltenteilung, 314, bezeichnet das Ämtergesetz als „utopische Theorie", die als Antwort auf die Katastrophe im Exil entsteht.

[36] Anders hier etwa Crüsemann, Frank, Die Tora, München 1992; 277, der für vorexilische Entstehung und sogar Fortschreibung plädiert.

[37] Schmid, Konrad, Erzväter und Exodus, WMANT 81, Neukirchen-Vluyn 1999; 224, hat allerdings gezeigt, daß in Jos 24 Josua als Prophet gezeichnet wird.

[38] Siehe Dohmen, Christoph – Oeming, Manfred, Biblischer Kanon warum und wozu?, QD 137, Freiburg 1992; 66f.

[39] Vgl. dazu Butting, Prophetinnen, 78-81.

[40] Siehe zu Elija am Horeb und den Beziehungen zu den Sinai- / Horebtexten bereits Fohrer, Georg, Elia, AThANT 31, Zürich 1957; 48-51, sowie Steck, Odil Hannes, Überlieferung und Zeitgeschichte in den Eliaerzählungen, WMANT 26, Neukirchen-Vluyn 1968; 109-125.

[41] Allein diese Bezeichnung ist untrennbar mit der Mosegestalt verbunden; ein traditionsgeschichtliches Erklärungsmodell der Zusammenhänge von Ex 33 und 1 Kön 19, wie Seidl, Theodor, Mose und Elija am Gottesberg, BZ 37 (1993), 1-25; 20-23, es vertritt, halte ich daher für ausgeschlossen, wenngleich über das Alter der beiden Texte damit noch nichts ausgesagt ist.

[42] Siehe dazu bereits Zenger, Tora, 274.

[43] Dies betont bereits Seidl, Mose und Elija, 17.22.

[44] Willi-Plein, Schriftexegese, 2.

[45] Vgl. Rendtorff, Rolf, Samuel the Prophet, in: FS Sanders, James A., The Quest for Context and Meaning, Evans, Craig A. – Talmon, Shemaryahu, Hg., Leiden 1997, 27-36.

[46] Vanoni, Mose, 6f.

[47] Vgl. den hervorragenden Artikel von Rüterswörden, Hulda.

[48] Vgl. Butting, Prophetinnen, 99f.

III. DIE PROPHETINNEN DER HEBRÄISCHEN BIBEL

Einer, der weiss,
was alles
mit dem Leben
geschehn kann;

geht auch
den verschwundenen
Flüssen nach
unterm Karst.

Christine Busta, Einsilbig ist die Sprache der Nacht

Die einzige Frau, die in der Tora, in den fünf Büchern des Mose, als Prophetin bezeichnet wird, ist Mirjam. Obwohl sie heute eine der bekanntesten weiblichen Gestalten des Alten Testaments ist und viele Frauen ihren Namen tragen, ist die Figur überaus schwierig zu fassen:

- Sie ist beim Exodus anwesend und deutet die Rettung am Schilfmeer theologisch (Ex 15,20f.; Mi 6,4).
- Sie wird in manchen Texten als Schwester von Aaron (Ex 15,20) und auch von Mose vorgestellt (Num 26,59; 1 Chr 5,29; vgl. auch Ex 2).
- Nach einem Konflikt mit Mose wird sie mit Aussatz geschlagen, aber wieder in die Gemeinschaft aufgenommen (Num 12; Dtn 24,8f.).
- Sie stirbt in der Wüste Kadesch, wo sie auch begraben wird (Num 20,1).

Dies ist alles, was die Hebräische Bibel von Mirjam erzählt. Das ist sehr wenig im Vergleich zu ihren männlichen „Geschwistern", Mose und Aaron, aber auch recht viel im Vergleich zu anderen Prophetinnen.

Wie alle Prophetinnen hat auch Mirjam in der Forschungsgeschichte relativ wenig Aufmerksamkeit erfahren. Immerhin sind zwei Dissertationen zum Thema erschienen: Rita Burns[1] schrieb ihr Buch, in der sie den Haftpunkt der Mirjamtraditionen in Kadesch verankerte und der Gestalt ursprünglich priesterliche Funktion zuschrieb, Ende der achtziger Jahre. Vor kurzem ist nun das Buch von Ursula Rapp[2] zu Mirjam erschienen. Diese von mir betreute, hervorragende Dissertation stellt die Texte über Mirjam und die Forschungsgeschichte so umfangreich und klar dar, daß ich mich in diesem Kapitel darauf beschränken kann, auf dieses Buch zu verweisen. Bis auf Details, wie etwa die Deutung des Konflikts von Num 12 und andere Akzentsetzungen in Num 20 und Mi 6, werde ich in bezug auf die Forschung, die nähere Begründung der Thesen und die biblischen Belege auf diese Arbeit verweisen und sie so für die geneigten LeserInnen zur Lektüre empfehlen. Nur wo Forschungsergebnisse direkt übernommen werden, wird auf die Originalzitate zurückgegriffen.

1. Die Prophetin Mirjam antwortet JHWH: Die hymnische Deutung des Exodusgeschehens in Ex 15

Das Mirjamlied in Ex 15,19-21 galt in der traditionellen Forschung lange Zeit als einer der ältesten Texte der Bibel. Es besingt *die* Rettungstat Gottes an Israel schlechthin: das Gelingen des Exodus aus dem Sklavenhaus Ägyptens. Da es einen klassischen Hymnus darstelle und auch von seiner Kürze her geeignet sei, lange Zeit mündlich überliefert zu werden, sei sein hohes Alter evident. Sich dieser These anzuschließen, heißt, das lange Moselied davor (V1-18) als Einschub zu deklarieren, der durch die spätere Voranstellung die primäre Frauenerfahrung enteignet:[3] Nach dem imposanten Hymnus des Mose geht das kleine Liedchen der Mirjam und der Frauen am Schluß unter. Vom Erzählfaden des Durchzugs durch das Schilfmeer her schließt das Mirjamlied direkt an 14,29[4] an:

> (14,29) Und *die Kinder Israels gingen auf dem Trockenen mitten durch das Meer.* Und das Wasser [war] für sie eine Mauer, zur Rechten und zur Linken. ... (15,19) Als die Reiterei des Pharaos mit ihrem Wagen und ihren Reitern ins Meer kam, da ließ JHWH die Wasser des Meeres über sie zurückkehren. Und *die Kinder Israels gingen auf dem Trockenen mitten durch das Meer.* (20) Da nahm Mirjam, die Prophetin, die Schwester Aarons, die Trommel in ihre Hand, und alle Frauen zogen hinter ihr hinaus mit Trommeln und Reigentanz. (21) Da antwortete Mirjam für sie (mask. Pl.): Singt (mask. Pl.) JHWH, denn er ist erhaben, ja erhaben, die Reiterei und ihren Wagen warf er ins Meer!"

Wird 14,29 als Text gelesen, an den 15,19 unmittelbar anschließt, dann klären sich einige Probleme von selber: Der „Auszug" Mirjams mit den Frauen wird aus seiner Ortslosigkeit geholt: Sie ziehen nicht aus dem Lager am jenseitigen Ufer des Meeres (vgl. 14,30) hinaus, sondern aus den Wassern, durch die sie gehen. Damit wird das Mirjamlied zeitgleich mit dem Zurückfluten der Wogen über die nachjagenden Feinde angestimmt. Die Schar der Frauen geht dem Volk voran und erreicht, JHWH lobpreisend, das rettende Ufer. Vom Erzählzusammenhang her könnte darauf 14,30ff. bruchlos folgen. Die zeitliche Abfolge des Geschehens läßt damit nicht die Deutung zu, daß das Volk vorher das Ufer erreicht und dann erst die Frauen die Handtrommeln nehmen,[5] sondern daß Mirjam während des Geschehens die Rettungstat Gottes mit ihrem Hymnus preisend beantwortet. Damit entfallen freilich auch die altbekannten Deutungen, daß das Mirjamlied mit jenen

Texten auf einer Ebene zu sehen sei, in denen Frauen musizierend und lobend den siegreich heimkehrenden Kriegern entgegenziehen. Wie bereits oft gesehen wurde, lobt das Mirjamlied nicht die heimkehrenden Männer, sondern ausschließlich den rettenden Gott.[6]

Mit dieser gleichzeitigen Handlungsabfolge von Rettung und Formulierung des Lobes wird nun aber auch angezeigt, daß das Moselied später gesungen worden sein muß, da es gezielt als Einschub gekennzeichnet wird. Wie Ursula Rapp betont, wird damit aber weniger eine Aussage über das geringere Alter des Moseliedes gemacht, als ein alternativer Erzählschluß des Schilfmeergeschehens formuliert:[7] Nicht der Glaube an JHWH und seinen Knecht Mose sowie dessen Lied stehen damit am Höhepunkt des Geschehens (14,31-15,18), sondern der Preisgesang der Frauen.

Bei diesen Frauen handelt es sich, wie Ursula Rapp aufgezeigt hat, nicht um alle *Frauen*, die beim Exodus anwesend gedacht werden. Die Formulierung כָל־הַנָּשִׁים verweist auf frühestens exilische Texte und auf Frauen aus höfischem Kontext oder zumindest auf gehobene Schichtzugehörigkeit.[8] Nimmt man einen nachexilischen Kontext an, so denkt man freilich an das weibliche Kultpersonal des Zweiten Tempels, wie es in den Büchern Esra, Nehemia und vor allem der Chronik belegt ist (vgl. z. B. Esra 2,65; Neh 7,67; 1 Chr 25,5). Ob diese Frauen sich im Mirjamlied ein Denkmal setzen?

1.1 Singen für das Volk – oder antworten?

In V21 wird die Handlung Mirjams von beinah allen deutschen Bibelübersetzungen mit „singen vor" wiedergegeben. ענה bedeutet aber als Bezeichnung für einen Sprechakt primär „antworten". Wie ist also ל- ענה hier zu verstehen? Daß Mirjam „ihnen" antwortet, macht vom Text her keinen Sinn, da keine Rede und kein Akt des Volkes, die einer Antwort bedürften, vorausgehen. ענה wird nun aber fast nie mit einer Präposition konstruiert, sondern in der Regel mit dem Akkusativ der Person (vgl. z. B. Jes 36,21), und wenn, dann mit עַל, „auf", (2 Sam 19,43) oder ב-, „durch", (vgl. 1 Sam 28,6.15). ל- ענה kann in V2 also nur das *stellvertretende Antworten Mirjams für sie* meinen. Der Vers ist dann so zu verstehen, daß Mirjam „für sie" auf die unmittelbar erlebte Rettungstat der Gottheit antwortet.[9]

Mirjam redet dann aber nicht, wie die Übersetzung ins Deutsche es suggerieren könnte, „für" die Frauen.[10] Dadurch erübrigen sich auch die diversen Thesen um einen Wechselgesang, bei dem nach Geschlechtern aufgeteilt gesungen würde.[11] Mirjam antwortet für eine gramatikalisch männlich bezeichnete Gruppe, die sie sodann auch zum Singen auffordert. Damit kann niemand anderer gemeint sein als „die Kinder Israels", das ganze Volk, das mit ihr die Rettung erlebt (V19). Mirjam übernimmt mit dieser Aufgabe die klassische *Vermittlungsfunktion* der Prophetin. Vom Erzählzusammenhang her wird ja die Prophetie etwas später – am Sinai – genau für diesen Zweck der vermittelnden Rede zwischen Gott und Volk gegründet werden. Die prophetische Funktion, die Mirjam wahrnimmt, ist also nicht nur die theologische Deutung des rettenden Geschehens für das Volk, sondern auch die stellvertretende Vermittlung der Antwort des Volkes an seine Gottheit. Damit wird nicht nur die prophetische Vermittlung zwischen Gott und Mensch mit לָהֶם, „für sie", (vgl. Dtn 18,18) angegeben, sondern auch die Gegenrichtung der Kommunikation zwischen dem Volk und seiner Gottheit.

Wenn in V19.21 mit „Reiterei und ihr Wagen" übersetzt wird, so steht im Text wortwörtlich „das Pferd und sein Wagen". Freilich heißt das nicht, daß das einzige Pferd des Pharao vernichtet wird, sondern der Singular steht für die Gesamtheit der Hochrüstung, wie Pferdegespanne an Kriegswagen sie im Alten Orient ab dem ausgehenden 2. Jt. darstellten. Wie Marie-Theres Wacker gezeigt hat, lobt Mirjam JHWH nicht wegen der Vernichtung der Ägypter, die nach 14,30 massenweise am Ufer angeschwemmt werden, sondern wegen der Vernichtung des Kriegsgeräts.[12] Auch hierin stellt das Mirjamlied also eine Korrektur zu seinem Kontext her, denn das Moselied preist ausgiebig den Tod der Verfolger (15,4ff.).

1.2 Prophetin und Schwester Aarons

Mirjam wird in V20 in zweifacher Hinsicht näher vorgestellt. Sie ist Prophetin, und sie ist die Schwester Aarons. Mit der Deutung von V20f. als Lobpreis, den Mirjam im Zug mit den trommelnden Frauen stellvertretend für Israel vor JHWH bringt, läßt sich die Bezeichnung Mirjams als Prophetin gerade in diesem Text bestens erklären. Sie ist nicht nur prophetisch, weil sie erkennt, wer das Schilfmeerwunder gewirkt hat, sondern weil sie vor das Volk hintritt und seinen Dank in ihrer prophetischen Vermittlungsfunktion vor JHWH bringt. Wenn sich zudem die Handtrommel in 1 Sam 10,5 als Teil des prophetisch-ekstatischen Orchesters, das Saul in Gibeat-Elohim begegnet, findet, so wird mit diesem Instrument, das jeweils von einer ganzen Gruppe gespielt wird, eine Verbindung zu anderen Prophetietexten hergestellt (vgl. 1 Sam 10,5-13).

Aber warum wird Mirjam hier als *Schwester Aarons* bezeichnet, wo doch gerade er beim Schilfmeergeschehen nie erwähnt wird und man vom Erzählzusammenhang des Exodusbuches her bislang nur eine, wenngleich *namenlose, Schwester des Mose* kennt (Ex 2,4)? Die Bezeichnung „Schwester Aarons" könnte sowohl eine späte Glosse sein als auch eine frühe Tradition, die Aaron noch nicht als Bruder des Mose kennt. Vermutlich aber ist der Grund im Erzählzusammenhang zu suchen: Würde nach dem berühmten Bruder nun „seine Schwester" ihr Lied zum Besten geben, wäre das Mirjamlied wiederum ins zweite Glied gerückt. Wie Ursula Rapp einleuchtend gezeigt hat, ist es das Anliegen des Textes, das Mirjamlied als Lobpreis einer Führungsgestalt auf gleicher Ebene mit Mose darzustellen. Mirjam und Aaron bilden „eine Opposition zu Mose in seiner Rolle als Knecht Gottes und dem, dem das Volk glaubt. Aaron ist somit in Ex 15,20 weder deshalb genannt, weil er Mirjams älterer Bruder sei noch als Familienoberhaupt, sondern als Koordinate im *gesellschaftspolitischen und theologischen* Bezugssystem der Mirjamfigur."[13]

Die Genealogien des Pentateuchs und der Chronik werden schließlich Mirjams Verwandtschaftsverhältnisse noch mit einem dritten, mit Mose, komplettieren und damit nachträglich die namenlose Schwester von Ex 2, die an der Rettung des Moseknaben beteiligt ist, in die „Familie" miteinbeziehen. Die Lesenden nehmen dadurch rückwirkend den Exodus aus der Sklaverei als von Frauen initiiert und ermöglicht (Ex 1-2) sowie nach vollbrachter Gottestat durch Frauen theologisch gedeutet wahr.[14] Das Nahverhältnis Mirjams zu Aaron findet sich auch im nächsten Text der Tora, der über Mirjam erzählt.

2. Mirjams Kampf um Teilhabe an der Prophetie: Num 12 zwischen Misogynie und Selbstbehauptung

Unter den Mirjamgeschichten ist Num 12 ein dorniger Text. In dieser Geschichte wird erzählt, daß Mirjam – zusammen mit Aaron – einen Konflikt mit Mose hat (V1f.), den Gott selber entscheidet, für den aber ausschließlich Mirjam bestraft wird. Num 12 wurde daher vor allem von feministischen Theologinnen als einer der klassischen Marginalisierungstexte gelesen, die Frauen aus Führungspositionen hinausschreiben und ihre Lebensleistung in Relation zu jener der Männer herabsetzen.

> (1) Und es redete Mirjam – und Aaron – mit Mose wegen der kuschitischen Frau, die er genommen hatte. Denn eine kuschitische Frau hatte er genommen. (2) Und sie sagten:

„Hat etwa JHWH nur mit Mose geredet? Hat er nicht auch mit uns geredet?" Und [das] hörte JHWH.

(3) Der Mann Mose war überaus demütiger als alle Menschen auf dem Erdboden. (4) Da sagte JHWH plötzlich zu Mose und zu Aaron und zu Mirjam: „Zieht hinaus, ihr drei, zum Zelt der Begegnung!" Und die drei zogen hinaus. (5) Da stieg JHWH in einer Wolkensäule herab. Und sie stand am Eingang des Zeltes. Da rief er Aaron und Mirjam. Und die beiden zogen hinaus. (6) Und er sagte:

„Hört meine Worte:
Wenn es geschieht, [daß] euer Prophet einer JHWHs [ist]:
In Schauung gebe ich mich ihm zu erkennen,
im Traum rede ich mit ihm!
(7) Nicht so mein Knecht Mose!
In meinem ganzen Haus ist er glaubwürdig!
(8) Von Mund zu Mund rede ich mit ihm
und durch Schauung, aber nicht in Rätseln.
Und die Gestalt JHWHs sieht er.
Weshalb fürchtet ihr euch nicht,
zu reden mit meinem Knecht, mit Mose?"

(9) Da entbrannte der Zorn JHWHs gegen sie (mask. Pl.). Und er ging. (10) Und die Wolke verschwand vom Zelt. Und siehe, Mirjam war aussätzig wie Schnee! Da wandte sich Aaron zu Mirjam. Und siehe: aussätzig! (11) Da sagte Aaron zu Mose: „Bitte, mein Herr! Lege nicht auf uns eine Sünde, die wir töricht begangen und die wir gesündigt haben! (12) Sie soll nicht sein wie ein Toter bei seinem Auszug aus dem Schoß seiner Mutter, dessen Fleisch schon zur Hälfte zerfressen ist." (13) Da erhob Mose das Klagegeschrei zu JHWH, indem er sagte: „Nicht doch! Heile sie doch!" (14) Da sagte JHWH zu Mose: „Wenn ihr Vater ihr Spucke in ihr Angesicht gespuckt hätte, müßte sie sich nicht sieben Tage schämen? Sie soll ausgeschlossen sein vom Lager sieben Tage. Danach aber soll sie [wieder] eingefügt werden." (15) Und ausgeschlossen wurde Mirjam vom Lager sieben Tage. Aber das Volk wanderte nicht weiter, bis Mirjam [wieder] eingefügt war. (16) Danach wanderten sie, das Volk, von Hazeroth weg, und sie lagerten in der Wüste Paran.

Der hebräische Text ist mit einigen Textproblemen behaftet, die in den gängigen deutschen Bibelübersetzungen derart eingeebnet werden, daß sie nicht mehr wahrnehmbar sind. Er beginnt mit einem Verb des Redens (in 3. Pers. Sg. fem.), das auf Mirjam bezogen ist. Als Subjekte der Rede werden jedoch Mirjam *und* Aaron genannt. Die bekanntesten deutschen Bibeln, Einheitsübersetzung, Zürcherbibel und Lutherbibel, gleichen hier den Plural an, wodurch die Schwierigkeit unsichtbar gemacht wird. Dies hat jedoch den Nebeneffekt, daß dadurch die alleinige Bestrafung Mirjams, wie sie in V10ff. erzählt wird, um so unverständlicher – und auch frauenfeindlicher – wird. Der weibliche Singular, der Mirjam als die treibende Kraft des Konflikts[15] darstellt, muß daher bestehen bleiben, um ihre alleinige Bestrafung zu erklären.

Der Text, wie er sich heute präsentiert, ist in der Forschung vor allem aufgrund der unterschiedlichen Motivation des Konflikts oft als literarisch uneinheitlich bewertet worden. In V1 wird der Streit als durch die ausländische Frau verursacht dargestellt, in V2 hingegen durch den Wortempfang. Der Text kann aber durchaus auch als Einheit verstanden werden.[16] Dann sind die zweifellos vorhandenen Spannungen aus der Intention der Erzählung zu erklären und sind keinesfalls Kriterien, die ein Textwachstum anzeigen.

2.1 Fremde Frauen und Prophetie: Der Konflikt um die Auslegung der Tora in der Mischehenfrage

Der Schlüssel für das Verständnis der Erzählung liegt in einer anderen, durch die Übersetzungen stets eingeebneten Problematik: Die Wendung ב- דבר (pi.) wird in V1 mit „reden *über* Mose" (EÜ), „*wider* Mose" (Zürcherbibel) oder „*gegen* Mose" (Luther) übersetzt. Mirjam und Aaron reden nach diesem Verständnis in Abwesenheit des Mose „*über* ihn". Bei derartigen Übersetzungen bekommt man allerdings die Schwierigkeit, daß das Reden „*zu*" oder „*mit*" (ב- דבר pi.) im unmittelbar darauffolgenden V2 ganz gleich formuliert ist und sicher nicht mit „hat der Herr nur *über* Mose geredet?" zu übersetzen ist. Plädiert man für eine einheitliche Übersetzung, so muß es heißen: „Und es redete Mirjam – und Aaron – mit Mose wegen der kuschitischen Frau." Offensichtlich ist die Situation eine des offenen, nicht des verdeckten Konflikts. Nun wird jedoch in V2 die direkte Rede mit וַיֹּאמְרוּ, „und sie sagten", eingeleitet und damit eindeutig Aaron in die Aktion miteinbezogen. Zudem ist zu beachten, daß zwei verschiedene Verben des Redens unterschiedliche Argumente des Konflikts einleiten. Während hier meist die Schere der Literarkritik angelegt wird, kann der Text jedoch auch so verstanden werden, daß in V2 *Mirjam und Aaron* mit den Worten, mit denen sie offensichtlich ihre Anfrage an Mose begründen, *wörtlich zitiert* werden. Die Redeeinleitung ist dann für die direkte Rede notwendig und keinesfalls literarkritisch zu beanstanden.

Mirjam und Aaron stellen Mose wegen der kuschitischen Frau zur Rede und werfen dabei die (rhetorisch gemeinte) Frage auf, ob JHWH etwa nur mit Mose geredet habe.

In V2.6.8 wird nun aber das Sprechen Gottes mit Menschen im Sinne einer Mitteilung des Gotteswortes – wie auch im Prophetiegesetz von Dtn 18,9-22 – mit רבד pi., „reden", umschrieben. Das Gespräch unter Menschen wird hingegen mit der Wurzel אמר, „sagen", „sprechen", ausgedrückt. So kann es sich also auch in V1 nicht um einen „Smalltalk" unter Menschen handeln, sondern nur um den Wortempfang von JHWH, der einen wahren Propheten und eine wahre Prophetin auszeichnet (vgl. Dtn 18,18ff.). Der konfliktträchtige Redevorgang, der von Mirjam eingeleitet und von Aaron mitgetragen wird, ist daher nicht als normaler Streit unter Menschen zu deuten, sondern als Kontroverse um die Legitimität prophetischer Rede. Wenn Mirjam – und auch Aaron – *zu Mose reden*, so reden sie im Rahmen der Erzählung von Num 12 *prophetisch!*

Wie ist nun der eigentliche Anlaß zum Streit, der nach V1 offensichtlich in der kuschitischen Frau begründet ist, zu verstehen? Von einer solchen Frau weiß man aus dem biblischen Erzählzusammenhang bislang gar nichts. Mose ist nach Ex 2,21f.; 4,18-26 und 18,2 mit Zippora verheiratet. Sie ist die Tochter des Priesters von Midian, der nach der einen Tradition Reguël, nach der anderen jedoch Jitro heißt. Ist die Kuschiterin nun dieselbe Frau wie Zippora, oder ist damit eine andere Frau gemeint?

Meist wird als Konfliktgrund angenommen, daß Mirjam und Aaron gegen eine fremdstämmige Ehefrau polemisieren. Wo Kusch – wie häufig im AT – als eines der Völker Afrikas verstanden wird, ist der Grund dieser Rede in der Exegese sogar rassistisch[17] ausgelegt worden: Mirjam und Aaron würden gegen die Frau polemisieren, da sie farbig sei! Man kann Kusch jedoch auch in der Gegend des Golfes von Aqaba suchen, wodurch eine Identifizierung der Frau mit Zippora, der Ehefrau des Mose nach Ex 2,21, möglich wird. Biblisch kann man dies mit Hab 3,7 rechtfertigen, wo Kusch im Parallelismus mit Midian steht. Da das Gebet des Habakuk – wie auch die Moseberufung in Ex 3 – die „Herkunft" JHWHs in die Gegend des Siedlungsgebietes der Midianiter versetzt, erscheint eine solche Lokalisierung über den Umweg der Habakukstelle gerechtfertigt zu sein.

Die jüdische Tradition hat die Rede Mirjams jedenfalls nicht fremdenfeindlich ausgelegt: Für sie ist der Konfliktpunkt der, daß Mose seine ehelichen Pflichten gegenüber der kuschitischen Frau vernachlässigt, und zwar wegen seiner prophetischen Tätigkeit (vgl. Exodus Rabba 1.13). Der Exodus-Midrasch identifiziert daher die Kuschiterin ebenfalls mit Zippora. Diese beklagt sich nach Ex Rabba bei Mirjam, daß Mose nicht mehr mit ihr schlafe. Mirjam und Aaron hingegen hätten sich trotz ihres prophetischen Amtes nicht von ihren Partnern sexuell enthalten. Mose würde also schön lehren, aber nicht schön erfüllen, wie es in der jüdischen Tradition bei mangelnder Erfüllung des Schöpfungsauftrags heißt (Jewamot 63b).

Marie-Theres Wacker[18] identifiziert die Kuschiterin der jüdischen Tradition gemäß ebenfalls mit Zippora. Da sie von der Wegweisung des Endtexts ausgeht, müsse die Ehefrau mit dem folgenden prophetischen Konflikt etwas zu tun haben. Für Wacker stellt die hier „Kuschiterin" genannte Zippora die Legitimation für Mose dar, da sie aus dem Priestergeschlecht komme und Mose in ihrer Familie die Offenbarung der Gottheit JHWH bekommen habe (vgl. Ex 3). Diese These ist eine Möglichkeit, die beiden Ursachen des Konflikts auf einen Nenner zu bringen. Aber der Text bietet keinen einzigen Anhaltspunkt, der auf die Zipporatradition im Sinne einer priesterlichen Legitimation der Prophetie hinweisen würde.

Wenn man der Zipporatradition genauer nachgeht, so zeigt sich, daß sie die Frau des Mose ist, die nach Ex 4,19f. mit ihm nach Ägypten zieht und auf dem Weg dorthin in apotropäischer Weise ihren Sohn beschneidet, um ihren Mann vor dem Angriff JHWHs zu retten (4,24-26). Das nächste Mal wird Zippora im biblischen Erzählfortgang in Ex 18,1-12 genannt. Die deutschen Bibelübersetzungen übersetzen in V2, daß Mose Zippora „zurückgeschickt", „zurückgesandt", habe. Der Masoretentext liest שִׁלּוּחֶיהָ, „ihre Fortschickung". שׁלח אִשָּׁה (pi.) ist nun aber ein sehr gebräuchlicher Fachbegriff für „sich scheiden lassen" (vgl. z. B. Dtn 21,14; 22,19.29 u.ö.). Das seltene שִׁלּוּחֶיהָ kann damit – wie die jüdische Tradition es auch bezeugt – durchaus als Scheidung verstanden werden und nicht nur als zwischenzeitliches Wegschicken.[19]

Für Num 12,1 heißt dies dann aber, daß der Konfliktgrund nicht die Heirat des Mose mit einer Kuschiterin ist, sondern seine Scheidung von ihr. Mirjam und Aaron bezweifeln zudem in V2, daß JHWH nur mit Mose geredet habe. Damit stellen sie nicht das Prophetentum des Mose in Frage. Dieses steht außer Zweifel. Die beiden behaupten aber von sich selber, daß sie ebenso – neben dem selbstverständlich anerkannten Mose – im prophetischen Dienst stehen. Mirjam und Aaron werden in der Tora je einmal mit Prophetie in Verbindung gebracht (Mirjam: Ex 15,20; Aaron: Ex 7,1). Historisch gesehen ist die prophetische Funktion allerdings weder ihre ursprüngliche noch ihre häuptsächliche. Gleiches ist aber auch für Mose zu sagen. Auch er wird erst durch das Dtn zu dem, was er in der nachexilischen Zeit und bis heute in der Hebräischen Bibel ist: der Prophet par excellence (vgl. Dtn 18,15.18; 34,10).

2.2 Der Hintergrund des Konflikts: Für wen streiten Mirjam, Mose und Aaron?

Auf der Erzählebene geht es um den Konflikt der drei Führungsgestalten beim Exodus. Num 12 ist nun aber kein früher Text, der eine alte Tradition überliefern würde, sondern unabweisbar nachexilischen Ursprungs. Rainer Kessler hat in dem Konflikt eine Rivalitätsgeschichte der soziologischen Gruppen der Prophetie (Mirjam), des Kultes (Aaron) und der Tora (Mose) gesehen.[20] Wenn diese Verankerung prinzipiell stimmt, dann findet sich hier offensichtlich eine Diskussion um verschiedene Formen der Prophetie und deren Trägerschaft. Hinter diesem Konflikt stehen dann Gruppen, die in Opposition zu jenen, die sich als Mosenachfolger verstehen, für sich selber die Gabe der Prophetie beanspruchen. Das hieße dann, daß die Priesterschaft sich offensichtlich nicht von der zu aktualisierenden Tora abkoppeln und nur auf die Opfertora beschränken lassen will.

Laut V1 ist jedoch die treibende Kraft des Konflikts eine Gruppe, die sich auf Mirjam zurückführt. Welche Gruppierung, wenn nicht eine primär von Frauen dominierte Gruppe, würde dies tun? Rainer Kessler[21] hat dabei auf die fortgeschrittene persische Zeit, auf Neh 6,14, verwiesen, wo von der Prophetin Noadja die Rede ist, die offensichtlich einen Kreis von prophetisch Begabten anführt. Die beiden Gruppen der ProphetInnen und der Priesterschaft drohen nach unserer Geschichte in Num 12 offensichtlich an Autorität zu verlieren – und zwar zugunsten des omnipräsenten Moseamtes, das als Vermittlung und Auslegung der Tora verstanden wird.

Wenn der Konflikt in persischer Zeit anzusetzen ist, so repräsentiert ganz offensichtlich Aaron die Priesterschaft und Mirjam eine jener prophetischen Gruppen, die an den Prophetenbüchern weiterarbeiten (vgl. z. B. als Indiz für die Präsenz von Frauen in solchen Gruppen die Fülle weiblicher Metaphern im 2. und 3. Teil des Jesajabuches). Die dominante Gruppe, die die Mosetradition fortführt, wäre dann in jener um Esra zu suchen, der sich wie Mose ebenfalls auf priesterliche Ahnen zurückführt, und in jener um Nehemia, welcher nach den Erzählzusammenhängen mit Esra und den Leviten zusammenarbeitet. Sie verpflichten das Volk – ganz im Sinne des Dtn – auf die Tora (Neh 8,9-12). Der Priester Esra wird dort bemerkenswerter Weise nicht in kultischer

Funktion dargestellt, sondern in der Mosetradition. Wenn gerade bei „Volksszenen" im Nehemiabuch Frauen explizit genannt werden (vgl. Neh 5,1ff.; 8,2ff.), so kann dies ein Indiz dafür sein, daß Frauen die Diskussion um die Tora und deren Auslegung in dieser Zeit entscheidend beeinflußten.

Die Gruppe, deren Argumente schließlich im Esra- und Nehemiabuch überliefert werden, ist nun aber dieselbe Gruppe, die sich im nachexilischen Juda in der Mischehenfrage stark macht, gegen jegliche Heirat mit fremden Frauen polemisiert und sogar für die Scheidung bestehender Ehen mit Ausländerinnen votiert (Esra 10; Neh 13). Wir finden in diesen Texten zwar für die Scheidung von Mischehen nicht dieselbe Wortwahl wie im Zipporatext von Ex 18,2, aber dies ist auch nicht notwendig, denn Ex 18,1ff. ist gewiß eine ältere Überlieferung und bezeugt als solche die gebräuchlichere Wortwahl für die Scheidung.

2.3 Prophetie als aktualisierende Auslegung der Tora

Von dieser postulierten Verortung der hinter Mirjam, Aaron und Mose stehenden Gruppierungen in persischer Zeit ausgehend, stellt sich der Zusammenhang der doppelten Konfliktmotivation folgendermaßen dar: Num 12 knüpft die Frage der authentischen Prophetie an die Frage um die kuschitische Frau des Mose. Num 12,1 versteht damit die Notiz von Ex 18,2 als Scheidung des Mose von Zippora. Er hat sie samt ihren Kindern in ihr Vaterhaus zurückgeschickt. Mose wird also aufgrund von Ex 18,2 von der Gruppe, die gegen exogame Ehen polemisiert, als *Vorbild in der Mischehenscheidung* vereinnahmt. Dieselbe Gruppe, die die Trennung von Mischehen fordert, begreift sich hierin als die alleinige Autorität bei der Auslegung der Tora (vgl. in Neh 13,1f. den Rekurs auf das dtn Gemeindegesetz).

Wird die Passage so verstanden, dann ist die Anfrage von Mirjam – und auch von Aaron – durchaus homogen: Nach V1 zieht die hinter Mirjam stehende Gruppe diejenige hinter Mose wegen der kuschitischen Frau zur Rechenschaft, da diese – wie man aus Ex 18 weiß – aufgrund ihres Fremdseins fortgeschickt wurde. Die Mosegruppe kann sich dafür auf ein entsprechendes Handeln des Mose in der Tora berufen. Die Gruppe, die sich auf Aaron zurückführt, sympathisiert mit jener der Mirjam und ergreift ihre Partei. In V2 wird nun die Mosegruppe wegen ihres Alleinvertretungsanspruchs in bezug auf die Prophetie befragt. Dieser liegt aber offensichtlich darin begründet, daß sie behauptet, sie allein würde die Tora richtig, d. h. prophetisch in der Nachfolge des Mose, auslegen. Nicht Mirjam und Aaron haben also etwas gegen die Kuschiterin, die sich Mose zur Frau genommen hat. Nicht die beiden sind mischehen- oder gar fremdenfeindlich. Es ist vielmehr umgekehrt – wie wir auch aus der jüdischen Tradition lernen können: Mirjam und Aaron ergreifen die Partei der Kuschiterin und werfen Mose vor, sich von ihr getrennt zu haben!

Nach diesem Verständnis ist die Argumentation der die rechtmäßige Prophetie auch für sich einklagenden Gruppe auch mit der zu Esra und Nehemia oppositionellen ProphetInnengruppe in Einklang zu bringen. Daß es in dieser Zeit massive Widerstände gegen die Auflösung von Mischehen und gegen das Verbot, Mischehen einzugehen, gibt, zeigt unzweifelhaft das Rutbuch. „Mirjam" steht für diese Gruppe, die im Rutbuch für die Aufnahme der fremden Moabiterin plädiert und die wahrscheinlich ein Kreis mit massiver Frauenpräsenz, wenn nicht gar eine Frauengruppe, ist. Aus Neh 13,28 erfahren wir, daß von der Mischehentrennung sogar die hohepriesterliche Familie, „Aaron", betroffen ist. Es versteht sich von selber, daß sich Gruppen wie diese nicht einfach mundtot machen lassen. Sie plädieren gegen einen scharfen Kurs in der Mischehenfrage und berufen sich für ihre Argumentation ebenso auf Gottes Wort: Auch zu uns hat JHWH gesprochen! Die in Mischehenfragen oppositionelle Gruppe, quasi eine Koalition aus „Mirjam" und „Aaron", nimmt damit die prophetisch legitimierte Auslegung der Tora auch für sich selber in Anspruch. Daß es um Tora-Auslegung geht, und nicht einfach um in dieser Zeit zu klärende Heiratspolitik, erhellt die Tatsache, daß die drei Führungsfiguren der Tora diesen Konflikt austragen müssen.

2.4 Die Sonderstellung des Mose

Mose wird in Num 12,3 aufgrund seiner Demut von JHWH selber über alle Menschen gestellt und für sakrosankt erklärt. „Das Demutsideal ist polemisch gegen den Vorwurf des Machtmißbrauchs gerichtet und ist deshalb als Schutzbehauptung der interessierten Tradentenkreise verdächtig."[22] Die Tatsache, daß Mose mit Gott redet und dieser mit ihm, *nachdem* die Wolke bereits verschwunden ist (V10ff.), manifestiert zudem die Sonderstellung des Mose. Das Gespräch JHWHs mit ihm erweist bereits die von JHWH selber verkündete Tatsache, daß er allein mit Mose auf direktem Wege, von „Mund zu Mund", spricht (vgl. V8), mit Mirjam und Aaron jedoch wie mit „normalen" prophetisch Begabten. Mit ihnen spricht er vermittelt durch die institutionell eingerichtete Möglichkeit der Gottesbegegnung. Diese ist während der Wüstenwanderung durch das Zelt der Begegnung gegeben, dessen Eingang von Anfang an, noch vor der Einweihung, mit dem Dienst von Frauen verbunden ist (Ex

38,8).[23] Die göttliche Präsenz im Zelt wird durch die Wolke symbolisiert. Das Entweichen der Wolke vor dem Gespräch mit Mose bestätigt damit den von Gott festgestellten Unterschied zwischen Mose und den anderen beiden Führungsgestalten (V6-8).[24] Das Entschwinden der Wolke hat damit eine erzählerische Funktion.

Den Gruppen um „Mirjam" und „Aaron" wird zugestanden, daß sie ebenso prophetisch begabt sind wie „Mose", weil die Gottheit selber mit allen dreien spricht (V4) und er die *Art und Weise des Redens* mit ihnen in V6 darlegt. Die Anfrage der Mirjam (V1) und der Rückblick darauf (V8) wird mit der in Num 12 für die Prophetie reservierten Wurzel דבר pi., „reden", formuliert. Dadurch wird ihre Nachfrage an Mose als Prophetie im Sinne einer Aktualisierung der Tora verstanden. Die Gesetzesauslegung der beiden Gruppen „Mirjam" und „Aaron" wird somit als legitim anerkannt. Mirjam und Aaron haben wie Mose an der Gotteserscheinung am Offenbarungszelt Anteil (V4b.5), nicht jedoch am unmittelbaren Reden Gottes mit Mose (V7f.).

Die Phänomene der Prophetie werden in V6-8 eindeutig hierarchisiert: Es gibt gewöhnliche prophetische Menschen, die ebenfalls mit dem Gotteswort begabt sind und denen JHWH sich in Schauung und Traum zu erkennen gibt. Und es gibt Mose, der über allen steht, weil die Gottheit mit ihm von Mund zu Mund spricht und er JHWH sehen kann, ohne zu sterben. Die göttliche Legitimation macht ihn daher unhinterfragbar.

2.5 Der Ausgang des Konflikts um die Mischehen: Mose ist kein Präzedenz-, sondern ein Sonderfall

Der Konflikt um die Prophetie wird von JHWH selber zwar hierarchisch zugunsten des Mose, inhaltlich aber zugunsten von Mirjam entschieden. Sie ist und bleibt Prophetin, ist hierin jedoch Mose nicht gleichgestellt. So verstanden, könnte der in der Forschung manchmal als „barock" angesehene V3, der von der Demut des Mose spricht, eine Fährte für die Lösung der Mischehenfrage sein: Mose als der überaus demütige Mensch übererfüllt die göttliche Weisung, indem er seine fremde Frau entlassen hat. Er kann daher nicht als Norm in der Mischehenfrage vereinnahmt werden, höchstens als ohnedies nicht zu erreichendes Vorbild, an dem man sich orientiert.

Mirjam hat damit in der Mischehenfrage recht bekommen: Was Mose getan hat, kann man nicht dem ganzen Volk aufzwingen. Seine privilegierte Stellung zu Gott und seine herausragende Menschlichkeit sind nicht die Norm für jedermann. Sein Verhalten ist daher nicht universalisierbar.

Mirjam wird also von Gott in der Sache recht gegeben, sie wird jedoch in die Schranken gewiesen, da sie die herausragende Stellung des Mose nicht als solche anerkannt hat. Sieben Tage lang muß sie sich schämen. Sieben Tage lang muß sie sich das patriarchale, entwürdigende Ins-Gesicht-Spucken des Vaters gefallen lassen und wird aus der Gemeinschaft ausgeschlossen. Die soziale Sanktion der patriarchal organisierten Gemeinschaft ist nach sieben Tagen vorbei, und Mirjam kann sich der Sympathie des wartenden Volkes gewiß sein, für das sie gegen die Rigoristen die humanere Lösung erkämpft hat.

2.6 Wer wird bestraft – und womit?

Das Lesen der Geschichte erzeugt Widerwillen, da nur eine der aufbegehrenden Personen bestraft wird. Mirjam wird mit Aussatz geschlagen, nicht aber Aaron. Freilich ist ein aussätziger Hohepriester ein Unding. Aber die Unmöglichkeit, von einem aussätzigen Ahnherrn der Hohepriester zu erzählen, mindert nicht die vordergründige Misogynie des Textes. Die Tatsache, daß Aaron knieschlotternd Mirjams Partei ergreift, läßt zwar auf Allianzen dieser Gruppen schließen, Aaron aber entgeht jeglicher Bestrafung und geht aus dem Konflikt daher weniger geschwächt hervor als Mirjam. Aaron anerkennt dabei Mose als seinen Herrn[25] und steht damit wieder dort, wo er nach Ex 7,1 als Prophet eingesetzt wurde: Aaron ist nicht Gottes, sondern Moses Prophet!

Die Strafe für Mirjam ist zwar hart, aber sie wird von vornherein auf sieben Tage beschränkt und bleibt ohne weitere Folgewirkung. Das Volk steht hinter Mirjam. Es ergreift ihre Partei und weigert sich, ohne sie weiterzuziehen. Erst als der Aussatz[26] nach sieben Tagen verschwunden ist und sie wieder in das Lager aufgenommen werden kann, wird die Wüstenwanderung fortgesetzt.

Die prophetische Frauengruppe um Mirjam scheint mit dieser Erzählung vorerst in ihrer Autorität erledigt zu sein. Aber Mirjam erfährt nicht das übliche Todesschicksal von Leuten, die sich während der Wüstenwanderung gegen JHWH auflehnen (vgl. Num 16-17). Bei diesen Rebellionserzählungen werden sogar die Hohepriestersöhne dahingerafft.[27] Mirjam jedoch bleibt am Leben! Num 12 kann daher keine dieser Aufruhrgeschichten sein, sondern muß im Rahmen der Wüstenwanderungserzählungen eine andere Intention haben.

2.7 Mirjam und die Demokratisierung der Prophetie

Hat nun diese Geschichte tatsächlich das Ziel, Gottes Mißfallen an Frauen in Führungspositionen zu dokumentieren? Wenn man die

Geschichte in ihrem Kontext liest, ist die Frage eindeutig zu verneinen: Num 11,12 thematisiert im Gottesbild der Mutter, die schwanger ist, gebiert und ihr Kind zu versorgen hat, die Pflichten und die Verantwortung der Führungspersönlichkeit, die nach Num 11,10-15 allein Mose ist. Der Text weiß nichts von kooperativer Führung mit Aaron oder Mirjam. Mose allein steht in der Verantwortung und ist überfordert. Er will nicht mehr und weigert sich vor Gott, die Verantwortung weiterhin allein zu tragen.

Die Lösung für das Dilemma des überforderten Mose wird in der Aufteilung der Leitungsverantwortung auf die 70 Ältesten gesehen (vgl. Num 11,16-23). Die vorgeschlagene Lösung ist innerhalb der Tora allerdings nicht neu: Sie wurde in ähnlicher Weise bereits vom Vater der Zippora in Ex 18 empfohlen! Die Gruppe, die hier aus Zipporas Vater spricht, plädiert für breit verteilte Leitungskompetenz. Sie lehnt zwar den Vorrang des Mose nicht ab, votiert aber ganz klar dafür, daß auch andere Verantwortung tragen sollen. In Ex 18 geht es um *richterliche* Entscheidungen. In Num 11 geht es um *prophetische* Führung, die mit Geistbegabung in Verbindung gesehen wird (Num 11,24-30). Sobald der Geist von Mose auf die Auserwählten übergeht, werden diese zu Propheten. Sogar jene, die dem Aufruf zur Versammlung beim Begegnungszelt nicht Folge geleistet haben, beginnen zu prophezeien (V26). Der junge Josua hält dies zwar für unangemessen (V28), Mose aber hat damit offensichtlich keine Probleme. Er akzeptiert die Tatsache, daß der Geist auch außerhalb der einberufenen Versammlung wirkt. Ja, er hat sogar den Wunsch, daß der prophetische Geist demokratisiert werde und weist den jungen Josua zurecht (V29).

Das Ereifern für Mose wird damit der Demokratisierung des Geistes gegenübergestellt. Mose lehnt das erstere ab. Er wünscht sich, daß JHWH den Geist auf alle – nicht nur auf die 70 ältesten Männer – kommen lassen möge. Damit argumentiert er ähnlich wie Joël 3, wo von der Geistgabe für Junge und Alte, Freie und Unfreie, Männer und Frauen die Rede ist.[28] Num 11 erzählt keine göttliche Reaktion auf den Wunsch des Mose nach Demokratisierung des Geistes. Allein, daß der Geist auch auf Menschen übergeht, die nicht an der Versammlung teilnehmen, zeigt jedoch die Parteinahme JHWHs an.

Die Geschichten aus Num 11 stehen unmittelbar vor unserer Mirjamerzählung in Num 12. Wie legt die eine Geschichte nun die andere aus? In Num 12 verteidigt sich Mose nicht selber – dies entspricht in Num 11,29 seiner Reaktion Josua gegenüber. Wenn man Num 11 gelesen hat, ist klar, daß nicht nur Mose den Geist hat. Insofern wird die Anfrage Mirjams durch den Kontext abgeschwächt, denn „Prophetie für alle" ist ja unmittelbar zuvor als Wunschvorstellung des Mose deklariert worden, ohne daß er selber dies als Angriff auf seine Autorität verstanden hätte. Die Scharfmacher-Partei wird in Num 11 mit der Person des Josua identifiziert. Josua ist nun aber nicht irgendein Mann, sondern der Nachfolger des Mose, der nach Num 14,30 in das Land kommen wird. Mit Josua identifizieren sich daher wohl jene, die in nachexilischer Zeit in das Land zurückkehren.

Wenn wir auch diese Geschichte als Widerspiegelung von Interessenkonflikten lesen, dann wird klar, daß die Nachfolger des Mose in ihrer Weltsicht wesentlich engstirniger sind als dieser selbst. Denn der Wunsch Moses nach Demokratisierung des prophetischen Geistes *legitimiert* in der kanonischen Textabfolge *sogar die Anfrage der Mirjam*. Num 12 könnte damit ein Text sein, der aus dieser Scharfmacher-Partei stammt, während Num 11 dann dem Kreis mit offenerem Denken zuzureihen wäre.

2.8 Num 12 als Geschichte, die Mirjams Tod außerhalb des Landes erklärt?

Wenn man nach Num 12 im kanonischen Endtext weiterliest, kommt man zu den Kundschaftergeschichten, die die weiteren Erzählungen um die Führungspersönlichkeiten dominieren. Nach der Verächtlichmachung des Landes durch die ausgesandten Kundschafter schwört JHWH, daß alle Menschen über zwanzig in der Wüste sterben müssen (Num 14,26-35). Mit diesem Gottesschwur ist klar, daß dieses Schicksal auch Mirjam, Aaron und Mose noch vor Erreichen der Grenze zum Verheißungsland ereilen wird. Für Mose und Aaron ist die den Todesbeschluß begründende Schuld-Erzählung jene um die Wasser von Meriba (Num 20,2-13; vgl. bes. V12 und den Verweis in V24). Sie steht unmittelbar nach der Todes- und Begräbnisnotiz für Mirjam (Num 20,1), und ihr folgt unmittelbar der Bericht vom Tod Aarons (20,22-29). Der Tod des Mose folgt chronologisch kurz darauf. Liest man Num 12 im Kontext dieser Ereignisse der Wüstenwanderungszeit, so könnte es sein, daß auch für den Tod der Mirjam eine Schuldgeschichte gefunden werden mußte, da sie in Meriba nicht mehr dabei ist. Diese wäre dann mit Num 12 gegeben. Aus eben diesen kontextuellen Gründen wird Mirjam in 12,1 als Rädelsführerin dargestellt und ausschließlich sie bestraft, damit auch ihre Auflehnung gegen JHWH deutlich wird und ihr Tod ebenso mit einer Schuld gegen Gott begründet werden kann. Die Aussatzerzählung von Mirjam (Num 12) entspricht damit in ihrer Funktion der Meriba-Erzählung von Mose und Aaron (Num 20,2ff.).

In diesem Kontext der Pentateucherzählungen läßt sich somit nur mehr sehr bedingt von einer ausschließlichen Bestrafung Mirjams reden. Die explizite Frauenfeindlichkeit ist nur dann vorhanden, wenn man Num 12 aus dem Kontext reißt. Aber sie ist nicht die Botschaft der Erzählung. Vielleicht kann die Geschichte von Num 12 sogar als ein realpolitischer Ermächtigungstext für die prophetische Frauengruppe der Perserzeit gelesen werden. Die Prophetinnen werden zwar wegen Kompetenzüberschreitung zwischenzeitlich aus dem „Lager" ausgeschlossen, aber die zur Diskussion stehende Mischehenproblematik wird so entschieden, wie „Mirjam" vorgeschlagen hat.

Das Unrecht, das solche Geschichten legitimieren, ist nicht zu bagatellisieren. Offensichtlich ist es so, daß patriarchal-hierarchisch geordnete religiöse Gemeinschaften selbst dann zum Mittel der Demütigung ihrer Gemeindemitglieder greifen können, wenn sie erkannt haben, daß die von diesen vertretene Sache richtig ist. In solchen Situationen – so sagt es Num 12 – kann man sich auf das Urteil des Volkes verlassen: Es erkennt den Machtkonflikt als solchen und weigert sich weiterzuziehen, bis Mirjam wieder integriert werden kann.

3. Ohne Mirjam geht es nicht! Ihr Tod und seine Folgen am heiligen Ort in Num 20

Die frühe feministische Forschung hat Grabplätze teilweise für Hinweise auf alte Überlieferungen gehalten.[29] Daß dem meist nicht so ist, läßt sich an der sicher nachexilischen Grabtradition der Erzeltern in der Höhle Machpela (Gen 23) und auch an der Todes- und Begräbnisnotiz von Mirjam in Num 20,1 erweisen.

> Und es kamen die Kinder Israels, die ganze Gemeinde, in die Wüste Zin, im ersten Monat. Und das Volk ließ sich in Kadesch nieder. Dort starb Mirjam, und sie wurde dort begraben.

Mirjam gehört zur Wüstenwanderungsgeneration, der es nach Num 14,26-35 nicht gestattet ist, in das Verheißungsland zu kommen. Sie ist die erste der drei Führungsfiguren, die vor der Inbesitznahme des Landes stirbt.

Wie Ursula Rapp[30] ausführlich dargestellt hat, steht die Todesnotiz im Rahmen von Num 20 nicht isoliert da. Num 20 beginnt in V1 mit dem Bericht über den *Tod* und das Begräbnis Mirjams, setzt sich in der Angst des Volkes vor dem *Tod* wegen Wassermangels fort (V3-5) und endet schließlich in der *Todes*ankündigung für Mose und Aaron (V12) und in der *Todes*notiz über Aaron (V22-29).[31]

Im Abschnitt 20,1-13 geht es thematisch zudem um die Frage, „inwiefern die Führungsgestalten Israels fähig sind, JHWH vor den Augen des Volkes zu heiligen"[32] (קדשׁ), nachdem Mirjam in Kadesch (קָדֵשׁ), am Ort „Heilig", gestorben ist. Daß Mose und Aaron bei dieser Aufgabe kläglich versagen, erzählen V2-13. Kadesch wird damit nicht zu einem (archäologisch nachweisbaren) Ort, sondern zu einem Programm, das zu verwirklichen Mose und Aaron sich nach Ausweis der Gottesrede in V12 geweigert haben. Anstatt den Befehl gemäß V8 so auszuführen, handeln die beiden eigenmächtig, indem sie das Wasser nicht durch das Wort (V8), sondern – wie bereits aus Ex 17,1-7 bekannt – durch das Schlagen auf den Felsen zum Sprudeln bringen.[33] Trotz des Ungehorsams von Mose und Aaron bewahrt JHWH das Volk vor dem Tod durch Verdursten (V11).

Der Tod Mirjams am Ort „Heilig" provoziert aufgrund der verweigerten „Heiligung" JHWHs (V12) damit den Tod der beiden prophetischen Führungsfiguren Aaron und Mose. Num 20 endet mit dem Bericht von Aarons Tod und der Bestellung seines Sohnes als Nachfolger (20,22-29). Der Tod des Mose ist angekündigt. Er wird erst in Dtn 32.34 erzählt, nachdem Josua als Moses Nachfolger beglaubigt ist (Dtn 31,14f.23; 34,9).

Als der Tod Moses unmittelbar bevorsteht, erinnert die Gottheit nochmals ausdrücklich an die Begebenheiten von Kadesch und die verweigerte Heiligung Gottes (Dtn 32,48-52). Dort hat die Führung versagt, und dort haben Mose und Aaron ihre prophetische Beglaubigung, wie sie in Ex 4,1ff. gegeben[34] und für Mose nochmals in Num 12,7f. bekräftigt wurde, verspielt. Sie sind nicht als Mittler *für* das Volk aufgetreten, sondern *gegen* das Volk. Mirjam hat in dieser ihrer Funktion, auf seiten des Volkes zu stehen, nicht versagt. Vielleicht ist ihr Aufbegehren gegen den alleinigen Autoritätsanspruch Moses in Num 12 als Begründungsgeschichte auch ihres Sterbens vor dem Einzug ins Land zu lesen; in Num 20,1 wird das jedoch nicht gesagt.[35]

In welchen Zusammenhang kann nun das Erzählte mit der prophetischen Funktion der drei Führungsgestalten gebracht werden? Wie für die Institution der Prophetie vorgesehen (vgl. Dtn 18,19-20; Ez 3,16ff.; 18,1ff.; 33,1ff.), trägt die Folgen der Schuld jeder Mensch selber – sei es jener, der zu verkünden hat, oder jener, der sich zu hören weigert. So werden Mose und Aaron ihrer gerechten Strafe zugeführt, nicht jedoch das unschuldige Volk, das berechtigterweise nach Wasser ruft (vgl. die göttliche Bestätigung in V7).

Damit geht es in Num 20 nicht nur um das „Ende der *Führungsfunktion*"[36] von Mose und Aaron. Es geht um das durch

Fehlverhalten provozierte Ende der prophetischen Sendung, nach der erzählerisch nur mehr der Tod folgen kann (vgl. Dtn 18,20). Von der biblischen Chronologie her sterben Mirjam (Num 20,1), Aaron (Num 33,38) und Mose (Dtn 1,3; 32,48ff.) binnen Jahresfrist.[37] Die Deklaration des Mose als Prophet par excellence im Dtn ist vom biblischen Erzählablauf her bereits geschehen: Mose rekapituliert im Dtn vor dem Übertritt ins Land nur mehr, was sich bereits ereignet hat, und kündet das, was er schon empfangen hat. Anläßlich seines Todes in Dtn 34 wird Mose zwar als unüberbietbar vorgestellt, aber allein die Begründung seines Todes mit Rekurs auf Num 20 (Dtn 32,48ff.) erweist auch ihn in seiner Glaubwürdigkeit als beschädigt und damit als unwürdig für das Land.

Vermutlich sprechen auch aus dieser Geschichte, die um das Sterben der prophetisch begabten Führungsfiguren des Exodus kreist, die Konflikte der nachexilischen Zeit.[38] Mirjam hat den Kontakt zum Volk nicht verloren. Sie hat für das Volk der Gottheit geantwortet (Ex 15,21), und das Volk hat in der Wüste so lange gewartet, bis Mirjam wieder integriert werden konnte (Num 12,15f.). Als sie stirbt, erweist sich, daß das Volk ohne Vermittlung zu JHWH ist. Dieser greift daher direkt zu seinen Gunsten ein – gegen jene, die er zur Leitung berufen hat. Eine ähnliche Konstellation der Parteien und ihres Konflikts sowie der Positionierung der Gottheit wird sich in Mi 6,4 ebenfalls zeigen.

4. Mirjam in den Genealogien: Die Geschwisterrelation als Signal für die Gleichwertigkeit

Sieht man vom Rekurs auf Num 12 bei der Aussatztora von Dtn 24,8f. ab, so wird die letzte neue Information über Mirjam im Pentateuch wenige Kapitel nach ihrer Todes- und Begräbnisnotiz gegeben. In Num 26 bietet eine Liste jener israelitischen Familien, die aus Ägypten ausgezogen sind, einen kurzen Einschub in das Geschlechterregister des Stammes Levi. Er legt in V59 die Verwandtschaftsverhältnisse zwischen Mirjam, Aaron und Mose als Geschwisterrelation fest. Der Abschluß des Verzeichnisses betont in V64f. ausdrücklich, daß es sich nicht um die Wüstenwanderungsgeneration handelt, da diese bereits gestorben ist. Damit ist die vorliegende Liste als Grundlage für die bevorstehende Landnahme zu sehen. Ganz ähnliche Geschlechtsregister finden sich als Heimkehrerlisten in den Büchern Esra und Nehemia (Esra 2; Neh 7). Wenn zudem Mose mit dem Nachfolger des bereits verstorbenen Aaron, mit Eleasar, die Musterung durchführt, so wird man an das Duo des späten

Nachfahren Eleasars, des Priesters Esra (vgl. Esra 7,1-5), und des Tora-Verkünders Nehemia (Neh 8,9) erinnert.[39]

4.1 Mirjam als Schwester der beiden Söhne Mose und Aaron

Die Liste des Stammes Levi, dem als Priesterstamm kein Landbesitz zukommt (vgl. Num 26,62), bildet den Abschluß des Zwölf-Stämme-Registers. Vor der Subsumierungsformel in V62 ist die Liste des zweiten Sohnes Aarons, Kehats, erzählerisch erweitert:

> (58) ... Kehat zeugte Amram. (59) Und der Name der Frau Amrams war Jochebed, eine Tochter Levis, die sie dem Levi in Ägypten geboren hatte. Und sie gebar dem Amram Aaron, Mose und Mirjam, ihre Schwester. (60) Geboren wurden für Aaron Nadab und Abihu, Eleasar und Itamar. (61) Es starb Nadab und auch Abihu, als sie widriges Feuer vor JHWH darbrachten.

Am Anfang des Schilfmeerlieds wird Mirjam als die Schwester Aarons vorgestellt (Ex 15,20). Daß Aaron jedoch der Bruder Moses ist, weiß man seit seiner ersten Nennung in Ex 4,14. Num 26,59 bringt nun diese Notizen in ein geordnetes genealogisches System.

Wenn die Bibel die Gleichwertigkeit von Personen oder Gruppen betonen will, werden diese oder ihre Vorfahren als Geschwister bezeichnet. Wenn etwa Israel als ein Volk aus zwölf gleichwertigen Teilen vorgestellt werden soll, dann müssen seine Vorfahren Kinder von einem gemeinsamen Ahnherrn sein. Diese Art genealogischen Denkens projiziert politische oder religiöse Verwandtschaftsverhältnisse in Familienbeziehungen.[40]

Für die Wertigkeit der Glieder einer Genealogie ist das Alter ein positiver Diskriminierungsfaktor: je älter ein Glied, desto bedeutender. Der Vater ist daher von höherem Ansehen als der Sohn, Geschwister stehen jedoch auf derselben Ebene. Soll die Zusammengehörigkeit als besonders stark betont werden, dann stellen biblische Genealogien die Symbolfiguren der einzelnen Gruppen als Kinder gemeinsamer Eltern, in polygynen Eheformen also mit gleicher Mutter und gleichem Vater, vor.

Wenn in der Levi-Liste nun Aaron und Mose als Söhne eines Enkelsohnes und einer Tochter Levis vorgestellt werden, so werden die beiden Männer sowohl durch den Vater, aber vielmehr noch durch die Mutter auf Levi, den Stammvater des Priestergeschlechts, zurückbezogen. Wie Ursula Rapp aufgezeigt hat, wird zudem Jochebed mit indirekter weiblicher Genealogie vorgestellt,[41] da sie dem Levi *geboren* wurde (V59a) und nicht dieser sie gezeugt hat. Allerdings ist die Zeugungsnotiz bei Frauen derart selten,[42] daß man eine solche Präsentation schon wieder als normal bezeichnen muß. Wie in den Genealogien der Erzeltern-Erzählungen gehen die weniger bedeutsamen Glieder eines Stammbaumes in der Menge männlicher Zeugungen unter. Dort, wo genealogische Glieder hervorgehoben werden sollen, wird die Mutter und häufig auch noch deren Genealogie genannt (vgl. z. B. Gen 11,10-27.29-32).

Aus dieser Darstellungsform fällt die Vorstellung Mirjams als Schwester der beiden heraus. Sie wird weder gezeugt noch geboren, ist daher keine Tochter. Sie wird aber durch die Geschwisterbeziehung mit den beiden als Nachkommen Levis vorgestellten Söhnen auf einer Stufe gesehen. Damit betont die Genealogie *nicht Mirjams Herkunft* aus der priesterlichen Familie, *sondern ihre gemeinsame und gleichwertige Funktion mit Aaron und Mose.*[43]

Es fällt auf, daß ausschließlich die Genealogie Aarons in die Söhnegeneration erweitert wird, nicht aber jene von Mose oder die von Mirjam. Ursula Rapp[44] deutet dieses Ungleichgewicht wie folgt: Aaron ist nach dem biblischen Erzählverlauf bereits verstorben (Num 20,22-29), seine Söhne haben ihn beerbt und nehmen in der Genealogie seine Stelle ein. Da zwei Söhne schon verstorben sind, setzt sich die Geschichte des Priestergeschlechts nur mehr mit Eleasar und Itamar fort. Mose ist zu dem Zeitpunkt noch am Leben, seine Nachfolge wird aber schon zu seinen Lebzeiten geregelt (vgl. Num 27,12-23). Mirjam ist bereits gestorben. So ist diese Leerstelle ein Hinweis darauf, daß nicht nur die Nachfolge des Mose noch aussteht, sondern auch jene Mirjams.

4.2 Mirjam unter den Urenkelkindern Levis

Die Hebräische Bibel hat viele Genealogien, die sich auf Levi zurückführen. Nicht alle integrieren Mirjam (vgl. z. B. ihr Fehlen in Ex 6,14-25). Die zweite Genealogie nach Num 26, die Mirjam erwähnt, findet sich im Rahmen der sogenannten „genealogischen Vorhalle" des Volkes, in 1 Chr 5,29. Auch sie führt, ähnlich der Geschlechterfolge in Num 3,1f., ausschließlich die Aaronslinie genealogisch fort, wodurch sich das Register in seiner Funktion als Legitimation der Priesterschaft zu erkennen gibt. Weder von Mose noch von Mirjam erzählt die Chronik mehr. Die drei Geschwister sind hier als *Kinder* Amrams, des Enkelsohnes Levis, bezeichnet. Daß man בְּנֵי עַמְרָם als „*Söhne* Amrams" zu übersetzen habe, wie Marie-Theres Wacker[45] meint, vermag ich nicht nachzuvollziehen. Nicht nur, weil Kinder eben nicht nur Söhne sein können, sondern auch wegen der Differenz, die die explizite Nennung einer Tochter in einer Genealogie provoziert. Während Töchter in der Regel auch als Mütter in Genealogien eingereiht sind und damit ihre reproduktive Rolle betont wird, werden die Urenkelkinder Aarons aufgrund ihrer historischen Prominenz genannt.

Die Elternrolle ist nur bei Aaron wesentlich, nicht aber bei Mose und Mirjam. Das kann nicht anders erklärt werden, als daß die genealogische Legitimation der Priesterschaft gerade in der Zeit des Zweiten Tempels notwendig war (vgl. Esra 2,62; Neh 7,64). Mose und Mirjam, die beiden Führungsgestalten beim Exodus, gründen jedoch keine Genealogie und keine Dynastie. Denn für die Nachfolge der Prophetie sorgt nach biblischem Erzählverlauf JHWH bei Bedarf selber (vgl. Dtn 18,15.18). Josua bildet insofern eine Ausnahme von der charismatischen Regel, als er *unmittelbar* nach Mose die Führungsfunktion bis zur tatsächlichen Inbesitznahme des Landes übernehmen muß. Auch er wird dazu jedoch mit Geist begabt (vgl. Num 27,18).

5. Der Aussatz Mirjams als warnendes Beispiel für Kompetenzüberschreitungen

Das Buch Deuteronomium ist in bezug auf die Führung beim Exodus und in der Wüstenwanderungszeit quasi auf eine einzige Person konzentriert. Mose ist *die* Führungsfigur des Dtn. Aaron wird nur dreimal genannt: Einmal in der Erinnerung des Mose an die Geschichte vom goldenen Kalb, die Aaron nur überlebt, weil Mose für ihn bei Gott eintritt (9,20), und zweimal wird sein Tod erwähnt (10,6; 32,50). Reichlich wenig und nichts Rühmenswertes für den Ahnherrn des Priestergeschlechts! Mirjam ist ihm hierin an die Seite zu stellen. Sie kommt gar nur einmal vor und auch sie in rein negativer Erinnerung. In Dtn 24,8-9 heißt es:

> (8) Nimm dich in acht bei der Plage des Aussatzes, um genau zu bewahren und gemäß allem zu tun, was euch die levitischen Priester anweisen. So wie ich [es] ihnen befohlen habe, sollt ihr [es] bewahren, um [es] zu tun. (9) Gedenke dessen, was JHWH, deine Gottheit, an Mirjam getan hat auf dem Weg bei eurem Auszug aus Ägypten.

Die Vorschrift ist als Moserede an das Volk gestaltet. Sie leitet dazu an, genauestens auf die Weisung der levitischen Priester zu achten. Allerdings sind diese Priester weisungsgebunden, von Moses Vorschrift abhängig und daher auf demselben Status, auf den sie Num 12 festgeschrieben hat.[46] Was tatsächlich getan werden soll, welche Vorkehrungen oder Rituale zu vollführen sind, wird nicht gesagt. Offensichtlich kann man Vorschriften und genaue

Anweisungen, wie sie sich in Lev 13f. finden, bereits voraussetzen.

Nun verweist allerdings Mose nicht auf diese Anweisungen, sondern fordert dazu auf, der Geschehnisse zu gedenken, die sich auf dem Weg beim Auszug aus Ägypten ereignet haben. Wie Ursula Rapp gezeigt hat,[47] geht es weder in Num 12 um Aussatz als unrein machende Hautkrankheit noch an dieser Stelle, die durch die Art der Einspielung auf die *ganze Erzählung* Bezug nimmt. Aussatz ist in beiden Texten als ein Stigma aufgrund von Grenzüberschreitungen zu sehen, die den Ausschluß aus der Gemeinschaft nach sich ziehen.

Am deutlichsten sichtbar wird die Tatsache, daß Aussatz als Strafe für Kompetenzüberschreitung zu sehen ist, an der Geschichte Usijas, wie die Chronik sie erzählt: Der König dringt in das Tempelgebäude ein und versucht Rauchopfer darzubringen, als ihn die Priester zur Rede stellen und ihn aus dem heiligen Bereich hinausweisen. Usija wird noch während des Geschehens aussätzig und bleibt es auch (2 Chr 26,16-27,2). Neben Lev 13f. und Dtn 24,8 ist dies der zweite Kontext, an dem sich das Wort für Aussatz, צָרַעַת, findet.[48] Aussatz ist bei Usija wie in Dtn 24,8f. *die* Strafe, die verhängt wird, wenn man in die Zuständigkeitsbereiche der Priesterschaft eindringt.

Nehemia, in dessen Zeit die meisten Mirjamtraditionen weisen, gibt der von einem Propheten an ihn herangetragenen Versuchung, diesen Bereich zu überschreiten, nach Neh 6,10-14 nicht nach. Er betritt das Tempelgebäude nicht, schwört in diesem Zusammenhang aber die Vergeltung auf die Prophetin Noadja herab. Es wird im entsprechenden Kapitel noch zu überlegen sein, warum.

Damit steht Aussatz wohl für den Ausschluß nicht nur vom Tempel, sondern durch die Assoziation des Aussatzes mit der Unreinheit ebenso für jenen aus der Gemeinschaft. Wenn zudem der Kontext der Vorschrift im Dtn durch Regelungen des Ausgrenzens bestimmt ist, die allesamt aus Ereignissen der Wüstenwanderungszeit abgeleitet werden, so ist der Hinweischarakter deutlich: Der Gemeindeparagraph, Dtn 23,2-9, steht voran, das nicht auszulöschende Gedenken an die Amalekiter folgt mit ganz ähnlicher Aufforderung zum kontinuierlichen Gedenken in 25,17-19. In allen drei Fällen geht es nicht um rein oder unrein, sondern um die Abgrenzung der Gemeinschaft nach außen. Wer die Grenzen überschreitet, verursacht selber, daß er außerhalb steht.

Mirjam wird nach Num 12 wieder integriert und unterscheidet sich daher deutlich von jenen, die ewig nicht in die Gemeinschaft aufgenommen werden sollen (Dtn 23,4). Dtn 24,8 kommemoriert damit nicht nur den Ausschluß, sondern auch die Integration – zudem aber auch die in Num 12 festgelegte hierarchische Rangfolge: Mose über allem, die Priester weisungsgebunden an ihn, aber Mirjam unter beiden, auf der Seite des Volkes. Ob damit auch die Nachordnung des Kanonteils der Prophetie hinter die – vom alle Funktionen an sich ziehenden Mose (Ex 2-24; Dtn) und vom priesterlichen Aaron (Ex 25ff.*-Num*) geprägte – Tora zusammenhängt?

6. Mose, Aaron, Mirjam, Bileam und Micha: Keine Prophetie ohne Sendung, kein Volk ohne Antwort

Der einzige Text im Prophetiekanon, der Mirjam erwähnt, ist katholischen Christen aus den sogenannten „Heilandsklagen" der Karfreitagsliturgie bekannt. In Mi 6,4 wird Mirjam ohne Prophetinnentitel und ohne Geschwisterrelation mit Mose und Aaron in einer Reihe genannt:

(1) Hört doch, was JHWH sagt:
„Steh auf, streite mit den Bergen,
hören sollen die Hügel deine Stimme!
(2) Hört, ihr Berge, den Streit JHWHs,
und ihr beständigen Grundfesten der Erde!
Denn einen Streit hat JHWH mit seinem Volk,
und mit Israel setzt er sich auseinander:
 (3) 'MEIN VOLK, was habe ich dir getan?
 Womit habe ich dich ermüdet? *Antworte mir!*
 (4) Ja, ich habe dich heraufgeführt aus dem Land Ägypten,
 und aus dem Sklavenhaus habe ich dich losgekauft.
 Und ich habe vor dir her gesandt Mose, Aaron und Mirjam.
 (5) MEIN VOLK, gedenke doch,
 was Balak, der König von Moab, geraten hat
 und was ihm Bileam, der Sohn Beors, *geantwortet hat,*
 von Schittim nach Gilgal,'
 um die Gerechtigkeiten JHWHs zu erkennen."
  (6) „Womit soll ich JHWH entgegentreten,
  mich beugen vor dem Gott der Höhe?
  Soll ich ihm entgegentreten mit Brandopfern,
  mit einjährigen Kälbern?
  (7) Hat JHWH Gefallen an Tausenden von Widdern,
  an zehntausenden Strömen von Öl?
  Soll ich geben meine Erstgeburt für meine Verfehlung,
  die Frucht meines Leibes für die Sünde meiner Seele?"
(8) „Gekündet hat er dir, Mensch, was gut ist
und was JHWH von dir erfragt:

Nichts als Recht tun und Güte lieben
und besonnen gehen mit deiner Gottheit!"

Der Abschnitt gibt sich als prophetisch vermittelte (V1-2.5bβ) Gottesrede (V3-5bα) mit einer aus lauter Fragen bestehenden Antwort eines nicht näher bezeichneten, wohl kollektiv gedachten Individuums (V6-7) zu erkennen. V8 ist als Antwort zu sehen, in der offensichtlich dieselbe Person spricht wie am Anfang von V1f.[49]

Die Gottesrede, die einen Rechtsstreit entfacht, wird zweifach an „mein Volk" (V3.5) adressiert. Das Gottesvolk wird zum Antworten (V3) und Gedenken aufgefordert (V5). Die darauf folgende Erwiderung ist ausschließlich von Gegenfragen geprägt (V6-7). Sie strotzt vor Ratlosigkeit, wie man denn JHWH entsprechend gegenübertreten könne. Es werden Brandopfer von besonderer Güte und übertriebener Zahl, Libationsopfer und sogar die Opferung des Erstgeborenen angeboten, um die eigene sündige Existenz akzeptabel zu machen. Die prophetisch vermittelte Antwort auf die unsinnig erscheinenden Angebote ist allerdings nüchtern und klar: Daß sie Recht und Güte verwirklichen und ihren Lebensweg mit Gott gehen, ist alles, was JHWH erwartet. Auf eine Kurzformel gebracht, heißt dies, daß die Anklage JHWHs im Rechtsstreit *nicht* durch noch so kostbare materielle Opfergaben *abgewendet, sondern* nur durch Gottes- und Nächstenliebe[50] adäquat *beantwortet* werden kann.

6.1 Von der Sendung prophetischer Menschen – und ihrer adäquaten Antwort

Wie ist nun aber die Gottesrede,[51] in der mit Mirjam argumentiert wird, zu verstehen? V3 ist als übliche Gegenfrage eines beschuldigten Menschen unter Anklage zu sehen.[52] Aus ihr ist zu schließen, daß das Volk seine Gottheit beschuldigt, und JHWH im Rechtsstreit als Gegenkläger auftritt. Anstatt die Antwort auf die zweifache Beschuldigung abzuwarten, gibt er selber sie und rekapituliert dabei die Geschichte Israels vom Auszug aus Ägypten (V4) bis zum Übertritt über den Jordan, worauf die beiden Ortsangaben Schittim und Gilgal verweisen (V5; vgl. Jos 2,1; 3,1; 4,19f.), als sein Tun.[53]

Welche Ereignisse werden nun aber mit den fünf genannten Gestalten angesprochen, und was ist der verbindende Gedanke dieser Rekapitulation? Von Mose, Aaron und Mirjam, den drei Führungsfiguren des Exodus und der Wüstenwanderung, werden keine Handlungen erwähnt. Sie sind alle drei passive Objekte des Handelns der Gottheit: JHWH hat sie gesandt (V4), und zwar *nachdem* er Israel aus Ägypten geführt hat.[54] Die Reihenfolge der Taten JHWHs in V4 läßt damit die angesprochene Sendung der drei Führungsgestalten primär *auf Mirjam zutreffen*, denn sowohl Mose als auch Aaron wurden *vor* dem Exodus von Gott in ihre Funktion eingesetzt.

שלח, „senden", ist nun aber in prophetischem Kontext ein Terminus technicus für die prophetische Beauftragung: So ist שלח ein Leitwort bei der Berufung des Mose in Ex 3 sowie für die Sendung von Mose und Aaron nach Jos 24,5; 1 Sam 12,8 und Ps 105,26, wird jedoch sonst nie für die Sendung aller drei Führungsgestalten des Exodus verwendet. Allein darin ist bereits eine Korrektur der anderen Texte zu sehen, die Mirjam „vergessen".[55] Das Wort שלח wird zudem für die Beauftragung der drei großen Propheten, Jesaja, Jeremia und Ezechiel, verwendet (Jes 6,8; Jer 1,7; Ez 2,3ff.; vgl. Hag 1,12; Sach 2,12f.; Mal 3,23). Gleichzeitig wird mit der Präposition „vor" auf die Leitungsrolle hingewiesen: Diese drei sind *vor dem Volk her gesandt*, um es aus dem Sklavenhaus heraus- und in das Land hineinzuführen.

Wenn JHWH eine Antwort fordert (V3: ענה) und selber mit der Aufzählung der beschriebenen Taten antwortet, so verlangt er offensichtlich vom Volk auch in dieser Stunde eine Antwort, wie sie Mirjam in Ex 15,21 für das Volk formulierte (ענה): die Anerkennung, daß JHWH all diese Großtaten für sein Volk getan hat!

Die Aufforderung an das Volk, seiner Taten zu gedenken, hängt wiederum mit einer Antwort (ענה) zusammen: Um das heilvolle und gerechte Wirken JHWHs zu erkennen, möge man sich doch der Antwort Bileams an Balak erinnern. Damit wird auf Num 23,11f. angespielt, wo es heißt:

> (11) Da sagte Balak zu Bileam: „Was habe ich dir getan? Um meine Feinde zu verfluchen, habe ich dich genommen, und siehe, du aber hast segnend gesegnet!" (12) Da antwortete (ענה) er und sagte: „Muß ich nicht das, was mir JHWH in meinen Mund gelegt hat, bewahren, um es zu reden?"

Balak weist hier mit denselben Worten jegliche Schuld am Geschehen von sich, wie JHWH es in Mi 6,3 tut. Er hat den Propheten für das genaue Gegenteil von dem geholt, was dieser getan hat. Bileams Antwort (ענה) ist zwar gegen seinen Auftraggeber gerichtet, macht aber einem Propheten in der Nachfolge des Mose alle Ehre: Wenn JHWH Worte in seinen Mund legt, so sind diese zu reden (Num 23,12; vgl. Dtn 18,18). Liegt in Mi 6,4 die Betonung beim Erinnern des Exodusgeschehen auf den gottgesandten prophetischen Gestalten, so liegt sie hier bei den letzten Etappen der Wüstenwanderung wiederum auf der prophetischen Begabung durch JHWH: Er garantiert die heilvolle Begleitung der Geschichte durch prophetische Menschen, selbst wenn diese im Namen anderer Gottheiten sprechen wollen oder zum Gegenteil gewillt sind, wie Bileam es war.

Die zur Prophetie Berufenen müssen nach Mi 6 auch entsprechend reagieren: Mirjam, die Prophetin, tut dies, indem sie stellvertretend für das Volk antwortet. Wenn die Antwort Bileams, von der in V5 die Rede ist, ganz im Sinne der göttlichen Vorstellungen von prophetisch Begabten ausfällt, so kann man dasselbe von Mose jedoch nicht sagen. Der biblische Erzählzusammenhang läßt ihn auf die Sendung durch Gott in Ex 3 vorerst abschlägig antworten (ענה: Ex 4,1). Der heidnische Prophet reagiert damit adäquater als der Prophet par excellence. Damit wird wohl auch Texten wie Num 31,16 und dem Moabiterparagraphen in Dtn 23,4-6, die mit der Bileamsgeschichte für den Ausschluß aus der Gemeinschaft argumentieren, die Spitze abgebrochen: Neh 13,2 benützt ja gerade diese Texte, um die intolerante Position in der Mischehenfrage zu stützen.[56]

Wenn nun *gerade dieser* fremdstämmige Prophet in die Nachfolge des Mose gestellt wird, so werden die Anschuldigungen der Tora gegen ihn, die nach Jos 13,22 mit seiner Tötung enden, mehr als relativiert. Es liegt nahe, daß hier derselbe Konflikt im Hintergrund steht wie in Num 12.[57] Jene Partei, die zu Mirjam hält, plädiert auch für fremdstämmige Menschen! Mi 6,1-8 könnte gut ein Text jener in Neh 6,14 genannten, durch Frauen geleiteten prophetischen Gruppe sein.[58]

6.2 Micha in der Reihe prophetischer Gestalten

Aus der Argumentation der Gottesrede und den zwei Redegängen danach ist damit folgender rechtsrelevanter Konflikt zwischen Gott und seinem Volk zu rekonstruieren: Das Volk weiß nicht, wie es vor JHWH treten soll. Wenn es meint, die Opfer qualitativ und quantitativ ins Unermeßliche steigern zu sollen, entspricht es den Erwartungen JHWHs nicht. JHWH aber hat Israel stets prophetisch begabte Menschen geschickt, auf daß diese zwischen ihm und dem Volk vermitteln. Sie künden (נגד) dem Volk, was es tun soll, und verkünden Gott die Antwort des Volkes. Genauso ist die Funktion der Prophetie vom Anfang ihrer Gründung an beschrieben (Ex 19,3.9; Dtn 5,5: נגד). Wenn daher in V8 der Prophet – vom Buchzusammenhang her ist es Micha – dem Volk kündet

(נגר), was es zu tun hat, so ist dies nichts anderes, als die Wahrnehmung seiner klassischen prophetischen Aufgabe.

Was gut ist und was JHWH vom Menschen erfragt (דרש), ist kein unerfüllbarer Opferkult. Es ist nichts anderes, als was JHWH nach dem dtn Prophetiegesetz erwartet: Das Volk soll auf die Prophetie hören. Wenn es aber jemanden geben sollte, der nicht gewillt ist zu hören, von dem wird JHWH selber es erfragen (דרש: Dtn 18,19). Was der Micha des Textes hier verkündet, ist nicht dem Belieben des einzelnen, auch nicht dem Volk freigestellt. Wer auf die gottgesandte Prophetie nicht hört, trägt selber die Verantwortung. Micha leitet das Volk hier zu einem Leben nach der Tora an, indem er nicht mehr und nicht weniger fordert, als daß man nach Recht und Güte handelt und seinen Weg mit Gott geht. Bekanntlich hängen an der Gottes- und der Nächstenliebe das Gesetz und die Prophetie (vgl. Lev 19,18; Mt 22,34-40).

Das Volk, das angeklagt wird, geschichtsvergessen zu sein, weiß nicht mehr, wie es seinem Gott gegenübertreten soll, weil es in bezug auf die Prophetie hörunwillig ist. Die prophetische Antwort von V8 ist ein Beleg dafür, daß Israel immer noch wahre Prophetie in seiner Mitte hat. Das Volk muß auf die Prophetie hören, damit es seinem Gott – wie einst auf seine Rettungstaten unter der Führung Mirjams (Ex 15,21; unter der Anleitung Moses am Sinai: Ex 19,8) – recht antworten kann. *Die Antwort Gottes dem Volk zu geben und die Antwort des Volkes an Gott zu übermitteln, wird hier als Auftrag der Prophetie gesehen.*

Das Opfer, mit dem die Priesterschaft normalerweise die Antwort des Volkes an Gott weitergibt, wird in Mi 6,6f. zwar in übertriebenem Maße angeboten, jedoch von JHWH nicht gefordert. Mit der lapidar einfachen prophetischen Anweisung von 6,8 wird vielmehr auf die Tradition der Schriftprophetie verwiesen, die soziale Gerechtigkeit durch die Verwirklichung des Gottesrechts fordert.

Wird Mi 6 auf diese Weise gelesen, dann bringt der Text indirekt Kritik an Mose wie auch an Aaron an. Mi 6 ist insofern ein Gegentext zu Num 12, als in letzterem Mirjam gerügt, aber an ihrer prophetischen Funktion dennoch nicht gezweifelt wird; in Mi 6 werden Aaron und vor allem Mose kritisiert, ohne daß ihnen jedoch die Sendung abgesprochen wird. Wenn in kanonischer Leserichtung nur mehr ein einziges weiteres Mal von Mirjam die Rede ist, dann wird sie in 1 Chr, gleichberechtigt mit Mose und Aaron, wie diese unter die Kinder Amrams aufgelistet: „Mirjam", die von Frauen dominierte prophetische Gruppe, hat es geschafft!

Der einzige Text, der Mirjam im Prophetiekanon erwähnt, verschafft damit der Prophetin Mirjam ihre in der Tora nicht erzählte

Berufung: Durch sie hat Gott nicht nur geredet (vgl. Num 12), er hat sie auch gesandt (Mi 6,4). Sie war es, die sich der Antwort in Stellvertretung für das Volk nicht verweigert hat (Ex 15,21). Mit diesem Text wird die biblische Mirjam zur klassischen Prophetin wie Mose: Sie wird gesandt, hat das Wort und vermittelt zwischen Gott und seinem Volk!

1   Burns, Rita J., Has the Lord Indeed Spoken Only through Moses?, SBL.DS 84, Atlanta 1987.

2   Rapp, Ursula, Mirjam, BZAW 317, Berlin 2002.

3   So etwa Trible, Phyllis, Bringing Miriam out of the Shadows, in: Brenner, Athalya, Hg., A Feminist Companion to Exodus to Deuteronomy, FCB I/6, Sheffield 1994, 166-186; 171f. Für Butting, Prophetinnen, 44, ist diese Anordnung vielmehr ein Hinweis auf die Reihung der beiden Kanonteile Tora und Prophetie.

4   So bereits Zenger, Erich, Tradition und Interpretation in Exodus XV 1-21, in: Emerton, John A., Hg., Congress Volume. Vienna 1980, VT.S 32, Leiden 1981, 452-483; 461. Zur Diskussion um den Beginn des Textes siehe auch Rapp, Mirjam, 203-207.

5   So im Konzert der Forschungsmeinungen auch Rapp, Mirjam, 210.

6   Siehe die Belege ebd., 220-222.

7   Vgl. ebd., 209. Rapp weist darauf hin, daß dies noch nicht als Indiz für das höhere Alter des Mirjamliedes zu werten ist, da der Effekt durch den redaktionellen Vers 15,19 auch gezielt provoziert worden sein könnte. Ebenso argumentiert bereits van Dijk-Hemmes, Fokkelien, Some Recent Views of the Presentation of the Song of Miriam, in: Brenner, Athalya, Hg., A Feminist Companion to Exodus to Deuteronomy, FCB I/6, Sheffield 1994, 200-206; 201.

8   Vgl. Rapp, Mirjam, 218-220.

9   Daß eine Preisung im Kontext einer Antwort steht, findet sich etwa in Neh 8,6: Esra preist anläßlich der Verlesung des Buches der Tora JHWH, worauf das Volk – sicher nicht auf die Glanzleistung des Vorlesens, sondern auf das Heilsereignis der Tora-Gabe – mit „Amen, ja amen!" antwortet. Hier allerdings antwortet nicht das Volk, sondern Mirjam für das Volk.

10 Die folgenden Beobachtungen am Text hat bereits Trible, Mirjam, 171, gesammelt.

11 Siehe den Forschungsüberblick bei Rapp, Mirjam, 229f. Der These schließt sich neuerdings wieder Butting, Prophetinnen, 40, an.

12 Vgl. Wacker, Marie-Theres, Mirjam, in: Walter, Karin, Hg., Zwischen Ohnmacht und Befreiung, frauenforum, Freiburg 1988, 44-52; 46.

13 Rapp, Mirjam, 215; vgl. zur Argumentation auch ebd., 213-215.

14 Siehe dazu bereits Fischer, Gottesstreiterinnen, 160-180.

15 Milgrom, Jacob, Numbers, JPSTC, Philadelphia 1989; 93, verweist auf weitere Taten, die von Männern und Frauen gemeinsam unter weiblicher Führung begangen werden und die allesamt das Verb in 3. Pers. Sg. fem. haben (vgl. Ri 5,1; Est 9,29). Num 12,1 ist damit kein Einzelfall in der grammatikalischen Betonung weiblicher Dominanz.

16 Zu Num 12 siehe ausführlicher meinen Artikel: Fischer, Irmtraud, Die Autorität Mirjams, in: FS Krobath, Evi, Anspruch und Widerspruch, Halmer, Maria u.a., Hg., Klagenfurt 2000, 23-38; leichter zugänglich in englischer Sprache: Dies., The Authority of Miriam, in: Brenner, Athalya, Hg., Exodus to Deuteronomy, FCB II/5, Sheffield 2000, 159-173.

17 Dies hat bereits Wacker, Mirjam, 48, kritisiert.

18 Vgl. ebd., 49.

19 Kritisch dazu Rapp, Mirjam, 75f., sowie Butting, Prophetinnen, 53f. Die These, Num 12 im Kontext der Mischehenfrage zu lesen, funktioniert allerdings nur mit dieser Aufteilung der Parteiungen. Andernfalls müßte man in „Mose" die für Exogamie plädierenden Gruppen um Esra und Nehemia annehmen. Dadurch führt sich aber die

These der Verankerung in deren Zeit ad absurdum, da beide Bücher explizit *gegen* Mischehen votieren.

[20] Vgl. Kessler, Mirjam, 64. Butting, Prophetinnen, 50f., verweist darauf, daß Mose nicht mit einem bestimmten Amt in Verbindung zu sehen ist, sondern mit der Tora, die als solche „ein Garant für die Existenz von Propheten und Prophetinnen" (ebd., 51) ist.

[21] Siehe Kessler, Mirjam, 68-70.

[22] Gerstenberger, Erhard S., 4. Mose 12,1-15. Mirjam – eine Frau in der religiösen Opposition, in: Schmidt, Eva Renate u.a., Hg., Feministisch gelesen 1, Stuttgart 1989², 53-59; 54.

[23] Vgl. dazu das nächste Kapitel. Gerstenberger, Mirjam, 57, fragt aufgrund dieser Parallele, ob in Mirjam nicht eine solche „Kultdienerin" zu sehen sei.

[24] Siehe die Forschungsdiskussion bezüglich der Literarkritik in diesen Versen bei Rapp, Mirjam, 133-137.

[25] Zur Darstellung der Wende Aarons siehe ebd., 101-111.

[26] Vgl. dazu ebd., 112-114, sowie die Auslegung unter dem Abschnitt zu Dtn 24,8.

[27] Diesen Unterschied hat bereits Gerstenberger, Mirjam, 56, herausgearbeitet.

[28] Siehe dazu die Argumentation im Kapitel zu Joël 3.

[29] So etwa Burns, Lord, 118.

[30] Im folgenden werden die Thesen des ausführlichen Kapitels von Rapp, Mirjam, 233-326, kurz zusammengefaßt.

[31] Siehe ebd., 240.

[32] Ebd., 244.

[33] Vgl. die Differenzen zwischen göttlicher Anweisung und Ausführung des Gottesbefehls anhand einer Tabelle ebd., 300. Butting, Prophetinnen, 76, wertet die Differenzen aus: „... eine Tora, die nicht prophetisches Sprechen lehrt und neue Handlungsräume eröffnet, sondern für sich selbst und bestimmte Personen Autorität fordert, führt nicht in das Land Gottes."

[34] Auf diese durch אמן hif. von Num 20,12 zu Ex 4,1.5.8.9.31 zu ziehende Verbindung verweist bereits Rapp, Mirjam, 279f.

[35] Siehe die Argumentation im vorherigen Abschnitt; dagegen betont Rapp, ebd., 260f., allerdings, daß Num 20 keinerlei Begründung für Mirjams Sterbens gibt.

[36] Ebd., 262.

[37] Siehe dazu Frevel, Christian, Mit Blick auf das Land die Schöpfung erinnern, HBS 23, Freiburg 2000; 324f.

[38] Vgl. Rapp, Mirjam, 321f.

[39] Siehe dazu ausführlicher das Kapitel über Noadja.

[40] Vgl. Fischer, Kriterium, 148-152.

[41] Siehe Rapp, Mirjam, 368.

[42] So etwa bei Rebekka, der Ahnfrau des Nordreiches, die den „Sohn" des Südreiches, Isaak, heiratet und dabei in die Fußstapfen ihres „Schwiegervaters" Abraham tritt. Siehe dazu Fischer, Gottesstreiterinnen, 72-75.

[43] So bereits gegen die These Burns (vgl. Lord, 85-90), daß der Haftpunkt der Mirjam-Überlieferungen ihr Priestertum sein müsse, Rapp, Mirjam, 366-370.

[44] Vgl. zum Folgenden Rapp, Mirjam, 369f. Zu ähnlichen Schlüssen, wenngleich nicht aufgrund der Genealogie, sondern aufgrund der Todesnotiz in Num 20, kommt auch Butting, Prophetinnen, 76f.

[45] Vgl. Wacker, Marie-Theres, Die Bücher der Chronik, in: Schottroff, Luise – Dies., Hg., Kompendium Feministische Bibelauslegung, Gütersloh 1999², 146-155; 147.

[46] Vgl. Rapp, Mirjam, 199.

[47] Vgl. auch zum Folgenden ebd., 98-114; 197-200.

[48] Der dritte Kontext ist 2 Kön 5,3ff., die Geschichte über Naaman.

[49] Siehe dazu Kessler, Rainer, Micha, HThK.AT, Freiburg 1999; 259.

[50] Vgl. ebd., 271f.

[51] Zur Struktur der Gottesrede siehe die Schautafel bei Rapp, Mirjam, 336.

[52] Vgl. dazu Wolff, Hans Walter, Dodekapropheton 4, Micha, BK 14/4, Neukirchen-Vluyn 1982; 147f.

[53] Vgl. dazu die Belege zum Tun Gottes als Bezeichnung für die Herausführung aus Ägypten sowie zum Ermüden bereits bei Rapp, Mirjam, 345f.

54 Auf diese irreguläre Reihenfolge verweist Rapp, ebd., 348.
55 Siehe dazu Kessler, Micha, 264.
56 „Mi 6,1-8 fügt sich so ohne Schwierigkeiten in den Diskurs der Perserzeit ein" (ebd., 260).
57 Diese These vertritt auch Rapp, Mirjam, 346-361, begründet sie jedoch anders, zumal sie in Ex 15,21 das „Antworten" Mirjams mit „Singen" übersetzt.
58 Die Frauenperspektive von Mi 5 würde dazu gar nicht schlecht passen. Siehe Weiteres zu den unterschiedlichen theologischen Richtungen in der fortgeschrittenen Perserzeit im Kapitel über Noadja.

Die Hebräische Bibel bezeugt Frauen in allen Führungspositionen: Sie erzählt von Königinnen wie etwa der Königin von Saba, von Ester oder von Athalya, welche zwar nirgends als Herrscherin bezeichnet wird, nach biblischem Befund aber eindeutig die Regentschaft in Juda innehat (2 Kön 11). Von Prophetinnen und Richterinnen erfahren wir ebenso wie von einflußreichen Diplomatinnen, die König David als „weise Frauen" konsultiert und die man offensichtlich in Tekoa finden kann (vgl. 2 Sam 14). Nirgends jedoch wird von einer Priesterin gesprochen.

Sieht man von den Texten ab, die Frauen in der Verehrung der Himmelskönigin zeigen, in deren Kult sie offensichtlich eine führende Rolle spielen (vgl. Jer 7,17f.; 44,15-25),[1] so finden sich kaum Hinweise auf Führungspositionen von Frauen im Kult der Gottheit Israels. Der JHWH-Kult, so stellt es die Bibel dar, hat – beinah – ausschließlich männliches Kultpersonal. Ob diese Darstellung der historischen Realität der israelitischen Königszeit gerecht wird, steht auf einem anderen Blatt. Tatsache ist, daß die biblischen Befunde – entgegen der landläufig vertretenen Meinung, die nachexilische Zeit sei frauenfeindlicher gewesen als die vorexilische – in den späten Texten Frauen im Umkreis des Heiligtums kennen. So sind etwa Frauen in den Sängergilden (vgl. z. B. 1 Chr 25,5f.) belegt, was in der Folge darauf schließen läßt, daß sie vermutlich auch bei der Abfassung von Psalmen aktiv waren. Und an zwei Stellen, Ex 38,8 und 1 Sam 2,22, wird davon gesprochen, daß es Frauen gibt, die am Eingang des Begegnungszeltes einen Dienst versehen. Da es sich beide Male um quasi beiläufige Notizen handelt, in denen ihre Funktion erwähnt wird, erfahren wir nirgends, was diese Frauen am Heiligtum konkret zu tun haben. Auch ich war mir lange Zeit im Unklaren darüber, wie diese beiden Stellen zu verstehen seien, und lege hiermit einen Vorschlag zu einer kultprophetischen Deutung der Funktionen vor.

1. Vom Sinai bis nach Schilo: Der Dienst der Frauen begleitet das Begegnungszelt

Anläßlich der Arbeit am Kapitel zur Prophetin, zu der Jesaja nach Jes 8,3 geht, habe ich mich mit der in 8,1 erwähnten Spiegeltafel und in der Folge davon mit den Parallelbegriffen zu Spiegeln beschäftigt und bin so auf Ex 38,8 gestoßen. Dort heißt es nach allen deutschsprachigen Übersetzungen, daß diese diensttuenden Frauen offensichtlich ihre Spiegelplatten für die Ausstattung des Heiligtums stiften. Im Rahmen des Berichts über die Arbeiten zur Ausstattung des Wüstenheiligtums, die von Bezalel geleitet werden, wird in Ex 38,8 folgendes erzählt:

> Er machte das metallene Becken und sein metallenes Gestell aus den Spiegeltafeln der diensttuenden [Frauen], die am Eingang des Begegnungszeltes Dienst taten.

Der Text gehört zum priesterlichen Textkorpus (= P), und es ist daher höchst zweifelhaft, ob er kultische Verhältnisse der Exoduszeit wiedergibt, denn zwischen erzählter Zeit und erzählender Zeit klafft hier ein garstiger Graben von mehr als einem halben Jahrtausend. Nicht nur die vierzig Jahre Wüstenwanderung, sondern auch das gesamte für diese Zeit erstellte Heiligtum samt seiner Ausstattung und seinem präzise beschriebenen Kult sind nicht der literarischen Gattung der historischen, sondern der theologischen Geschichtsschreibung zuzuordnen. Wie immer die Funktion der Frauen am Heiligtum zu deuten ist, mit historischen Erinnerungen an die Zeit der Wüstenwanderung bis zur Landnahme wird man, da keine weiteren Belege außer dem ebenfalls späten Text 1 Sam 2,22 vorhanden sind, kaum rechnen können. Damit ist vorab bereits klar, daß es wahrscheinlich *nicht in vorstaatlicher Zeit*, sondern vielmehr am *nachexilischen Tempel* von Jerusalem Frauen gab, die einen Dienst an zentraler Stelle versahen. Um welchen Dienst kann es sich dabei handeln?

Die Forschung[2] ist trotz ihres (fast einhelligen) Konsenses in der Spätdatierung in bezug auf die Frage, welchen Dienst diese Frauen verrichten, bislang zu keinem befriedigenden Ergebnis gekommen. An ausgewählten Beispielen der neueren Forschung sei die Problematik veranschaulicht.

Urs Winter stellt in seiner monumentalen Monographie „Frau und Göttin" fest, daß man sich die Spiegelplatten „als Kultgegenstand im Dienste JHWHs ... schlecht vorstellen"[3] könne. Er weist daher die Vorstellung zurück, daß die Frauen – wie der Text es ausdrücklich sagt – am Eingang des Heiligtums ihren Dienst versehen und damit zum Kultpersonal gehören. „Eher könnte man ... an Hofdamen denken, die sich nicht scheuen, mit dem Attribut der Göttin am JHWH-Heiligtum zu erscheinen."[4] Wenn sodann erzählt wird, daß diese Spiegelplatten eingeschmolzen werden, so bringe „P das heidnische Ding zum Verschwinden und stellt es, in einer für einen männlichen Gott annehmbaren Form, in JHWHs Dienst."[5]

Manfred Görg widerspricht dieser Deutung insofern, als er nicht von vornherein mit einer gegen den JHWH-Kult gerichteten Praxis rechnet. Er hebt den ägyptischen Kontext hervor und deutet die dienenden Frauen aus Ex 38,8 durch die Funktionsbezeichnung „Dienerinnen der Mut", die den auf ägyptischen Reliefs dargestellten Frauen mit Spiegelplatten in den Händen zugeschrieben werde[6] und sie als Verehrerinnen oder als Kultpersonal dieser Gottheit ausweisen. Constance Husson hat in ihrem Buch über das Spiegelopfer im späten Ägypten erhoben, daß dieses fast ausschließlich einer *Göttin*, selten ihrem Sohn dargebracht wird. Bildlich dargestellt wird dies immer in der Szene, in der die opfernde Person mit den Spiegeln in die Zelle, den Erscheinungsraum des Heiligtums, eintritt, wo die Göttin thront. Die Spiegel dienen dazu, die Gottheit ihr eigenes Angesicht sehen zu lassen und sie dadurch gnädig zu stimmen.[7]

Görg vermutet einen „nichtpriesterlichen 'Spiegeldienst' von Frauen in der Nachbarschaft des Tempels", der von der „Spätphase priesterschriftlicher Arbeit ... zu einer ephemeren Praxis" umgedeutet worden sei, „der angeblich schon Mose ein absolutes Ende gesetzt hat."[8]

Diese Auslegungen haben gemeinsam, daß sie die Spiegel als Attribute von Göttinnen deuten und den Frauen genuin kultische Funktionen absprechen, die sodann – gut katholisch – mit priesterlichen Aufgaben identifiziert werden. Zudem interpretieren sie die Frauen vom Heiligtum weiter weg, als dies der biblische Text bekundet.

Erhard Gerstenberger, der hierzulande mit seinem Buch „Jahwe – ein patriarchaler Gott?" Ende der achtziger Jahre die feministischen Fragestellungen auch unter männlichen Exegeten salonfähig gemacht hat, kommt in seinem Kapitel „Die Frauen und der Hauskult" auf die beiden Stellen zu sprechen: „Einer kultischen Betätigung im alten Sinne kommen am nächsten die seltsamen Bemerkungen in 2 Mose 38,8 und 1 Sam 2,22 nach denen Frauen 'vor der Stiftshütte Dienst taten'. ... Näher sind Frauen in Israel wohl nie an den offiziellen Jahwetempel herangekommen."[9]

Mit solchen Auslegungen wird die Ortsangabe *nicht als Hinweis auf die Nähe* zum kultischen Zentrum, sondern als *Beleg für die Entfernung* gedeutet. Bereits die Fragestellung, die den Frauen von vornherein nur das „Haus" als Ort ihrer kultischen Betätigung zuweist, schränkt das Sichtfeld in bezug auf die Lebenswelt von Frauen ein. Die Annahme, daß ein „Hauskult" im Sinne eines privaten Kultes neben dem offiziellen Kult, der selbstverständlich von Männern getragen wurde, existiert habe, arbeitet mit den Geschlechterstereotypen, die Frauen ins Private, Männer hingegen ins Öffentliche und Politische verweisen. So ist in der Folge nach dem Platz zu fragen, an dem der Dienst der Frauen stattfindet, und danach, ob er als häuslicher Ort gedeutet werden kann.

Der Text konstatiert gegenüber solchen Deutungen, daß die Frauen ihren Dienst an einem hochoffiziellen Ort, am „Eingang des Zeltes der Begegnung", versehen. Das Begegnungszelt, das in der Forschungsgeschichte und in den deutschen Übersetzungstraditionen auch „Offenbarungszelt" oder „Stiftshütte" genannt wird, ist nach den priesterschriftlichen Traditionen das transportable Heiligtum, dessen Plan und Kult Israel am Sinai geoffenbart wird. Es begleitet das Volk auf seinem Weg in das Land als Ort der Einwohnung Gottes.[10] In diesem Zelt findet nach gesamtbiblischem Befund die *Offenbarung* Gottes statt, und dieses Zelt ist daher Symbol für die *Begegnung* der Gottheit mit den Menschen.

Sichtet man die Texte, die vom „Eingang des Offenbarungszeltes" reden, so läßt sich gerade dieser Platz nicht als irgendein unbedeutender Ort beschreiben, an dem sich eben wie zufällig auch Frauen „aufhalten" (so die Einheitsübersetzung zu 1 Sam 2,22).

פֶּתַח אֹהֶל מוֹעֵד, der „Eingang des Zeltes der Begegnung", ist in den meisten Fällen der Dienstort der aaronidischen Priester, da dort der Brandopferaltar aufgestellt ist.[11] Dort nehmen Aaron und seine Söhne die Gaben der Opfernden in Empfang und walten ihres priesterlichen Amtes durch kultische Schlachtungen und diverse Opferrituale.

Der Eingang des Zeltes ist aber auch der Ort, an dem der Konflikt um die Führungsautorität zwischen Mose und Aaron auf der einen Seite und den Leviten, angeführt von Korach, Datan und Abiram, auf der anderen Seite gelöst wird (Num 16,18f.). Sowohl Mose (vgl. 16,13f.) als auch Aaron (vgl. 16,11) gehen aus dieser Auseinandersetzung als von Gott gerechtfertigt hervor. Dies ist auch der Ort des Versagens der beiden, das ihr Sterben vor dem Übertritt in das Land begründet (Num 20,6).[12]

Dieser Platz wird auch „vor JHWH", לִפְנֵי יְהוָה, genannt[13] und ist allein schon deswegen *alles andere als irgendein Ort*. Und dieser Ort ist vor allem jene Stelle, an der Gott sich offenbart (siehe insbesondere Ex 29,42-46) und mit Mirjam[14] und Aaron (vgl. Num 12,5), aber vor allem mit Mose von Angesicht zu Angesicht (vgl. bes. Ex 33,7-11) redet. Als Zeichen der Präsenz JHWHs im Zelt bleibt die Wolkensäule am Eingang des Zeltes, für die Außenstehenden sichtbar, stehen. Wie Ursula Rapp eindrücklich gezeigt hat, sind die beiden Funktionen des Zeltes, einerseits als kultischer Ort der Opferpriester und andererseits als außerhalb des Lagers liegende Stätte des Offenbarungsempfanges, zu unterscheiden und mit den Konzeptionen einer dauerhaften oder einer zeitweiligen göttlichen Präsenz verbunden.[15]

Mit der theologischen Vorstellung des *Wortempfangs im Zelt* und der sichtbaren Gottespräsenz am Zelteingang ist offensichtlich auch der Nachfolger des Mose, Josua, verbunden (vgl. Ex 33,11; Dtn 31,14f.). So erklärt sich denn auch die erzählerische Ungereimtheit, daß nach Jos 19,51 in Schilo, das nach 1 Sam 1-4 einen *Tempel* hat, „vor JHWH, am Eingang des *Zeltes* der Begegnung" durch Josua, den Nachfolger des Mose, und durch den Priester Eleasar, den Nachfolger Aarons, die Verteilung des Landes auf die einzelnen Stämme abgeschlossen wird:[16] Das Zelt ist und bleibt der Offenbarungsort, bis Israel im Land zur Ruhe kommt.

Von eben diesem Zelt in Schilo ist schließlich noch einmal die Rede im Kontext der Verfehlungen des Hauses Eli, des Priesters von Schilo, zu Samuels Zeiten. In 1 Sam 2,22 heißt es:

> Und Eli war sehr alt geworden, und er hörte alles, was seine Söhne taten an ganz Israel und daß sie sich hinlegten mit den Frauen, den Dienstuenden am Eingang des Offenbarungszeltes.

Diese Notiz erzählt zwar nicht, was die den Dienst versehenden Frauen an diesem Ort konkret tun, sondern nur, daß sie an diesem Ort Opfer sexueller Übergriffe der Eliden werden. Das Strafgericht über das Haus Eli ist wegen dieser Verfehlungen beschlossen. Das Tempelareal, in dem man sich wohl das Zelt und die Lade aufgestellt vorstellen soll, wird in der Folge zerstört, und seine Kultgegenstände werden geraubt (vgl. 1 Sam 4). Gleichzeitig zur Untat der Söhne Elis wächst jedoch am selben Tempel der junge Samuel heran (vgl. 1 Sam 1-3). Er wird Priester, Richter und Prophet in einem sein und jenen Mann zum König salben, durch den Israels Existenz im Land derart gesichert wird, daß das transportable Heiligtum durch einen festen Tempelbau ersetzt werden kann (vgl. 2 Sam 6-7).

In Schilo, wo die Hebräische Bibel das letzte Mal in der Chronologie der erzählten Geschichte Israels vom „Eingang zum Begegnungszelt" spricht, trifft man also wiederum – oder nochmals – bedienstete Frauen an. Die beiden Notizen vom Dienst der *Frauen am „Eingang zum Offenbarungszelt"* sind damit, wenn man die Belege um die Dienste an jenem Ort sichtet, keine sonderbaren Einzelfindlinge. Von der erzählten Zeit her stehen sie *am Anfang und am Ende aller Dienste und Aktivitäten, die an diesem Ort stattfinden.* Nach der Errichtung des Zeltes, von der in Ex 36 berichtet wird, sind die Frauen die ersten, die einen Dienst am Heiligtum versehen. Die einzigen Erwähnungen dieses Ortes *vor* Ex 38,8 in Ex 29 sind die Anweisungen für die Priesterweihe, die jedoch erst bei der Einweihung des Zeltes in Ex 40,12ff. ausgeführt werden. Der einzige Beleg *nach* 1 Sam 2,22 ist in 1 Chr 9,21 zu finden. Dort wird im Rahmen der „genealogischen Vorhalle" von Secharja, dem Sohn Meschelemjas, gesprochen, der Torwächter am „Eingang zum Begegnungszelt" gewesen und „von David und dem Seher Samuel" eingesetzt worden sei (9,22). Vom Zusammenhang der Erzählungen von der Wüstenwanderung bis zum Seßhaftwerden im Land sind jedoch die Frauen am Eingang zum Offenbarungszelt die ersten und die letzten Menschen, von denen eine Funktion an jenem Ort erwähnt wird. Der Dienst der Frauen rahmt daher die Erzählungen um das Zelt und seine Funktion als das transportable Heiligtum, von seiner Errichtung durch Mose bis zu seiner Ablösung durch den Salomonischen Tempel.

Wie bereits Klara Butting[17] für die Rahmung des Kanonteils der Frühen Prophetie durch weibliche prophetische Gestalten gezeigt hat, interpretieren solche Umfassungen den gesamten gerahmten Text. Was für den Rahmen gilt, gilt für alles Erzählte dazwischen. Das bedeutet für die beiden Stellen Ex 38,8 und 1 Sam 2,22, daß die Geschichte des Begegnungszeltes unlösbar mit dem Dienst der Frauen an dessen Eingang verbunden ist.

Sichtet und systematisiert man die Befunde zum Begegnungszelt unter diesem Aspekt, dann läßt sich feststellen, daß mit der in Ex 38,8 bezeichneten Lokalität des „Eingangs zum Zelt der Begegnung" jener Ort angegeben ist, an dem vor allem Priester ihre Diensthandlungen für das opfernde Volk vollziehen, an dem aber auch die Offenbarung JHWHs im Sinne des prophetischen Wortempfangs stattfindet und er sich als Israels Gott erweist, indem das Volk ihn in seinem präsenten Wohnen als Exodusgott erkennt (Ex 29,45f.). Der Platz läßt sich damit als *Ort der kultisch vermittelten Gottesbegegnung* charakterisieren.

Marie-Theres Wacker meint, daß eine Religionsgeschichte, die sich nur an biblisches Material hält, in Gefahr sei, „die in den Quellen selbst erfolgte Marginalisierung von Frauen"[18] zu perpetuieren. Sie überlegt in ihrer eigenen Deutung, ob in Ex 38,8 nicht

„ein Hinweis auf den Kult JHWHs und seiner Paredros [= die Göttin Aschera] erblickt werden darf."[19] Unabhängig davon, wie die Spiegel zu deuten sind, plädiert sie aufgrund des Dienstortes dafür, daß die Frauen „auf jeden Fall als Kultfunktionärinnen anzusprechen sind."[20]

Die entsprechenden Texte über das Zelt der Begegnung in der Tora und der Frühen Prophetie sowie der Chronik stammen nun aber frühestens aus spätexilischer Zeit, sind aber in den meisten Fällen in nachexilischer Zeit, teils sogar sehr spät, entstanden.[21] Welcher zeitlichen Schicht man auch immer die Texte zuordnet, sie sind sicher alle zu einer Zeit entstanden, in der es den Salomonischen Tempel nicht mehr gab. Und sie sind in der Mehrzahl der Fälle im Umkreis einer soziologischen Gruppe verfaßt worden, die keinerlei Interesse daran zeigte, einen Göttinnenkult nachträglich in die Geschichte Israels hineinzuprojizieren. Wenn das Begegnungszelt die kultische Vision der priesterlichen Schichten wiedergibt, dann sind bei religionsgeschichtlichen Deutungen, die einen vorexilischen Göttinnenkult im Frauendienst belegt sehen wollen, mehr als Zweifel angebracht.

Die Notiz vom Dienst der Frauen an diesem prominenten Ort des am Sinai geoffenbarten Heiligtums stammt aus nachexilischer Zeit und rekonstruiert eine Geschichte für die vorstaatliche Zeit. Sie soll freilich die Zustände zur Zeit des Zweiten Tempels widerspiegeln und legitimieren. Von Anfang an, von der Errichtung bis zur Erübrigung des transportablen Heiligtums durch die Überführung der Lade nach Jerusalem, wird damit das Offenbarungszelt vom Dienst der Frauen begleitet. So sagt es die Tora, und so bezeugt es die Frühe Prophetie.

2. Die Frauen am Begegnungszelt in Schilo: Zwischen Dienstaufgabe und sexueller Gewalt am Arbeitsplatz

Der Kontext der Notiz in 1 Sam 2,22 informiert darüber, daß die Verfehlungen der Söhne Elis, die schließlich zum Untergang dieses Priestergeschlechtes führen, nicht nur kultischer Natur sind (vgl. 1 Sam 2,12-17), sondern sie durch ihr Verhalten das Heiligtum sowie seine Funktion der Vermittlung zwischen der Gottheit und dem Volk verachten. Daß Elis Söhne sich nicht nur schamlos über die Opfer des Volkes hermachen, sondern auch über die Kultbediensteten, bringt offensichtlich das Faß zum Überlaufen. Als Gipfel der in 1 Sam 2 aufgeführten Verfehlungen wird dem Vater berichtet, daß sie sich „zu den Frauen, die am Eingang zum Zelt der Begegnung ihren Dienst versehen", legen.[22] Die Notiz ist von ihrem Kontext her wohl nicht nur als Beleg für

„sexuelle Belästigung am Arbeitsplatz" zu lesen, sondern auch als sexuelle Nötigung des weiblichen Kultpersonals, obwohl die Wortwahl ebenso auf freiwillig vollzogenen Geschlechtsverkehr schließen lassen könnte (siehe dagegen aber Gen 19,5; 2 Sam 11,4). Wäre aber mit der Tat kein Verbrechen verbunden, könnte sie nicht als Gipfel der Verfehlungen des Priestergeschlechts deklariert werden, welche schließlich seinen Untergang begründen.

Marie-Theres Wacker kommt hingegen zur Deutung, daß das inkriminierte Problem die „Vermischung von Kult und Sexualität"[23] sei. Sie erweist, daß dies in der Forschung in zwei entgegengesetzte Richtungen ausgelegt wurde: Einerseits hat man in den Frauen Tempelprostituierte[24] gesehen, die mit den Priestern Fruchtbarkeitsriten vollzogen hätten. Diese Sichtweise lege sich jedoch nur dann nahe, wenn der Text vorexilische Traditionsstücke bewahre. Andererseits deutete man die Notiz völlig konträr dazu als Vergehen gegen kultische Keuschheitsgebote, was vor allem in nachexilischer Zeit Sinn mache.[25] Bei beiden Deutungen sieht Wacker den Spiegel als „Symbol" und „Inbegriff weiblicher Sinnlichkeit"[26], sei es nun in der gezielt gelebten oder in der bewußt verweigerten weiblichen Erotik, in der Enthaltsamkeit. Ihre Auslegung, die Sexualität in einen Dienst hineininterpretiert, den die Bibel nicht damit in Verbindung bringt, rechtfertigt sie damit, daß männliche wie weibliche Sexualität „in Kultfragen strikten Reglements unterworfen" gewesen sei und die „Bibel Frauen ganz überwiegend in Rollen, die durch das biologisch-weibliche Geschlecht definiert sind",[27] präsentiere.

Auch diese Interpretation überzeugt nicht. Indem sie Frauen als Sexualwesen zum Schlüssel der Deutung macht,[28] perpetuiert sie letztendlich das, was sie ausdrücklich vermeiden will:[29] Frauen auf das festzulegen, was uns die Bibel selber – und noch vielmehr ihre Exegesen – als weibliche Spezifika und Lebenswelten glauben machen wollen. Daß Frauen vor allem Sexualwesen seien und daher weibliche Sexualität sowohl in ihrem Vollzug als auch in der Verweigerung bedeutsamer sei als jene der Männer, ist eine klassische androzentrische Prämisse. Während einerseits der Status von Frauen bis heute in der Forschung durch ihren sexuellen Stand als Jungfrau, Ehefrau, Mutter und Witwe definiert wird, käme andererseits kein Exeget auf die Idee, die biblische Lebenswelt der Männer ausschließlich über ihren geschlechtlichen Status als „Jungherr", Ehemann, Witwer oder Vater zu beschreiben. Die Verbindung des Frauendienstes mit der Sexualität, die Wacker über 1 Sam 2,22 herstellt, ist daher nicht tragfähig.

Opfer von sexueller Belästigung kann man in allen Berufssparten werden. Den Dienst aufgrund von erfahrener Gewalt nachträglich mit Sexualität in Verbindung zu bringen, kann daher nicht angehen. Die Notiz aus 1 Sam 2,22 verweist also keinesfalls auf eine Dienstleistung, die mit Sexualität etwas zu tun hat, weder in ihrem Vollzug noch in ihrer Enthaltung. Das Verbrechen der Söhne Elis an den bediensteten Frauen besteht gerade darin, ihren heiligen

Dienstort sexualisiert zu haben. So muß nach weiteren Indizien gesucht werden, die Aufschluß über die konkreten Dienstaufgaben der Frauen geben können.

3. Forschungsmeinungen zur Dienstfunktion der Frauen: So schnell kann eine zur Putzfrau werden!

Wie ist in diesem Kontext nun der „Dienst der Frauen", der die Geschichte des Offenbarungszeltes rahmt, zu verstehen?

Das Hebräische beschreibt die Frauen in Ex 38,8 mit der weiblichen Form des Partizips im Plural, הַצֹּבְאֹת אֲשֶׁר צָבְאוּ, „die Diensttuenden, welche Dienst tun". Der Ausdruck hebt daher – anders als das Deutsche, das die weibliche Form im Part. Pl. nicht sichtbar werden läßt – hervor, daß *ausschließlich Frauen* mit den Bediensteten gemeint sein können, da gemischtgeschlechtliche Gruppen automatisch im männlichen Plural formuliert werden müssen.

Diese Form ist nur noch einmal in der Hebräischen Bibel belegt, in 1 Sam 2,22 (in Plene-Schreibung). Die Diensttuenden werden hier als הַנָּשִׁים הַצֹּבְאֹות, „Frauen, die ihren Dienst versehen", bezeichnet. Möglicherweise ist die Betonung, daß es sich um weibliche Bedienstete handelt, dadurch bedingt, daß von einem sexuellen Vergehen an ihnen die Rede ist. Die Partizipform allein macht im Hebräischen das Geschlecht bereits eindeutig; die zusätzliche Information, daß es sich bei ihnen um Frauen handelt, wäre nicht notwendig. Was die Dienstaufgaben dieser Frauen waren, wird nicht gesagt.

Wenn sie die Einheitsübersetzung zu „Frauen, die sich *vor* dem Eingang des Offenbarungszeltes *aufhielten*" macht, so beraubt sie die Frauen nicht nur ihrer Funktion, sondern weist sie hinaus vor den Eingang. In Num 8,24, wo von der Dienstverpflichtung der Leviten mit derselben Vokabel und genauso vom Begegnungszelt (ohne Präposition) die Rede ist, übersetzt die EÜ aber selbstverständlich, daß ein Levit verpflichtet sei, „*am* Offenbarungszelt seinen *Dienst* zu tun". Auch der Dienst der Gerschoniter, die für die textile Ausstattung „am Eingang des Offenbarungszeltes" zuständig sind (Num 3,25; 4,21-28), wird von der EÜ selbstverständlich weder in die Näherei oder Wäscherei noch vor den Eingang verwiesen. Einzige Rechtfertigung für eine derart unterschiedliche Sinnwiedergabe ein und desselben Vokabelbestandes ist offensichtlich das Geschlecht der Dienstleistenden. Bereits die LXX hat das Verb hier unterschiedlich, wenngleich nicht abwertend übersetzt: Sie läßt die Frauen mit den Spiegeln nicht „dienen", sondern „fasten".

Ein ähnlicher gender-bias ist nicht nur in den deutschen Übersetzungen, sondern auch in den Auslegungen zur Stelle zu finden.[30] In einem der meistkonsultierten theologischen Wörterbücher findet sich zum Dienst der Frauen am Heiligtum folgende Erklärung: „wahrscheinlich haben sie einfachere Arbeiten wie Saubermachen o.ä. verrichtet".[31] Demgegenüber macht man sich über den Dienst der Leviten am Offenbarungszelt selbstverständlich keine Gedanken, wie niedrig er denn gewesen sein könnte.

Ein und dieselbe Tätigkeit des Dienstleistens (צבא: Ex 38,8; Num 4,23; 8,24; 1 Sam 2,22) wird also, sobald die Subjekte weiblich sind, von vornherein als untergeordnet oder dem Reinigungsgewerbe zugehörig gedeutet, und sie werden noch dazu *vor* das Offenbarungszelt verbannt, während bei männlichen Subjekten dieselbe Arbeit selbstverständlich nicht als subalterne Tätigkeit beschrieben wird und *am* Begegnungszelt geschieht. Daß eine solche Exegese mehr mit Wilhelm Buschs Diktum „Also schließt er messerscharf, daß nicht sein kann, was nicht sein darf!" zu tun hat als mit einer sauberen Exegese, versteht sich von selber. Es bedarf aufgrund der vorgestellten Parallelen mit dem Levitendienst keiner weiteren Argumentation mehr, daß die Tätigkeit am Eingang des Offenbarungszeltes als kultischer Dienst verstanden werden muß.[32] Aufgrund der Analogie ist einerseits zu vermuten, daß der Dienst der Frauen wie jener der Leviten gewertet ist, andererseits aber auch, daß er kein Priesterdienst im engeren Sinne ist, wie ihn im Levistamm ausschließlich die Nachkommen Aarons verrichten.

4. Aus welcher Gabe der Frauen macht Bezalel das metallene Becken für das Offenbarungszelt?

Aus den Informationen über Ort und Art der Arbeit der Frauen am Offenbarungszelt ist nur zu erheben, daß es sich um eine kultische Dienstverrichtung handelt. Der einzige Hinweis auf eine Präzisierung der Tätigkeit wird in Ex 38,8 durch die „Spiegelplatten der Diensttuenden, die ihren Dienst tun" gegeben.

4.1 Eine Vision für das Design eines Kultgegenstandes?

Das hebräische מַרְאָה, das in Ex 38,8 seit der LXX in den Übersetzungen mit „Spiegel" wiedergegeben wird, meint in der Hebräischen Bibel an allen übrigen Stellen, an denen das Wort vorkommt, die gottgegebene Schau einer visionären oder prophetischen Persönlichkeit.

So spricht die Gottheit zu Jakob „durch nächtliche Schauungen" und weist ihn an, nach Ägypten auszuwandern (Gen 46,2). Der Konflikt um die Kompetenz der Prophetie in Num 12,6 versteht die prophetische Schau zusammen mit den Träumen als regulären Prozeß des Wortempfangs. In der sogenannten „Berufungserzählung" des Samuel, in 1 Sam 3,15, werden die Geschehnisse der Nacht als מַרְאָה, „Schauung", zusammengefaßt. Dem großen Visionär Ezechiel werden mehrfach Offenbarungen „durch Schauungen Gottes" zuteil (Ez 1,1; 8,3; 40,2; vgl. 43,3). Daniel beschreibt die Schau des Mannes mit dem Leinengewand als מַרְאָה (Dan 10,7.8.16). An allen Stellen ist mit מַרְאָה eine „Schauung" gemeint, die der Offenbarung der Gottheit an erwählte Menschen dient.

Liest man den Text unpunktiert, was bis zu den Masoreten in der Mitte des 1. Jt. n. Chr. durchgängig ja der Fall war, so wird man nicht nur auf Num 12,8, auf die den Mose über alle prophetisch Begabten heraushebende Gottesschau, verwiesen, sondern ebenso auf Ex 3,3, das Geschehen um die Offenbarung des Gottesnamens im brennenden Dornbusch.[33] Letzteres wird הַמַּרְאֶה הַגָּדֹל הַזֶּה, „diese große Schau / Erscheinung", genannt und steht dadurch in Verbindung mit der Offenbarung Gottes am Sinai in Ex 24,17. Die „Schau / Erscheinung der Herrlichkeit JHWHs", מַרְאֵה כְּבוֹד יְהוָה, läßt sich auf dem Gipfel des Berges nieder und ruft Mose zum Offenbarungsempfang in die Wolke.

Die instrumental zu verstehende Pluralformulierung „*durch* Schauungen", בְּמַרְאֹת, die sich in Gen 46,2 sowie in Ez 1,1; 8,3; 40,2 findet, ist auch in Ex 38,8 gegeben. Der Text müßte nach dieser Deutung folgendermaßen übersetzt werden:

Er machte das metallene Becken und sein metallenes Gestell mit Hilfe von Schauungen der diensttuenden, die am Eingang des Begegnungszeltes Dienst tun.

Ein solches Verständnis des Textes ist durchaus möglich und ergibt einen guten Sinn. בְּמַרְאֹת würde dann die Vision des Designs des Beckens meinen und nicht das Metall, aus dem dieses hergestellt wird. Die diensttuenden Frauen wären nach diesem Verständnis Kultbedienstete, die durch ihre Schauungen der prophetischen Gruppe am Tempel zuzureihen sind. Diese Frauen wären dann als Kultprophetinnen am Begegnungszelt tätig und übermitteln Bezalel die Baupläne für das metallene Becken, das den Waschungen der Priester dient (vgl. Ex 30,17-21).

4.2 Kein Spieglein an der Wand, sondern die Schreibtafel in der prophetischen Hand

מַרְאֹת kann aber von der Bedeutung seiner Wurzel „sehen" her nicht nur „das Gesehene", „die Schauung" bedeuten, sondern kann den

Gegenstand meinen, in dem man etwas sieht, also den „Spiegel".
In Ijob 37,18, wo es heißt, daß das Firmament wie gegossene
Spiegel sei, muß mit dem Wort ein Gegenstand und nicht das
sinnlich Wahrgenommene gemeint sein; die Stelle hat dafür
allerdings die Form רְאִי.

Die alten Übersetzungen bezeugen für Ex 38,8 das Verständnis
von בְּמַרְאֹת als „aus den Spiegeln". Diese Deutung hat ihre Gründe
wohl darin, daß in Ex 38,8 aus den betreffenden Gegenständen
oder durch das Bezeichnete offensichtlich Metallteile hergestellt
werden. So wird daraus geschlossen, daß es sich um metallische
Gegenstände, wie sie Spiegel zur damaligen Zeit zweifelsfrei
waren, handeln muß.

Unter Spiegeln hat man sich im Alten Orient nicht ein auf der Rückseite
beschichtetes Glas vorzustellen, wie dies erstmals bei den Römern belegt
ist, sondern gegossenes und anschließend sorgsam glattpoliertes Metall,
das eine reflektierende Oberfläche bekommt. Im Vorderen Orient und in
Ägypten sind solche Spiegel meist in der Form von runden Handspiegeln
mit Griff belegt. Man trifft sie zwar vornehmlich als Accessoires reicher
Frauen, aber sie sind ebenso als Beigaben in Männergräbern zu finden, was
die häufige Annahme, daß Männer mit Spiegeln nicht in Verbindung gebracht werden, Lügen straft.[34] Aber auch das NT bezeugt in Jak 1,23
Männer, die ihr Gesicht im Spiegel betrachten. Die deutsche
Einheitsübersetzung, die beileibe keine Übersetzung ist, die Frauen hervorhebt, übersetzt hier ἀνήρ, „Mann", mit einem offensichtlichen gender-
bias mit „Mensch", um diese Tatsache zu verschleiern.

Die bereits besprochenen Deutungen, die die Spiegelplatten der Frauen
mit religionsgeschichtlichen Parallelen aus dem Alten Orient erklären, sehen Spiegel ebenfalls als typisches Accessoire von Frauen oder als Attribute weiblicher Gottheiten. Ob dabei allerdings tatsächlich nur ge-
schlechterstereotyp auf sinnliche Eitelkeit verwiesen werden soll und nicht
das Sehen im Spiegel mit dem Sehen der Wirklichkeit, wie sie ist und sein
wird, in Verbindung zu bringen ist, sei ernsthaft gefragt.

Daß man solche reflektierenden Metallplatten, die leicht verkratzen, Pa-
tina oder Rost ansetzen und daher ständig wieder aufpoliert werden müssen
(vgl. Sir 12,11), auch als Schreibmaterial verwenden kann, versteht sich
von selber. Auf solchen Metalltafeln kann man sowohl eine dauerhafte
Schrift anbringen, die dann – wie etwa im Fall der Kupferrolle von
Qumran – eingraviert wird, als auch eine wieder ablöschbare, wie dies
beim priesterlichen Gebrauch im Rahmen des Eifersuchtsordals belegt ist
(vgl. Num 5,23). Zwischenzeitlich dauerhaft wird eine Beschriftung auf
einem Spiegel durch das Schreiben mit fetthaltiger Substanz (man denke
heute an Ölkreide oder Lippenstift).

Die Verwendung von solchen „Spiegelplatten", von polierten
Metallplatten, als Schreibtafeln ist also überaus vielfältig und sowohl innerbiblisch als auch außerbiblisch gut belegt. Wie sich bei
der Untersuchung zu Jes 8,1-4 noch zeigen wird, werden auch

prophetische Botschaften auf steinerne oder metallene Tafeln geschrieben. JHWH weist Jesaja in 8,1 an, eine „Spiegeltafel" zu nehmen und die Botschaft darauf aufzuzeichnen. Anschließend geht Jesaja, nachdem er sich Zeugen genommen und die Botschaft vor ihnen bezeugt hat, „zur Prophetin". Die erzählerischen Lücken in diesem Text lassen offen, ob er die Botschaft vor den Zeugen oder bei der Prophetin aufschreibt. Nimmt man an, daß er zum Aufschreiben zur Prophetin geht, dann wird diese These dadurch gestützt, daß ihr Sohn anschließend seinen Namen von der aufzuschreibenden Botschaft erhält. Wenn dies so ist, dann handelt es sich bei dieser Prophetin möglicherweise um eine Frau in der Nachfolge unserer Frauen, die am Eingang zum Offenbarungszelt ihren Dienst versehen. Die Frauen hantieren nach diesem Verständnis mit den für die Aufzeichnung von prophetischen Botschaften vorgesehenen Spiegeltafeln. Solche „Spiegel", die als Schreibtafeln genutzt werden, würden zur Aufzeichnung des vorher prophetisch Geschauten dienen. Mit dieser Deutung wird einerseits der Doppeldeutigkeit von מַרְאֹת Rechnung getragen, und andererseits wird der karge Text, so wie er dasteht, ausgelegt. Hilfskonstruktionen zur Bedeutung der Spiegelplatten können damit getrost entfallen.

Die מַרְאֹת sind daher am besten als Schautafeln zu deuten, auf denen das Geschaute niedergeschrieben wird. Schau und Vision gehört nun aber nicht in die kultisch-priesterliche Kategorie der Dienste am Heiligtum, sondern in die prophetische. Die Frauen, die nach Ex 38,8 am Eingang des Offenbarungszeltes ihren Dienst versehen, sind damit als *Kultprophetinnen* zu identifizieren. Da die biblische „Fabel" die *Frauen als erste und letzte Bedienstete am Eingang des Begegnungszeltes* erwähnt, sieht sie ihren Dienst als kontinuierlich und unlösbar mit der „Geschichte" des Begegnungszeltes verbunden. Daß dieser von Frauen versehene prophetisch-schauende Dienst nach der biblischen Geschichtsdarstellung auch nach der Überführung des transportablen Heiligtums in den Tempel nicht obsolet geworden ist, darauf wird in der „Schriftprophetie" nicht nur die Prophetin, zu der Jesaja geht, verweisen, sondern im Erzählzusammenhang der nachexilischen Geschichte auch die Prophetin Noadja, die offensichtlich ihren Dienst an den Toren des Zweiten Tempels versieht (vgl. Neh 6,10-14).

---

[1] Vgl. dazu Jost, Renate, Frauen, Männer und die Himmelskönigin, Gütersloh 1995; 213-232.

[2] Siehe den informativen Forschungsüberblick zur Stelle bei Wacker, Marie-Theres, „Religionsgeschichte Israels" oder „Theologie des Alten Testaments" – (k)eine Alternative?, JBTh 10 (1995), 129-155; 142-154.

[3] Winter, Urs, Frau und Göttin, OBO 53, Fribourg 1983; 64.

[4] Ebd., 65.

[5] Ebd.

[6] Vgl. Görg, Manfred, Der Spiegeldienst der Frauen, BN 23 (1984), 9-13; 10-13.

[7] Siehe Husson, Constance, L'Offrande du Miroir dans les Temples Égyptiens de L'Époque Gréco-Romaine, Lyon 1977; 42.271f.

[8] Görg, Spiegeldienst, 13.

[9] Gerstenberger, Erhard S., Jahwe – ein patriachaler Gott?, Stuttgart 1988; 67f.

[10] Die Traditionen um das Offenbarungszelt müssen aber deswegen nicht alle spät sein. Vgl. dazu etwa Blum, Erhard, Studien zur Komposition des Pentateuch, BZAW 189, Berlin 1990; 76-88.

[11] Vgl. z. B. Ex 29,4.11.32.42; 40,6.12.29; Lev 1,3.5; 3,2; 4,4.7.18; 8,3.4.31.33.35 u.ö.

[12] Siehe dazu Rapp, Mirjam, 313-326.

[13] Vgl. z. B. Ex 29,11.42; Lev 4,4.7.18; 14,11.23; 15,14; 16,7 u.ö.

[14] Interessant ist, daß in profanen Zusammenhängen von Zelteingängen nur noch in zwei Frauentexten gesprochen wird: Sara und Abraham (Gen 18,1.2.10) und Jaël mit Sisera (Ri 4,20) findet man an den Eingängen ihrer Zelte.

[15] Vgl. Rapp, Mirjam, 82-88.

[16] Lohfink, Norbert, Die Priesterschrift und die Geschichte, in: Emerton, J.A. u.a., Hg., Congress Volume. Göttingen 1977, VT.S 29, Leiden 1978, 189-225; 198, sieht deswegen auch Jos 19,51 als Abschluß von PG.

[17] Vgl. Butting, Prophetinnen, 165.

[18] Wacker, Religionsgeschichte, 144.

[19] Ebd., 146.

[20] Ebd., 147.

[21] Je nachdem, ob man P, die sogenannte „Priesterschrift", als Quelle oder als Bearbeitungsschicht im Pentateuch deutet und sie früh (d. h. ins Exil) oder spät datiert (fortgeschrittene Perserzeit bis ins ausgehende 5. Jhd.) und ob man die Texte der Grundschrift von P oder ihren vielfältigen Ergänzungsschichten zuordnet, werden die Notizen, die vom „Zelt der Begegnung" sprechen, unterschiedlich historisch verortet.

[22] Hentschel, Georg, 1 Samuel, NEB.AT, Würzburg 1994; 56, vermutet, daß die Notiz „später eingetragen worden" sei; da sie sowohl in LXX als auch in 4QSam^a fehlt, kann man offensichtlich von einer näheren Auslegung absehen. Zwei der bekanntesten englischsprachigen Kommentare, McCarter, P. Kyle, 1 Samuel, AncB 8, Garden City 1980; 77.81, und Klein, Ralph W., 1 Samuel, WBC 10, Waco 1983; 21f., übersetzen daher den Passus in ihrer Übersetzung nicht einmal.

[23] Wacker, Religionsgeschichte, 151.

[24] So etwa für 1 Sam 2,22 Durham, John I., Exodus, WBC 3, Waco 1987; 487, dem allerdings klar ist, daß diese Deutung für Ex 38,8 nicht möglich ist.

[25] Vgl. Wacker, Religionsgeschichte, 151-153.

[26] Ebd., 152.

[27] Ebd., 153.

[28] Auch bei Schroer, Silvia, Auf dem Weg zu einer feministischen Rekonstruktion der Geschichte Israels, in: Schottroff, Luise – Dies. – Wacker, Marie-Theres, Feministische Exegese, Darmstadt 1995, 83-172; 159, sind die Frauen aus Ex 38,8 unvermittelt „Qedeschen", womit meist Kultprostituierte bezeichnet werden.

[29] Vgl. die Polemik gegen Phyllis Bird bei Wacker, Religionsgeschichte, 149f.

[30] Siehe dazu den informativen Überblick ebd., 148.

[31] Ringgren, Helmer, צָבָא, ṣābā', ThWAT 6, Stuttgart 1989, 871-876; 872.

[32] Siehe dazu bereits Wacker, Religionsgeschichte, 143.

[33] Diese Textbezüge stellt Rapp, Mirjam, 97f., her.

[34] Vgl. dazu Müller, Christa, Spiegel, LÄ 5 (1984), 1147-1150; 1148.

Die Geschichte der „Prophetin" genannten Richterin Debora wird
in Ri 4-5 erzählt. Einer Prosaerzählung folgt ein von Debora und
Barak angestimmtes Lied, das dieselben Ereignisse, von denen
bereits erzählt wurde, mit anderer Akzentsetzung nochmals
hymnisch rekapituliert. Das Deboralied in Ri 5 wurde – wie das
Mirjamlied – in der Forschung lange Zeit zu den ältesten
biblischen Texten gezählt. Da es von seiner Sprache her überaus
schwierig und in seiner Poesie faszinierend ist, hat es viel
Aufmerksamkeit in der exegetischen Zunft auf sich gezogen.
Allein in den letzten fünfzehn Jahren sind drei deutschsprachige
Monographien zu Ri 5 erschienen.[1] Sie beschäftigen sich vor
allem mit der Konstituierung des Textes und seiner Poesie sowie
der Datierung des Liedes und der Frage nach der Relation zu den
historischen Ereignissen. Auch feministische Arbeiten[2] zu Debora
haben sich weitgehend auf das Lied und weniger auf die
Erzählung in Ri 4 gestützt. Dieses Kapitel wird nun den
umgekehrten Weg beschreiten: Es liest Ri 5 kursorisch, die
Erzählung von Ri 4, in der Debora der Prophetinnentitel verliehen
wird, jedoch intensiver.

1. Israel wird durch seinen Gott gerettet – und durch zwei Frauen (Ri 4)

Von der Prosaversion der kriegerischen Ereignisse, die um Debora
erzählt werden, wurde in der Forschung aufgrund der deutlich erkennbaren Spuren dtr Denkens kaum vermutet, daß sie nahe an
den historischen Ereignissen stehe. Ihr Alter ist in beinah allen
Teilen deutlich sichtbar.

Die erzählte Zeit ist die der Richter, eine Epoche, in der Israel
nach der biblischen Darstellung bereits im Land ist, dieses aber
nur zum Teil in Besitz nehmen konnte (Ri 2,20-3,6). Wie immer
man sich die Entstehung des Staatsverbandes Israel-Juda
vorstellen mag,[3] die biblischen Überlieferungen darüber bieten
eine *theologische* Interpretation der Vorstellung von der
Landvergabe durch JHWH. Mit dieser Brille ist auch Ri 4 zu
lesen:

(1) Und die Kinder Israels fuhren fort, das Böse in den Augen JHWHs zu tun. Und Ehud war gestorben. (2) Da verkaufte sie JHWH in die Hand Jabins, des Königs von Kanaan, der König in Hazor war. Und sein Feldherr [war] Sisera. Er hatte seinen Sitz in Haroschet-Gojim. (3) Da erhoben die Kinder Israels das Klagegeschrei zu JHWH, denn er [= Sisera] hatte neunhundert eiserne Streitwagen. Er aber bedrängte die Kinder Israels zwanzig Jahre lang mit Gewalt.

(4) Debora, eine Frau, eine Prophetin, die Frau des Lappidot, sie aber richtete Israel in jener Zeit. (5) Sie aber hatte ihren Sitz unter der Deborapalme zwischen Rama und Bet-El im Gebirge Efraim. Die Kinder Israels stiegen zu ihr hinauf zum Rechtsentscheid. (6) Und sie sandte hin und rief nach Barak, dem Sohn Abinoams, aus Kedesch-Naftali. Und sie sprach zu ihm: „Hat nicht JHWH, die Gottheit Israels, befohlen: ʻGeh, du sollst auf den Berg Tabor ziehen und zehntausend Mann von den Kindern Naftalis und von den Kindern Sebulons mit dir nehmen! (7) Ich ziehe Sisera, den Feldherrn Jabins, und seinen Wagen und seine Streitmacht, zu dir an den Bach Kischon, und ich gebe ihn in deine Hand.ʻ" (8) Da sagte Barak zu ihr: „Wenn du mit mir gehst, dann gehe ich. Wenn du nicht mit mir gehst, gehe ich nicht!" (9) Da sagte sie: „Gehend werde ich mit dir gehen! Aber dann wird es nicht dein Ruhm sein auf dem Weg, den du gehen wirst, denn in die Hand einer Frau verkauft JHWH den Sisera!" Debora stand auf und ging mit Barak nach Kedesch. (10) Da berief Barak Sebulon und Naftali nach Kedesch, und er stieg zu Fuß hinauf, zehntausend Mann [mit ihm]. Und mit ihm stieg Debora hinauf. (11) Aber Heber, der Keniter, der sich von Kain, von den Kindern Hobabs, des Schwiegersohnes des Mose, getrennt hatte, der hatte sein Zelt an der Terebinthe von Zaanannim bei Kedesch aufgeschlagen. (12) Und man kündete Sisera, daß Barak, der Sohn Abinoams, auf den Berg Tabor hinaufgestiegen war.

(13) Da berief Sisera seinen ganzen Streitwagentroß, neunhundert eiserne Streitwagen und alles Volk, das mit ihm war, von Haroschet-Gojim an den Bach Kischon. (14) Da sagte Debora zu Barak: „Steh auf, denn das ist der Tag, an dem JHWH Sisera in deine Hand gegeben hat! Ist nicht JHWH ausgezogen, vor dir her?" Da stieg Barak vom Berg Tabor hinab und hinter ihm zehntausend Mann. (15) Und JHWH brachte Sisera in Verwirrung und seinen ganzen

Streitwagentroß und das ganze Lager vor den Mund des Schwertes, vor Barak. Und Sisera stieg von seinem Wagen hinab und flüchtete zu Fuß. (16) Barak aber jagte hinter dem Wagen her und hinter dem Lager bis Haroschet-Gojim. Und es fiel das ganze Lager Siseras vor den Mund des Schwertes. Nicht einer blieb übrig. (17) Und Sisera floh zu Fuß zum Zelt Jaëls, der Frau Hebers, des Keniters, denn es war Frieden zwischen Jabin, dem König von Hazor, und dem Haus des Keniters Heber. (18) Da zog Jaël aus, um Sisera zu rufen. Und sie sagte zu ihm: „Weich ab, mein Herr, weich ab zu mir. Fürchte dich nicht!" Da wich er ab zu ihr in ihr Zelt. Und sie bedeckte ihn mit einem Teppich. (19) Und er sagte zu ihr: „Gib mir einen Schluck Wasser zu trinken, denn mich dürstet." Da öffnete sie den Milchschlauch, tränkte ihn und bedeckte ihn [wieder]. (20) Da sagte er zu ihr: „Stell dich an den Eingang des Zeltes! Und es geschieht, wenn ein Mann kommt und er dich fragt und sagt: 'Ist ein Mann hier?' dann sollst du sagen: 'Keiner!'" (21) Und Jaël, die Frau Hebers, nahm den Pflock des Zeltes, und sie legte den Hammer in ihre Hand. Dann ging sie leise zu ihm und schlug den Pflock in seine Schläfe, und der drang in die Erde ein. Er aber war eingeschlafen, war erschöpft und starb. (22) Und siehe, Barak, hinter Sisera [nach]jagend! Da zog Jaël aus, um ihn zu rufen, und sagte zu ihm: „Komm, ich zeige dir den Mann, den du suchst!" Und er kam zu ihr und siehe: Sisera – gefallen, tot, und der Pflock in seiner Schläfe! (23) So demütigte die Gottheit an jenem Tag Jabin, den König von Kanaan, vor den Kindern Israels. (24) Und die Hand der Kinder Israels ging grausam gehend auf Jabin, dem König von Kanaan [nieder], bis sie Jabin, den König von Kanaan, ausgerottet hatten.

Die Erzählung[4] beginnt mit einer Exposition, die die Geschichte im Richterbuch verankert: Israel tut Böses in JHWHs Augen und wird deswegen immer von neuem von den Völkern des Landes bedrängt. Ehud, der letzte zum Richteramt Berufene, ist zudem bereits verstorben. Das Volk wird aber nicht einfach von außen bedroht. Ri 4,2 führt die Unterdrückung durch seine Feinde auf eine gezielte Aktion seines Gottes zurück: Er verkauft Israel an einen Feind, den man bereits besiegt glaubte (vgl. Jos 12,19): Jabin, der in Hazor residierende König von Kanaan, bedroht Israel. Die Gegner Israels werden also nicht als historische Feinde dargestellt, sondern als typisierte Widersacher dargestellt: Nach Jos 11,10 ist Hazor die „Hauptstadt aller dieser Königreiche",[5] die Israel unter der Führung von Jabin, dem König von Hazor, entgegengetreten. Jabin tritt zwar in der Deboragenschichte nicht auf, er steht aber als der omnipräsente Bedränger als Symbol der kanaanäischen Herrschaft im Hintergrund (4,2.23.24). Der eigentliche Gegner Israels ist jedoch Sisera, sein Feldherr, der von Haroschet-Gojim aus eine hochgerüstete Streitwagenarmee befehligt (V2). Durch diese Exposition entsteht das Kuriosum, daß vorerst der Feind präsentiert und dann erst auf die israelitische Seite geschwenkt wird. Dort dauert der Zustand der Unterdrückung bereits eine halbe Generation lang, zwanzig Jahre (V3).

Der Name Debora[6] wird dagegen wie eine Wende eingeführt. Er steht am Beginn des Satzes, der sie sodann als Frau, als Prophetin und als Ehefrau des Lappidot[7] vorstellt. Der Ehemann wird nur hier erwähnt, er versinkt anschließend – ähnlich wie jener der Prophetin Hulda in 2 Kön 22,14 – in Bedeutungslosigkeit. Worin Deboras prophetische Funktion[8] besteht, wird noch zu behandeln sein. Ihre Tätigkeit, die unmittelbar beschrieben wird, ist die der Richterin. Anders als ihre männlichen Kollegen, deren *Richter*funktion vor allem in der Einberufung und Führung des Heerbanns eines nicht unter einer Zentralgewalt organisierten Volksverbandes besteht, wird sie in der zivilen Aufgabe der Rechtsprechung vorgestellt. Als Recht Sprechende hat sie einen festen Dienstort, der nach ihr benannt ist: Sie sitzt unter der Deborapalme, die zwischen Rama und Bet-El lokalisiert wird. Von diesem Ort her kann man darauf schließen, daß sie aus Efraim kommt.

Wie Klara Butting treffend bemerkt hat, werden die beiden Personen, die als Inbegriff der feindlichen Parteien genannt werden, ganz ähnlich eingeführt, indem ihr „Sitz" (Sisera in 4,2: וְהוּא יוֹשֵׁב; Debora in 4,5: וְהִיא יוֹשֶׁבֶת) vorgestellt wird. Ihrer folgenden Deutung kann ich jedoch nur bedingt zustimmen: „Auf diese Weise ist mit der Beschreibung des Konflikts zwischen Israel und Kanaan von Anfang an die Herausforderung verbunden, das Geschlechterverhältnis zu reflektieren."[9] Mit der Gegenüberstellung von V2.5 wird m. E. der Feldherr mit seinem hochgerüsteten Heer vorgestellt und somit zum Symbol des Krieges. Die unter einem Gerichtsbaum sitzende Debora, zu der man kommt, um sich Recht sprechen zu lassen, steht hingegen als Symbol für Friedenszeiten, in denen man Konflikte nicht mit Waffen, sondern mit dem Schiedsspruch einer unabhängigen Autoritätsperson löst. Die unbewaffnete Frau, die friedlich im unzugänglichen Gebirge unter ihrer Palme sitzt, wird – und hier sind Geschlechterstereotypen zur Interpretation angesagt – dem bis an die Zähne bewaffneten Mann, der zudem im militärisch für seine Rüstung gut geeigneten Gelände der Ebene sitzt, polar gegenübergestellt.

Die erste Aktion, von der erzählt wird, präsentiert sodann noch eine weitere Person, die bis V22 präsent gehalten wird. Barak, der Sohn Abinoams aus Kedesch-Naftali, wird dadurch, daß er über den Ruf Deboras in die Handlung eingeführt wird, von Anfang an in Abhängigkeit zu ihr vorgestellt. Die Botschaft, die die Prophetin ihm ausrichten läßt, wird mit der in der Form einer rhetorischen Frage formulierten *Botenformel* eingeführt (V6). Klara Butting schließt daraus, daß Barak der Befehl Gottes bereits bekannt gewesen sein müsse, sie ihn also nochmals auffordere, ihm Folge zu leisten.[10] Die lange Gottesrede läßt aber eher darauf schließen, daß dem Mann eine *neue* Botschaft ausgerichtet werden soll. Barak bekommt in ihr genaue Anweisung über die Einberufung des Heerbanns: Als Ort der Sammlung wird der Berg Tabor angegeben, und es heißt, daß es zehntausend Mann aus den zwei Stämmen Naftali und Sebulon[11] sein sollen. Diesen Einberufungsbefehl versieht JHWH mit einer Siegesverheißung und gibt gleichzeitig als Ort der Schlacht den Bach Kischon an (V7).

Einer wahren Prophetin gemäß richtet Debora mit der etwas ungewöhnlichen Botenformel ein Gotteswort aus. Barak jedoch zieht die Botschaft auf die zwischenmenschliche Ebene, indem er nicht Gott auf seinen Befehl und auf seine Verheißung antwortet, sondern der prophetischen Botin Debora (V8). Barak erhebt damit nicht nur Einspruch gegen die Berufung[12] zum Leiter des Heerbanns, sondern akzeptiert das Gotteswort – ähnlich wie Mose in Ex 4 – nur unter einer *Bedingung*: Nicht das Mit-Sein Gottes ist für ihn ausschlaggebend, sondern das Mitgehen der Prophetin. Debora gibt ihm ihre absolut sichere Zusage, die mit der Stilfigur der figura etymologica הָלֹךְ אֵלֵךְ, „gehend werde ich gehen", ausgedrückt wird.

Debora hat in bezug auf Barak die diskursive Dominanz. Sie beginnt das Gespräch, befiehlt ihm mehrfach und weist noch dazu ihre Worte als Gottesworte aus. Barak antwortet, ohne eine Entscheidung zu treffen. Indem er seine Zusage von der Prophetin abhängig macht, will er, daß Debora diese für ihn trifft. Ihre Antwort fällt dementsprechend aus. Aber sie schränkt aufgrund seines Zauderns seine Aussicht auf Ruhm ein: JHWH wird die Ehre einer Frau zuteil werden lassen, in deren Hand er den fremden Feldherrn geben wird. Debora prophezeit damit vorab nicht nur den Ausgang der Schlacht (V7), sondern durch die assoziative Verbindung der Hand (יָד) Baraks mit der Hand (יָד) der nicht genannten Frau auch die Art und Weise des Sieges. Der einleitenden Stilfigur entsprechend, wird abschließend doppelt betont, daß Debora mitgeht:

Und Debora stand auf und ging mit Barak (4,9).
Und Debora stieg mit ihm hinauf (4,10).

Wenn deutsche Bibelübersetzungen wie die Lutherbibel (vgl. auch EÜ) diese zweite Erfüllungsnotiz, die ihrer doppelten Bekräftigung auf die Bedingung Baraks hin entspricht, mit „Debora zog auch mit ihm" übersetzen, so wird die Hauptperson unter „ferner liefen" gestellt und der Sinn trivialisiert. Nicht „Die Frau geht *auch* mit" sagt der hebräische Text, sondern: „*Weil* die Frau Debora geht, geht auch Barak!" Der Mann ist nur bereit, dem Gottesbefehl zu folgen, wenn die Prophetin ihn begleitet.

Nun begleitet die Notiz von ihrem Gehen den Ausführungsbericht zum Gottesbefehl. Barak ruft den Heerbann der beiden Stämme ein und geht mit genau der von JHWH befohlenen Truppenstärke nach Kedesch, um sodann „hinaufzusteigen" – offensichtlich auf den Berg Tabor. Eigens wird hervorgehoben, daß die israelitischen Soldaten zu Fuß unterwegs sind, ohne Streitwagen. Waffen werden keine erwähnt. Der prophetisch vermittelte Gottesbefehl ist damit erfüllt; nun steht die Einlösung von JHWHs Zusage aus.

Mit V11 wird allerdings noch ein unvermittelter Szenenwechsel vorgenommen, dessen Sinnhaftigkeit man erst ab V17 erkennt. Mit denselben sprachlichen Mitteln wie Debora wird nun Heber vorgestellt. Er wird als Keniter bezeichnet und mit den Nachkommen von Moses Schwager Hobab in Verbindung gebracht. Von dieser im Süden lebenden Verwandtschaft hat sich Heber offensichtlich getrennt und nun sein Zelt in der Nähe von Kedesch aufgeschlagen. Auch auf diesen Ort wird wie auf jenen Deboras mit Hilfe eines Baumes hingewiesen. Die Landverteilung in Jos 19,33 läßt an gerade dieser Terebinthe von Zaanannim die Grenze des Stammes Naftali verlaufen.

Die Ankündigung an den kanaanäischen Feldherrn, Barak sei auf den Tabor hinaufgestiegen, ist offensichtlich als Kriegserklärung zu verstehen (V12). Denn als Sisera dies hört, ruft er sein Heer und führt es genau an die Stelle, die JHWH in V7 als Ort des Sieges für Israel genannt hat. Die militärisch hochgerüsteten Kanaanäer werden so zum zweiten Mal (V3.13) dem israelitischen Heerbann, der zu Fuß unterwegs ist, gegenübergestellt. Damit werden ähnliche Verhältnisse beschrieben, wie sie heute bei einem Waffengang zwischen der US-amerikanischen Armee und dem Österreichischen Bundesheer gegeben wären.

Nach diesen beiden Einblendungen kehrt der Text mit V14 wieder zum Erzählfaden von V10 zurück. Debora fordert Barak abermals zum Handeln auf. Das heißt wohl nichts anderes, als daß sie die Schlacht vom „Feldherrnhügel" aus leitet: Sie gibt den Befehl zum Angriff und spricht ihm dabei nochmals den von JHWH verheißenen Sieg zu (V14; vgl. V7). Inhaltlich wiederholt Debora dabei nur das bereits in V7 Gesagte. Es gibt kein neues Gotteswort. Das Wort, das ergangen ist, ist auszuführen. Mit einer rhetorischen Frage (V6.14: הֲלֹא) beschließt sie ihre Befehle an Barak, so wie sie sie begonnen hatte.

Barak antwortet ihr nicht mit Worten, sondern mit Taten. Er steigt vom Berg in die Ebene, wo sein Gegner mit dem ganzen Kriegsgerät auf ihn wartet. Wer nun einen Schlachtbericht erwartet, wird enttäuscht. Wie von Anfang an betont, ist der eigentliche Gegner der Kanaanäer JHWH, der die Rüstung des Feindes unwirksam werden läßt und Barak das Heerlager zuführt. Erstmals wird in dieser Szene auf seiten Israels eine Waffe erwähnt: Es ist das Schwert des Barak, vor dessen „Mund" JHWH die Gegner treibt (V15). Dabei wird nicht einmal gesagt, daß dieses Schwert die Feinde „frißt". Nicht die Qualität oder Quantität der militärischen Ausstattung entscheidet die Schlacht, sondern – wie prophetisch bereits angekündigt – ausschließlich das Handeln JHWHs.

War das gegnerische Heer bislang auf seinen zahllosen Streitwagen unterwegs, so verläßt der große Feldherr nun den seinen und wird so den Israeliten vor der Schlacht gleich: Zu Fuß (V15.17; vgl. V10) flieht er,[13] um der Verfolgung Baraks zu entgehen, dessen Schwert nun alle Feinde ausnahmslos zum Opfer fallen (V16).

Allein ist der Feldherr entkommen, und zu Fuß trifft er am in V11 bereits beschriebenen Ort ein (V17). Das Zelt ist aber nun nicht mehr Hebers Zelt, sondern das seiner Frau Jaël. Vor jeglicher Tat dieser Frau wird betont, daß zwischen ihrem Mann und dem Gegner Israels Frieden herrscht. Mit V18 betritt Jaël offensiv das Feld der Handlung. Sie zieht vor das Zelt hinaus. Dieser Auszug der Frau liest sich wie eine Erfüllungsnotiz zum verheißenen Auszug JHWHs (V14.18.22: יצא). Durch ihre Hand wird er Israel von seinem Bedrücker befreien.

Jaël fordert den Feldherrn zweimal auf, bei ihr einzukehren, und betont, er brauche keine Angst zu haben. Damit wird bereits deutlich, daß Jaël um seine verzweifelte Situation weiß, noch bevor er zu ihr spricht. Als er ihrer Bitte nachkommt, gibt sie vor, ihn in ihrem Zelt zu verstecken, indem sie ihn mit einem Teppich bedeckt. Daß dieser als Schutz getarnte Akt die Vorbereitung für den Meuchelmord ist, wird sich erst später herausstellen (V19b.21).

Die kurze Rede des Mannes an seine Gastgeberin, in der er um Wasser bittet (V19), findet keine verbale Erwiderung. Wortlos gibt Jaël dem Mann mehr, als er erbeten hat. Sie löscht seinen Durst nicht mit Wasser, sondern mit Milch. Die zweite Bitte des Mannes betrifft sein Schutzbedürfnis. Es reicht nicht aus, daß er unter dem Teppich versteckt ist. Jaël solle bereits *vor* dem Zelt etwaige Kundschafter, die ihn verfolgen, abwehren. Sisera zitiert in seiner Rede fiktiv jene beiden Menschen, von denen sein Überleben abhängt: den Verfolger und Jaël. Wenn er beiden Worte in den Mund legt, verdeutlicht dies die Angst anschaulich, da er die diskursive Dominanz in seiner Rede an die beiden Personen abgibt. Wie Cheryl Exum bemerkt, wünscht sich Sisera seine Gastgeberin Jaël in der nährenden und schützenden Mutterrolle für den verzagten Jungen, der doch eigentlich ein kriegsbewährter Mann sein müßte.[14]

Ohne daß der versteckte Gast Verdacht schöpft, bereitet Jaël die Tötung vor. Minutiös wird von allen Akten erzählt, die sukzessive zum Tod Siseras führen. Die Hand der Frau, von der Debora ankündigte, daß sie der Hand Baraks den Ruhm entziehen werde, erscheint auf der Bildfläche als tödliches Instrument (V7.9.21). Die Gewalttat wird in aller Deutlichkeit beschrieben. Das Eindringen des Zeltpflocks in die Schläfen des Mannes provoziert dabei die Vorstellung einer Vergewaltigung mit umgekehrten Geschlechterrollen.[15]

Die Szene im Zelt der Jaël muß von den Lesenden als Hinterhalt gedeutet werden: Alle Handlungen der Frau zielen auf die still und leise vonstatten gehende Tötung des Feldherrn hin. Wenn nach der beschriebenen Tötungsszene noch nachholend bemerkt wird, daß er vor Erschöpfung eingeschlafen sei und der Tod ihn im Schlaf getroffen habe, wird dieser Eindruck zusätzlich gesteigert. „Jael zerbricht ein Männerbündnis"[16] überschreibt Butting diesen Abschnitt der Geschichte, in dem sie erweist, daß die Frau sich über die Ehrvorstellungen von Männerbünden hinwegsetzt.

Ob man mit vielen Feministinnen hier die im Juditbuch wiederkehrende Formulierung „durch die Hand einer Frau" als doppelte Schande in der Niederlage deuten soll, was die Geschlechterverhältnisse intakt läßt, oder ob man die Befreiungstat hervorheben muß[17] und damit das Zerbrechen der Geschlechterverhältnisse, ist eine wohl zu überlegende und nicht einfach zu entscheidende Frage. Geschlechterverhältnisse sind immer auch Machtverhältnisse. Sie darzustellen, kann stabilisierend oder destruierend wirken. Die Rezeptionsgeschichte hat freilich stets die erste

Deutung favorisiert. Geht man allerdings vom Konzept der geschlechterübergreifenden Textzusammenhänge aus, dann bekommen solche Umkehrungen der Geschlechterrollen nicht nur punktuell eine Bedeutung, sondern sie erhalten eine hermeneutische Schlüsselfunktion: Die Botschaft dieser Texte *ist* die Umkehrung der Geschlechterrollen und der Zuschreibung geschlechtsspezifischer Eigenschaften. Diese Tatsache wird keineswegs dadurch abgeschwächt, daß die Geschichten dazu dienen, die Macht JHWHs aufzuzeigen[18] und ihm allein den Sieg zuzuschreiben – und nicht irgendwelchen gewaltverherrlichenden Kraftprotzen und deren Superwaffen. Denn in all diesen Texten legitimiert die Gottheit Israels nicht die militärische Übermacht, sondern setzt selber den Kriegen ein Ende. Freilich sind solche Texte nicht mit der Brille eines neutralen Pazifismus zu lesen. Die Parteilichkeit JHWHs für die von der kriegerischen Übermacht Unterdrückten ist die Voraussetzung für ein Verstehen. LeserInnen im heutigen Europa sollten sich, bevor sie vorschnell ein abwertendes Urteil gegen solche Texte sprechen,[19] der eigenen Geschichte erinnern. Wie sehr hätte man sich in den verbrecherischen Vernichtungslagern des vorigen Jahrhunderts einen Gott gewünscht, der die brutale Übermacht vernichtet!

Die Schlacht ist geschlagen, und der Ruhm ist durch die Hand der einen Frau und durch das beherzte Wort der anderen Frau erreicht worden. Mit V22 wird der Blick abermals auf Barak gelenkt, der dabei ist, den letzten Entkommenen zu verfolgen. Auch ihm zieht Jaël vor das Zelt entgegen, um ihn zu rufen, wie sie es bei Sisera getan hat (V18.22). Wie bereits auf dem Schlachtfeld braucht sich auch hier der israelitische Feldherr keine besondere Mühe zu machen: Die Schlacht hat JHWH für ihn gewonnen, die Führungsspitze des Gegners hat die Frau mit der Spitze eines zivilen Geräts, des Zeltpflocks, erschlagen. Barak muß nur noch kommen und sehen.

Der Abschluß in V23f. greift auf die Einleitung in V1-3 zurück: Der Gegner ist wiederum die Symbolfigur des Jabin, auf dem nun – die Machtverhältnisse um hundertachtzig Grad gedreht – die Hand der Kinder Israels lastet (V2.24). Auch dies ist Tat JHWHs, der sich des um Hilfe schreienden Volkes erbarmt hat. Zu diesem Rahmen gehört wohl auch 5,31b: Das Land, das vorher zwanzig Jahre lang unterdrückt war, hat nach diesem Sieg doppelt so lange, nämlich vierzig Jahre, eine ganze Generation lang, Ruhe.

2. Die oberste Frau im Staat als Mutter: Das Deboralied (Ri 5)

Das Deboralied verhält sich zur vorangehenden Erzählung ähnlich wie das Moselied in Ex 15 zur Prosaversion des Schilfmeergeschehens von Ex 14. Es rekapituliert in poetischer Form das Rettungsgeschehen von einem anderen Blickwinkel aus. Aber dieses Lied singt nicht der Mann allein, sondern es wird als Duett unter der Führung Deboras[20] angestimmt:

> Da sang Debora – und auch Barak, der Sohn Abinoams –
> an jenem Tag ... (Ri 5,1)

Der Hymnus geht in V12 in einen Wechselgesang über, wenn die Singenden angesprochen und aufgefordert werden, aufzustehen und ihr Lied anzustimmen. Ob das Lied tatsächlich die Ereignisse systematisieren und nicht den Schlachtverlauf beschreiben will, sei dahingestellt.[21] Es interpretiert im Endtext des Richterbuches die androzentrische Erzählung von Ri 4, indem es konsequent die Frauenperspektive einträgt. Die These, daß Ri 5 authentischer die weibliche Weltsicht wiedergebe als Ri 4, ist in der feministischen Exegese breit entwickelt worden. Es seien daher nur die wichtigsten Beobachtungen kurz dargestellt.

In 5,6 gibt eine Frau der Epoche einen Namen: Die Zeiten Schamgars werden als die Zeiten Jaëls bezeichnet[22] und der Epoche Deboras, die mit ihrem Aufstehen gegen die Unsicherheit im Lande eine Wende bringt (V7), chronologisch vorangestellt. Während Ri 4 der Frau die Rolle der Wortvermittlerin und damit der Prophetin sowie der Richterin zuspricht und sie aus dem Schlachtgeschehen heraushält, nimmt sie im Lied nach V7.12.15 auch am Kriegsgeschehen direkt teil. Debora wird als „Mutter in Israel" (אֵם בְּיִשְׂרָאֵל) bezeichnet. Ein ähnlicher Ehrenname wird in der Bibel nur noch einer Person verliehen: Elija wird „mein Vater, mein Vater, Wagen Israels und sein Lenker" genannt (2 Kön 2,12; 13,14: אָבִי אָבִי רֶכֶב יִשְׂרָאֵל וּפָרָשָׁיו). Beide prophetischen Gestalten prägen ihre Epoche, wenngleich nicht nur durch ihre Prophetie.

Auch die Geschichte um Jaël, die in Ri 4 so dargestellt wird, daß Sisera quasi im Schlaf gemeuchelt wird, da er ja im Zelt von Verbündeten nichts Böses ahnt, wird in Ri 5 anders akzentuiert. Yair Zakovitch hat darauf verwiesen, daß die Szene voller sexueller Anspielungen ist.[23] Man kann aber auch „die ganze Szene als Vergewaltigung mit vertauschten Rollen"[24] lesen. In 5,25-27 heißt es:

> (25) Wasser erfragte er, Milch gab sie.
> In kostbarer Schale näherte sie [ihm] Dickmilch.
> (26) Ihre Hand sandte sie aus nach dem Zeltpflock

und ihre Rechte nach dem Schmiedehammer.
Sie zerschlug Sisera, zermalmte sein Haupt
und zertrümmerte und durchbohrte seine Schläfe.
(27) Zwischen ihren Beinen kniete er nieder, fiel er, lag er.
Zwischen ihren Beinen kniete er nieder, fiel er.
Wo er niederkniete, dort fiel er, vernichtet.

Dreimal wird die Vokabel כרע, „sich niederknien", verwendet. In Ijob 31,10 kommt sie in der Bedeutung für den geschlechtlichen Vollzug vor. Die zweimalige Ortsangabe „zwischen ihre Beine" verstärkt diese Zuordnung des Geschehens noch, da die Beine häufig als Euphemismus für das Geschlecht stehen (vgl. Rut 3,4.8). Diese Formulierungen, die durch den Zusammenhang mit der unmittelbar folgenden Szene noch verdeutlicht werden, lassen den Vers als Totschlag aufgrund von Gegenwehr bei Vergewaltigung erscheinen. Gewalt gegen Frauen gehört von jeher zu siegenden Heeren dazu. Frauen als Beute sind bis heute geschlechtsspezifische Zugabe zum Beutezug über die besiegte Bevölkerung hinweg. Solche im Kriegsfall immer wieder vorkommenden entsetzlichen Taten marodierender siegreicher Soldaten werden in Ri 5 konterkariert. Die Begegnung einer weiblichen Zivilperson mit einem Krieger ist umgekehrt zu dem ausgegangen, was im Krieg „normalerweise" der Fall ist.

Unmittelbar danach wird der Blick auf die Frauen des Gegners geschwenkt:

(28) Durch das Fenster schaute sie hinunter und klagte,
die Mutter Siseras, durch die Fenstergitter:
„Warum säumt sein Wagen zu kommen?
Warum verzögern sich die Hufschläge seiner Wagen?"
(29) Die Weisen ihrer Fürstinnen antworten ihr,
und sie wiederholt ihre Worte für sich:
(30) „Finden sie nicht, teilen sie nicht Beute,
ein Frauenschoß [und weitere] Frauenschöße
pro Kopf jedes Mannes,
Beute an bunten Gewändern für Sisera,
Beute an bunten Gewändern,
gewirkte, bunte Wirkware für den Hals [als] Beute!"

Cheryl Exum hat diesen Abschnitt zu Recht als Ideologie, die „die Stimmen von Frauen ausnutzt, um Vergewaltiger zu legitimieren, die ihrerseits Frauenkörper ausbeuten",[25] bezeichnet. Leider sind aber Frauen, die die Muster patriarchaler Kultur so weit in ihr Denken integriert haben, daß sie nur mehr die Männer, nicht aber ihre Geschlechtsgenossinnen im Blick haben, keine Seltenheit. Die imaginäre Schilderung von Vergewaltigung und Plünderung von

Frauen als Trophäe in der Rede von Frauen, die sich damit gegenseitig wegen der Verspätung ihrer Krieger beruhigen, ist für unsere heutigen Ohren blanker Zynismus. Die weisen Amtsträgerinnen trösten die Mutter damit, daß dem Sohn, der zeitgleich durch die Hand einer Frau fällt, möglichst viele „Frauen" zufallen.[26] Das Wort, womit Frauen hier bezeichnet werden, ist der innere Genitalbereich der Gebärmutter: Besiegte Frauen werden in der Sprache der höfischen Frauen zu Sexualobjekten für ihre gierigen Söhne gemacht!

Klara Butting sieht das Lied insofern in der Tradition und Intention der klassischen Schriftprophetie, als sie die Gesellschaftskritik besonders hervorhebt. Sie sieht es als prophetischen „Einspruch gegen Gesellschaftsstrukturen, die Gleichgültigkeit und Brutalität begünstigen und die Lebensmöglichkeiten von Frauen beeinträchtigen."[27] Auch wenn der literarische Stil dieser zwei Kapitel sich entschieden von prophetischer Gesellschaftskritik abhebt, sind gerade durch die scharfe Überzeichnung diese sozialkritischen Aspekte zweifelsohne vorhanden. Denn die drei dominierenden Frauen des Liedes werden unterschiedlichen soziokulturellen Kontexten zugeordnet: Debora den Dörfern (5,7.11), Jaël den Zelten (V24) und die Mutter Siseras samt ihren Fürstinnen den Palästen.[28] Die sich durch Jahrtausende immer wiederholenden Muster einer geschlechtsspezifischen Aufteilung von Opfer- und Täterrolle in Kriegen werden jedoch in der Deboraschlacht durchbrochen. Frauen leisten Widerstand: Debora mit der Befehligung des Feldherrn und Jaël gegen die bis heute üblichen Kriegsfolgen für Frauen. Der potentielle Vergewaltiger wird selber Opfer von Gewalt, die nicht nur die bedrängte Frau befreit, sondern ganz Israel. Insofern ist, wie so oft in der Bibel, das sogenannte „private" Entkommen politisch zu sehen.

3. Das Verhältnis von Deboraschlacht und Schilfmeergeschehen: Zwischen Typologie und Sukzession

Das Mirjam- und das Deboralied wurden in der traditionellen Forschung allein schon wegen des postulierten hohen Alters beider Texte oft miteinander verglichen. Aber das Deboralied weist auch Ähnlichkeiten mit dem längeren, ebenso in grandioser poetischer Sprache gehaltenen Siegeslied des Mose auf. Die Preisungen[29] des Schilfmeer- sowie des Rettungsgeschehens von Ri 4-5 sind Siegeslieder, die JHWH als den eigentlichen triumphierenden Kriegsherrn in der Ich-Form rühmen. Beide beschreiben in Anlehnung an Theophanien die Mithilfe von Naturgewalten, vor allem des Wassers, beim Kampf; beide weisen Elemente des

Spottes gegen die Feinde auf, deren Niederlage jeweils als Fallen beschrieben wird.

Aber nicht nur die Lieder sind von ihren Motiven her ähnlich gestaltet. Ri 4 weist viele deutliche Anklänge an die Prosaerzählungen über den Exodus und die Wüstenwanderung auf. So wird die Retterin Jaël durch die Verwandtschaftsbeziehungen ihres Mannes ausdrücklich an den Schwager des Mose zurückgebunden (Ri 4,11). Nach Num 10,29 ist Hobab der Sohn Reguëls und damit der Schwager des Mose. Dieser fordert ihn auf, mit in das Verheißungsland zu ziehen, was Hobab jedoch ablehnt (Num 10,29-32). Ri 4,11 stellt sich offensichtlich vor, daß Heber, der Mann Jaëls, sich damals anders als Hobab entschieden hat (vgl. Ri 1,16). Mit dieser Notiz wird die Wüstenwanderungszeit mit ihren Allianzen, die sich damals als hilfreich erwiesen, bereits vorab eingespielt, um sie sodann ab V17ff. als immer noch tragfähig zu erweisen.

Das Eingreifen JHWHs geschieht beide Male, weil die „Kinder Israels" zu ihm „das Klagegeschrei erheben" (צעק: Ex 14,10; Ri 4,3).[30] Der Feind Israels wird jeweils mit einer übermächtigen Streitwagenarmee vorgestellt, die im Kampf untergeht. Die übliche Kriegsterminologie von Wagen, Pferden und Reitern sowie des Feldlagers ist damit beide Male vorhanden. Der Akt der Ausschaltung dieser Kriegsmaschinerie geschieht in Ri 4,15 und Ex 14,24 durch einen Gottesschrecken, der das Heer „verwirrt" (המם). Dieses Stichwort verbindet das Exodusgeschehen mit der abschließenden Verheißung des Bundesbuchs bezüglich einer sicheren Wüstenwanderung und Landnahme (Ex 23,27) und mit der von Josua geleiteten Entscheidungsschlacht bei Gibeon (Jos 10,10).[31] Zeitlich nach der Deboraschlacht wird solches noch vom Kampf gegen die Philister bei Mizpa erzählt (1 Sam 7,10). Dort gelingt es Samuel mit seiner Opferhandlung offensichtlich, JHWH zum Eingreifen zu bewegen. So verwundert es auch nicht, daß die Vorstellung eines Sieges durch die Verwirrung des Gegners zudem mit dem großen Davidspsalm in 2 Sam 22,15 verbindet.

Damit wird die gesamte Epoche, vom Exodus bis zur tatsächlichen Inbesitznahme des Landes, durch das verwirrende Handeln Gottes an den Feinden begleitet. Die Flucht der Feinde, der Ägypter (Ex 14,25.27) wie jene Siseras (Ri 4,15.17), wird dabei jeweils mit der Vokabel נוס beschrieben, die auch Mose in seinem apotropäischen Spruch während der Wanderung, nachdem er sich von dem wüstenkundigen Hobab getrennt hat, verwendet: „Steh auf, JHWH, zerstreuen sollen sich deine Feinde und *fliehen* deine Hasser vor dir!" (Num 10,35). Die Verfolgung des fliehenden Feindes, die in Ri 4,16.22 mit רדף ausgedrückt wird, spricht wiederum eines der Leitworte in Ex 14 an (V4.8.9.23; 15,9).[32]

Das Sterben der Feinde setzt in beiden Erzählungen mit dem Bedecken (כסה pi.) ein: Das Meer deckt die Ägypter zu, als die Fluten wieder in ihr Bett zurückkehren (Ex 14,28). Jaël bedeckt Sisera, wodurch ihm die Sicht auf die gefährlichen Vorbereitungen zum tödlichen Schlag genommen werden (Ri 4,18f.). Das Ergebnis der Rettung wird sowohl beim Schilfmeergeschehen als auch in Ri 4 als visuelle Wahrnehmung, als „Sehen" (ראה), daß der Feind tot ist (מות), präsentiert (Ex 14,30; vgl. Ri 4,22). Der Untergang des Feindes ist jeweils so vollständig, daß nicht ein einziger übrigbleibt (Ex 14,28; Ri 4,16: לֹא־נִשְׁאַר ... עַד־אֶחָד).

So ist wohl auch der Ort Kedesch-Naftali nicht als Hinweis auf den tatsächlichen Herkunftsort Baraks zu lesen, sondern – wie in Num 20 Kadesch – als sprechender Name.[33] In Kadesch wird der erste Landnahmeversuch im Süden lokalisiert (Num 13,26), der wegen der Verleumdung des Landes als unwirtliche Gegend fehlschlägt. Wenn nun von Kedesch-Naftali ausgezogen werden soll, dann gelingt unter der Leitung des von Debora berufenen Barak die Eroberung des nördlichen Landesteiles. Denn diesmal hat Israel auf das Prophetinnenwort gehört und sich von ihm leiten lassen. So bekommt denn auch das Land so lange Zeit Ruhe (vgl. 5,31), wie sie das Volk durch die vierzigjährige Wüstenwanderung, die als Straffolge wegen der Verleumdung des Landes verhängt wurde, abbüßen mußte.

Die vielfältigen Anklänge zwischen dem Exodusgeschehen und der Deboraschlacht sind kaum Zufall. Sie sind gezielte Gestaltung der biblischen Geschichtsdarstellung und lassen nicht auf Zeugnisse schließen, die auf reale Geschehnisse im ausgehenden 2. Jt. v. Chr. zurückweisen. Weder die Lieder von Ex 15 und Ri 5 noch die korrespondierenden Erzählungen sind nahe an den Ereignissen. Sie stellen vielmehr typische[34] Bedrückungs- und Rettungssituationen dar, wobei allerdings das Exodusgeschehen den Typos jeglichen göttlichen Befreiungshandelns bildet.

Wie Mose mit göttlichem Auftrag das Volk durch das Schilfmeer geleitet und JHWH den nachjagenden Feind unschädlich macht, so führt der durch das prophetisch vermittelte Gotteswort berufene Barak Israel in die Entscheidungsschlacht. Den Sieg bewirkt die Gottheit, nicht das von Barak befehligte Heer. Aber nicht der Feldherr steht in der Moserolle, sondern Debora: Sie ruft zur Schlacht auf, sie zieht mit, weiß um Zeitpunkt und Ort. *Ri 4 stellt damit Debora in die Führungsrolle des Mose, wie das Lied sie in die Prophetinnenrolle der Mirjam stellt.* Die ähnliche Gestaltung der beiden Texte Ex 14-15 und Ri 4-5 erweist Debora, entsprechend ihrer Vorstellung in V4, als Richterin *und* Prophetin und damit in *doppelter Nachfolge.* Die Prophetin Debora richtet Israel nicht nur, sondern sie hat auch die Macht, den Heerbann samt seinem Feldherrn einzuberufen, und sie zieht schließlich sogar mit in die Schlacht. Klara Butting beantwortet die Frage nach Deboras Prophetiefunktion vor allem in bezug auf das Lied, das sie als Frauenliteratur sieht, die für Frieden und Geschlechtergerechtigkeit plädiere: „Prophetie ist Deboras Geschichtserinnerung nicht allein deshalb, weil eine Prophetin singt. Das

Lied ist Prophetie, weil die vergangene Geschichte erneut Bedeutung für die Gegenwart gewinnt."[35] Auf dem Hintergrund der ähnlichen Gestaltung von Exodusgeschehen und Deboraschlacht gewinnt diese Deutung nochmals zusätzliches Gewicht.

Wie Klara Butting[36] treffend bemerkt hat, ist die erste prophetische Gestalt des Prophetiekanons kein Prophet, sondern eine Prophetin. Sie sieht Debora in der Nachfolge Mirjams, der Prophetin, deren Sukzession innerhalb des Pentateuchs im Gegensatz zu jener Aarons (Eleasar) und Moses (Josua) nicht geregelt ist. Wie bereits im II. Teil dieses Buches dargestellt, wird aufgrund des dtn Prophetiegesetzes die zentrale Stellung des Mose für das Gesamtverständnis der Prophetie als bindend gesehen. Das bedeutet dann aber, daß *nicht männliche Propheten* unmittelbar in der Nachfolge des Mose als Prophet par excellence stehen. Die erste Gestalt, der vom Erzählverlauf her nach Mose der prophetische Titel verliehen wird, ist Debora, die Richterin und „Präsidentin" des Staatsgefüges in der erzählten Richterzeit.

Mit dieser für eine patriarchale Gesellschaft, wie sie für Alt-Israel vorauszusetzen ist, sehr ungewöhnlichen Darstellung einer Nachfolge zeichnet sich bereits für die erste im Kanonteil der Prophetie erwähnte prophetische Gestalt das Phänomen von Crossgender-Textzusammenhängen ab. Frühe feministische Publikationen brachten durch ihren Fragehorizont von „biblischen Frauengestalten" von vornherein Frauen mit Frauen in Verbindung. Seit den neunziger Jahren wird nun aber das Phänomen, daß biblische Texte andere biblische Texte auslegen, indem sie ein vielfältiges Netz von Verbindungen zueinander legen, wesentlich differenzierter gesehen. Vor allem die späten Texte scheuen sich nicht, Frauen in der Nachfolge großer Männer zu zeigen: So steht etwa Ester am fremden Königshof in der Nachfolge Josefs,[37] Rebekka wird in der Nachfolge Abrahams[38] gezeichnet und Judit[39] tritt als neuer Mose und neuer David auf. In dieser Linie der Schriftinterpretation ist auch Debora in der Nachfolge des Mose zu sehen. Durch das Lied und durch den expliziten Prophetinnentitel, den sie bei diesem Geschehen bekommt, führt sie aber *auch die Funktion der Mirjam* fort.

Die Verbindungen im kanonischen Endtext erweisen Debora als erste nach Mose und als Beginn einer langen Reihe von prophetischen Gestalten. Sie prägt die Epoche der Richterzeit, wie nach der Vorstellung des DtrG alle Epochen von Prophetie begleitet sind (vgl. 2 Kön 17,13-23; 24,1f. und vor allem die Kritik an Manasse 21,1ff.). Debora ist in dieser Eskorte die erste prophetische Figur im Kanonteil der Vorderen Prophetie, Hulda die letzte. Die eine wirkt im Gebiet des späteren Nordreiches, die andere in Juda.

4. Debora, die Prophetin der Richterzeit, im biblischen Erzählzusammenhang

Der biblische Erzählzusammenhang stellt Debora in die Reihe jener Führungsgestalten, die nach dem Ansässig-Werden Israels im Land das Volk vor Übergriffen schützen.

4.1 Debora in der Reihe der Richter

Nach Ri 2,10 gehören die das Volk leitenden Menschen einer anderen als der Landnahmegeneration an. Josua ist tot, und Israel ist dabei, seine Gottheit, die es so wunderbar aus Ägypten heraus- und ins Land hineingeführt hat, sowie das Gebot, das Mose vermittelt hat, zu vergessen (vgl. Ri 2,11-3,6). Dieser sogenannte einleitende „Rahmenteil" des Richterbuches erklärt das Ausbleiben der verheißenen Ruhe im Land mit dem mangelnden Wohlverhalten des Volkes. Daß es noch immer Völker gibt, die JHWH bislang nicht vertrieben hat (2,23), wird mit ihrer von Gott zugedachten Funktion der Probe für Israel begründet. Wird Otniël, der erste Richter nach Josua, durch den Geist erweckt (3,10) und bekommt das Land nach ihm vierzig Jahre Ruhe, so läßt JHWH selber seinen Nachfolger Ehud als Retter erstehen (3,15). Seine Tat verschafft Israel achtzig Jahre lang Ruhe. Der nachfolgende Schamgar (3,31-4,1) wird weder legitimiert, noch wird eine Zeitspanne des Friedens nach ihm angegeben. Debora steht in dieser locker gefügten Reihe als vierte. Auch von ihr wird keine Erweckung erzählt. Sie *ist* Richterin und Prophetin und eröffnet die erste Riege jener Richterfiguren, von denen mehr als Notizen überliefert sind (Ri 6-9: Gideon und Abimelech).

Klara Butting verweist darauf, daß in der Forschung so getan wird, als ob die Prophetie mit Samuel – oder manchmal erst mit Elija – beginne. Debora ist die erste Prophetin, die nach Mose auftritt. „Wenn zum ersten Mal in Israels Geschichte im Land Kanaan ein zur Führerschaft Gerufener seine Funktion nicht ausfüllt, tritt die Prophetin auf."[40] Dies trifft vor allem dann zu, wenn man – wie Butting – annimmt, daß Barak über die göttliche Anweisung bereits informiert ist und Debora ihn nochmals auffordern muß, dem Einberufungsbefehl nachzukommen. Der Meinung, daß mit Ri 4-5 allerdings quasi „das vollständige Scheitern Israels im Land"[41] angesagt sei, kann ich mich nicht anschließen, auch wenn Butting Debora anschließend als Friedensgestalt konturiert, die gegen die Gewaltverherrlichung ankämpft und so der Gewaltspirale ein Ende setzen kann.

Demgegenüber muß m. E. betont werden, daß Debora nirgends in einen Gegensatz zu Jaël tritt, die ja durchaus auch nicht friedlich handelt, sondern unter Gewaltanwendung Frieden schafft. Freilich zeigt das Richterbuch, je länger desto mehr, einen anarchischen Zustand auf, der schließlich notgedrungen in das Königtum übergehen muß, da der vorgestellte Stämmeverband anders nicht regierbar sei. Das Richterbuch zeigt mit seinen dtr Rahmenteilen allerdings auf, daß Israel zwar immer wieder von JHWH abfällt, aber auch immer wieder von ihm gerettet wird. Israel scheitert also von Anfang an im Land stets neu, aber dank des rettenden Eingreifens seiner Gottheit keineswegs vollständig.

4.2 Das nächste Lied singt wieder eine Frau: Hanna und ihr Sohn Samuel in der Nachfolge Deboras

Das Deboralied findet seine Fortsetzung im Loblied der Hanna (1 Sam 2). Beide thematisieren und kritisieren Machtverhältnisse, die zu Unterdrückung führen: das eine auf gesamtgesellschaftlicher, staatspolitischer Ebene, das andere auf der Ebene des konkreten Lebens der Familie, eine Ebene, die im Alten Israel aber ebenso politisch zu verstehen ist, da mit den Geschichten um Familien Volksgeschichte geschrieben wird.

Kehrt das Deboralied die Machtverteilung der Geschlechterverhältnisse um, so kehrt das Hannalied nicht nur die Hierarchien in der Gesellschaft um, sondern vor allem die in patriarchalen Gesellschaften festgesetzte Wertigkeit weiblicher Lebensentwürfe: Die Kinderreiche, die angesehene Gebärerin für den Mann, welkt dahin, aber die Unfruchtbare, der man den Makel der für die weibliche Hauptaufgabe Unbrauchbaren anheftet, bekommt plötzlich sieben Kinder (1 Sam 2,5).

Beide Lieder sind – wie auch das Mirjamlied – Antikriegslieder: Der Bogen der Helden wird zerbrochen, aber die Strauchelnden gürten sich mit Fähigkeit (vgl. 1 Sam 2,4). Wie Jaël stehen hier die beinah schon Gefallenen auf, während die Kriegshelden zermalmt werden. Wenn Frauen singen, thematisieren sie in überaus kritischer Weise die bestehenden Machtverhältnisse. Sie kehren in der patriarchal-hierarchischen Pyramide das Unterste zuoberst und widersetzen sich der überkommenen Ordnung. Es sind revolutionäre Lieder, deren drittes wir bei Mirjam schon gefunden haben. Im Buch Judit und im Neuen Testament, im Magnifikat Marias, wird diese Reihe fortgesetzt. Die jüdische Tradition zählt wohl aufgrund dieses Liedes Hanna zu den Prophetinnen. Mit dem Lied der Hanna wird die prophetische Funktion, die Samuel sodann übernimmt, vorerst auf seine Mutter übertragen, die mit ihrem Antwortlied auf das Handeln Gottes an ihr, das Bedeutung für ganz Israel bekommen wird, in die Nachfolge Mirjams tritt.

Die biblischen Erzählungen wollen es so, daß bei dieser subversiven Frau ihr Sohn Samuel groß wird, der in der Nachfolge Deboras in die Fußstapfen des Propheten Mose tritt. Sieht man von dem namen- und farblosen Propheten aus Ri 6,8-10 ab, so steht Samuel direkt in der Nachfolge Deboras. Zwischen diesen beiden Gestalten tritt keine andere prophetische Figur auf, von der es Erzählungen oder eigenständige Sprüche gäbe.

Wie bereits erwähnt, hat Samuel wie Mose eine sogenannte „Kindheitsgeschichte". Nicht die Könige,[42] sondern die prophetischen Gestalten haben – gemäß der Hierarchie der Ämter nach Dtn 16ff. – in der Bibel eine Vorgeschichte. Solche Geschichten sind davon geprägt, daß Frauen sich gegen Unterdrückung wehren und für das Leben kämpfen: Hanna wehrt sich gegen die Demütigungen der kinderreichen Frau und die Wertvorstellungen der Gesellschaft, die kinderlose Frauen verachtet. Moses Mutter, seine Schwester und die Pharaonentochter widersetzen sich dem Vernichtungsbefehl des Pharao. Diese Frauen erkämpfen das Leben beider großer Männer, wenngleich sie danach in deren Schatten gestellt werden. Wenn die Kindheitsgeschichte des Jesus von Nazareth im Lukasevangelium ebenso von zwei Frauen, von Elisabet und Maria, geprägt wird, so wird hier die alttestamentliche Tradition im Neuen Testament erkennbar weitergeführt.

5. Debora in der Nachfolge des Mose und Samuel in der Nachfolge Deboras

Die Angleichung der beiden Figuren Mose und Samuel[43] ist allein durch die von Frauen dominierten „Kindheitsgeschichten" evident. Aber sie wird auch unter Einbeziehung ihres Zwischengliedes Debora einsichtig. Mose, Debora und Samuel haben alle drei *die Fülle der Ämter, wie sie nach dem dtn Ämtergesetz* dargestellt werden. Sowohl Mose als auch Debora und Samuel sind politische Führungspersönlichkeiten, die allerdings die *militärischen Aufgaben* der Führung *delegieren*: Mose an Kaleb und Josua, weil er selber nie als kämpfend dargestellt wird, Debora an Barak und Samuel an Saul sowie später an David. Sie sind alle drei *Richter*, zu denen das Volk kommt, um einen Rechtsentscheid zu erhalten (vgl. Ex 18,13; Ri 4,4f.; 1 Sam 7,6.15-17). Samuel nimmt zusätzlich noch *priesterliche* Funktionen wahr, die Mose an Aaron abgibt und die in der Deborageschichte keinerlei Rolle spielen:

JHWH wird nicht durch das Opfer, sondern wie beim Exodus durch die Preisung, durch den Hymnus verehrt und gefeiert. Mose, Debora und Samuel – alle drei sind prophetische Gestalten, die dem Volk das Wort JHWHs vermitteln und selber politisch tätig sind.

Wird Debora insofern als „neuer Mose" dargestellt, so Samuel als „neue Debora": Die Verbindungen zwischen den Texten laufen hier kreuz und quer über die in Alt-Israel festgefügte Trennungslinie der Geschlechtergrenzen hinweg. Auch Samuel übernimmt alle Funktionen, die das dtn Prophetiegesetz vorsieht. Wie Daniel I. Block es formuliert hat, treten beide als „*alter ego* of Yahweh"[44] auf, indem ihre Präsenz den göttlichen Beistand anzeigt.

- Im Verhalten gegenüber Saul bezüglich der Einberufung des Heerbanns tut Samuel es Debora gleich: In beiden Epochen ist Israel völlig unterbewaffnet (1 Sam 13,19ff.).
- Während aber Debora sofort mit Barak *mitgeht*, weil er sie um Hilfe bittet, wartet Saul in 13,8 vergebens auf Samuel und wird hierfür in einer Weise gestraft, die man bei dem verweigerten Hören des Barak vergeblich sucht.
- Samuel sucht nach *zwanzig Jahren* Bedrückung, die durch die Abwesenheit des (Kriegs?-)Heiligtums der Lade in Kirjat-Jearim gekennzeichnet wird, einen militärischen Befehlshaber, genauso wie Debora nach *zwanzig Jahren* Unterdrückung durch Sisera den Feldherrn Barak ruft (1 Sam 7,2; Ri 4,3).
- Samuel hat neben Deboras Funktionen noch jene des schlachtopfernden Priestertums, da er ja für das umgekommene Priestergeschlecht der Eliden in die Bresche springt (Samuel als Priester: 1 Sam 7,9ff.; 9,12ff.). Im übrigen kommt Israel zu ihm, wie es zu Debora ging.
- Samuel hat sein Haus in der Gegend von Rama, wo auch Deboras Gerichtsstätte unter dem Baum[45] lokalisiert wird (1 Sam 7,15ff.; Ri 4,5).

Mit Samuel ist die Zeit der sogenannten richtenden Führungsfiguren vorbei. Er setzt das Königtum – wenngleich widerwillig – ein und salbt die ersten beiden Könige, Saul und David. Er macht dem Volk vorab bekannt, welche Rechte ein König sich nehmen wird: Was er in 1 Sam 8,9-18 dem Volk über einen König ankündigt, ist das Gegenteil vom dtn Ämtergesetz, denn Samuel malt in dieser dtr Passage den Mißbrauch aus und nicht die korrekt bekleidete Funktion. Nach dem Dtn lebt die Institution des Königtums ja davon, daß der Herrscher sich an die Tora hält, die in einem Buch bei den levitischen Priestern aufbewahrt wird (vgl. Dtn 17,18).

Eine Notiz ist dieser Darstellungstendenz allerdings gegenläufig. Die Samuelgeschichte rezipiert in einem Geschichtsrückblick unmittelbar nach der Exodusgeschichte die Deborageschichte mit dem Kampf gegen Sisera, erwähnt jedoch die Frau mit keinem Wort. In 12,11 wird die „Genealogie" der Führungsgestalten ausschließlich über die Männer geführt: An der Stelle Deboras steht der Mann, der sich nach Ri 4 weigert, dem Befehl Gottes zu folgen, wenn sie nicht mit ihm geht. In diese Fußstapfen tritt auch die Wolke von Zeugen aus dem Hebräerbrief: Hebr 11,32 kommemoriert eine beinah frauenfreie Reihe von Gott berufener Menschen. Debora ist nicht unter ihnen.

[1] Es sind dies die Dissertationen von Bechmann, Ulrike, Das Deboralied zwischen Geschichte und Fiktion, Diss.T 33, St. Ottilien 1989, und Becker-Spörl, Silvia, Und sang Debora an jenem Tag, EHS.T 620, Frankfurt 1998. Auch die neueste Studie von Neef, Heinz-Dieter, Deboraerzählung und Deboralied, BThSt 49, Neukirchen-Vluyn 2002, beschäftigt sich mit Ri 5 ausführlicher als mit Ri 4. In dieser druckfrischen Publikation ist die traditionelle Forschung konventionell aufgearbeitet, sodaß eine weitere Darstellung entfallen kann.

[2] Dies hängt vielleicht auch mit dem unterschiedlichen „feministischen Ertrag" der beiden Kapitel zusammen. So wurde Ri 5 von van Dijk-Hemmes, Fokkelien, Mothers and a Mediator in the Song of Deborah, in: Brenner, Athalya, Hg., A Feminist Companion to Judges, FCB I/4, Sheffield 1993, 110-114, als Text mit „Female Voices" gelesen, während jedoch Ri 4 die männliche Sichtweise der Ereignisse wiedergeben würde. Eine Ausnahme bildet hier die grundlegende feministische Arbeit zu Ri 4-5 von Bal, Mieke, Murder and Difference, ISBL, Bloomington 1992 (Ndr. v. 1988).

[3] Die Frühdatierung des Deboraliedes kam nicht zuletzt wegen der dort gefundenen Hinweise auf eine sogenannte „Amphiktyonie", auf einen sakralen Stämmebund, zustande. Um diese These ist es in den letzten Jahren äußerst still geworden, zumal archäologisch besser begründbare soziologische Erklärungsmodelle zur historischen „Landnahme" die biblisch-kriegerischen ersetzt haben.

[4] Zum Aufbau der Erzählung siehe Amit, Yairah, Judges 4: Its Contents and Form, JSOT 39 (1987), 89-111; 90-99.

[5] Butting, Prophetinnen, 101; vgl. auch zum Folgenden.

[6] Debora trägt wie Hulda einen Tiernamen: „Biene". Auf den Gleichklang von דְּבוֹרָה mit דָּבָר, der auf die Funktion der Wortvermittlung hindeutet, ist bereits verwiesen worden. Siehe dazu Spronk, Klaas, Deborah, a Prophetess, in: De Moor, Johannes C., Hg., The Elusive Prophet, OTS 45, Leiden 2001, 232-242; 240.

[7] Exum, Cheryl, Was sagt das Richterbuch den Frauen?, SBS 169, Stuttgart 1997; 24, verweist darauf, daß es sich auch um einen sprechenden Namen, „feurige Frau" oder „geistbegabte Frau", handeln könnte; „Lappidot" kann auch „Fackeln" meinen.

[8] Häufig wurde angenommen, daß der Prophetinnentitel eine redaktionelle Einfügung sei (so etwa Soggin, J. Alberto, Judges, London 1981; 72). Will man die Erzählung nicht in die fortgeschrittene Perserzeit setzen, ist diese Annahme wohl noch immer sinnvoll.

[9] Butting, Prophetinnen, 102.

[10] Vgl. ebd., 103.

[11] Daß die Kombination dieser beiden Stämme nicht unbedingt in Israels Frühzeit verweisen muß, zeigt der späte Text Jes 8,23.

[12] Wenn man wie Soggin, Judges, 73, diesen Einspruch mit der stereotypen Weigerung in den sogenannten Berufungsberichten vergleicht, steht freilich Debora an JHWHs Stelle.

[13] Zu den ähnlichen Motiven, mit denen die Heerführer dargestellt werden, siehe Butting, Prophetinnen, 107.

[14] Vgl. Exum, Richterbuch, 26f. Sie sieht in Debora die von psychoanalytischen Theorien konstruierte gute, in Jaël hingegen die ambivalente, böse Mutter repräsentiert.

[15] Siehe dazu den Abschnitt zum Deboralied.

[16] Butting, Prophetinnen, 105.

[17] Vgl. ebd., 104f. „Die Überwindung der unterdrückenden Fremdherrschaft ist die eine Seite, die andere Seite ist die Überwindung interner Machtverhältnisse, die in der Orientierung an Ruhm und Macht wurzeln." (Ebd., 108).

[18] Rasmussen, Rachel C., Deborah the Woman Warrior, in: Bal, Mieke, Hg., Anti-Covenant, Sheffield 1989, 79-93, vermutet eine frühe Erzählung, welche Debora als Kriegerin in polytheistischem Kontext gezeigt habe. Erst die Transformation zu einer JHWH-Geschichte im monotheistischen Kontext habe die Frauen irrelevant erscheinen lassen (vgl. ebd., 93).

[19] Vgl. etwa Hertzberg, Hans Wilhelm, Die Bücher Josua, Richter, Ruth, ATD 9, Göttingen 1985[6]; 182, der beklagt, daß „die Spielregeln der Humanität" fehlen würden und die „Art, in der das beschrieben wird, ... nicht die des Neuen Testaments" sei.

[20] Vgl. dazu in Num 12,1 die Rede der Mirjam, zu der Aaron noch „dazugenommen" wird.

[21] Vgl. Butting, Prophetinnen, 109.

[22] Dies hat bereits Schüngel-Straumann, Helen, Jael und Judit, in: Dies., Anfänge feministischer Exegese, exuz 8, Münster 2002, 47f.; 47, gesehen (Erstpublikation 1984).

[23] Siehe Zakovitch, Yair, Sisseras Tod, ZAW 93 (1981), 364-374, und die ausführliche Kritik, die den sexuellen Code der Szene auf seine Hintergründe befragt: Bal, Murder, 100-110.

[24] Exum, Richterbuch, 27.

[25] Ebd., 30.

[26] Siehe dazu bereits Bal, Murder, 134. Zur vulgären pars pro toto Formulierung vgl. Bechmann, Deboralied, 163f.

[27] Butting, Prophetinnen, 121.

[28] Siehe dazu van der Kooij, Arie, On Male and Female Views in Judges 4 and 5, in: Becking, Bob – Dijkstra, Meindert, Hg., On Reading Prophetic Texts (Gedenkschrift f. van Dijk-Hemmes, Fokkelien), BIS 18, Leiden 1996, 135-152; 150.

[29] Exemplarisch sei hier Hauser, Alan J., Two Songs of Victory: A Comparison of Exodus 15 and Judges 5, in: Follis, Elaine R., Hg., Directions in Biblical Hebrew Poetry, JSOT.S 40, Sheffield 1987, 265-284, erwähnt, der vor allem gemeinsame Motive beider Texte herausarbeitet. Vgl. die Auflistung der Ähnlichkeiten ebd., 280.

[30] Vgl. zu Ri 4,3 auch Ex 3,9.

[31] Vor der beginnenden Landnahme hat JHWH auch „Verwirrung" unter dem eigenen Volk verbreitet, bis niemand aus der Generation mehr am Leben war (Dtn 2,15).

[32] Eine ähnliche Motivkombination von jagen und fliehen, weil JHWH den Feind verkauft hat, findet sich im Moselied von Dtn 32,30.

[33] Siehe dazu Näheres im Kapitel über Mirjam.

[34] Bechmann, Deboralied, hat durch ihre Analysen nachzuweisen versucht, daß das Deboralied keineswegs so alt ist, wie in der Forschung meist angenommen wird. Sie datiert das Lied ins 7. Jhd., zwischen dem Untergang des Nordreichs und dem Untergang des Südreichs (vgl. ebd., 212), da es nicht eine historische Situation vorstellen wolle, sondern eine typische (ebd., 203). Wenn man ihre sprachlichen Analysen sichtet, würde man heute aber wohl zu einer noch späteren Datierung kommen (vgl. dazu bereits ebd., 166). Zu den um ein Jahrtausend differierenden Datierungen in der Forschung siehe Neef, Deboraerzählung, 3-19.

[35] Butting, Prophetinnen, 121.

[36] Vgl. ebd., 99f.

[37] Vgl. Butting, Klara, Die Buchstaben werden sich noch wundern, Berlin 1994, 67-70.

[38] Siehe Fischer, Gottesstreiterinnen, 73-75.

[39] Vgl. van Henten, Jan Willem, Judith as Alternative Leader, in: Brenner, Athalya, Hg., A Feminist Companion to Esther, Judith and Susanna, FCB I/7, Sheffield 1995, 224-252.

[40] Butting, Prophetinnen, 122.

[41] Ebd., 122f.

[42] Vgl. die Kindheitsgeschichte Sargons I., die ähnliche Motive verarbeitet wie Ex 2 (vgl. Fischer, Gottesstreiterinnen, 170f.).

[43] Über weitere Parallelen zwischen Samuel und Mose, die beide Mittler zwischen Gott und Volk sind (1 Sam 12,16ff.), hat bereits Rendtorff, Samuel, das Nötige gesagt.

[44] Block, Daniel I., Deborah among the Judges: The Perspective of the Hebrew Historian, in: Millard, A.R. u.a., Hg., Faith, Tradition, and History, Winona Lake 1994, 229-253; 249f.

[45] Spronk, Deborah, 236f., bringt den Baum, unter dem Debora sitzt, mit jenem, unter dem nach Gen 35,8 in der Nähe von Bet-El *Debora, die Amme Rebekkas*, begraben wird, in Verbindung. Die Prophetin stellt er dann in die Nähe der Nekromantie: „The name Tomer Deborah can be interpreted then as combination of an indication of this kind of cult practised there and the name of the venerated ancestor, Deborah, who acted as a spokeswoman of the divine world." (Ebd., 237). Debora würde so in einer Reihe mit der Frau von En-Dor stehen. Die These ist gerade in bezug auf das nächste Kapitel interessant, sie hat jedoch keinen Anhaltspunkt im Text.

Die Bibel stellt die für Israel lebenswichtige Frage nach wahrer und falscher Prophetie vor allem in ihrem Prophetiegesetz von Dtn 18,9-22. Berühmt für dieses Problem ist aber vor allem das Jeremiabuch. Jedoch auch in Erzählungen um prophetische Gestalten der Vorderen Prophetie versucht die Bibel, Kriterien zur Unterscheidung der Geister zu finden. Auf dem Hintergrund des deuteronomischen Prophetiegesetzes erweist sich auch die Frau von En-Dor als Prophetin, die zwar verpönte Praktiken anwendet, den Kriterien für wahre Prophetie nach Dtn 13 aber entspricht. Die Geschichte der Frau, die Tote beschwört und dabei offensichtlich im Namen JHWHs den prominentesten Propheten der ausgehenden Richterzeit, den verstorbenen Samuel, aus der Unterwelt heraufzwingt, ist vor dem Hintergrund der negativen Abgrenzung der Prophetie in Dtn 18,9-14 als *Prophetinnengeschichte* zu lesen.

1. Saul gegen Samuel: Ein Kräftemessen zwischen Prophetie und Königtum

Die Erzählung von der Frau von En-Dor ist eine jener Geschichten, die Saul im Konflikt mit Samuel zeigen. Der König ist die Hauptperson in 1 Sam 28. Dieses Kapitel nimmt sein gewaltsames Ende vorweg, das in 1 Sam 31 erzählt wird. Die Saulgeschichte ist dabei bezüglich des negativen Ausgangs wie ein Märchen gestaltet: Dreimal wird seine Verwerfung angekündigt, beim dritten Mal steht sie unmittelbar, am nächsten Tag, bevor. Die drei Verwerfungsgeschichten sind jeweils als Konfliktgeschichten mit *dem* Propheten seiner Zeit, mit Samuel, gestaltet. Nachdem dieser ihn, widerwillig gegen die Einrichtung eines Königtums von Anfang an (so will es der dtr Text von 1 Sam 8), zum König über Israel gesalbt hatte, kommt es zum Bruch zwischen beiden.

Die Geschichte Sauls ist in ihrem zweiten Teil vom Konflikt zwischen dem verworfenen und dem erwählten Gesalbten, zwischen Saul und David, bestimmt. In ihrem ersten Teil (1 Sam 13-15) liest sie sich wie ein Kräftemessen zwischen dem Königtum und dem Richter-Priester-Propheten Samuel.

Die *erste Ankündigung der Verwerfung* findet sich in 1 Sam 13,14 im Kontext der Philisterkriege. Saul beruft den Heerbann nach Gilgal ein und wartet auf Samuel, damit dieser für einen guten Ausgang des Kampfes Brand- und Heilsopfer darbringe. Samuel läßt Saul – anders als Debora ihren Feldherrn Barak – jedoch so lange warten, bis dieser aus Angst, das Volk könnte ihm davonlaufen, eigenmächtig handelt (13,8f.). Samuel, der Efraimiter, wird in dieser Episode als der für Opfer zuständige Priester gezeichnet, obwohl er nicht aus dem Levi-Stamm kommt.[1] Diese erste Ankündigung der Verwerfung Sauls wird durch den Bruch der Königspflichten begründet: Er hat gegen den Befehl JHWHs gehandelt und nicht befolgt, was Gott befohlen hat (V13a.14b). Daß das Bewahren (שמר) von JHWHs Gebot die oberste Pflicht des Königs ist, ist bereits aus dem dtn Ämtergesetz bekannt (Dtn 17,19).

Die *zweite Ankündigung der Verwerfung* steht im Kontext des Krieges gegen die Amalekiter (1 Sam 15). In dieser Erzählung geht es um die entscheidende Frage, wer über Israel steht: JHWH oder der König. Sie wird am sogenannten „Bann" abgehandelt, der die Kriegsbeute JHWH und nicht dem König zugesteht. Der Bann, die Vernichtung allen Beutegutes einschließlich der Gefangenen, hat als einzig sinnvolle Komponente, daß der Krieg damit einen seiner hauptsächlichen Anreize verliert: die Bereicherung des siegreichen Heeres. Gleichwohl ist dieses Kapitel eines der grausamsten des ATs. Wenn die Tötung des Amalekiterkönigs aus der Perspektive von Frauen dargestellt wird (15,33), erhöht dies die Grausamkeit noch mehr, da der Krieg bewußt ins Zivilleben hineingetragen wird:

> Wie kinderlos gemacht hat die Frauen dein Schwert,
> so sei kinderlos gemacht unter den Frauen deine Mutter!

Wenngleich sich die Brutalität des Erzählten durch nichts wegdiskutieren läßt, muß dennoch eines klar gesehen werden: Das ist kein historischer Bericht. Die Bannerzählungen und Bannbefehle stammen aus einer Zeit, in der Israel nicht mehr in der Lage war, diese Vernichtungsweihe zu vollstrecken.[2]

Der *Bann* wird *als Ganzopfer für die Gottheit* verstanden. Ihr gebührt die gesamte Beute wie bei jener Opferart, bei der das ganze Geopferte verbrannt wird und den Menschen kein Stück davon zusteht. Die Erzählungen über den Bann gehen rückblickend von der Fiktion aus, daß seine Vollstreckung Israel davor bewahrt hätte, die Praktiken der Bewohner des Landes zu übernehmen. Hätte Israel sich daran gehalten, wäre es nicht zum Abfall von JHWH verführt worden und hätte so das Unheil der Zerstörung von Volk und Land sowie das Exil nicht mitmachen müssen. Die hinter solchen Texten stehende Theologie arbeitet sich an der Theodizeefrage ab, warum Gott dieses Unheil der Zerstörung von Volk und Land zuließ. Wenn sie zu der Antwort kommt, daß das Exil als Strafe Gottes zu sehen ist, nimmt sie der Katastrophe zwar den ärgsten Stachel, aber es bleibt dennoch das Faktum, daß Religion auch gewalttätige Züge annehmen kann. Gegen eine christliche Überheblichkeit gegenüber dem Judentum, dem solche biblischen Texte dann gerne zugeschrieben werden, brauchen wir nur die Geschichte des Abendlandes als Christentumsgeschichte lesen:

Christen haben nicht nur solche Theologien entworfen, sondern haben sie auch umgesetzt, weil sie tatsächlich die Macht dazu hatten.[3]

Im gesamten Kapitel 1 Sam 15 geht es um den Gehorsam gegenüber Gottes Wort und Gebot, dem sich Saul verweigert (z. B. 15,1.11.19ff.). Dem Gehorsam, dem *Hören* auf die Stimme JHWHs (V1.19.20.22; aufgegriffen in 1 Sam 28,18: שמע / -ל בְּקוֹל יְהוָה), wird hier der Ungehorsam gegenübergestellt, der sich Samuel im *Hören* der Stimme der Beutetiere (V14) offenbart, an denen nicht der Bann vollstreckt wurde. Gehorsam wird hier, ganz im Sinne mancher Texte der Schriftprophetie (vgl. Jes 1,10ff.), gegen eine sinnentleerte Opferpraxis ausgespielt.

Die Saulgeschichte ist nach diesen Erzählungen nur mehr ein tragischer Abgesang, der zielgerichtet ins Verderben führt. Der Prophet verläßt den König, der im folgenden ohne göttliche Führung und ohne Maß, glücklos und mißtrauisch seine Regentschaft führt. Gemäß dem Ämtergesetz des Dtn entscheidet über die rechte Amtsführung des Herrschers der Gehorsam gegenüber Gottes Wort, das durch die Prophetie vermittelt wird. So ist es auch in dieser Geschichte, wenn Samuel Saul mit folgender Botschaft konfrontiert:

„Ich werde nicht zu dir zurückkehren!
Denn verworfen hast du das Wort JHWHs.
Und verworfen hat dich deswegen JHWH
vom König-Sein über Israel!" (1 Sam 15,26)

Saul hat sich dem Hören auf die Stimme JHWHs verweigert, wodurch er selber die Legitimität seines Königtums verwirkt hat. Samuel, der das Gotteswort vom Entzug der göttlichen Zuwendung übermittelt, entzieht sich daher auf immer dem König.

In V35 informiert die auktoriale Notiz die Lesenden darüber, daß Samuel und Saul sich bis zum Todestag des Königs nicht mehr wiedersehen. An diesem Tag erneuert Samuel sein Wort, und es kommt zur *dritten Verwerfung von Saul als König*. „Der ersten Verwerfung (1 Sam 13,2-15) liegt das dtn Kriegsgesetz zugrunde (Dtn 20,1-9); die zweite (1 Sam 15) baut auf dem Banngebot (Dtn 20,10-18) und auf der Anweisung gegen Amalek auf (Dtn 25,17.19). Die dritte Verwerfung (1 Sam 28,3-25) ist in Anlehnung an die Bestimmungen gegen die Mantik und an das Prophetengesetz gestaltet (Dtn 18,9-22)."[4]

2. Die erzählte Zeit: 1 Sam 28 als Teil der Erzählungen um Samuel und Saul

In der heutigen Form der Saul-Geschichte kann kein Zweifel daran sein, daß der Erzählfaden von Kap. 15 in Kap. 28 fortgeführt wird.

Samuel und Saul begegnen einander nicht wieder bis zu dem Tag, an dem Saul sterben wird. Unmittelbar nach diesem Vers wird erzählt, daß Samuel – noch zu Lebzeiten Sauls – David zum König salbt. Er führt damit aus, was mit dem zeichenhaften Abreißen des Gewandzipfels bereits angekündigt wurde (V28): Saul stirbt, und das Königtum wird einem anderen gegeben werden.

(3) Samuel war tot, und ganz Israel hatte ihn beweint. Sie hatten ihn in Rama, in seiner Stadt, begraben. Saul hatte die [Beschwörer der] *toten Ahnen*[5] und die *Erkennenden* <u>aus dem Land</u> beseitigt. (4) Da sammelten sich die Philister, und sie kamen und lagerten in Schunem. Da sammelte auch Saul ganz Israel, und sie lagerten in Gilboa. (5) Als Saul das Lager der Philister sah, fürchtete er sich, und sein Herz erbebte überaus. (6) Und Saul *fragte* JHWH *an*. ABER JHWH ANTWORTETE IHM NICHT, WEDER DURCH DIE TRÄUME NOCH DURCH DIE LOSORAKEL NOCH DURCH DIE PROPHETISCH BEGABTEN. (7) Da sprach Saul zu seinen Knechten: „Sucht für mich eine Frau, eine Herrin über einen *toten Ahnen*! Ich will zu ihr gehen und durch sie *befragen*!" Da sprachen seine Knechte zu ihm: „Siehe, da ist eine Frau, eine Herrin über einen *toten Ahnen*, in En-Dor." (8) Da verkleidete sich Saul und zog andere Kleider an. Er aber ging, und zwei Männer mit ihm, und sie kamen nächtens zu der Frau. Und er sprach: „WAHRSAGE mir doch durch einen *toten Ahnen* und laß für mich den heraufsteigen, den ich dir sagen werde!" (9) Da sagte die Frau zu ihm: „Siehe du, du weißt, was Saul getan hat, daß er die [Beschwörer der] *toten Ahnen* und die *Erkennenden* <u>aus dem Land</u> ausgerottet hat! Warum stellst du meiner Seele eine Falle, damit ich zu Tode komme?" (10) Da schwor ihr Saul bei JHWH, indem er sagte: „So wahr JHWH lebt! Dich trifft [keine] Schuld wegen dieses Wortes!" (11) Da sagte die Frau: „Wen soll ich für dich heraufsteigen lassen?" Und er sagte: „Samuel laß für mich heraufsteigen!" (12) Als die Frau Samuel sah, da schrie sie mit lauter Stimme. Und die Frau sagte zu Saul: „Warum hast du mich getäuscht? Du bist ja Saul!" (13) Da sagte der König zu ihr: „Fürchte dich nicht! Was hast du denn gesehen?" Da sagte die Frau zu Saul: „Gottheiten / Geister habe ich aus der Erde heraufsteigen sehen!" (14) Und er sagte zu ihr: „Wie ist er gestaltet?" Und sie sagte: „Ein alter Mann steigt herauf. Er ist in einen Mantel gehüllt." Da erkannte Saul, daß es Samuel war. Und er verneigte sich mit dem Angesicht zur Erde und fiel vor ihm nieder.

(15) Da sagte Samuel zu Saul: „Warum störst du mich auf, um mich heraufsteigen zu lassen?" Da sagte Saul: „Bedrängt bin ich, überaus! Die Philister bekriegen mich, und die Gottheit ist von meiner Seite gewichen. SIE HAT NICHT MEHR GEANTWORTET: WEDER DURCH DIE HAND DER PROPHETISCH BEGABTEN NOCH DURCH DIE TRÄUME. Deshalb habe ich dich gerufen, um mich erkennen zu lassen, was ich tun soll."

(16) Da sagte Samuel: „Warum fragst du mich an, wo doch JHWH von deiner Seite gewichen und zu deinem Bedränger[6] geworden ist? (17) JHWH hat an dir getan, wie er gesprochen hat durch meine Hand! JHWH hat deine Königsherrschaft aus deiner Hand gerissen und sie deinem Nächsten, David, gegeben! (18) Weil du nicht gehört hast auf die Stimme JHWHs und du seinen glühenden Zorn an Amalek nicht vollstreckt hast, darum hat JHWH dieses Wort an dir getan, an diesem Tag! (19) JHWH wird auch Israel mit dir in die Hand der Philister geben. Und morgen wirst du und deine Söhne bei mir sein. Auch das Lager Israels wird JHWH in die Hand der Philister geben!" (20) Plötzlich fiel Saul in seiner vollen Länge zur Erde. Er fürchtete sich überaus vor den Worten Samuels. Auch war keine Kraft mehr in ihm, denn er hatte den ganzen Tag und die ganze Nacht kein Brot gegessen.

(21) Da kam die Frau zu Saul, und sie sah, daß er überaus erschreckt war. Und sie sagte zu ihm: „Siehe, deine Sklavin hat auf deine Stimme gehört. Meine Seele habe ich in meine Handfläche gelegt, und ich habe auf deine Worte gehört, die du zu mir gesprochen hast. (22) Jetzt aber, höre doch du auf die Stimme deiner Sklavin: Ich will dir einen Bissen Brot vorlegen, und du wirst essen und zu Kraft kommen, wenn du deines Weges gehst." (23) Aber er weigerte sich und sagte: „Ich esse nicht!" Da nötigten ihn seine Knechte und auch die Frau, und er hörte auf ihre Stimmen. Und er stand von der Erde auf und setzte sich auf das Ruhelager. (24) Die Frau aber hatte ein Mastkalb im Haus. Und sie beeilte sich und schlachtete es, und sie nahm Mehl, knetete es und buk ihm Mazzen. (25) Dann brachte sie es vor Saul und vor seine Knechte, und sie aßen. Dann standen sie auf und gingen [noch] in jener Nacht.

Im Alten Israel begann der Tag mit dem Abend. Diese Zeiteinteilung ist bis heute sowohl in der jüdischen als auch in der christlichen Liturgie beibehalten worden. So beginnt der Sabbat mit dem Sonnenuntergang, und das christliche Osterfest kann Karsamstag abends bereits die Auferstehung am dritten Tag feiern. Folglich erzählt die Geschichte um die Totenbefragung vom Anfang des Todestages Sauls: Den Tag nach dieser Nacht überlebt er nicht mehr (vgl. 1 Sam 31,1-6).

Die Geschichte beginnt mit *zwei Rückblenden*, wobei die erste auf bereits Erzähltes zurückgreift, die zweite hingegen Neues berichtet. Die Notiz von Samuels Tod, seiner Beweinung und seinem Begräbnis in Rama hat man im Erzählzusammenhang bereits in 25,1 gelesen. Die Notiz ist dort zwischen zwei Davidserzählungen eingequetscht, ohne daß Samuel vorher noch einmal aufgetreten wäre. Man bekommt den Eindruck, daß sie dort eingefügt wurde, damit in 1 Sam 28 klar wird, daß Samuel schon längere Zeit tot ist. Die Frau von En-Dor bringt also nicht einen soeben Verstorbenen noch einmal zum Reden. Damit wird verhindert, daß die Szene in die Nähe der aus dem Elischa-Zyklus bekannten Totenerweckungen gestellt werden kann (vgl. 2 Kön 4,8-37). Die Todesnotiz für Samuel ist hier jedenfalls wesentlich harmonischer in den Kontext eingebettet als in 25,1a. Die zweite Rückblende berichtet Neues: Saul hat das Gewerbe der Nekromantie aus dem Land beseitigt. V3 fungiert für die Erzählung daher als Exposition, die die für das Verständnis des Folgenden notwendigen Vorinformationen gibt (vgl. z. B. V9), ohne daß aber bereits Handlung erzählt wird.

Die eigentliche Ouvertüre zur Erzählung beginnt mit V4f., mit dem Bericht über die militärischen Vorbereitungen zur Entscheidungsschlacht zwischen den Philistern und dem von Saul angeführten Heerlager Israels. V5 fokussiert die militärische Lage aus der Sicht des Königs. Er sieht sich der Übermacht des Gegners nicht gewachsen und gerät in Panik. Damit wird vorab bereits klar gemacht, daß Saul nicht mehr mit einem wunderbaren Eingreifen JHWHs rechnet. Die folgende Schlacht steht nicht unter dem Vorzeichen des sogenannten „Heiligen Krieges", in dem weder die Rüstung noch die Tapferkeit der Krieger, sondern das Eingreifen Gottes auf der Seite der Schwächeren siegbringend ist. Saul kann nach 1 Sam 15,26 nicht – wie Debora und Barak es konnten – auf göttliche Hilfe vertrauen, denn JHWH hat ihn verworfen.

Dennoch versucht der König, in Kontakt mit seiner Gottheit zu treten (V6). Er probiert dies auf ganz reguläre Weise, indem er JHWH zu befragen versucht, jedoch keinerlei Antwort bekommt. Erst nach diesem gescheiterten Unterfangen entschließt er sich, genau das zu tun, was er nach Ausweis von V3 verboten hatte: Er will zu einer Totenbeschwörerin gehen, die Macht über Totengeister hat, und möchte dadurch Klarheit über die bevorstehende Schlacht erlangen. Der König selber will das von ihm verhängte Verbot übertreten. Seine Beamten haben keinerlei Probleme, jemanden zu nennen, der die verpönte Praktik noch ausführt (V7). Die Beseitigung der Nekromantie, wie sie in V3 behauptet wurde, kann also so wirksam nicht gewesen sein! Nirgends anders als in dem Dorf „En-Dor" findet man die von Saul gewünschte weibliche Person, denn volksetymologisch ist dieser Name als „Quelle der früheren Geschlechter" zu übersetzen. Die Frau ist in der gesamten folgenden Geschichte offensichtlich das Medium; sie hat daher keinen Namen. Nicht *ihr* Wort ist es, auf das es ankommt, sondern das Wort des durch sie beschworenen Totengeistes.

Die in der Geschichte bisher erwähnten geographischen Angaben lassen den Zweck der Verkleidung in V8 auf zwei Deutungsmöglichkeiten hin offen sein: Um vom Gebirge Gilboa, wo Saul sich mit dem Heer befindet, nach En-Dor, das am Fuße des Berges Tabor liegt, gelangen zu können, muß man durch die Jesreelebene gehen, in der die Philister lagern. Saul muß also unerkannt durch die feindliche Militärgrenze kommen. Aber die Verkleidung dient wohl auch dem Zweck der Verschleierung von Sauls Identität vor der Frau. Als Mittlerin, zu der man geht, um Tote anzufragen, wird sie den König, der dieses Handwerk verboten hat (V3b), nicht bedienen.

Ähnlich liegt der Fall bei der Geschichte von der Verkleidung der Frau von König Jerobeam I., wie sie in 1 Kön 14,1-18 erzählt wird. Auch diese Erzählung, die ebenfalls mit der Botschaft eines von JHWH entrissenen Königtums endet, setzt die Verkleidung zur Täuschung der prophetischen Gestalt ein. Der Grund der Verkleidung, die Jerobeam seiner Frau befiehlt, ist wohl ein schlechtes Gewissen diesem Propheten gegenüber: Ahija von Schilo hatte Jerobeam als neuen Hoffnungsträger gegen das Davidshaus zum König gesalbt. Wie in der Geschichte von Saul und Samuel wurde dort die Trennung bzw. der Verlust des Königreiches symbolisch am Prophetenmantel vollzogen (1 Sam 15,27ff.; 1 Kön 11,29ff.).[7] Während seiner Regentschaft hat dieser aber (nach dtr Sichtweise) alles getan, was Gott verboten hat. Wie Saul weiß Jerobeam aber, wo ein wahres Wort zu erfragen ist: bei dem Propheten, der ihn ins Königsamt gerufen hatte.

Die beiden Erzählungen weisen ein ähnliches Verständnis des Verhältnisses zwischen Prophet und König auf. Wenn der Herrscher, längst von Gott und seinem Propheten wegen Ungehorsams verworfen, in Not gerät, sucht er wiederum den Gottesmann auf, von dem er weiß, daß das Gotteswort bei ihm zu finden ist. Die Verkleidungen der Königin und des Königs dienen beide Male ihrer Anonymisierung. So ist in bezug auf die Verkleidung dem geographischen Argument, das mit dem unerkannten Durchkommen durch die Schlachtreihen der Philister historisierenden Charakter hat, eine Absage zu erteilen. Der Deutung des Ortes der Totenbeschwörung als sprechendem Namen, der nicht historisch lokalisierbar sein muß, ist damit der Vorzug zu geben.

Allein die Tatsache, daß es Sinn macht, Tote durch Beschwörung befragen zu lassen, läßt auf gewisse Vorstellungen über Verstorbene schließen. Ein Jenseitsglaube, wie Christen ihn heute haben und von Anfang an hatten, ist in der Hebräischen Bibel, wenn überhaupt, dann nur ansatzweise bezeugt. In der Griechischen Bibel finden sich hingegen deutliche Belege, etwa in 2 Makk 7, zeitlich relativ kurz vor dem NT. Den damaligen Glauben an eine Fortexistenz nach dem Tod hat man sich also mit Sicherheit anders vorzustellen, als Christen heute dies tun. Die *Scheol*, die Unterwelt, wurde als Aufenthaltsort der Toten gesehen. Aber dort sind die Toten der Güte entzogen und führen ein Schattendasein (vgl. Jes 38,18). Man lebt nur in den Kindern weiter, nicht in einer anderen Welt. Wenn es die Vorstellung des Versammelt-Werdens mit den Ahnen gibt, so sagt dies nicht nur etwas über die Begräbnisform aus (Ossuarien oder Beinhäuser, in denen die Knochen gesammelt und aufbewahrt werden), sondern auch über eine entsprechende Ehrung der toten Vorfahren, mit denen man vereint werden möchte. Ob diese Vorstellung zugleich auch auf praktizierten Toten*kult* schließen läßt, ist m. E. deswegen fraglich, weil es kaum Polemiken dagegen gibt.

Eine Totenbefragung muß in der Nacht stattfinden, das versteht sich von selber (V8). Ins Dunkel der Nacht verschwinden die Verstorbenen in ihren Gräbern, im Dunkel der Nacht steigen ihre Geister, wenn sie gerufen werden, herauf. Saul und seine beiden Begleiter erreichen die Frau, als es bereits Nacht ist. Ohne zu zögern, bringt der unkenntlich gemachte König seine Bitte nach Nekromantie vor. Wenn man aus der Formulierung auf die Praxis zurückschließen kann, dann benützt die Frau die Toten, die sie heraufsteigen läßt, als Medium, um dann selber wahrzusagen. Die Frau wäre also nicht, wie im folgenden dargestellt, ein Medium, sondern würde den Totengeist als Medium ihrer Wahrsagung benützen. Eher aber dient die Rede Sauls bloß der Verschleierung der Tatsache, daß er nichts anderes will, als Samuel noch einmal zu befragen. Für diese Deutung spricht die Umschreibung des gewünschten Toten mit dem Satz „den ich dir sagen werde". Des Königs Bitte um Totenbeschwörung hält also die Identität des gewünschten „toten Ahnen" verborgen.

Die Frau kommt der Bitte nicht sofort nach (V9). Ihre erste Reaktion ist eine vorwurfsvolle Rede, die dem Kunden unterstellt, er würde sie gezielt hinters Licht führen wollen. Sie beruft sich in ihrer Absage wortwörtlich auf den aus V3b bekannten Befehl Sauls, der offensichtlich nicht nur für die Entfernung der Nekromantie sorgen wollte, sondern deren Ausführung unter Todesdrohung stellte. Davon erfährt man aber erst aus dem Munde der Frau. Das Verbot ist bekannt, und die Praktik wird daher nicht auf den bloßen Wunsch eines Beliebigen hin vollzogen. Um zu seinem Ziel zu kommen, nimmt Saul die Folgen für die

Verbotsübertretung auf sich und schwört, daß die Frau keine Schuld treffen wird (V10). Diese Zusage Sauls ist nicht irgendein Versprechen, sondern ein Schwur, den er unter Anrufung JHWHs leistet. Sowohl die auktoriale Notiz als auch die direkte Rede Sauls versichern, daß die Gottheit Israels als Zeuge der Gültigkeit angerufen wird.

Erst auf diese feierliche Verpflichtung hin ist die Frau bereit, ihr Gewerbe auszuführen (V11). Dies läßt einerseits darauf schließen, daß Totenbeschwörung und JHWH-Verehrung nicht von allen als inkompatibel verstanden wurden, worauf ja auch die häufigen bereits erhobenen Verbote hinweisen. Andererseits entsteht so der Eindruck, daß die Frau von En-Dor eine Verehrerin der Gottheit Israels ist und ihre Praktiken in deren Namen ausführt. Sie beginnt unverzüglich mit der Prozedur, indem sie wissen will, wen sie denn für den Kunden heraufsteigen lassen soll. Als der König ihr als gewünschten Geist Samuel nennt, scheint das für sie keinerlei Probleme zu bereiten. Auch diesen berühmten Verstorbenen kann sie aus dem Totenreich heraufholen. Das Erschrecken der Frau, von dem in V12 berichtet wird, ist also nicht an der Zumutung festzumachen, *ausgerechnet den Propheten* beschwören zu sollen. Erst als Samuel bereits heraufsteigt, kommt das Entsetzen über sie, da sie offensichtlich durch ihn erkennt, wer ihr Kunde ist. Der Schrei ist Ausdruck ihrer Todesangst, die sie angesichts jenes Mannes befällt, der die TotenbeschwörerInnen hat ausrotten lassen. Der Schrecken, der die Frau schreien läßt, macht sie jedoch nicht starr. Sie wendet sich sogleich an den König und wirft ihm vor, sie vorsätzlich getäuscht zu haben. Auf den Kopf sagt sie ihm mit Namen zu, wer er ist. Die folgende Redeeinleitung nennt daher gezielt nicht den Namen Sauls, sondern seine Funktion: Der König, der Macht über Leben und Tod hat, hat sie um ihre Dienste gebeten. Der Vorgang ist damit so zu deuten, daß die Frau durch die Anwesenheit des Toten hellsichtig wird.

Saul in seiner notvollen Situation ist an allem anderen mehr interessiert, als an der Durchsetzung seines Erlasses gegen die Nekromantie. Es scheint, als ob die okkulte Szene voll im Gang und unaufhaltbar wäre. Deshalb wird über das Faktum, wie gefährlich die Sache für die Frau ist, nicht mehr geredet. So spricht Saul der Frau in der Form des Heilsorakels kurz, aber gut zu, um sofort nachzufragen, was sie denn gesehen habe (V13). Die beiden, die Frau und der König, erscheinen wie Getriebene. Die Spannung, die die Beschwörung verursacht, reißt trotz dieses Gespräches über ein anderes Thema nicht ab: Saul drängt und versucht, eine Unterbrechung zu vermeiden. Als ob der entsetzte Schrei die

Szenerie kaum unterbrochen hätte, wird das Frage- und Antwortspiel fortgesetzt. Die Frau sagt Saul, was sie sieht, und nicht, was sie so erschreckt hat. Sie sieht Geister – oder sind es Gottheiten? – aus der Erde heraufsteigen. Nimmt man den Plural ernst, sieht sie offensichtlich nicht nur Samuel. Ob man sich vorstellen soll, daß sie Fremdgötter oder Unterweltgottheiten sieht, mit deren Hilfe sie den gewünschten Toten heraufbeschwört? Man muß die Aussage in Anbetracht der folgenden Frage Sauls wohl so verstehen, denn er fragt nicht danach, wie die Gottheiten aussehen, sondern nach der Gestalt des einen, den die Frau denn auch beschreibt. Die Szene ist also am ehesten so zu verstehen, daß die Gottheiten den Toten nach oben bringen.

Offensichtlich ist die Frau wieder in voller Konzentration und beschreibt nur die Phänomene, nach denen der König sie fragt. Saul sieht den Toten offensichtlich nicht. Das Sehen bleibt der Frau als Medium vorbehalten. Im weiteren Verlauf erfahren wir, daß nicht sie mit dem erschienenen Toten spricht, sondern dies der Kunde tut. Sie manifestiert den Toten und hält ihn präsent.

Als die Frau auf die Frage nach dem Aussehen der Gestalt zur Antwort gibt, daß sie einen alten Mann im Prophetenmantel sieht, weiß der König, daß es der Richtige ist. Am Mantel (מְעִיל), der seit Kindertagen Samuels Aussehen geprägt hat, weil seine Mutter ihm jährlich einen neuen brachte (1 Sam 2,19), an diesem Mantel, den er trug, als Saul ihm das letzte Mal begegnete (1 Sam 15,27), erkennt er den Propheten. Damit ist die äußere Identität des Propheten über seinen Tod hinaus konstant geblieben. Obwohl Saul ihn nicht sieht, wirft er sich vor ihm zur Erde nieder, so wie man sich vor seiner Gottheit anbetend niederwirft. Er stellt sich mit dieser Geste in die Position des Bittstellers und Unterlegenen. Damit sind von vornherein die Gewichte verteilt: Es treffen sich keine gleich Starken.

Ab V15 wird das Geschehen voll und ganz von Samuel bestimmt, wenngleich vorerst die Rede des Königs viel ausführlicher als jene des beschworenen Propheten ausfällt. Wie es zwischen Ungleichen üblich ist, muß der Höhergestellte das Wort ergreifen, da ihm die sprachliche Dominanz zukommt. Und Samuel tut dies mit seiner aus der Saulgeschichte bereits bekannten harschen Schelte des Königs. Die Worte Samuels sind vom Anfang bis zum Ende ein Horror für den König. Er macht Saul sogleich Vorwürfe. Die Machtkonstellation, in der die beiden zu Lebzeiten waren, wird damit nahtlos fortgesetzt. Das „Heraufsteigen-Lassen" bezeichnet Samuel, der im gesamten Abschnitt nirgends als Geist bezeichnet wird, als Aufstöbern, als Störung der Totenruhe. Kein Wort der Anklage gegen die Frau wird laut. Saul ist der Schuldige für diesen Akt.

Der König weist den Vorwurf nicht ab, sondern beginnt sogleich mit der Darlegung seiner Bedrängnis, die für ihn mehrere Facetten birgt: Da sind die Philister, die gegen ihn im Krieg stehen. Aber das allein wäre noch nicht schlimm, könnte er damit rechnen, daß dieser Philisterkrieg wie jene verlaufen würde, die er am Anfang seiner Regentschaft unter dem Schutz seines Gottes geführt hat. Aber nicht nur die Tatsache, daß er mit dem Beistand seiner Gottheit[8] nicht mehr rechnen kann, bedrängt ihn, sondern auch, daß diese sich nicht einmal mehr durch Prophetie oder Traum befragen läßt. Als letzten Ausweg stellt sich für Saul die durch die Störung der Totenruhe erzwungene Unterredung dar. Samuel soll ihn erkennen lassen, was in dieser Krisensituation zu tun ist.

Samuel aber will sich nicht befragen lassen. Der König muß wissen, was es heißt, daß JHWH von seiner Seite gewichen ist (V16). Er hat *kein neues Wort* für ihn, sondern wiederholt das alte, das er ihm bei seiner letzten Begegnung sagte: JHWH wird ihm das Königtum entreißen und es David geben. Die Begründung dafür läßt noch einmal die Erzählung von 1 Sam 15 präsent werden: Es ist der Ungehorsam Sauls gegenüber dem bezwungenen Kriegsgegner Amalek, der sein Geschick bestimmt (V17f.). Das Unheil wird Saul aber nicht allein treffen. Israels Lager wird mit in den Untergang gehen. Nicht namenloses Unglück oder böses Geschick wird dies bewirken, sondern JHWH selber. Er gibt den König und ganz Israel in die Hand der Philister (V19), obwohl sein Volk die Rettung nötig hätte wie zu Deboras und Jaëls Zeiten. Mit der düsteren Ansage, daß Saul samt seinen Söhnen am nächsten Tag bei ihm sein werde, beschließt Samuel seine Rede und offensichtlich auch sein Erscheinen: „Morgen wirst du und deine Söhne bei mir sein" heißt, sie werden nicht mehr in der Welt der Lebenden sein. Ein ähnliches Wort ist uns Christen als Zusage des sterbenden Gekreuzigten an den reuigen Schächer im Ohr (Lk 23,43).

V20 ist wie ein Kameraschwenk gestaltet: Nicht mehr Samuel ist im Blick, sondern wieder Saul in der Konstellation jener Personen, die bei der Totenbeschwörung anwesend sind. Die Reaktion Sauls spiegelt die Erschütterung wieder, die ihn beim Hören der prophetischen Worte erfaßt: Diesmal fällt er nicht aus Ehrfurcht zu Boden (V14), sondern er fällt gleichsam um. Vor Erschrecken und Erschöpfung stürzt er der Länge nach hin – dem von Jaël erschlagenen Sisera gleich (V20; vgl. Ri 4,22; 5,27). Seine Situation (vgl. V5) hat sich durch das Gespräch mit Samuel nicht, wie erhofft, verbessert, sondern noch entscheidend verschlechtert. Das Entsetzen, das alle Kräfte bindet, hat ihn sogar vergessen lassen zu essen. Die biblische Erzählung weiß davon, daß Menschen in ultimativen Krisensituationen nicht mehr essen können, weil sämtliche Bedürfnisse hinter der Anspannung zurückweichen. Die Frau, die diese Situation richtig einschätzt, hat in ihrem Gewerbe derart erschütterte Menschen wohl nicht das erste Mal erlebt. Mit Sinn für die Realität führt sie ihren Kunden wieder ins Leben zurück (V21f.). Ihre Rede formuliert sie nicht mehr an den Bittsteller, sondern ganz und gar an ihren König. In diplomatischer Sprachwahl bezeichnet sie sich gegenüber dem Herrscher als Sklavin und stellt sich in ihrem Ansinnen, dem verwirrten Monarchen zu helfen, als Bittende dar. Nun möge er auf ihre Stimme hören, so wie sie auf seine gehört habe. Sie fordert ihn auf zu essen, damit er für den Tag der Entscheidungsschlacht wieder zu Kräften komme (V22). Der Zusammenhang von „Kraft" und „Brot essen" bestimmt diesen letzten Abschnitt. In umgekehrter Reihenfolge, chiastisch angeordnet, stehen die beiden Aussagen in der narrativen Passage *und* in der Rede der Frau: Wer immer diese Erzählung geschrieben hat, war mit der Figur der Frau einer Meinung. Man mag es vorerst als Abschwächung sehen, wenn das erschütterte Zu-Boden-Fallen Sauls plötzlich mit Nahrungsmangel und nicht mit dem Schrecken der Botschaft erklärt wird. V20 ist jedoch der erzählerische Ansatzpunkt dafür, warum ein Essen mitten in der Nacht überhaupt in den Blick genommen wird. Die Notiz ist einerseits die notwendige Vorbereitung zur abschließenden Mahlszene, andererseits steigert sie die verzweifelte Situation Sauls: Wenn man nicht mehr essen kann, ist es tatsächlich aus mit der Kraft und ernst mit der Angst!

In dieser letzten Szene (V21-25) dominiert nun wieder, wie vor dem Erscheinen Samuels, die Frau von En-Dor. In der Exegese wurde die positive Konnotation, die mit der Totenbeschwörerin verbunden wurde, einzig an diese Szene gehängt. Die Frau wird in der typisch weiblichen Versorgungsrolle vorgestellt. Daß sie eine „weise Frau" (wie in 2 Sam 14 z. B. die Beraterin des Königshauses aus Tekoa bezeichnet wird) gewesen sei, wie Hentschel[9] meint, ist aus dem Text durch nichts zu belegen. Zur weisen Frau wird sie für ihn offensichtlich deswegen, weil sie ihrer klassischen Geschlechterrolle nachkommt und den kraftlosen Mann so gut versorgt. Selbst wenn Frauen einem so gruseligen Geschäft wie der Totenbeschwörung nachgehen, verlieren sie dabei dennoch nicht die mütterlichen Instinkte? Die Bewirtungsszene zeigt keine „besorgte Köchin",[10] sondern ist, wie im folgenden zu zeigen sein wird, sowohl durch ihre innerbiblischen Textbezüge als auch durch die Tatsache, daß die Totenbeschwörerin rituell schlachtet (זבח), alles andere als trivial zu deuten.

Die Männer nehmen schließlich ihre Gastfreundschaft und die mit dem Mahl eingekehrte Ruhe nach der exaltierten Aufregung dankbar an. Noch in der Nacht machen sie sich auf und kehren auf ihrem Weg zurück (V25). Der Schrecken hat sich gelegt, doch die Botschaft liegt bleiern über dem Mahl, das zum Überleben nur noch dieses einen Tages notwendig ist.

Dieser kursorische Durchgang durch den Text, der Leseleitlinien hervorzuheben versucht hat, zeigt, daß es keine unüberwindlichen Spannungen, keine sinnstörenden, nicht aus dem Erzählstil begründbaren Doppelungen und keine unerklärbaren Widersprüche gibt,[11] die die Annahme einer sehr alte Erzählung, die mehrfach bearbeitet worden sei, rechtfertigen würde. Die Erzählung ist nicht nur spannend präsentiert, sondern sie ist bestens in den Erzählzusammenhang der Vorderen Prophetie eingebettet. Erklärungen, die ein noch rekonstruierbares Wachstum des Textes annehmen, sind daher kritisch nach ihren Argumenten zu befragen. Bevor diese Frage nach der erzählenden Zeit und damit auch der oft behaupteten historischen Reminiszenz gestellt wird, sollen jedoch noch Einzelfragen geklärt und der Bezug zum Prophetiegesetz der Tora hergestellt werden.

3. Kalbsbraten oder rituelles Totenmahl?

Die Deutung der letzten Szene zwischen den Polen der Gastfreundschaft mit kräftigendem Essen einerseits und als Ritualmahl andererseits ist ausschlaggebend für das Verständnis des Tuns der Frau und somit für die ganze Geschichte. Denn daran entscheidet sich, ob sie ihr Gewerbe innerhalb des JHWH-Kultes versteht oder im Namen anderer Gottheiten.

Das Verständnis als Ritualmahl entzündet sich an der im Deutschen leicht zu überlesenden Mitteilung, daß sie das Mastkalb „schlachtet" (זבח). Diese Vokabel steht in der überwiegenden Anzahl der Belege für rituelles Schlachten, d. h. für eine Schlachtung zum Zweck der Opferung des Tieres. Die Rede der Frau von En-Dor in V21f. kann, wenn man die Schlachtung mit einem Opfer in Verbindung bringt, als Einladung zu einem Ritualmahl gedeutet werden. Aber auch mit dieser – im Text zumindest mitschwingenden – Bedeutung ist die folgende Szene nicht eindeutig.

Die Weigerung Sauls in V23 könnte bedeuten, daß er an keinem Gemeinschaftsopfer, bei dem man im Angesicht der Gottheit gemeinsam ißt, teilnehmen will. Dem König ist klar, daß die Frau das Mastkalb rituell schlachtet. Es geht um ein Ritualmahl,[12] das die Totenbeschwörung abschließt und wie bei Gemeinschaftsopfern die Teilnehmenden untereinander und mit der Gottheit verbindet. Als Beispiel kann hier Jes 65,3 herangezogen werden, wo sich dieselbe Vokabel des „Schlachtens" für ein Ritualmahl findet, das in Grüften abgehalten wird und offensichtlich Teil eines wie immer gearteten Totenkults ist. Die am Kult Teilnehmenden sitzen in Gräbern und Höhlen. Das Haus der Frau von „En-Dor" befindet sich an der „Quelle zu den früheren Geschlechtern". Mit welchen Gottheiten Gemeinschaft hergestellt werden soll, ist nicht zu erheben. JHWH kommt im ganzen Schlußteil der Erzählung nicht mehr vor. Außer die Gottheiten, die die Frau in V13 aus der Erde heraufsteigen sieht und die unbenannt sind, treten keinerlei Unterweltsgottheiten in Erscheinung. Offensichtlich handelt es sich aber um ein Mahl, das zum Ritus der Totenbeschwörung dazugehört. Ob das Opfer den Toten, den vergöttlichten Ahnen oder auch den Unterweltsgottheiten dargebracht wird, ist unklar. Möglicherweise sollen die im Totenreich Weilenden durch dieses Gemeinschaftsopfer nach dem Beschwörungsritus, der sie aufgestört hat (vgl. V15), wieder beruhigt und versöhnt werden, damit sie den Lebenden nicht schaden.

Die Einladung der Frau von V21f. kann aber auch so gedeutet werden, daß sie erst dadurch, daß sie Sauls Bestürzung erkennt, das folgende Angebot macht. Dann ginge es beim „Hören auf die Stimme" nicht nur um Gehorsam, sondern auch um das Risiko für Leib und Leben (V9.21). Die Frau hat sich ein Herz genommen und Sauls Anweisung befolgt. Nun soll als Gegenleistung er auf *ihre* Stimme hören. Die Sprachwahl ist zwar diplomatisch, aber offensichtlich geht es hier nicht um ein Ersuchen an einen Höhergestellten, den man noch bitten muß, um ihm etwas Gutes tun zu dürfen. Es geht um „do ut des". Dann birgt jedesmal das Hören auf die Stimme ein Risiko. So wie sie ihre Seele in ihre Handfläche gelegt hat (םישׂ), so will sie nun einen Bissen vor ihn hinlegen (םישׂ). Worin aber liegt nun das Risiko für den König, wenn er einen Bissen Brot ißt? Außer, daß er in dieser Situation vermutlich überhaupt keinen Appetit hat, würde er sich doch nichts vergeben, das Zeichen akzeptierter Gastfreundschaft anzunehmen? Deutet man die Szene so, dann weiß Saul ganz offensichtlich, daß es um mehr geht als um eine kleine Brotzeit. Es geht darum, daß durch das Mahl in ihn die Kraft kommen soll für seinen Weg, der ja, wie Samuel angekündigt hatte, schnurstracks ins Totenreich führt.

Pamela Tamarkin Reis[13] argwöhnt zudem, daß das Aufstehen Sauls, um sich auf dem Bett niederzulassen, sowie das „Kommen" der Frau auf Sexualkontakte der beiden im Anschluß an die Beschwörung anspiele. Zudem mache er sich auch des Greuels des Verzehrs von Blut schuldig. Das Bett, das sicher auch als eine Art Wohnzimmersofa fungierte, ist m. E. ein zu schwacher Hinweis auf rituelle Sexualität. Nicht alle devianten (kanaanäischen) Kultformen hatten sexuelle Konnotationen. Diese sind häufig erst Zuschreibungen der dtr Theologie, die den Verstoß gegen das Fremdgötterverbot durch die Ehebruchmetapher sexualisiert. Betten sind bekanntlich auch zum Ausruhen da – und Saul ist nach dem Zusammenbruch wahrlich ruhebedürftig. Es ist ein zweifelhaftes Unterfangen, Ritualabfolgen zu rekonstruieren, von denen man weiß, daß sie in dem beschriebenen Fall nicht funktionieren werden: Ein Mann in einem psychischen Zustand wie dem von Saul hat realistischerweise keine Bedürfnisse sexueller Art. Es ist daher sehr unwahrscheinlich, daß die Notiz vom Bett auf einen Sexualritus hindeutet; auch das Mahl wird nirgends als unrein dargestellt.

Sollte der Fachausdruck für das Schlachten, der auf ein Gemeinschaftsopfer hindeutet, tatsächlich auf den regulären Abschluß einer Totenbeschwörung verweisen, muß die Frau dadurch aber nicht notwendig fremden Gottheiten opfern. Es gibt auch einen Mittelweg der Erklärung: Sie tut das Rechte, um den Mann, der mit dem Toten gesprochen hat und dem Tode nahe ist, für den letzten, die Schlacht entscheidenden Tag ins Leben zurückzubringen. Sie vollendet, was sie begonnen hat, versöhnt durch das Mahl die Toten mit den Lebenden und setzt damit die normalerweise unüberschreitbare Grenze zwischen Leben und Tod erneut fest.

Die zweite Möglichkeit, die Szene zu deuten, ist der Blick in die Textbezüge zu anderen biblischen Erzählungen, der mindestens ebenso fruchtbar ist, wie religionsgeschichtliche Deutungsversuche.

Die Frau von En-Dor wird zunächst Abraham an die Seite gestellt. Wie er vor seinem Zelt in Mamre bietet sie ihren Besuchern vor dem Weiterziehen einen Bissen Brot an (פַּת־לֶחֶם Gen 18,5; 1 Sam 28,22) und eilt wie er (Gen 18,6; 1 Sam 28,24) zu den Rindern, um das Mastkalb zu holen, wobei in der Geschichte Abrahams vom Schlachten keine Rede ist (Gen 18,7; 1 Sam 28,24). Während Abraham von Sara Brotfladen backen läßt, bereitet die Frau von En-Dor das ungesäuerte Brot der Hast, die Mazzot, zu (vgl. Ex 12,15ff.). In ihrer Eile entwickelt sie ein Ausmaß an Gastfreundschaft, wie es die Bibel nur noch den Frauen Rebekka (Gen 24,18.20.46) und Abigajil zuspricht (1 Sam 25,18.23.42).

Im Schlachten des Mastkalbes aber handelt die Frau von En-Dor wie Elischa: Als Elija ihn durch das Überwerfen des Prophetenmantels in seine Nachfolge beruft, „schlachtet" er die Zugtiere, benützt ihr Jochholz als Herdfeuer und bereitet den Anwesenden ein gemeinschaftliches Mahl (1 Kön 19,21). Erst dann gehen die beiden Propheten ihren Weg.

Die innerbiblischen Textzusammenhänge, die wiederum die Geschlechtergrenzen überschreiten, erhellen einerseits die Gastfreundschaft der Frau. Die Bezüge sind ehrenhaft und stehen an keiner Stelle mit fremden Kulten in Verbindung. Andererseits wird die Frau durch die Verbindung zur Gestalt des Elischa in die prophetische Tradition gerückt: Das Mahl besiegelt das unmittelbar zuvor Besprochene, das die Zukunft aller Anwesenden bestimmt. Wenn Saul sich schon dieser mehr als zweifelhaften Praktiken bedient hat, dann muß er das Ritual bis zu seinem Ende vollziehen, auch wenn ihm durch Samuel abermals klar gemacht wurde, daß solche Praktiken nicht zielführend sind. In der Folge wird denn auch nur mehr erzählt, daß Saul und seine Knechte essen und noch in derselben Nacht zurückkehren. Die Teilnahme am Mahl schafft damit endgültig Gemeinschaft zwischen Saul und dem Totenreich – von daher hat die Prophetin von En-Dor recht: Durch dieses Mahl wird er Kraft schöpfen, seinen Weg in den Tod zu gehen, den er nach 1 Sam 31 ja selber an sich vollziehen wird, wenn er sich ins Schwert stürzt, um nicht dem Feind in die Hände zu fallen.

4. Ist Totenbeschwörung eine weibliche Domäne?

Im Rahmen nekromantischer Praktiken geht Saul davon aus, daß die Frau von En-Dor neben der in Dtn 18,10 und in anderen Listen inkriminierten Technik auch die Wahrsagekunst (קסם) verwendet. Zudem will er explizit eine weibliche Vertreterin des Gewerbes aufsuchen. Ob dies heißt, daß Frauen häufiger diesen Praktiken nachgingen, oder ob sie in ihrem Fach berühmter waren als Männer, läßt sich nicht eindeutig sagen. Wenn Ex 22,17 gebietet, „eine, die Zauberei treibt" (מְכַשֵּׁפָה), nicht am Leben zu lassen, so deutet die Formulierung unter Bedachtnahme der Dominanz des grammatikalisch männlichen Geschlechts bei gemischt-geschlechtlichen Gruppen wiederum auf intensive weibliche Präsenz im angesprochenen Gewerbe hin. Wenn noch heute Wahrsagung und Zukunftsvorhersage vornehmlich von Frauen durchgeführt werden, mag dies auf alte Traditionen schließen lassen – oder aber als späte Nachwirkung der im christlichen Abendland massiven Verfolgungen von Frauen, die Magie betrieben, angesehen werden.

5. Samuel und die Frau von En-Dor im Licht von Dtn 18,9-14

Bei der Beschäftigung mit dem Prophetiegesetz wurde deutlich, daß die Geschichte der Frau von En-Dor zu den Texten gehört, die gehäuft Praktiken ansprechen, die laut Dtn 18,10f. im Land Israel verboten sind: Saul verbietet nach 1 Sam 28,3.9 Nekromantie, wie sie in Dtn 18,11 beschrieben ist. Jene, die „tote Ahnen" und „Erkennende" beschwören, hat er aus dem Land beseitigt bzw. ausgerottet (הַכְרִית / הֵסִיר הָאֹבוֹת וְאֶת־הַיִּדְעֹנִים מִן־הָאָרֶץ). Indem er selber jedoch zu einer Frau geht, die diese Praktiken des Befragens (דרש) von Toten (vgl. Dtn 18,11: וְדֹרֵשׁ אֶל־הַמֵּתִים) beherrscht und den toten Samuel heraufsteigen läßt (1 Sam 28,13), verstößt er nicht nur gegen sein eigenes Gebot, sondern spricht sich entsprechend dem Prophetiegesetz von vornherein sein eigenes Urteil: Im Land soll Israel diese Techniken nicht durchführen, denn wegen dieser Greuel vertreibt JHWH die Völker aus dem Land, um es Israel zu geben. Wenn nun schon der erste König des Volkes diese Praktiken zwar verbietet, sie aber dennoch ausführen läßt, so sagt der Text einiges darüber aus, was er vom Königtum hält. Gleichzeitig ist mit der Mißachtung des Verbotes bereits vorab klar, wie die Schlacht gegen die Philister unter einem solchen König ausgehen muß: Israel wird verlieren und wird in die Hand eines Volkes, das vor ihm im Land wohnt, gegeben werden, weil es die Greuel der Völker des Landes nachahmt (Dtn 18,9.12-14; 1 Sam 28,3.9.19). Mit der evidenten Einspielung des Gesetzes wird die Geschichte um das tragische Ende des ersten Königs in Israel zu einer warnenden Beispielserzählung dafür, wie es Israel im Lande ergehen wird, wenn es sich von wahrer Prophetie ab- und zu obskuren Formen hinwendet. Die Völker des Landes, für die hier exemplarisch die Philister stehen, werden Israel besiegen, und Israel wird sich im Land nicht halten können.

Die Formulierung des „Beseitigens" (סור hif. V3) im Zusammenhang mit Totenbeschwörung kommt sonst im AT nirgends vor. Die Wurzel wird mit Sachobjekt häufig für das Entfernen von Götterbildern bei Kultreformen verwendet.[14] Ob man daraus allerdings schließen kann, daß es sich an dieser Stelle nicht um Totengeister handeln könne, sondern Ahnenkultbilder gemeint sein müßten, sei dahingestellt.[15] Zweifellos kann man keine Geister entfernen, wohl aber jene, die sie beschwören; und um die geht es ganz offensichtlich im Erzählzusammenhang von 28,3-10. Wenn dieselbe Vokabel in V15 für das Verlassen Gottes – nicht JHWHs – steht, wird wiederum ein Zusammenhang hergestellt, wie ihn Dtn 18,9-14 festlegt: Wer diese Praktiken nicht beiseite läßt, kann die Gottheit Israels nicht an seiner Seite haben.

Nach V3, der Notiz, daß Saul alle Toten- und Geisterbeschwörer aus dem Land beseitigt habe, dürfte es eine Frau wie jene von En-Dor gar nicht mehr in Israel geben. Sauls religiöser Reformversuch erweist sich damit als halbherzig durchgeführt. Mehr als seinen guten Willen zeigt er nicht, und er ist nicht einmal bereit, sich selber an die eigenen Reformen zu halten.

Ein weiteres Indiz dafür, daß für 1 Sam 28 die umfassenden Vorstellungen über die illegitime Seite des Phänomens der Prophetie, wie sie im Dtn dargelegt wird, den Hintergrund bilden, ist die Todesdrohung. In Dtn 13,2ff. wird solche Prophetie mit dem Tod bedroht, die von JHWH wegführt, deren Zeichen und Wunder aber eintreffen. Die Frau von En-Dor leitet nicht zum Abfall von der Gottheit Israels an, aber ihre Technik ist, anders als dies in Dtn 18,21f. präsentiert wird, erfolgreich: Samuel, der große Prophet, wird von der Frau ohne größere Prozedur, scheinbar spielend leicht, zum Heraufsteigen aus dem Totenreich gebracht.[16] Sie selber weiß aber, daß ihr Gewerbe unter Todesandrohung steht (1 Sam 28,9-11). Das Prophetiegesetz mit seiner negativen Abgrenzung ist als bekannt vorauszusetzen.

6. 1 Sam 28 im Licht von Dtn 18,15ff.: Wo wahre Prophetie verworfen wird, versagen alle regulären Mittel der Gottesbefragung

Die Totenbeschwörerin ist daher als Prophetin zu sehen, wenngleich als Falschprophetin. Falschprophetie bezieht sich hier auf die falsche Praxis und nicht auf einen falschen Inhalt. Aber der Sachverhalt in bezug auf die Prophetie ist in 1 Sam 28 verwickelter, als er auf den ersten Blick erscheint.

Wer Nekromantie betreibt, rechnet damit, daß die Toten in bezug auf die Zukunft mehr wissen als die Lebenden.[17] Das Erkennen als Gabe jenseits des Todes hängt wohl an der Vorstellung, daß die Verstorbenen jenseits der Zeit leben. Das Faktum, daß Lebende Tote befragen, läßt sowohl an eine Form des Weiterlebens denken als auch an ein erweitertes Wissen der Verstorbenen jenseits aller Zeit. Denn die Toten werden für die Zukunft befragt und nicht, wie es für uns in Oral-History Erprobte, einleuchtender wäre, für die Vergangenheit.

Samuel wird zwar als Toter beschworen, daran läßt bereits die Eingangsnotiz von Tod und Begräbnis keinen Zweifel (V3); aber er wird dennoch nie explizit als „toter Ahne" (אוֹב) oder „Erkennender" (יִדְּעֹנִי) bezeichnet. Als Hinweis darauf könnte allerdings die Formulierung aus V15 gelesen werden, die mit der Wurzel ידע, „erkennen", spielt: Saul sagt, daß er Samuels Totenruhe störe, „um mich erkennen zu lassen" (לְהוֹדִיעֵנִי). Diese verdeckte Ausdrucksweise mag auch daran liegen, daß die Erzählung eine merkwürdige Verquickung von Totenbefragung (דרש: V7) und JHWH-Anfrage (שׁאל: V6) aufweist, wobei beide Verben in Dtn 18,11 im Rahmen der Totenbefragung stehen. Vom Ausgang der Beschwörungsszene her erklärt sich dies jedoch: In Israel funktioniert die Totenbefragung zwar als Technik, so wie auch Falschpropheten Zeichen und Wunder wirken können. Aber sie bringt nichts anderes hervor, als wahre Prophetie bereits lange vorher angekündigt hatte.

Dtn 18,9ff.*	1 Sam 28,3ff.*
(9) Wenn du in das <u>Land</u> kommst, das JHWH, deine Gottheit, dir geben wird ... Nicht sollst du lernen, gemäß den Greueln <u>dieser Völker</u> zu tun. (10) Nicht soll unter dir gefunden werden [ein Mensch], der ... WAHRSAGUNG DER WAHRSAGEREI, Divination, Ominadeutung oder Zauberei betreibt (11) oder Beschwörung beschwört, der einen <u>TOTEN AHNEN</u> oder einen <u>ERKENNENDEN</u> anfragt oder die Toten befragt. (12) Denn wer das tut, ist JHWH ein Greuel, und um solcher Greuel willen <u>vertreibt JHWH, deine Gottheit, sie</u> [= die Völker] vor dir. ... (14) Denn <u>diese Völker</u>, deren Land du erben wirst, hören auf Divination und WAHRSAGEREI Treibende. Für dich aber hat es JHWH, deine Gottheit, nicht so gegeben. (15) Einen prophetischen Menschen aus deiner Mitte, aus deinen Geschwistern, wie mich, wird JHWH, deine Gottheit, aufstehen lassen. AUF IHN SOLLT IHR HÖREN. ... (18) ... Einen prophetischen Menschen will ich aufstehen lassen für sie aus der Mitte ihrer Geschwister, einen wie dich. Ich gebe meine Worte in seinen Mund, und er wird alles, was ich ihm befehle, zu ihnen reden. (19) Wenn es jemand geben sollte, der NICHT AUF MEINE WORTE HÖRT, die er in meinem Namen reden wird, *von dem erfrage ich es selber.* (20) Doch der prophetische Mensch, der sich anmaßt, ein Wort in meinem Namen zu reden, das ihm nicht befohlen habe zu reden, und einer, der redet im Namen anderer Gottheiten, jener prophetische Mensch *soll sterben.*" (21) Und wenn du ... sprichst: „Wie können wir das Wort erkennen, das JHWH nicht geredet hat?" (22) Dann gilt: DER PROPHETISCHE MENSCH REDET IM NAMEN JHWHS, UND DAS WORT GESCHIEHT NICHT, UND ES KOMMT NICHT: DANN IST ES DAS WORT, DAS JHWH NICHT GEREDET HAT ...	(3) Samuel war tot ... Saul hatte die [Beschwörer der] <u>TOTEN AHNEN</u> und die <u>ERKENNENDEN aus dem Land</u> beseitigt ... (6) Und Saul fragte JHWH an. ABER JHWH ANTWORTETE IHM NICHT, WEDER DURCH DIE TRÄUME NOCH DURCH DIE LOSORAKEL NOCH DURCH DIE PROPHETISCHEN MENSCHEN. (7) Da sprach Saul zu seinen Knechten: „Sucht für mich eine Frau, eine Herrin über einen <u>TOTEN AHNEN</u>! Ich will zu ihr gehen und durch sie *befragen*!" Da sprachen seine Knechte zu ihm: „Siehe, da ist eine Frau, eine Herrin über einen <u>TOTEN AHNEN</u>, in En-Dor." (8) ... Und er sprach: „WAHRSAGE mir doch durch einen <u>TOTEN AHNEN</u> und laß für mich den heraufsteigen, den ich dir sagen werde!" (9) Da sagte die Frau zu ihm: „Siehe du, du weißt, was Saul getan hat, daß er die [Beschwörer der] <u>TOTEN AHNEN</u> und die <u>ERKENNENDEN aus dem Land</u> ausgerottet hat! Warum stellst du meiner Seele eine Falle, *damit ich zu Tode komme?*" (10) Da schwor ihr Saul bei JHWH, indem er sagte: „So wahr JHWH lebt! *Dich trifft [keine] Schuld* wegen dieses Wortes!" ... (15) Da sagte Samuel zu Saul: „Warum störst du mich auf ...?" Da sagte Saul: „Bedrängt bin ich, überaus! Die Philister bedrängen mich, und die Gottheit ist von meiner Seite gewichen. SIE HAT NICHT MEHR GEANTWORTET: WEDER DURCH DIE HAND DER PROPHETISCHEN MENSCHEN, NOCH DURCH DIE TRÄUME. Deshalb habe ich dich gerufen, um mich erkennen zu lassen, was ich tun soll." (16) Da sagte Samuel: „Warum fragst du mich an ...? (17) JHWH HAT AN DIR GETAN, WIE ER GESPROCHEN HAT DURCH MEINE HAND! ... (18) Weil du NICHT GEHÖRT HAST AUF DIE STIMME JHWHS ... (19) ... *morgen wirst du und deine Söhne bei mir sein.* Auch das Lager Israels wird <u>JHWH in die Hand der Philister geben</u>!"

Der König will die Gottesbefragung jedoch nicht aus Jux und Tollerei. Die politische Existenz Israels steht auf dem Spiel: Die Übermacht der hochgerüsteten Philister rückt gegen das leichtbewaffnete Israel an. In 1 Sam 13,19-22 werden Verhältnisse wie bei der Deboraschlacht geschildert. Saul ist der oberste Feldherr. Daß er ein Bedürfnis nach einem Gotteswort verspürt, ist also nicht vermessen, sondern überaus logisch. Erst nachdem alle legitimen Formen der Prophetie versagen, zu denen er früher erfolgreich greifen konnte (vgl. z. B. den Losentscheid in 1 Sam 14,37-42), greift Saul zur obskuren Praktik der Totenbefragung. Indem Saul zur Totenbeschwörung als Technik der Zukunftsergründung Zuflucht nimmt, stellt er sich unter das Todesverdikt, wie es Dtn 18,19f. vorsieht: Er nimmt die Schuld auf sich; er ist für sein Tun selbst verantwortlich. So wird nicht, wie Dtn 18 dies vorsehen würde, die Prophetin von En-Dor sterben, sondern er, der nicht auf das Wort JHWHs gehört hat und Praktiken anwendet, die es im Lande gar nicht geben dürfte.

Wenn nun Saul ausgerechnet den Propheten Samuel sprechen möchte, so zeigt sich die ganze Zerrissenheit dieses Mannes: Er sucht sogar über diese verbotenen Praktiken Zugang zur *wahren* Prophetie! Die Tragik Sauls ist es, daß er selbst in dieser verzweifelten Situation seinen stärksten Widersacher befragen will, von dem nach dem bereits Geschehenen nur ein vernichtendes Wort kommen kann. Saul kann nicht von Samuel lassen. Hätte er zu Lebzeiten auf seine Stimme gehört, brauchte er gar kein neues Wort mehr. Es ist klar, daß JHWH Saul verworfen hat. In Anbetracht der militärischen Übermacht der Philister dämmert ihm nun, daß jetzt der Zeitpunkt für die Erfüllung des Wortes gekommen ist. In Kap. 15 wurden die Lesenden bereits darüber informiert, daß Saul Samuel nicht wiedersehen würde bis zu seinem Todestag. Indem er nun den Wunsch hat, ausgerechnet diesen Propheten wiederzusehen, provoziert er gleichsam auch seinen eigenen Tod. Die Befragung des toten Propheten führt für ihn, seine Söhne und ganz Israel zum Tod.

Saul bekommt kein neues Gotteswort. Der tote Samuel kündet ihm nichts anderes als der lebende Samuel. Totenbeschwörung ist damit als sinnlos erwiesen. Das Hören auf die reguläre Prophetie ist das einzig Sinnvolle. Diese theologische Erkenntnis findet sich ganz ähnlich in Jes 8,16-20. Wer JHWHs Wort und Tora ablehnt, sich weigert, auf wahre Prophetie zu hören, sich dafür aber der Toten- und Geisterbefragung hingibt (8,19), für den gibt es kein Morgenrot. Für Saul steht in dieser Nacht fest, daß er nie mehr das Abendrot sehen wird.

7. Die erzählende Zeit: Eine alte Geschichte oder eine altertümelnde Geschichte?

Die erzählte Zeit setzt die Geschichte in die Zeit des ersten Königs in Israel und suggeriert damit im Erzählzusammenhang der Vorderen Prophetie, daß es Totenbeschwörung durch die ganze Königszeit hindurch gegeben habe. Die Erzählung hat im biblischen Geschichtsaufriß Signalwirkung: Wenn das Problem bereits unter dem ersten König virulent wird, wird es unter der Führung der Könige kein Bleiben im Land geben. Die dtr Theologie sieht denn auch in der Folge die Prophetie dem Königtum als kritisches Potential zugewiesen, das jedoch insgesamt nicht den gewünschten Erfolg bringt: Die prophetischen Gestalten sind nach dem Ausweis der Vorderen Prophetie meist ungehörte, teils sogar verfolgte WarnerInnen. Aber: Ist dieser Geschichtsaufriß als historisch anzusehen?

In der Forschung wird üblicherweise die Geschichte um die Frau von En-Dor als ältester überlieferter Beleg für Totenbeschwörung im AT gesehen: „Der sehr stark redaktionell geformte Text dürfte den historischen Kern haben, dass Saul in der Nacht vor der entscheidenden Schlacht auf dem Gilboa-Gebirge, in der er und seine drei Söhne fallen, in bösen Vorahnungen bei einer Totenbeschwörerin ein positives Orakel zu holen versucht und dort vor Erschöpfung und Angst zusammenbricht. Die ursprüngliche Version der Erzählung lässt sich nicht mehr rekonstruieren, doch zeigen einige Spannungen im Text, dass die Samuel-Tradition sekundär mit der älteren Überlieferung verarbeitet wurde."[18] Silvia Schroer votiert hier eindeutig für ein historisches Wachstum der Erzählung und nimmt zumindest für einen, wenn auch nicht mehr präzise rekonstruierbaren, Kern an, daß erzählte Zeit und erzählende Zeit quasi zusammenfallen. Sie hält die einzelnen Stränge des Textwachstums jedoch für unentwirrbar. Andere Forschungen hingegen, wie etwa die von Michael Kleiner, meinen, daß die einzelnen Schichten noch rekonstruierbar seien.[19] Die zentrale Frage der Literarkritik, ob denn der Text einheitlich sei oder nicht, muß bei Annahme eines alten, bis in die frühe Königszeit zurückgehenden Kerns zugunsten eines literarischen Wachstums entschieden werden, da die heutige Form der Geschichte eindeutig den Stempel dtr Theologie trägt.

Rekonstruktionsversuchen einzelner Stränge, aus denen die Erzählung gewachsen sei, sollte man m. E. aus mehreren Gründen äußerst kritisch gegenüberstehen: Die Annahme einer alten Erzählung ist nur dann zu halten, wenn man alle Passagen der Saul-Erzählung, die eindeutig auf dtr Texte Bezug nehmen, auch dann als sekundär ausscheidet, wenn keine unvereinbaren Doppelungen oder Spannungen gegeben sind.[20] Eine solche Aufsplitterung des Textes nimmt der Erzählung allerdings jegliche Spannung. Frühdatierungen gehen davon aus, daß 1 Sam 28 ein früher Beleg der ursprünglich im kanaanäischen Kulturraum beheimateten Praktik der Totenbeschwörung sei. Bereits bei der Besprechung des dtn Prophetiegesetzes wurde jedoch deutlich, daß sich für diese Praxis keinerlei Belege aus so früher Zeit beibringen lassen. Wie Brian Schmidt[21] aufgezeigt hat, ist es höchst zweifelhaft, ob es im Kulturraum der Levante, von Ägypten bis Anatolien, Hinweise auf Totenbeschwörungen aus dem späten 2. Jt. und dem frühen 1. Jt. v. Chr. gibt. Hingegen läßt sich eine Hochblüte der divinatorischen Praktiken im Neuassyrischen Reich der Sargoniden nachweisen, die in ihrer Religionspolitik nach der Zerstörung des Nordreiches auch das Südreich Juda ab 700 v. Chr. massiv beeinflußten.[22] Dieser Befund ist m. E. erdrückend. Daß ausgerechnet unser Text in einer eben nicht mehr zu rekonstruierenden Vorstufe der erste und einzige Beleg sein sollte, ist äußerst unwahrscheinlich, zumal er durchgehend Sach- und Wortbezüge zum Prophetiegesetz des Dtn aufweist.

Josef Tropper nimmt zwar ähnlich wie Kleiner eine ältere Sage an, als deren Kern er den von Saul vollzogenen Totenkult mit abschließendem Kultmahl bestimmt.[23] Der ursprüngliche Stoff sei eine Lokalsage, die in En-Dor überliefert worden sei. Der weder etymologisch noch ätiologisch erklärte sprechende Name des Ortes, an dem die Beamten Sauls die Herrin über einen Totengeist zu finden wissen, spricht ebenso für eine späte Entstehungszeit. Gerade in der nachexilischen Zeit wird teils flächendeckend mit sprechenden Namen gespielt (vgl. das Rutbuch), ohne daß ein einziger dieser Namen explizit erklärt würde.

Die Indizien, die auf eine alte Erzählung hindeuten, sind also nicht ausreichend. Was Menschen aus christlichem Kontext, die diese Stelle auf dem Hintergrund einer Jahrhunderte dauernden, grausamsten Hexenverfolgung als Verbot von Magie lesen, als archaisch empfinden, läßt sich nicht einem frühen religionsgeschichtlichen Stadium der israelitischen Geschichte zuweisen. Totenbefragung gehört offenkundig zu den aus dem Zweistromland importierten Praktiken der Gegenwartsdeutung und Zukunftsbefragung und ist daher nicht älter als die ausgehende Königszeit. Damit ist die zeitliche Nähe zu jener Stelle, die die ausführlichste Liste von solchen Praktiken bietet, gegeben: 1 Sam 28,3ff. muß nicht nur in bezug auf die Nekromantie mit dem Prophetiegesetz von Dtn 18,9ff. in Verbindung gesehen werden, sondern auch in bezug auf seine Entstehungszeit. So erklärt sich auch der biblisch bezeugte Befund, der dieses Phänomen sowie auch jenes der Wahrsagung (קסם) frühestens um 600 v. Chr. auffällig häufig bezeugt (siehe die Tabelle zu Dtn 18,9ff.). Zu den Lastern, die Manasse in 2 Kön 21,6 zur Last gelegt und die durch Joschija nach 2 Kön 23,24 rückgängig gemacht werden, zählen auch die Praktiken der Totenbeschwörung und Wahrsagung. Beide abzuschaffen, wird als Gottes Gebot und Weisung gesehen. Die erzählte Zeit unter Manasses Regierung, der Beginn des 7. Jhd., ist nun aber die Zeit, in der sich auch außerbiblisch die Belege für Totenbeschwörung häufen. Zudem ist zu bedenken, ob die israelitische Gottheit JHWH vorexilisch mit dem Totenreich in Verbindung gebracht wurde. Religionsgeschichtlich ist zu vermuten, daß erst mit der Wende zu einem monotheistischen Denken dem Gott Israels als Schöpfer und Herrscher über das ganze Universum auch die Gewalt über die Unterwelt zugesprochen wurde.[24]

Wie immer man die Sache dreht und wendet, man kommt immer wieder auf Dtn 18 zurück und auf die Zeit nach 700 v. Chr. und später, aber keineswegs auf die frühe Königszeit. So bleibt kein anderer Schluß, als jener, den bereits Foresti[25] gezogen hat: 1 Sam 28 stammt aus der Feder eines sogenannten „prophetischen Deuteronomisten" DtrP, der den Saul-Zyklus massiv bearbeitet hat, und hängt, wie eingangs bereits gezeigt, mit 1 Sam 15 zusammen. Totenbeschwörung und Wahrsagung durch Orakelbefragung werden als uralte Praktiken hingestellt, obwohl sie erst nach 700 zum bedrängenden Phänomen innerhalb der israelitischen Religion werden. Indem man bereits dem ersten, überaus negativ bewerteten König diese Praktiken zuschreibt, wird das Königtum von Anfang an zu einer Regierungsform, die dem Gottesvolk nicht adäquat sein kann (vgl. die Rede Samuels in 1 Sam 12). Abgesehen von wenigen Ausnahmen haben die Könige von Beginn an Mitschuld am Untergang der beiden Königreiche, indem sie fremde Kultpraktiken anstelle von Prophetenbefragung praktizierten. Saul wird von dieser dtr Hand zum ersten richtigen „königlichen Scheusal" der Geschichte Israels gemacht. Es besteht daher kein Zweifel, daß 1 Sam 28 unter diesem Blickwinkel ausgelegt werden will. Die erzählende Zeit ist damit nicht vor der Entstehung von Dtn 18 anzusetzen.

8. Die „Prophetin" von En-Dor und Samuel, der Prophet in der Nachfolge des Mose

Die Totenbeschwörerin von En-Dor übt kein in Israel altes, von den Kanaanäern übernommenes Gewerbe aus. Der Erzählstoff läßt sich vermutlich besser im Kontext jener kultischen Phänomene erklären, die durch Manasse aufgrund des neuassyrischen Vasallenstatus (vermutlich unfreiwillig) übernommen[26] und wohl nach wenigen Generationen israelitisiert, d. h. inkulturiert wurden. Offensichtlich geht es um deviante Formen der Prophetie, die jedoch in gewissen Kreisen innerhalb der Religion Israels ihren Platz hatten. In exilisch-nachexilischer Zeit, als die Sammlung der Vorderen Prophetie entsteht und redigiert wird, sind diese inkulturierten Formen jedoch als Praktiken in den Ruch des fremden Kultes gestellt und aus den regulären Formen der Gottesbefragung ausgeschlossen worden. Die Grenzen der Orthodoxie und der Orthopraxie sind ja bekanntlich fließend und nicht zu allen Zeiten dieselben.[27] Was man zu der einen Zeit als inkulturierbar ansieht, wird zu anderen Zeiten als Synkretismus gebrandmarkt.[28] Die Prophetin von En-Dor spiegelt dieses Faktum in unserer Geschichte wider: Sie vollführt diese Praktiken und fühlt sich dennoch als Teil der offiziellen Religion, da sie bei JHWH schwört. Denn bis heute wird der Schwur bei der Gottheit nur dann geleistet, wenn man auch an sie glaubt. Die Frau von En-Dor anerkennt ebenso wie

Samuel JHWH als Gott. Aber sie weiß, daß sie Praktiken ausführt, die lebensgefährlich sind, weil sie der offiziellen Doktrin widersprechen. Von daher ist es einsichtig, daß die Frau nie mit Samuel in Kommunikation tritt. Sie sieht ihn nur, möglicherweise hört sie ihn gar nicht. Sie widerspricht (deswegen?) auch nicht der wahren Prophetie ihres Kollegen Samuel. Die Frau äußert sich zur Botschaft Samuels letztlich nur durch ihr (Kult-)Mahl, das sie als Gemeinschaftsmahl mit Sauls künftiger Gesellschaft zelebriert. Als Mensch zwischen zwei Welten hat diese Frau keine Angst vor dem Tod, keinen Horror vor der Sphäre des Todes. In dieser ihrer Grenzfunktion macht sie die letzten Lebensstunden für Saul erträglich, indem sie ihm den Schrecken nimmt und ihm vielleicht auch die Akzeptanz seines Schicksals ermöglicht.

Die Prophetin von En-Dor wird in unserer Geschichte nicht zur auszurottenden Hexe stilisiert. Sie wird für ihre Tat auch nicht bestraft; weder ein Wort Samuels noch ein Gotteswort ergeht gegen sie. Ihre Praxis wird als Faktum akzeptiert. Nicht akzeptiert wird allerdings, daß Könige diese Praktiken in Anspruch nehmen. Die illegitime prophetische Praktik der Frau von En-Dor wird damit *nicht durch einen Prohibitiv verboten*. Sie wird *narrativ ad absurdum geführt*, indem gezeigt wird, daß diese Praktiken zu nichts anderem führen, als zum wahren JHWH-Wort. Das ist allerdings nicht bei den Totenbefragerinnen zu Hause, sondern bei der wahren Prophetie. Das Wort hat nur Samuel, der Prophet in der Nachfolge des Mose. Der „falschen" Prophetin fehlt es bezeichnenderweise. Wenn man auf das Wort und die verkündenden prophetischen Gestalten hört, werden Totenbeschwörung und Wahrsagerei überflüssig. Für das Wort braucht man aber weder in den Himmel hinauf- noch in die Erde hinunterzusteigen (vgl. Dtn 30,11-14); es ist in der Tora zu lesen und wird durch Prophetie je neu ausgelegt.

Prophetisch begabte Menschen werden in der Erzählung als hellsichtige Gottesmänner und -frauen dargestellt. Vor dem Gotteswort gibt es keine Verkleidung und keine Verstellung, die die eigene Identität verschleiern könnte. Der sündige Mensch wird im Gegenüber zum Wort offenbar: eine Theologie, wie wir sie im NT bei Paulus wiederfinden, wenn es heißt, daß das Wort die Gerechtigkeit oder Sünde eines Menschen erweist. Der Glaube an das Wort bewirkt die Gerechtigkeit, es zu verwerfen ist Sünde. Die prophetischen Gestalten aber sind die KünderInnen des Wortes, dem Glaube und Gehorsam geschuldet wird. So geht es „um Schuld als existentiellen Vollzug gleichsam einer Gottverlassenheit, die in dem quälenden Versuch, diese Verlassenheit unter Aufbietung dunkler Praktiken mit aller Menschenkraft zu durchbrechen, sich selbst noch schneller und gewisser an den Rand manövriert".[29] Wer Prophetie in Anspruch nimmt, wie es sie im Land gar nicht geben soll, der ist des Todes. So steht es im Gesetz, das der König studieren und umsetzen soll (Dtn 17,18-20).

Wenn man diese Erzählung liest, kann man sich einer gewissen Sympathie für den verzweifelten König nicht erwehren. Saul wird hier als tragische, nicht als frevlerische Figur gezeichnet, die letztendlich an ihrer Gottheit zerbricht. Das Gottesbild dieser Erzählung ist fern von dem, was heute in kleinen Kreisen einer Kuschelkirche verkündet wird: Gott ist eben nicht immer und überall da. Es gibt die menschliche Erfahrung der verschuldeten Gottesferne, ja selbst der unverschuldeten. Solche Erfahrung muß uns vor einer Domestizierung Gottes bewahren. Man könnte sogar sagen, daß Geschichten wie diese dem Gegenteil, einer „Gottesverwilderung", das Wort reden. Erst das Leid und die Not bringen solche Erfahrungen, und nicht jeder muß sie machen. Aber wer in der Verkündigung steht, sollte sich bewußt halten, daß es Menschen mit solchen Erfahrungen gibt. Ihnen kann man keine Geschichtchen vom „lieben" Gott zum Trost erzählen. Das wäre blanker Zynismus. Auch in bezug auf gut und böse ist die Erzählung eine Gegengeschichte zu einer frömmelnden Schwarz-Weiß-Malerei. Der König in seinem ehrlichen, wenn auch zu späten Bemühen und die Frau von En-Dor, die ihm in nüchterner Barmherzigkeit für den bevorstehenden Tag der Schlacht zu Kraft verhilft, sind menschliche Figuren, die nicht ohne Sympathie gezeichnet werden.[30] Samuel, der das Rechte kündet, ist hingegen als Mensch ohne Erbarmen dargestellt. Der Eifer für seine Gottheit läßt ihn keine Facetten mehr wahrnehmen. Saul ist verworfen und daher ausschließlich und zu Recht zu verurteilen.

[1] Erst der späte genealogische Text 1 Chr 6,18ff. macht Samuel zum Leviten.
[2] Vgl. die Deutung des Bannes als Teil einer „Gegenpropaganda" zur assyrischen Politik der Angsteinflößung bei Lohfink, Norbert, Die Schichten des Pentateuch und der Krieg, in: Ders., Hg., Gewalt und Gewaltlosigkeit im Alten Testament, QD 96, Freiburg 1983, 51-110; 74.
[3] Zur Legitimität von gewalttätiger Rede im Mund der Ohnmächtigen siehe Wyss, Stephan, Fluchen. Ohnmächtige und mächtige Rede der Ohnmacht, Fribourg 1984.
[4] Berges, Ulrich, Die Verwerfung Sauls, fzb 61, Würzburg 1989, 290.
[5] Ob אוֹב Totengeister, tote Ahnen, deren Beschwörer oder sogar nur das Mittel zur Beschwörung (so Ebach, Jürgen – Rüterswörden, Udo, Unterweltsbeschwörung im Alten Testament, Teil I: UF 9 (1977), 57-70; Teil II: UF 12 (1980), 205-220) meint, ist ungeklärt. Vattioni, Francesco, La Necromanzia nell'Antico Testamento, Aug. 3 (1963), 461-481; 481, hat bereits gezeigt, daß die Deutung als Grube, aus der die Toten heraufsteigen, unwahrscheinlich ist, אוֹב aber sowohl das Mittel der Evokation als auch den Geist, der heraufsteigt, meinen kann. Zur Übersetzungsgeschichte siehe Tropper, Nekromantie, 170-204.
[6] Text korrigiert: statt עָרֶיךָ lies צָרֶיךָ.

[7] Foresti, Fabrizio, The Rejection of Saul in the Perspective of the Deuteronomistic School, Studia Theologica Teresianum 5, Roma 1984; 140-155, hat aufgezeigt, daß zu dieser Symbolhandlung auch die Notizen von 1 Sam 19,24 und 2 Sam 1,10 gehören, die zeichenhaft die Investitur rückgängig machen.

[8] Daß hier nicht der in der übrigen Geschichte gebrauchte Gottesname steht, ist kein Argument zugunsten literarischen Wachstums (vgl. Kleiner, Michael, Saul in En-Dor. Wahrsagung oder Totenbeschwörung?, EThSt 66, Leipzig 1995; 174). „JHWH" ist der Eigenname, der für den Totenbeschwörer Saul hier im Angesicht des Propheten vermieden wird; „Gott" ist hingegen Gattungsname.

[9] Vgl. Hentschel, 1 Samuel, 150.

[10] Berges, Verwerfung, 210.

[11] Parallelismen sind nicht literarkritisch als Doppelungen aufzulösen. Wenn Kleiner, Saul, 232, das Heraufsteigen-Lassen in V11d zur Grundschicht rechnet, in V15b den Rückgriff in der Rede Samuels jedoch als sekundär einstuft, so zerstört er die Erzähltechnik. V15e-g ist tatsächlich eine variierende Wiederholung von V4-6, die aber ihren Sinn darin hat, daß Saul dem Mann, der sich wegen der Störung der Totenruhe beschwert, erklären muß, warum er zum letzten Mittel der Totenbeschwörung gegriffen hat.

[12] Diese Deutung findet sich bereits bei Tropper, Nekromantie, 221-223.

[13] Vgl. Reis, Pamela Tamarkin, Eating the Blood: Saul and the Witch of Endor, JSOT 73 (1997), 3-23; 13-18.

[14] Siehe Kleiner, Saul, 111. Asa entfernt die Aschera und seine Mutter Maacha, die diese aufgestellt hat (2 Kön 15,12f.); zur Entfernung von Kultgegenständen bei „Kultreformen" siehe 2 Kön 18,4.22 (Hiskija) und 23,19 (Joschija).

[15] Kleiner, Saul, 111-119, weist die Aussage von V9, daß tote Ahnen und Erkennende ausgerottet worden seien, seiner Grunderzählung zu und übersetzt mit „Totenbeschwörer". Dabei fällt auf, daß er den Parallelismus jeweils zugunsten eines einzigen deutschen Wortes übersetzt. Warum es das eine Mal die Bilder sein sollen, die entfernt werden, und das andere Mal die Leute, die Tote beschwören, und warum V3 dann jünger sein müßte, ist mir nicht einsichtig.

[16] Deutungen wie jene von Berges, Verwerfung, 197, „Die Frau hat keine Macht über Samuel; das wird daran deutlich, daß sie aufschreit, als sie ihn aufsteigen sieht" sind damit nicht zu halten.

[17] Damit ist auch die Vorstellung verbunden, daß die Toten den Lebenden schaden oder nützen können. Vgl. dazu Tropper, Nekromantie, 344.

[18] Schroer, Silvia, Die Samuelbücher, NSK.AT 7, Stuttgart 1992; 118f.

[19] Die einzige neuere Monographie zum Thema ist die von Kleiner, Saul. Er betreibt Literarkritik in extenso, wenn er sogar die mündliche „frei umlaufende Grunderzählung" (ebd., 227) noch literarkritisch in zwei Stränge aufteilt: Der älteste Bestand sei eine Divinationserzählung gewesen, die mit einer ebenso mündlich überlieferten Evokationserzählung zu einer Grunderzählung verschriftet worden sei. Diese sei sodann dtr überarbeitet und schließlich durch nach-dtr Zusätze ergänzt worden (siehe das Schaubild zur Literarkritik ebd., 230-234). Sein Lehrer Hentschel, 1 Samuel, 150f., schließt sich ihm an.

[20] Vgl. z. B. die Zuordnung des Verweises auf die Prophetenbefragung V6 und V15 zu zwei verschiedenen Schichten bei Kleiner, Saul, 231-233.

[21] Vgl. Schmidt, Witch, 114. Ausführlicher ist die These dargestellt in Ders., Israel's Beneficient Dead, FAT 11, Tübingen 1994.

[22] Siehe dazu Spieckermann, Sargonidenzeit, 303-306.369-381.

[23] Siehe Kleiner, Saul, 227, der meint, daß „die Deuteronomisten die frei umlaufende Grunderzählung in ihr Werk" eingefügt hätten. Bis dorthin seien Divinationen theologisch unbedenklich gewesen (vgl. ebd., 225). Das Mahl alleine muß aber noch lange nicht auf diesen Sitz im Leben hindeuten.

[24] Siehe dazu Tropper, Nekromantie, 345.

[25] Vgl. Foresti, Rejection, 130-136. Zur Forschungsgeschichte bezüglich der Datierung siehe Tropper, Nekromantie, 207-211, der eine alte Lokalsage annimmt, die in der heutigen Perikope verarbeitet, und die mit Ausnahme des sehr späten Zusatzes von

V17-19a ein Produkt des zweiten, prophetischen Redaktors des dtr Geschichtswerkes sei (vgl. ebd., 213).

[26] Siehe dazu Spiekermann, Sargonidenzeit, 375f., der die Bewertung Manasses „ins dtr. Gruselkabinett" einreiht (ebd., 375). „Das Fehlen prophetischer Stimmen in der Manassezeit muß jedenfalls kein Indiz für die Mordlust des Königs, sondern kann auch lediglich ein Zeichen dafür sein, daß die durch seine (Außen-)Politik erreichte Stabilität keinen Anlaß zur prophetischen Kritik gab." (Ebd., 376).

[27] Zu diesem Aspekt des Problems von wahrer und falscher Prophetie siehe Coggins, Richard J., Prophecy – True and False, in: FS Whybray, R. Norman, Of Prophets' Visions and the Wisdom of Sages, McKay, Heather A. – Clines, David J.A., Hg., JSOT.S 162, Sheffield 1993, 80-94.

[28] Man denke an die Inkulturation von Facetten antiker Göttinnen wie etwa Isis durch den christlichen Marienkult, die heutzutage mit Göttinnen undenkbar wäre.

[29] Strauss, Hans, Über die Grenzen? Exegetische Betrachtungen zu 1 Sam 28,3-25 auf dem Hintergrund bestimmter Strömungen im Rahmen des sogenannten „New Age", BN 50 (1989), 17-25; 24.

[30] Siehe dazu Simon, Uriel, 1 Samuel 28:3-25: The Stern Prophet and the Kind Witch, in: Augustin, Matthias – Schunck, Klaus-Dietrich, Hg., „Wünschet Jerusalem Frieden", BEAT 13, Frankfurt 1988, 281-287.

Zu Zeiten, als der später so berühmt gewordene Prophet Jeremia
bereits in Jerusalem wirkt, entscheiden sich die Staatsspitzen, nicht
ihn zu konsultieren, sondern die Prophetin Hulda. Sie ist nach der
Erzählung von 2 Kön 22 *die* Autorität, wenn es gilt, den Willen
JHWHs zu erfragen. Sie anerkennt das ihr vorgelegte Buch als
gültiges Gottesgesetz und „kanonisiert" damit möglicherweise
gleichsam den ersten „Bibeltext". So erzählt es jene Geschichte,
die ihre Berühmtheit in der Forschung nicht wegen ihrer
weiblichen Hauptdarstellerin erlangt hat, sondern aufgrund der
These, daß mit ihr die früheste Form des Buches Deuteronomium
als Gesetzesbuch legitimiert werde.[1]

1. Die Huldaerzählung im Kontext der Geschichte Joschijas

Die Geschichte um die Prophetin Hulda ist eingebettet in die Erzählungen über die Regierungszeit König Joschijas (2 Kön 22-
23,30). Gemäß dem dtr Schema der Präsentation der einzelnen
Regentschaften wird von Joschija bereits in der Begräbnisnotiz
von 2 Kön 21,26 erwähnt, daß er anstelle seines Vaters Amon das
Königtum übernimmt. Er wird im kindlichen Alter von acht Jahren
inthronisiert. Vermutlich weist die Erwähnung seiner Mutter
Jedida mit ihrer Abstammung väterlicherseits und ihrem
Herkunftsort (22,1)[2] darauf hin, daß sie, solange der Sohn
unmündig war, die Regentschaft inne hatte.[3] Die übliche dtr
Bewertung seiner Herrschaft stellt ihn als König dar, der den
Wegen seines (bereits glorifizierten) Ahnvaters David folgt (V2).
Im Gegensatz zu seinem nur zwei Jahre regierenden Vater Amon,
der nach der langen Regierungszeit Manasses in Jerusalem den
Thron innehatte, ist Joschija eine lange Regentschaft beschieden
(641-609 v. Chr.). Im 18. Regierungsjahr beauftragt er seinen
gesamten Regierungsstab mit Renovierungsarbeiten am Tempel:

> (3) Es geschah im achtzehnten Jahr des Königs Joschija, da
> sandte der König den Schreiber Schafan, den Sohn Azaljas,
> des Sohnes Meschullams, in das Haus JHWHs, um zu sa-
> gen: (4) „Steig hinauf zum Hohenpriester Hilkija! Er soll
> das Silber auszahlen, das in das Haus JHWHs gekommen

ist, welches die Torwächter vom Volk gesammelt haben. (5) Man gebe es in die Hand derer, die die Arbeit tun und beschäftigt sind am Haus JHWHs. Man gebe es ihnen, um die Arbeit zu tun am Haus JHWHs, um die Risse des Hauses zu befestigen: (6) für die Zimmerleute, die Bauarbeiter, die Maurer, für den Ankauf von Hölzern und behauenen Steinen, um das Haus zu befestigen. (7) Man soll aber mit ihnen über das Silber, das man ihren Händen übergeben hat, nicht abrechnen, denn mit Zuverlässigkeit sollen sie es tun."

(8) Da sagte der Hohepriester Hilkija zum Schreiber Schafan: „Ein Buch der Tora habe ich im Haus JHWHs gefunden." Da gab Hilkija das Buch an Schafan, und dieser las es. (9) Daraufhin kam der Schreiber Schafan zum König, und er brachte das Wort zum König zurück. Und er sagte: „Deine Knechte haben das Silber ausgezahlt, das sich im Haus fand, und haben es in die Hand derer gegeben, die die Arbeit tun und beschäftigt sind am Haus JHWHs." (10) Da kündete der Schreiber Schafan dem König folgendes: „Ein Buch hat mir der Priester Hilkija gegeben." Da las [es] Schafan vor dem König. (11) Und es geschah, als der König die Worte des Buches der Tora hörte, da zerriß er seine Kleider. (12) Da befahl der König dem Priester Hilkija, Ahikam, dem Sohn Schafans, Achbor, dem Sohn Michas, dem Schreiber Schafan und Asaja, dem Knecht des Königs: (13) „Geht, befragt JHWH für mich, für das Volk und für ganz Juda wegen der Worte dieses Buches, das gefunden wurde! Denn groß ist der Zorn JHWHs, der gegen uns entbrannt ist, weil unsere Eltern auf die Worte dieses Buches nicht gehört haben, um alles zu tun, was in ihm geschrieben steht."

(14) Da ging der Priester Hilkija und Ahikam, Achbor, Schafan und Asaja zur Prophetin Hulda, der Frau Schallums, des Sohnes Tikwas, des Sohnes Harhas, des Wächters der Kleider[kammer], die in Jerusalem in der Neustadt wohnte. Und sie redeten mit ihr. (15) Da sagte sie zu ihnen: „So spricht JHWH, die Gottheit Israels: 'Sagt dem Mann, der euch zu mir gesandt hat: (16) So sagt JHWH: Siehe, ich bringe Unheil über diesen Ort und über seine Einwohnerschaft, alle Worte des Buches, das der König von Juda gelesen hat! (17) Weil sie mich verlassen und anderen Gottheiten geräuchert haben, um mich durch alle Taten ihrer Hände zu erzürnen, wird mein Zorn gegen diesen Ort entbrennen. Und er wird nicht verlöschen!' (18)

Zum König von Juda, der euch gesandt hat, um JHWH zu befragen, zu ihm sollt ihr so sagen: So spricht JHWH, die Gottheit Israels: '[Für] die Worte, die du gehört hast, [gilt]: (19) Weil dein Herz erweicht worden ist und du dich vor JHWH gedemütigt hast, als du hörtest, was ich gesprochen habe über diesen Ort und über seine Einwohnerschaft, daß sie zur Wüste und zum Fluch werden, und du deine Kleider zerrissen und geweint hast vor mir – ich aber, ich habe dich erhört!' Spruch JHWHs. (20) Deswegen versammle ich dich zu deinen Eltern und du sollst in Frieden versammelt werden in deinem Grab. Deine Augen sollen all das Unheil, das ich über diesen Ort bringen werde, nicht sehen!" Und so kehrten sie mit dem Wort zum König zurück.

(23,1) Da sandte der König hin, und es versammelten sich bei ihm alle Ältesten Judas und Jerusalems. (2) Und der König stieg zum Haus JHWHs hinauf und alle Männer Judas und die ganze Einwohnerschaft Jerusalems mit ihm. Die Priester und die prophetisch Begabten und das ganze Volk vom Kleinsten bis zum Größten. Und er las vor ihren Ohren alle die Worte des Buches des Bundes, das im Haus JHWHs gefunden wurde. (3) Der König trat an die Säule und schloß den Bund vor JHWH, um hinter JHWH zu gehen, seine Gebote, seine Ordnungen und seine Satzungen mit ganzem Herzen und ganzer Seele zu bewahren, um die Worte dieses Bundes, die in diesem Buch geschrieben sind, erstehen zu lassen. Und das ganze Volk trat dem Bund bei.

Die Situation, die hier vorgestellt wird, ist die einer Tempelrenovierung.[4] Wenn Balken und Quader zum Ausbessern der Schwachstellen bereitgestellt und die entsprechenden Handwerker bestellt werden, sind die Arbeiten vorerst als Instandsetzungsarbeiten zu deuten (22,6). Im Zuge der Arbeiten wird סֵפֶר הַתּוֹרָה, „die Schrift der Weisung", „das Buch der Tora", gefunden. Von der Erzählung her gewinnt man den Eindruck, als hätte man eine alte Genizah, eine Kammer, in der man im späteren Judentum unbrauchbar gewordene Heilige Schriften ablegt, entdeckt.

Diese Schrift bringt der (des Lesens unkundige?) Finder, der Priester Hilkija, zum Staatsschreiber Schafan, der sie liest und sofort zum König eilt (22,8f.). Der König reagiert darauf mit dem Ritus des Kleider-Zerreißens, der bei Trauer, großer Erschütterung wegen schlechter Nachrichten oder auch bei Gotteslästerung bezeugt ist (V11). Ohne Zögern schickt er die Spitzen seiner Regierung aus, um JHWH zu befragen und dadurch zu erfahren, welche Auswirkungen das in dem Buch Geschriebene auf ihn selber, auf das ganze Volk und auf Juda haben könnte (V13). Die

Gottesbefragung findet nicht, wie man vorschnell meinen könnte, durch Priester im Tempel statt. Die Staatsspitzen entschließen sich, dafür zur Prophetin Hulda zu gehen. Sie erhalten von ihr ein Gotteswort, das bestätigt, daß all die aufgeschriebenen Worte eintreffen werden. Der König wird verschont werden, da er auf die Worte der Schrift gehört hat.

Als die Delegation zum König zurückkehrt, beruft er unverzüglich den Ältestenrat von Juda und Jerusalem ein, versammelt alle Bewohnerinnen und Bewohner Jerusalems samt der Priesterschaft und den Mitgliedern der prophetischen Zunft am Tempel und liest – offensichtlich selber – aus dem Buch der Tora vor. Allen voran tritt der König in den Bund ein (23,1-3). Was in der Folge erzählt wird, ist eine Kultreform sondergleichen. Vom Effekt her ist es die Durchsetzung des Ersten Gebotes auf kultischem Feld. Künftig soll es keinen Gott außer JHWH geben.

Der Bericht über die Kultreform wird mit der Feststellung beschlossen, daß sich der König tatsächlich an die Tora des Mose hält und er in seiner Umkehr zu JHWH einzigartig unter den Königen ist (V24f.). Mit dieser Notiz wird quasi die „Erfolgsgeschichte" Joschijas gerahmt: Sie begann mit der Einführung in V2, die Joschija als optimalen Herrscher darstellte. Erst nach dieser Inklusion wird vom tatsächlichen Ende Joschijas berichtet. Bevor die politische Katastrophe über das Land kommt, wird er in Jerusalem beigesetzt (23,26-30). Jerusalem und Juda werden ihrem Gericht jedoch nicht entgehen. Dieses bereits von Hulda angesagte Schicksal bestätigt JHWH selber noch einmal. Joschija muß dies, wie ebenfalls von der Prophetin angekündigt, jedoch nicht mehr erleben.

2. *Jerusalem zu Zeiten Jeremias und Zefanjas: Die erzählte Zeit*

Die Ereignisse um das Auffinden des Buches und der Gang zu Hulda sind datiert. Zu dieser Zeit wirkt bereits der junge Jeremia in Jerusalem, denn nach Jer 1,2 erfolgte seine Berufung im 13. Jahr des Königs Joschija. Nach 2 Kön 22,3 wird das Gesetz im 18. Jahr seiner Regierung aufgefunden. Jeremia wirkt bereits fünf Jahre, ist nach der Synchronisierung dieser Chronologien also kein „Newcomer" mehr. Nach Zefanja 1,1 wirkt unter der Regierungszeit Joschijas auch dieser Prophet. Möglicherweise sind zeitgleich auch noch Nahum und Habakuk tätig.[5] Keiner der männlichen Kollegen wird jedoch für eine JHWH-Befragung in Betracht gezogen. Wie selbstverständlich gehen die obersten Beamten schnurstracks zu einer Prophetin. Der Text ist der Meinung, daß JHWH befragen zu dieser Zeit heißt: Hulda befragen.

Da diese Deutung für viele männliche Exegeten unerträglich war, hat man versucht, diese Frau als willfährige Hofprophetin zu denunzieren, oder angenommen, daß der König bewußt nicht zu den beiden männlichen Propheten schicken läßt, weil vermutet werden kann, daß diese Unheil ankündigen könnten. Eine Frau sei leichter zu beeinflussen, hätte mehr Erbarmen, und man könne bei ihr eher eine für den König günstigere Prophetie erwarten. Diese stereotypen Wertungen, die den gender-bias der herkömmlichen Exegese deutlich werden lassen, hat bereits Udo Rüterswörden[6] aufgezeigt. Wie Rüterswörden treffend sieht, ist die Frage, warum man zu Hulda geht, nicht am Geschlecht der prophetischen Figur abzuhandeln, sondern am Problem des sogenannten „Prophetenschweigens" des DtrG, an der Tatsache, daß außer Jesaja keiner der Schriftpropheten in den Königebüchern vorkommt.[7]

Hulda wird als Ehefrau eines hohen Staatsbeamten namens Schallum, des Verwalters der Kleiderkammer, vorgestellt. Seine Genealogie wird über Vater und Großvater präsentiert. Dadurch werden wie bei Jedida, der Mutter König Joschijas, der Sitte in patriarchalen Gesellschaften gemäß die Frauen über ihre Männer und deren Herkunft definiert. Mehr als ihre Verwandtschaft sagt jedoch ihr Wohnort, die Neustadt, aus (vgl. Zef 1,10).[8]

Wer einmal in Jerusalem war, der hat im jüdischen Viertel der Altstadt die massive hiskijanische Stadtmauer gesehen, die vermutlich diesen im ausgehenden 8. Jhd. neu erbauten Teil Jerusalems umschloß. Die große Stadterweiterung in der Regierungszeit Hiskijas war wohl durch Nordreichflüchtlinge in der Folge des Untergangs von Samaria 722 v. Chr. notwendig geworden.

Möglicherweise soll mit diesem Wohnort der Prophetin darauf verwiesen werden, daß sie in der Nordreichtradition steht. Das postulierte „Ur-Deuteronomium" wird nun meist ebenfalls in diesen Kreisen angesiedelt, die in Jerusalem ansässig wurden und im Laufe des folgenden Jahrhunderts die theologischen Konzepte des Nord- und des Südreiches zusammenführten. Wenn diese Gedankenfolge zutrifft, könnte man schließen, daß die obersten Beamten wohlweislich zu jenen Leuten gehen, aus deren Händen das Buch stammt. Das Wohnviertel Huldas würde dann deswegen explizit genannt, weil man mit dieser Ortsangabe Hulda und ihren Mann mit den Nachkommen der Nordreichflüchtlinge in Verbindung bringt.

3. Wer war Hulda?

Hulda wird als „Prophetin" vorgestellt. Ob sie Kinder hatte oder nicht, spielt offensichtlich wie bei Mirjam und auch bei Debora keine Rolle. Solche Frauen beziehen ihr Ansehen nicht aus der Mutterschaft, sondern aus ihrem Amt.

Der weibliche Personenname Hulda, der wahrscheinlich „Stumpfschnauzenmull"[9] bedeutet, hat vielfach zu Spekulationen darüber geführt, ob die Prophetin durch diesen Namen eines (nach Lev 11,29 unreinen) Tieres abgewertet werden soll. Sieht man aber die hochrangige Delegation an, die sie besucht, so kommt in Schafan, der „Klippdachs", der nach Lev 11,5 ebenfalls zu den unreinen Tieren zählt, zu ihr. Dieser Mann, der schließlich die Bedeutung der vom Priester aufgefundenen Rolle erkennt und das ganze bedeutungsvolle Prozedere in Gang setzt, ist im Rahmen der Erzählung eine ebenso positive Figur wie Hulda. Den Tiernamen begegneten wir ja bereits bei Debora, der „Biene"; und bei Jaël, der „Felsziege". In keiner der Erzählungen ist mit diesen Namen aus der Fauna ein despektierlicher Beigeschmack verbunden.

Aus der Erzählung wird nicht deutlich, ob Hulda das Gesetz vorgelegt wird oder nicht. Es wird nicht gesagt, daß die Beamten das Buch mit sich nehmen, um es von ihr begutachten zu lassen. Die Formulierung „alle Worte des Buches, das der König gelesen hat" (V16) spricht eher dagegen, daß sie selber die Schrift in Händen hält.[10] Die Delegation der machtvollsten Männer des Staates redet offensichtlich mit ihr *über* das Buch. Es heißt nicht, daß man Hulda die Rolle überreicht, damit sie die Schrift selber lese. Die Befragung bezüglich des Buches, das man sich in Rollenform vorzustellen hat, kann sich einerseits darauf beziehen, daß die Authentizität der Schrift nicht feststeht. Ganz so abwegig, wie dies manchmal dargestellt wird, ist diese Deutung nicht. Es ist klar, daß man Gottesgesetze nicht ungestraft bricht. Aber dieses Gottesgesetz war offensichtlich *vor* seiner Auffindung unbekannt. Neue Gesetze aber müssen vorerst approbiert werden, bevor man sie erläßt. Andererseits kann sich die „Befragung" (דרש) aber auch auf die im Dtn angedrohte Folgewirkung bei Gesetzesmißachtung beziehen. Udo Rüterswörden[11] will דרש בעד mit „sich wenden an" im Sinne von „intervenieren für" übersetzen und hebt damit auf den Aspekt der Fürbitte ab. Er parallelisiert somit das Tun Huldas mit jenem des Propheten par excellence, mit Mose, denn das Dtn sieht ja gerade diese Funktion für Mose vor (vgl. Dtn 9,25ff.). Hulda wie Jesaja (2 Kön 19,1-7) und Jeremia (Jer 21,1ff.) stünden damit im Moseamt. „Hulda hat somit keine geringere Dignität als die beiden Propheten ... [Sie ist] Inhaberin des mosaischen Amtes, die legitime Amtsnachfolgerin Moses."[12]

Wie reagiert nun die Prophetin? Sie ist nach den Vorstellungen des Textes offensichtlich *keine Hofprophetin*, da die Delegation zu ihr gehen muß und nicht sie zum Hof *gerufen wird* (vgl. z. B. der

Hofprophet Natan in der Davidserzählung, der gerufen wird oder auch ungefragt zum König *kommt*). Die Frau ist den Umgang mit den Staatsspitzen, und daß diese sie auch zu Hause aufsuchen, gewohnt. Sie kennt keine diplomatische Höflichkeitssprache gegenüber der hochrangigen Abordnung und hat offensichtlich auch einmal gegenüber dem König den gehörigen Respekt einer Untertanin. Sie stimmt in dieser Verhaltensweise mit ihren männlichen Berufskollegen überein. Die Figur der Prophetin ist kein literarisch breit ausgearbeiteter Charakter: Im Zentrum steht – ganz in der Tradition der Schriftprophetie – das Wort, das sie auszurichten hat.

4. Huldas Orakel und Joschijas Tod auf dem Schlachtfeld: War Hulda eine Falschprophetin?

Die Geschichte Huldas innerhalb der Erzählung um die Auffindung des Gesetzesbuches (V14-20) wird von einer einzigen langen Rede der Prophetin dominiert (V15-20).[13] Sie verwendet für die Mitteilung ihrer Botschaft die prophetische Botenformel: „So spricht JHWH, die Gottheit Israels ..." (V15.18; vgl. V16), schließt Worte mit der aus der klassischen Schriftprophetie bekannten Abschlußformel „Spruch JHWHs" (V19) ab und unterbricht ihre eigene Rede, die wiedergegebene Gottesrede ist, noch einmal in V18 durch die Einleitung, indem sie sich in V18 selber als Botin für die vom König zur Gottesbefragung geschickten Boten darstellt. Hulda wird mit dieser aus der Schriftprophetie vertrauten Sprachwahl eindeutig – und als einzige der alttestamentlichen Prophetinnen – in die Reihe jener Propheten gestellt, deren Botschaften eigene Bücher gewidmet sind.

Ihre Antwort gibt sie, entsprechend der Anfrage nicht den anwesenden Männern, sondern dem „Mann, der euch zu mir geschickt hat" (V15). Daß sie den König vorerst nicht entsprechend tituliert, ist ein zusätzliches Argument gegen die Zuordnung Huldas zum Kreis der Hofprophetie. Das erste Wort Huldas nimmt genau auf die Anfrage des Königs Bezug. Sie gibt die Begründung, warum der Zorn JHWHs entbrannt ist, den Joschija sogleich vorhersah, als er las, was in dem Buch geschrieben steht (V13.17). Der Grund liegt im Verstoß gegen das Erste Gebot, gegen den Ausschließlichkeitsanspruch JHWHs. Weil die Bevölkerung sich anderen Gottheiten zugewandt hat, deswegen werden der Ort und seine Bewohner aus dem kommenden Unheil nicht gerettet werden. In der Formulierung הַמָּקוֹם הַזֶּה, „dieser Ort", klingt deutlich die im Dtn übliche Bezeichnung Jerusalems als „Ort, den JHWH erwählen wird", an (vgl. im Ämtergesetz: Dtn 17,8.10; 18,6).

Die Ankündigung des Unheils, das über diesen Ort und seine Einwohnerschaft kommen wird, setzt die Ereignisse der Einnahme und Zerstörung Jerusalems voraus. Die Sprache, die man für die Verarbeitung dieser Katastrophe gefunden hat, findet sich vor allem im Jeremiabuch.[14] Die Androhung „Siehe, ich bringe Unheil über diesen Ort" ist wortwörtlich gleich in Jer 19,3 bezeugt (mit leichten Abwandlungen in Jer öfter) und kann damit entweder in die Jeremia-Huldazeit weisen oder aber auf eine gemeinsame Herkunft oder Bearbeitung. Die Worte Huldas finden sich aber ähnlich auch in den Flüchen, wie sie sowohl für die Übertretung von Vasallenverträgen als auch der Gesetzessammlungen Israels angedroht werden. Die Sprache könnte deshalb auch auf geprägte Metaphorik hinweisen. Dann wäre dies aber, falls 2 Kön 22 historisch Zuverlässiges berichten sollte, der früheste Beleg dafür, was nicht wahrscheinlich ist.

Hulda verkündigt dem König, daß er all das Unheil, das JHWH über die Bevölkerung und das Land bringen wird, nicht mehr sehen, sondern in Frieden begraben werden wird (22,16-20).

In 2 Kön 23,28-30 wird nun aber mitgeteilt, daß Joschija einen folgenschweren politischen Fehler begeht, als er sich Necho entgegenstellt. Er verliert die Schlacht und sein Leben, wird jedoch tatsächlich in der Gruft seiner Väter beigesetzt, wie Hulda angekündigt hatte. Die Formulierung des „Versammelt-Werdens zu den Eltern in Frieden" verweist dabei auf die Begräbnispraxis von Ossuarien, bei der nach dem Zerfall des Leichnams die Knochen in Behältern gesammelt werden.

Nun ist es in der Tat schwierig, den Tod in der Schlacht als ein Ende in Frieden gelten zu lassen. Deswegen wurde aus diesem Wort Huldas häufig auf die Echtheit der Situation geschlossen. Da sich ihre Worte so nicht erfüllt haben, hätte eine spätere Hand hier sicher angeglichen.[15] Deutet man die Notiz über das „Versammelt-Werden in Frieden" (V20) als unvereinbaren Gegensatz zum gewaltsamen Tod Joschijas, so müßte Hulda nach dem dtn Prophetiegesetz als Falschprophetin erwiesen sein, da ihre Worte nicht eintreffen (vgl. Dtn 18,22). Diana Edelman hat herausgearbeitet, daß die Notiz von der Beisetzung *nicht als friedlicher Tod* zu deuten ist, sondern auf ein *reguläres Begräbnis* im Grab der Vorfahren verweist (vgl. Gen 49,29.33; Ri 2,10).[16] So stirbt etwa auch Ahab in der Schlacht; man bringt ihn als Toten nach Samaria und begräbt ihn dort (1 Kön 22,34-40). Abschließend heißt es: „Ahab legte sich (שׁכב) zu seinen Eltern" – kein wirklich „sanftes" Entschlafen! Die Wendung deutet hier auf das ordentliche Begräbnis in der Familiengruft hin, nicht auf die Todesart.

„In Frieden" als Umstandsbezeichnung für das Familienbegräbnis Joschijas verweist daher wohl eher darauf, daß er *vor* dem Eintreten des kommenden Unheils noch sterben wird.[17] Die Zusage Huldas an Joschija macht sie also durchaus *nicht zur Falschpro-*

phetin. So gedeutet, erfüllt sich das Wort der Prophetin, und der Vorwurf, daß ihr Wort nicht eingetroffen sei, ist hinfällig.

Als Grund für die Rettung Joschijas gibt Hulda an, daß er sich vor JHWH gedemütigt (כנע), seine Kleider zerrissen und geweint habe (2 Kön 22,19).

Joschija erfährt aufgrund seiner ernsthaften Erschütterung dieselbe Schonung, die bereits der sonst gar nicht zimperliche Ahab in 1 Kön 21,29 erfahren hat. Auch ihm wird aufgrund seiner Selbstdemütigung (כנע) angekündigt, daß das Unheil zwar beschlossen ist, aber nicht bereits in seiner Generation hereinbrechen wird. Hulda steht mit dieser bedingt heilvollen Ankündigung in den Fußstapfen ihres Vorgängers Elija (vgl. 21,25-29).

In der Chronik wird schließlich die Vorstellung vom Sich-Demütigen (כנע) vor JHWH noch zentraler. Anläßlich der Tempelweihe Salomos sagt Gott dem Volk Vergebung zu, wenn es sich vor ihm demütigt (2 Chr 7,14). Zu Rehabeams Zeiten wirft der Prophet Schemaja den führenden Leuten Jerusalems vor, JHWH verlassen zu haben. Deswegen werde JHWH *sie* verlassen und dem Pharao Schischak übergeben. Als die Menschen sich daraufhin demütigen, beschließt JHWH, daß sein Zorn nicht über Jerusalem kommen und Rehabeam, der sich ebenso demütigt, weiterhin König bleiben solle (2 Chr 12,5-13). Ähnliches erzählt die Chronik auch von Ahas (28,19), von Hiskija (32,26), ja sogar von Manasse (33,12.19; vgl. 33,23) und eben von Joschija (34,27). Zidkija jedoch tut dies vor Jeremia, den JHWH zu ihm sandte, nicht (36,12). Er verachtet JHWHs Wort und hört nicht auf die prophetischen Menschen, die immer wieder zur Warnung geschickt werden. So bricht das Unheil über ihn und Jerusalem unaufhaltsam herein (36,15ff.).

Aus der Begründung zur Verschonung Joschijas spricht eine späte theologische Sprache; deswegen sind Zweifel an der Historizität dieses Wortes anzumelden.

5. Die von Hulda approbierte „Joschijanische Reform" auf dem Hintergrund anderer Kultreformen

Wovon 2 Kön 22f. erzählt, wird in der Forschung als „Joschijanische Reform" bezeichnet. Die Erzählung berichtet vorerst jedoch von keiner tiefgreifenden Reform des religiösen Lebens und Kultes, sondern von Renovierungsarbeiten am Jerusalemer Tempel. Es handelt sich offensichtlich um notwendige Ausbesserungsarbeiten einer rissig gewordenen Bausubstanz, nicht einmal um Umbauten oder Abrißaktionen.

Der König spielt für die Arbeiten eine initiierende Rolle. Er gibt die Anweisung zur Auszahlung, stellt allerdings das Geld für die Arbeiten nicht selber bereit. Die notwendigen Finanzmittel kommen durch eine Sammlung im Volk zustande, die man sich ähnlich vorzustellen hat, wie heute Kollekten in Kirchen: Die Torwächter nehmen die Spenden an den Pforten in Empfang. Der König hat wohl auch die Finanzhoheit über diese Tempelgelder. Er veranlaßt daher die Arbeiten und erteilt den Handwerkern durch den Staatssekretär Schafan ihren Auftrag (V3f.).

5.1 Vom Sinn und Zweck von Kultreformen

Tempelinstandsetzungen sind von Zeit zu Zeit notwendig wie die Renovierung von Häusern und Kirchen. Wie gerade im vergangenen Jhd. in der Katholischen Kirche zu erleben war, werden notwendige bauliche Ausbesserungsarbeiten manchmal auch mit Kultreformen verbunden. Ähnlich wie heute noch von Zeit zu Zeit Altäre in katholischen Kirchen aufgrund eines erneuerten Liturgieverständnisses versetzt werden, sind solche Reformen keine außergewöhnlichen Vorkommnisse, sondern notwendige Adaptionen an veränderte Zeiten, religiöse Ausdrucksformen und theologische Denkweisen. Kultreformen sind daher nicht von vornherein revolutionäre religiöse Akte.

Im Alten Orient sind Reformen im religiösen Bereich aber häufig auch Ausdruck eines Herrscherwillens, der den Gottheiten, mit denen sich ein König besonders verbunden fühlt, außerordentliche Verehrung zuteil werden läßt. Nicht selten ging dies im AO auch mit der Entmachtung anderer Gottheiten Hand in Hand, die vorher bedeutend waren. In den meisten Fällen handelte es sich bei solchen Aktionen jedoch nicht um Revolutionen, sondern eher um Akzentsetzungen im kultischen Bereich, wie sie etwa katholische Gläubige auf anderer Ebene bis heute nachvollziehen können, wenn nach neuernannten Heiligen Kirchen geweiht werden und neue Feste entstehen, andere dafür aber an Bedeutung verlieren.

5.2 Kultreformen im Alten Orient

Lowell Handy[18] hat versucht, die Hulda-Erzählung parallel zu mesopotamischen Texten um Kultreformen zu verstehen. Mit Hilfe von Inschriften Assarhaddons und Nabonids zeigt er das Verhalten der Könige bei kultischen Reformen auf. Sie holen über ein bereits ergangenes Gotteswort, das die Restauration des Kultes einer Gottheit anordnet, jeweils bei Orakelpriestern eine zusätzliche Bestätigung über die Zuverlässigkeit der ursprünglichen Anweisung ein.

Die Rückversicherung wird dabei von einer anderen Gottheit als jener gegeben, die den Auftrag zur Restauration gibt. Handy sieht damit die Funktion der Prophetin adäquat zur priesterlichen Funktion in neuassyrischen und babylonischen Texten. Da es in Juda nicht möglich sei, von anderen

Gottheiten diesen „double-check" einzuholen, müsse derselbe Gott aktuell noch einmal durch Prophetie befragt werden. Zudem handle es sich beim sogenannten Gesetzesbuch ja nicht um ein konkretes Wort an Joschija. Hulda wird dabei die Funktion von Priestern und Priesterinnen zugesprochen, die die Gottheit befragen und Omen und Orakel einholen.

Diese Deutung ist dann überaus anregend, wenn man nicht mit einer historisch parallel nachweisbaren Praxis in Israel rechnet, sondern mit einer Gestaltung der Erzählung nach dem Muster, das die Exilierten wohl in Babylon kennengelernt haben.[19]

Wenn die Deutung von Handy in das bisher vorgestellte Prophetiekonzept eingebaut wird, ergibt sich für 2 Kön 22f. folgende Auslegung: Joschija befragt in der Situation, in der er eines Gotteswortes für seine Reform bedarf, nicht – wie Saul oder die Könige im Zweistromland – mantische oder nekromantische Mittler. Er wendet sich gemäß Dtn 18,9-22 an jene Institution, die im Lande dafür zuständig ist: an die Prophetie. Hulda wird nach dieser Deutung klar als Prophetin in der Nachfolge des Mose präsentiert und Joschija als idealer König des dtn Ämtergesetzes.

So erübrigen sich denn auch Deutungen wie etwa jene von Diana Edelman,[20] die annimmt, daß die historische Hulda eine Aschera-Prophetin gewesen sei und somit im Dienste der göttlichen Gefährtin JHWHs in vorexilischer Zeit gestanden habe. Zu ihr würde man gehen, um Aschera als Mittlerin ihres Gemahls JHWH zu befragen, dessen Zorn man sich nicht unmittelbar zuziehen wolle. Die Aschera-Prophetin sei sodann in nachexilischer Zeit jahwisiert und der Inhalt ihrer Botschaft sei dem Jeremiabuch nachgestaltet worden. Die vielen interessanten Einzelbeobachtungen Edelmans, auf die noch hingewiesen werden wird, machen ihre These, die m. E. keinerlei Anhaltspunkte im Text hat, nicht wahrscheinlicher. Wer nach dem Exil im Textkomplex von DtrG weiterarbeitet, ist weit entfernt von einer wie auch immer gearteten Integration von Fremdgottheiten oder deren Kultpersonal!

5.3 Joschija und die Kultreformen seiner Vorgänger

Sehr ähnliche Vorgänge bei einer Tempelrenovierung werden in 2 Kön 12,5ff. erzählt. Der ebenfalls als Kind König gewordene Joasch (12,1f.) gehört zu den wenigen Herrschern, die vorab eine positive Zensur bekommen. Während sowohl das Lebenswerk Joschijas (22,2; 23,25) als auch das Hiskijas (18,3.5) durchgängig positiv gewertet werden, wird jenes von Joasch nur so lange für gut befunden, wie er unter dem Einfluß des Priesters Jojada steht (12,3). Auch Jojada wird wie Hilkija in 2 Kön 22,4.8; 23,4 anachronistisch als „Hohepriester" bezeichnet (12,11), und ihm daher ein Amt zugesprochen, das mit dieser Bezeichnung erst in nachexilischer Zeit belegt ist.

Auch Joasch hat offensichtlich – wie Joschija – das Verfügungsrecht über die Tempelfinanzen. Er gibt ebenso Anweisung, den Bauschaden[21] am Tempel auszubessern. Der König gibt alles Geld den Priestern, die allerdings mit der Renovierung säumig sind. Als Joasch sie zur Rechenschaft zieht, führt der Priester Jojada, sein Vormund, den „Opferstock" ein (12,10ff.). Er verbietet den Priestern, Geld anzunehmen, und weist das Volk an, die Spenden in den Sammelkasten zu werfen, der neben dem Altar am Tempeleingang steht. Für die Leerung dieser Opferstöcke ist der sogenannte „Schreiber", der Staatssekretär, zuständig (12,11). Er zahlt wie Hilkija in 2 Kön 22,3ff. das Geld aus und erteilt die Aufträge an die Handwerker. Auch die Renovierung unter Joasch wird durchgeführt, ohne daß man eine Abrechnung von den Arbeitenden verlangen würde (12,16; 22,7).[22] Dabei wird betont, daß die Instandsetzung sich auf das Notwendige, nicht auf das Repräsentative bezieht (12,14). Die Reform des Joasch endet jedoch so, daß er den im Tempel angehäuften Schatz dem König von Aram ausliefern muß, als dieser Jerusalem belagert.

Eine Kultreform, die die Alleinverehrung JHWHs gewährleisten würde, kann Joasch nicht durchsetzen (12,3f.). Sowohl in bezug auf die Machtkonstellation von Königtum und Priesterschaft als auch in ihrer Wortwahl weist die Geschichte von Joasch in die Zeit des Zweiten Tempels. Die Frage der Historizität ist damit zu verneinen.

Die zweite große Kultreform, von der in den Königebüchern berichtet wird, ist die des Königs Hiskija in 2 Kön 18,1-8, auf die im nächsten Kapitel näher eingegangen werden wird. Den prophetischen Beistand durch Jesaja erfährt dieser König aber erst *nach* den Aktionen, für die er, wie später sein Nachfolger Joschija, das Prädikat der Einzigartigkeit bekommt (18,5).

5.4 Hat es die „Joschijanische Reform" wirklich gegeben?

Die aus dem Bibeltext abgeleitete These, daß es eine tiefgreifende Reform des Kultes in der beschriebenen Form unter den Königen Hiskija und Joschija tatsächlich gegeben habe, wurde nicht nur aus dem Textmaterial begründet, sondern auch aus der Archäologie. Als Beispiel der dafür herangezogenen Ausgrabungsbefunde sei nur auf das Heiligtum in Arad verwiesen, das im ausgehenden 8. Jhd. grundlegend umgestaltet wurde, wobei der Altar im Vorhof eingerissen und etwa ein Jahrhundert später der gesamte Tempel zerstört wurde. Von ursprünglich zwei Stelen im Allerheiligsten hat man nur eine stehen lassen. Die andere wurde als Türschwelle benützt und damit entsakralisiert.[23] Ob es sich dabei um historisch auswertbare Indizien für die beiden Reformen handelt, ist allerdings sehr umstritten.[24]

Die Frage der Historizität der Joschijanischen Reform ist deswegen von so großer Bedeutung, weil die Forschung damit nicht nur die ersten Stufen der Entstehungsgeschichte des Buches Deuteronomium verbindet,[25] sondern „mit der Datierung eines wesentlichen Bestands des Deuteronomium in die Zeit des Josias die Rekonstruktion der vorexilischen Geschichte Israels steht und fällt."[26] Wenn es sich bei der aufgefundenen Schrift um die ältesten Teile des Dtn handelt, was dann allgemeiner Konsens ist, wenn man einen historischen Kern der Geschichte annimmt, dann ist das Buch in der Generation vorher geschrieben worden. Für die Huldageschichte, wie sie sich heute präsentiert, ist es inzwischen auch für jene, die die Geschichtlichkeit der in 2 Kön 22 dargestellten Ereignisse nicht bezweifeln, fast allgemeiner Konsens, daß sie frühestens exilisch sein kann.[27]

An der Historizität der Buchauffindung hängt aber insofern jene der Prophetin, als wir ohne sie von Hulda überhaupt keine zuverlässige Nachricht haben würden. Sollte es eine Kultreform größeren Ausmaßes nie gegeben haben, muß das aber noch nicht heißen, daß Hulda eine erfundene Figur ist. Die Geschichte, wie sie in 2 Kön 22f. erzählt wird, ist in der heutigen Form deuteronomistisch und damit nicht vorexilisch. Vielleicht sollte man sich bezüglich dieser Frage an das salomonische Urteil von Udo Rüterswörden halten, der die Geschichte frühestens ins 6. Jhd. datiert und dennoch meint: „erfunden hat man diese Prophetin wohl nicht".[28]

6. Königtum und Prophetie in gelungener Beziehung: Auf Hulda wird gehört

Die Huldageschichte ist eine Erzählung, die paradigmatisch das Verhältnis zwischen den Ämtern thematisiert:

- der König, der zwar weisungsbefugt ist, sich aber beraten läßt;
- der Priester, der für den Tempel und seine Finanzen[29] zuständig ist und dort umsichtig die Arbeiten beaufsichtigt, sich aber ebenso an Kundigere wendet, wenn das notwendig wird;
- der Schreiber, der als Schriftkundiger den exekutiven Teil der Verwaltungsarbeit leistet; und schließlich
- die Prophetin, zu der die Spitze der Beamtenschaft auf Geheiß des Königs kommt.

Von ihr, die nach dem Ämtergesetz des Dtn das Amt mit der höchsten Würde bekleidet, holt man sich das Gotteswort, das nur bei der wahren Prophetie zu finden ist. Werden die Staatsspitzen ab 22,12 als Einheit gesehen, die als Delegation des Königs die Anordnung auszuführen hat, so stehen sich vor allem die beiden in der Geschichte Israels immer wieder aufeinander hingeordneten Ämter des Königtums und der Prophetie gegenüber.

6.1 Die Gottesbefragungen Joschijas und seiner königlichen Amtskollegen

Joschija läßt in einer Situation der Ungewißheit Gott befragen. Von Königen veranlaßte Gottesbefragungen ziehen sich wie ein roter Faden durch den gesamten Kanonteil der Vorderen Prophetie nach der Einsetzung des Königtums.

Einer Gottesbefragung sind wir schon in der Geschichte von Saul und der „Prophetin" von En-Dor begegnet. Bereits der erste König will Gott durch prophetisch Begabte befragen. Da das Gotteswort durch Samuel feststeht, bekommt er aber keine Antwort (1 Sam 28,6.15). König David hat die Propheten Natan und Gad an seinem Hof; beide nehmen sowohl die Rolle der Erkundung des Gotteswillens als auch die prophetisch-kritische Funktion wahr (vgl. z. B. 2 Sam 7.12; 1 Sam 22,5; 2 Sam 24,11ff.). Jerobeam I. schickt seine Frau, um den Propheten Ahija von Schilo zu befragen (1 Kön 14,2ff.). Joschafat, der König von Juda, der in engem Kontakt zu den Königen von Israel steht, holt ebenso vor kritischen Militäraktionen ein prophetisch erfragtes Gotteswort ein.[30] Einmal schickt man daraufhin zu Micha Ben Jimla (1 Kön 22,5.8), das andere Mal zu Elischa (2 Kön 3,11ff.). Beide Propheten stehen in klarer Opposition zu den Nordreichkönigen. So muß sich Joram von Elischa sagen lassen, er solle doch die prophetisch Begabten seines Vaters und seiner Mutter befragen (3,13). Der König von Damaskus, der nach Elischa schicken läßt, um JHWH zu befragen, ob er von seiner Krankheit genesen werde (2 Kön 8,8), erhält hingegen ein Wort (8,10ff.).

Ahas und Hiskija befinden sich in bezug auf prophetische Gestalten an ihrem Hof in einer ähnlichen Situation wie David: Jesaja kommt ungefragt, richtet das Gotteswort aus und kündigt Zeichen an, die auch eintreffen (Jes 6-8). Jesaja und Hiskija werden in Jes 36-39 (vgl. 2 Kön 18-20) als wahrer Prophet und rechtschaffener König nach dem dtn Ämtergesetz gezeichnet: Der König wendet sich sowohl in militärischen als auch in persönlichen Notsituationen an den Propheten. Dessen angekündigte Zeichen (Jes 38,8 parr. 2 Kön 20,8ff.) und Worte (Jes 37,21ff. parr. 2 Kön 19,20-37) treffen auch ein. Joschijas Nachfolger Zidkija läßt in gleicher Weise in Kriegsgefahr JHWH befragen und schickt deswegen zu Jeremia (Jer 21,1ff.). Jeremia differenziert seine Antwort ebenso wie Hulda, indem er eine Botschaft für den König ausrichtet und eine für das Volk. Beide Worte jedoch kündigen ausschließlich Unheil an.

Die gesamte Königszeit, wie sie im Kanonteil der Vorderen Prophetie dargestellt wird, ist also durch prophetische Gestalten begleitet.[31] Sie gehen im göttlichen Auftrag zu den Königen, und diese schicken nach ihnen, wenn sie JHWH befragen wollen. In den wenigen Erzählungen, die sich in den Schriftprophetenbüchern über Begegnungen zwischen Propheten und Königen oder Staatsbeamten finden, wird das Zusammentreffen meist nicht von den Staatsspitzen gesucht (vgl. z. B. Jes 7; Am 7,10ff.), sondern von den durch JHWH gesandten Propheten provoziert. Immer jedoch geht es bei diesen Zusammenkünften um Politik oder um das immer auch politisch bedeutsame Ergehen des Königs und seiner Familie. Wenn das verweigerte Hören auf die von JHWH zur Warnung gesandte Prophetie (2 Kön 17,13f.23; 21,10) als Grund für den Untergang der beiden Königreiche angeben wird, so spricht aus den besprochenen Erzählungen dieselbe Theologie: Auf Prophetie ist zu hören, wenn Israel im Lande bleiben will (Dtn 18,15). Der König wie das Volk mißachten daher die Prophetie nicht ungestraft.

Von der Personen- und Sachkonstellation her ist in diesem Kontext der Begegnung zwischen Staatsführung und Prophetie die Erzählung aus Jer 36 interessant.[32] Die erzählte Zeit ist die des Königs Jojakim. Jeremia hat Auftrittsverbot und kann daher seine Worte nicht mehr verkündigen (V5). So ruft er den Schreiber Baruch, um seine Worte aufschreiben zu lassen, damit dieser sie im Haus JHWHs öffentlich verlese. Während die aus 2 Kön 22 namentlich bekannte Staatsführung gerade eine Kabinettssitzung abhält (Jer 36,12), wird ihr berichtet, was im Tempel geschieht. Man holt Baruch und läßt sich von ihm die Rolle, in der das durch Jeremia vermittelte Gotteswort aufgeschrieben ist, vorlesen. Die Reaktion ist, wie in 2 Kön 22, Erschütterung, und man beschließt, dem König Mitteilung zu machen (V15-20). Jojakim aber reagiert ganz anders als Joschija. Er erschrickt nicht, zerreißt nicht seine Kleider, sondern vielmehr die Schriftrolle (Jer 36,23f.; vgl. 2 Kön 22,11), und läßt sich auch von seinen Staatsbeamten nicht beraten, sondern schneidet kaltschnäuzig die gelesenen Spalten der Rolle ab, um sie ins Kohlenfeuer zu werfen. Die Mißachtung des prophetisch vermittelten Gotteswortes könnte drastischer nicht dargestellt werden. Doch das Wort hat, auch wenn das gesprochene nicht gehört, das geschriebene im Feuer vernichtet und sein Sprecher gefangengenommen wird, seine Wirkkraft: Ein prophetisch vermitteltes wahres Gotteswort trifft ein, das weiß man aus Dtn 18,22. So ergeht denn ein zweites Mal das Wort JHWHs an Jeremia, und er läßt eine neue Rolle mit der Ankündigung noch schrecklicheren Unheils, das gewiß eintreffen wird, beschreiben (Jer 36,27ff.).

Die beiden Erzählungen 2 Kön 22,3-23,3 und Jer 36 werden in kanonischer Lektüre als Gegengeschichten wahrgenommen.[33] Beide Male geht es um eine Schrift, die dem König durch die hohe Beamtenschaft vorgelesen wird, und um das Verhältnis zur Prophetie. Joschija, der offensichtlich durch die Lektüre des „Buches der Tora" (2 Kön 22,11) weiß, wie er sich als rechter König zu verhalten hat, schickt zur Prophetin und erbittet von ihr ein Wort JHWHs. Jojakim, dem das Wort ungefragt zuteil wird, will die Botschaft weder hören noch befolgen. Er zerstört daher in einem symbolischen Akt die Rolle und wird damit als „Anti-König" gemäß dem dtn Ämtergesetz gezeichnet (vgl. Dtn 17,18f.).

Er weist das geschriebene Gotteswort zurück und will auf das prophetisch vermittelte nicht hören. Joschija hingegen hört auf beides.

2 Kön 22f., die Geschichte um Joschija und Hulda, ist damit als eine Beispielerzählung gestaltet, wie Königtum und Prophetie im Lande zusammenwirken sollen. Wenn die Prophetin für das Volk Unheil voraussagt, so liegt dies jedenfalls nicht am König, der tut, was man von ihm erwartet: Er demütigt sich vor JHWH und sucht Zuflucht beim Amt der Prophetie, das nach der Darstellung von 2 Kön 22,14ff. in seinen Tagen eine Frau innehatte.

6.2 Joschijas Kultreform im Kontext des Deuteronomiums und der Vorderen Prophetie

Die Reaktion des Königs auf die prophetische Botschaft Huldas ist eine grandiose Kultreform, die dem Ersten Gebot, der ausschließlichen Verehrung JHWHs in allen religiösen Bereichen, beim gesamten Volk und im ganzen Einflußgebiet Joschijas zum Durchbruch verhilft.

Die erste Aktion, die der literarische Joschija auf das Prophetinnenwort hin durchführt, ist die Einberufung der Führungselite des Landes, der er vor den Ohren der Jerusalemer Bevölkerung die aufgefundene Schrift vorliest und sich mitsamt allen Anwesenden durch einen Bund auf dieses Gesetz verpflichtet (23,1-3). Mit den Worten des Dtn müßte man sagen, daß Joschija den Moabbund erneuert[34] und damit, was die politische Seite der Führung im Volk angeht, die Moserolle übernimmt, sich aber nicht dessen Machtfülle anmaßt. Die Amtsautorität sowohl der Prophetin als auch des Priesters achtet er. Joschija läßt die Priesterschaft die Kultreform durchführen.

Die priesterliche Hierarchie mit einem Hohepriester an der Spitze (2 Kön 22,4) ist aus vorexilischer Zeit nicht bekannt, sondern weist in die Zeit des Zweiten Tempels. Was Joschija anweist, aus dem Tempel hinauszuschaffen, zu zerstören und zu entweihen, haben seine Vorgänger, insbesondere Manasse (2 Kön 21,3-7), in den Tempel hineingebracht. Das gesamte Arsenal der Fremdgottheiten, ihre Kultorte und Bilder, vom Höhenkult, Aschera und Baal über die Gestirnsverehrung bis hin zum Moloch-Kult schafft Joschija in seinem Herrschaftsbereich ab. Alle Kultstätten für Fremdgottheiten, die seine Vorgänger von Salomo bis Manasse (2 Kön 23,12.13) errichten ließen, zerbricht er. Er entweiht sie, indem er ihre Reste auf Gräber schüttet (V6) oder die zerstörten Tempel mit Menschenknochen anfüllt (V14), damit sie unwiederbringlich unrein und damit unbenutzbar werden.

Der folgende Abschnitt 23,15-20 macht von seinem Endergebnis her letztlich die gesamte religiöse Eigengeschichte des Nordreiches Israel rückgängig und erweist so Jerusalem als einziges legitimes Kultzentrum.

Jerobeam hatte das Heiligtum in Bet-El aus politischen Gründen errichtet, um seinem von der geeinten Monarchie abgespaltenen Nordreich auch einen religiösen Mittelpunkt zu geben. Erst Joschija gelingt es, diese Kultstätte, die nach 1 Kön 13 von Anfang an unter prophetischer Kritik stand, nach dem Untergang des Nordreichs tatsächlich zu vernichten. Den Altar von Bet-El, die Kulthöhen und Ascheren verbrennt und entweiht Joschija wie jene in Jerusalem durch den Kontakt mit Grabstätten. Das Motiv der Gräber und der Toten zieht sich, wie Klara Butting[35] gezeigt hat, wie ein roter Faden durch das Kapitel. Einzig und allein das Grab und die Gebeine jenes ungehorsamen Gottesmannes, der Bet-El sofort nach seiner Errichtung die Zerstörung ansagte, wird verschont (23,17-18). Denn dieser hatte nach 1 Kön 13,2 den König mit seiner Kultreform bereits im voraus verkündigt. Die Königsgeschichte der Vorderen Prophetie wird durch die beiden aufeinander Bezug nehmenden Texte von 1 Kön 13 und 2 Kön 23 gerahmt.

Die Theologie, die diese beiden Texte aufeinander bezieht, will einerseits erweisen, warum die Katastrophe der Zerstörung beider Reiche kommen mußte. Andererseits zeigt sie auch exemplarisch auf, wie das Land hätte überleben können: indem Königtum und Prophetie nicht gegeneinander arbeiten, sondern miteinander. Das Defizit des Gehorsams wird massiv, aber nicht ausschließlich (vgl. 1 Kön 13,11ff.) auf seiten der Könige gesucht. Joschija erweist, daß persönliche Umkehr zwar möglich ist (23,25), die Schuld der Königszeit sich aber als so gravierend darstellt, daß JHWHs Zorn nicht rückgängig zu machen ist. Dies gilt zumal dann, wenn die königlichen Nachfolger wieder ganz in die Fußstapfen ihrer verachtenswerten Vorgänger treten (vgl. 23,37ff.).

Die literarischen Bezüge der Erzählung zeigen, daß 2 Kön 23 in einer Zeit schreibt, in der der Untergang bereits Faktum ist und man reflektiert, wie dieser hätte vermieden werden können.[36] Die Aktionen Joschijas sind daher literarischer, nicht historisch-faktischer Natur. Das bewahrt aber nicht davor, die Problematik gewalttätiger Kultreformen aufzuzeigen. Wenn Joschija nach 23,20 die Priester der Höhenheiligtümer schlachten und Menschengebeine auf den Altären verbrennen läßt, so kann man zwar ausschließen, daß dies ein historischer Bericht ist. Wenn aber Theologie so betrieben wird, daß Menschen, die aus religiösen Gründen Gewalt an anderen verüben, verherrlicht werden, so ist größte Vorsicht angesagt. Gerade die christlichen Kirchen haben hier allerdings kein Recht, überheblich auf ein quasi grausames Altes Testament herabzuschauen. Ihre Geschichte ist ebenso nicht frei von Gewalttat, und meist wurde sie nicht nur literarisch dargestellt, sondern aufgrund der Macht, die man hatte, auch durchgesetzt. Was der literarische Joschija hier tut, ist in Anbetracht unserer heutigen Zeit, in der Religionen in manchen Weltgegenden mehr zum Unfrieden als zum Frieden beitragen, als problematisch zu thematisieren. Es steht uns Christen und Christinnen aber nicht an, mit dem Finger auf solche dann meist „jüdisch" genannten Texte zu zeigen und gleichzeitig unsere eigene Gewaltgeschichte zu ignorieren oder zu beschönigen.

Nach dem destruktiven Teil von Joschijas Reform wird auch von konstruktiver Reorganisation berichtet. Der König ordnet die Feier des Pascha an, die nach 23,22 seit den Tagen der Richter nicht mehr begangen wurde. So wird das Paschafest im 18. Regierungsjahr des Königs als das erste, das je im Jerusalemer Tempel stattfand, dargestellt. Das heißt: Mose hatte gemäß Dtn 16 für die Stätte, die JHWH erwählen wird, angeordnet, das Exodusgedenken durch dieses Fest gebührend zu feiern. Nach 2 Kön 23 fand dieses aber seit Errichtung des Tempels überhaupt nie statt! Das zentrale Fest des jüdischen Glaubens wird nach diesen Angaben nur in den letzten vierzig Jahren des Bestehens des Salomonischen Tempels tatsächlich gefeiert. In bezug auf die Identität des Buches läßt diese Anordnung auf die Festkalender schließen, die sich sowohl in Lev 23 als auch in Dtn 16 finden. Wenn das Pascha „für JHWH" gefeiert werden soll, so wird man ebenso auf die Stiftungserzählung des Festes in Ex 12 und auf Num 9,10-14; 28,16 verwiesen. Es gibt jedoch keinerlei biblische Hinweise darauf, daß das Fest tatsächlich in der Richterzeit gefeiert worden wäre, wie 23,22 behauptet.

Unmittelbar nach der Einführung des Paschafestes werden nekromantische und mantische Praktiken verboten (2 Kön 23,24f.):

> (24) Und auch die Beschwörer der toten Ahnen und die Erkennenden, die Hausgottheiten und Götterbilder und alle Greuel, die im Land Juda und in Jerusalem gesehen wurden, merzte Joschija aus, um die Worte der Tora aufstehen zu lassen, die geschrieben sind in dem Buch, das Hilkija, der Priester, im Haus JHWHs gefunden hatte. (25) Wie er war kein König vor ihm, der zurückkehrte zu JHWH mit seinem ganzen Herzen, mit seiner ganzen Seele, mit seiner ganzen Kraft, gemäß der Tora des Mose. Und nach ihm stand keiner mehr auf wie er.

Es stellt sich die Assoziation ein, daß Joschija die Reformen nach der fortlaufenden Lektüre des Dtn vornimmt: Nach dem Festkalender kommt das Ämtergesetz, das mit der Einschärfung dessen endet, was falsche und wahre Prophetie sei.

Die Inhaber der funktionierenden Ämter[37] stehen von Beginn der Kultreform an auf seiten Joschijas. Sie sind mit der Prophetin und ihrer Kollegenschaft[38] darin einig, daß in Juda nur mehr JHWH allein verehrt werden darf (23,1-3). Mit dieser letzten Aktion wird der wahren Prophetie, die das Bleiben im Land garantieren kann (Dtn 18,9.12ff.), zum Durchbruch verholfen. Damit wird auch gezeigt, daß sich Joschija anders als Saul verhält. Im Gegensatz zu seinem ersten Vorgänger macht Joschija tatsächlich dem Gewerbe der Mantik und der Nekromantik ein Ende (V24)[39] und belegt gerade dadurch, daß das Gesetz, das allein das Bleiben im Land sicherstellt, in der Königszeit erst sehr spät – ja zu spät – eingehalten wird. Da der König auf die gelesenen Worte entsprechend mit Erschütterung reagiert hat (2 Kön 22,18.19b), sagt Hulda ihm an, daß er zwar sein eigenes Königtum wird retten können, nicht jedoch sein Königreich. Getreu dem Ämtergesetz (Dtn 17,18f.) liest der König aus dem Buch des Gesetzes und ist willens, nach dem Buch zu handeln und seine Vorschriften zu verwirklichen.

Joschija erweist sich mit seinem Gesetzesvortrag und dessen Wirkungen als Vorgänger von Esra, der nach biblischer Geschichtsdarstellung fast zwei Jahrhunderte später ebenfalls das Volk und die Führungsspitze in Jerusalem versammelt und vor ihren Ohren eine Schrift verlesen läßt, die „Buch" oder „Schrift der Tora" genannt wird.[40] Diese Schrift, die vor dem ganzen Volk, vom Kleinsten bis zum Größten (2 Kön 23,2), und in Neh 8,2f. explizit auch vor Frauen verlesen wird, löst jedesmal Erschütterung aus (vgl. 2 Kön 22,11-13; Neh 8,9). Beide Male verpflichten sich die Hörenden in der Folge vertraglich auf das Gesetzesbuch (2 Kön 23,3; Neh 10,1.30), wenngleich diese Abmachung in Neh nirgends „Bund"[41] genannt wird. Beide Male wird aufgrund des Hörens und Befolgens der Schrift ein Fest (wieder-)eingeführt. In 2 Kön 23 ist es das Pascha, in Neh 8,13ff. das Laubhüttenfest, wobei von beiden gesagt wird, daß sie seit vorstaatlicher Zeit nicht mehr gefeiert worden seien (2 Kön 23,22; Neh 8,17). Die beiden Erzählungen haben unabweisbar eine ähnliche Intention.

Das Resümee der Reformen Joschijas erweist ihn als den König schlechthin (23,25). Er ist der einzige der Könige, der gemäß Dtn 6,4ff. mit ganzer Seele und ganzem Herzen die „Tora des Mose" einhält. Joschija ist nach 2 Kön 22f. ganz eindeutig der *ideale König des dtn Königsgesetzes*.[42] Auch in bezug auf das dtn Prophetenamt hat er richtig reagiert: Er handelt nicht wie etwa Ahas und Manasse, die den Phänomenen der Falschprophetie anhängen, ihre Kinder durchs Feuer gehen lassen und jene Praktiken betreiben, die Dtn 18,9ff. im Rahmen der Prophetie verabscheut. Er verhält sich gemäß Dtn 18, indem er bei Hulda, einer *wahren Prophetin in der Nachfolge des Mose*, das göttliche Wort sucht.

7. Hulda in der Chronik

Die Chronik vermittelt ein ganz anderes Bild von der Joschijanischen Reform als das 2. Königebuch. Dort wird die Kultreform nicht als Folge der Prophetinnenbefragung dargestellt, sondern diese findet erst statt, als die Kultreform bereits voll im Gang ist. Sie bildet das Zentrum der Erzählungen um Joschija.[43]

Häufig wurde daher die These vertreten, die Chronik würde authentischer über die Reform berichten als 2 Kön, da die Tempelrestaurierung wohl einer Kultreform zuzurechnen sei. Glatt-Gilad[44] zeigt jedoch, daß diese Anordnung der Geschehnisse aus dem Konzept der Chronik selber folgt, und weist darauf hin, daß das Orakel selber nicht darauf schließen läßt, daß die Kultreform bereits im Gang ist.[45]

Wie das DtrG stellt die Chronik jede Epoche als durch Propheten – und eben auch durch Prophetinnen – begleitet dar und kennt diesbezüglich Geschichten, die in den Königebüchern fehlen. So ist die Funktion der Prophetie etwa bei den wenigen in der Chronik zusätzlich zu den Königebüchern positiv bewerteten Königen Asa (2 Chr 14-16) und Joschafat (2 Chr 17-20) ganz ähnlich dargestellt.[46] Asa wird von Asarja Ben Oded in seinen Reformbestrebungen bestärkt (15,1ff.) und Joschafat vom Seher Jehu Ben Hanani (19,1ff.). Beide prophetischen Einschübe fehlen bezeichnenderweise in den Königebüchern. Auch bei diesen beiden Königen steht in der Chronik die *Konfrontation mit der Prophetie* im Zentrum der Berichte und führt beim Volk zu einer Wirksamkeit der königlichen Reformen auf breitester Ebene. Die parallele Gestaltung dieser drei Erzählungen läßt auf eine literarische Intention schließen und gerade nicht auf eine plausiblere Historizität.

Die Bedeutung der Prophetin Hulda wird in der Chronik ihren beiden Kollegen Asarja und Jehu gleich gestaltet. Ihr Wort ist nicht wie in 2 Kön 22,15ff. der Auslöser der Reform, sondern mehr eine Bestätigung und ein Ansporn, die vom König selbständig begonnene Erneuerung weiterzuführen und zu vertiefen. Man kann also von einer verminderten Bedeutung Huldas für die Joschijanische Reform sprechen, wenn man auf die Initiative oder auf das weitere Gotteswort, das schließlich dem nach der Chronik ungehorsamen König den Tod bringt, abhebt. Aber es kann nicht von einer Abwertung der Prophetin, deren Erzählung das *Zentrum des Joschijaberichts* bildet, die Rede sein. Da ihre männlichen Berufskollegen eine ganz ähnliche Stellung haben, kann man sagen, daß sich nicht das Huldabild, sondern das Bild des Zusammenwirkens von Königtum und Prophetie in der Chronik verschoben hat.

Die Geschichte um Hulda wird in der Chronik beinah wortwörtlich gleich überliefert, obwohl bei Joschija sehr viel Abweichendes erzählt wird. Durch ihre Stellung im Zentrum der Reformen Joschijas und die darauffolgende Ausweitung der Reform auf die ganze Nation wird zwar das Volk zwischenzeitlich gerettet, nicht jedoch der König. Dieser verweigert in der zwölften Stunde seines Lebens das Hören auf JHWH, der aus dem Mund des Pharao Necho spricht (35,21f.). Häufig wurde die Inkongruenz der Worte Huldas mit dem tatsächlichen Ende des Königs Joschija, wie es 2 Kön 22f. darstellt, als Beleg dafür genommen, daß die Geschichte um Hulda noch vor dem Tod Joschijas aufgezeichnet worden sein müsse. Die Chronik schönt hier zwar, indem durch Necho ein neuerliches Gotteswort ergeht und der König darauf nicht hört, läßt aber den Widerspruch prinzipiell bestehen. Das heißt wohl nichts anderes, als daß diese Inkongruenz bereits fest verankert war. Joschija fällt jedoch nach 2 Chr 35,23f. nicht auf dem Schlachtfeld. Er wird als Verwundeter noch nach Jerusalem gebracht, wo er schließlich stirbt und, von Jeremia (!) und vom ganzen Volk beklagt, im elterlichen Grab beigesetzt wird. Durch diese andere Version vom Tod Joschijas wird Hulda aus jeglichem Verdacht von Falschprophetie herausgehoben. Ihre Ankündigung ist nicht eingetroffen, weil der König auf ein *neuerliches Gotteswort nicht gehört* hat.

8. Der Geschichte in die Karten schauen: Hulda in der Nachfolge des Mose

Die Huldageschichte legitimiert, wie aufgezeigt, in der erzählten Zeit die Auffindung (vermutlich des ältesten Teiles)[47] des Buches Deuteronomium. Die Hinweise, daß erzählende und erzählte Zeit für den größten Teil von 2 Kön 22f. nicht zusammenfallen, waren bisher derart zwingend, daß angenommen werden muß, daß die Geschichte frühestens exilischen Ursprungs sein kann, wie immer man über (aus dem heutigen Text nicht mehr eindeutig rekonstruierbare)[48] Vorstufen denkt. Da der Kernpunkt von Huldas Worten in der Ankündigung des bevorstehenden Exils besteht, ist begründet anzunehmen, daß die Erzählung historisch keine Werbeschrift für die Joschijanische Reform war, sondern von Anfang an als theologischer Angelpunkt für die deuteronomistische Geschichtsschreibung verfaßt worden ist.[49]

8.1 Wer hat Interesse, von Hulda zu erzählen?

Wenn man nun annimmt, daß die Erzählung deuteronomistisch – also frühestens nach dem Zusammenbruch des Südreiches entstanden – und somit eine literarische Fiktion ist, dann ist die Einfügung der Geschichte um Hulda insofern noch bemerkenswerter, als in dieser Zeit der Prophet par excellence bereits Jeremia war. Je später man die Entstehung der Geschichte ansetzt, umso mehr muß es verwundern, daß man nicht Jeremia auftreten läßt und somit auch diesen Propheten – wie Jesaja bei Hiskija, einem ebenso positiv bewerteten König wie Joschija – im dtr Geschichtswerk verankert. Dieser Schriftprophet hätte als Legitimationsfigur für das neue Gesetz wahrlich beste Dienste geleistet![50] Aber es ist eben nicht Jeremia sondern Hulda, die das Buch legitimiert. „Daß eine Frau derart große und allerseits anerkannte Autorität als Prophetin erlangt hat, läßt an die Prophetinnen der Istar von Arbela denken, die judäische Vasallen wie Manasse und Josija durchaus in Ninive kennengelernt und zur Imitation der Institution angeregt haben können."[51] Aber ein solches „Kennenlernen" der Institution weiblicher Prophetie muß noch nicht notwendigerweise in derselben Generation zur Imitation ermuntert haben.

Um die Kreise umschreiben zu können, die diese Geschichte einfügen, ist Huldas Gesellschaft näher zu untersuchen: Zu ihr kommen nach 2 Kön 22,12.14 der Priester Hilkija, der in V4 als „Hoherpriester" eingeführt wird, der Staatsschreiber Schafan und dessen Sohn Ahikam, Achbor, der Sohn Michas, und Asaja. Von diesen Namen sind Hilkija, Schafan und Ahikam eine Generation später durch ihre Söhne am Hofe Jojakims vertreten (vgl. z. B. Jer 40).[52] Sie sind offensichtlich die Gründerväter von Beamtendynastien. Auf für unsere Fragestellung einer soziokulturellen Verortung interessantere Spuren könnte allerdings der Priester Hilkija führen.

Der Name Hilkija, der teils abwechselnd auch in seiner Langform Hilkijahu für ein und dieselbe Person gebraucht wird, kommt von der erzählten Zeit her frühestens seit Hiskija vor, gehäuft aber erst in nachexilischen Texten. In 2 Kön 18,18.26.37 ist ein Sohn eines Hilkija Palastvorsteher, der ähnlich wie sein fast hundert Jahre später wirkender Namensvetter im Kreise der Staatsspitzen von Staatssekretär und Zeremonienmeister auftritt. Er zerreißt seine Kleider, als die assyrische Gesandtschaft JHWH als zur Rettung seines Volkes unfähig in die Reihe der bereits besiegten, vorderorientalischen Gottheiten stellt. In dieselbe Zeit verweist Jes 22,20, wo Eljakim, wohl der Sohn jenes Hilkijas, der sich im Kronrat Hiskijas findet, als „mein Knecht" bezeichnet und anstelle von Schebna in dessen Amt eingesetzt wird. Schließlich heißt der Vater Jeremias so (Jer 1,1), und in Jer 29,3 befindet sich ein Gemarja, Sohn

Hilkijas, in der Gesandtschaft an den König von Babel. Alle übrigen Belege sind nachexilisch und verweisen genealogisch meist auf das durch Hilkija gegründete Priestergeschlecht, das im Nehemiabuch als führend vorgestellt wird. 1 Chr 5,39 kennt Hilkija in etwa zu Joschijas Zeiten in derselben Levi-Genealogie, die auch Mirjam erwähnt (V29), wenn er als der Urgroßvater jenes Priesters genannt wird, den Nebukadnezzar in die Verbannung führte. In 1 Chr 6,30 findet sich der Name in der von David eingesetzten Sängergilde, in 26,11 unter den Torwächtern, in 9,11 und in Neh 11,11; 12,7.21 in Priesterlisten der aus dem Exil Heimkehrenden. Schließlich führt den Namen auch der aus priesterlichem Geschlecht stammende Esra in seiner Genealogie, in Esra 7,1 ist er als dessen Urgroßvater angeführt. In Neh 8,4 steht Hilkija nahe bei dem die Tora verlesenden Esra.

So läßt sich zusammenfassen, daß Hilkija offensichtlich der Gründer eines vor allem nachexilisch bedeutsamen Priestergeschlechts ist. Die Chronik hingegen kennt keinen Hilkija in der Hiskija-Reform, wohl aber einen Asaja, der nach 2 Kön 22 zur Delegation Joschijas gehört. Die Delegation, die von Joschija zu Hulda geschickt wird, besteht also aus Namen von führenden Beamten, die auch aus anderen Texten bekannt sind.

Eine ausdifferenzierte Beamtenschaft an einem judäischen Königshof, wie sie hier vorausgesetzt ist, muß per se in die Königszeit und nicht in die exilisch-nachexilische Zeit führen. Das bedeutet aber auch, daß eine spätere Zeit, will sie eine authentische Geschichte erzählen, die Staatsführung der Königszeit so darstellen muß, daß sie glaubhaft erscheint. Historizität läßt sich damit also nicht erweisen. Die gehäufte Nennung des von Hilkija abstammenden Priestergeschlechts in Esra, Neh und Chr, die Bezeichnung Hilkijas als „Hoheprieser" (2 Kön 22,4; vgl. Esra 7,1 in der genealogischen Liste des „Hohenpriesters" Aaron; vgl. auch Neh 12,7) und die für das ländliche Juda etwa auch im Rutbuch bezeugte Ältestenstruktur (2 Kön 23,1; vgl. Rut 4,1-12) verweisen allerdings auf eine wesentlich spätere Entstehungszeit.

Wenn man die Hinweise auf Esra-Neh für die Entstehungszeit ernst nimmt, so kommt man in die Zeit, auf die bereits die Mirjamgeschichten gewiesen haben. Wie viele der Mirjamerzählungen thematisiert auch die Huldageschichte das Zusammenwirken der Leitungsfunktionen von Prophetie, Priesterschaft und politischer Führung. Die Huldageschichte kennt allerdings keine Konflikte. Sie löst die Zuständigkeiten und die hierarchische Verteilung der Machtbereiche gemäß dem Ämtergesetz des Dtn. Vom Ergebnis her endet die „Joschijanische Reform" mit der Durchsetzung der Alleinverehrung JHWHs in allen kultischen Bereichen und mit der *Demokratisierung dieser Idee*: Das ganze Volk schließt sich nach 2 Kön 23,3, wie in Neh 8, den Vorschriften des „Buches der Tora" an. Wollte man dieses Geschehen mit einem Wort aus der Schriftprophetie deuten, dann könnte man auf Ez 36,25-27 verweisen: Ein neues Herz aus Fleisch und ein neuer Geist bewirken, daß man dem Gebot und dem Recht folgt, sie bewahrt und erfüllt. Die Formulierungen vom Halten und Tun von Satzung und Rechtsvorschrift verweisen auf den Bundesschluß in Dtn 26,16.[53] Auch dem „Propheten" Abraham (Gen 20,7) wird in Gen 18,19 dieses toragemäße Verhalten bescheinigt. Wenn zudem als Resultat der Verlesung der Tora in Neh 8 der Schwur auf „die Tora Gottes, die durch die Hand des Gottesknechts Mose gegeben worden ist", diese Formulierungen aufgreift, so ist dies wiederum ein Hinweis auf die Zeit: Es ist die Zeit, wo die Weisung *die* Tora wird, d. h. der Pentateuch zum Abschluß kommt und als Rechtsgrundlage der religiösen Gemeinschaft im perserzeitlichen Juda gesehen wird. Diese Theologie, die sich in bezug auf die Tora-Frömmigkeit in Jer 31,31ff. und Jes 51,7 widerspiegelt, die Geist und Prophetie zusammendenkt und gleichzeitig demokratisiert (vgl. Joël 3), ist offensichtlich der Endpunkt der Entwicklung, wie sie in Num 11 bereits sichtbar wurde und zu der die Huldageschichte den Auftakt bildet.

8.2 Ätiologie der Auffindung oder der Anfügung des Dtn?

Die Huldaerzählung ist untrennbar mit jenem Buch verbunden, das sich „das Buch der Tora" nennt (סֵפֶר הַתּוֹרָה: Dtn 28,61; 29,20; 30,10; 31,26; 2 Kön 22,8.11).[54] Nach Dtn 31,26 verwahrte Mose dieses Buch der Weisung neben der Lade, also im Zentrum des Heiligtums. Offensichtlich erzählt 2 Kön 22, daß man dieses nun gefunden hat. „So können deuteronomistische Redaktoren eine Prophetin nur reden lassen, wenn sie eine Prophetin im Sinne des Deuteronomiums ist. Sie kann nur so über das Deuteronomium reden, weil sie selbst durch das Deuteronomium legitimiert ist ... das Deuteronomium ist Gegenstand ihrer Prophetie."[55] Das Verhältnis zwischen dem Buch und seiner Auffindungslegende ist also als ein wechselseitiges zu bestimmen: Das neu aufgefundene Gesetzesbuch legitimiert die Prophetin, und die Prophetin legitimiert das neu aufgefundene Gesetzesbuch. Hulda wird damit nicht nur zur Nachfolgerin im Moseamt, durch die der ideale König nach Dtn 17 das Gotteswort erfragt. Sie kanonisiert auch gleichsam das Dtn,[56] indem sie bezeugt, daß die Worte des Gesetzesbuches eintreffen werden, weil sie Worte JHWHs sind. Hat (nach Dtn) Mose das Gesetz verkündet, so deklariert Hulda es als einen verbindlichen (kanonischen) Text. Abstrakter formuliert und von der Ebene der historischen und auch der literarischen Hulda abstrahiert heißt dies, daß die Huldaerzählung jenen Teil der Tora kanonisiert, der wahrscheinlich am spätesten zu diesem Textkomplex dazugekommen ist.[57]

Aus der gesamten Joschijaerzählung wird man nun aber nicht nur auf das Deuteronomium verwiesen, sondern durch das Pascha auch auf den Exodus und den Festkalender des Buches Levitikus. Zudem ist die Vorstellung, daß die Mißachtung der Weisungen des Gesetzesbuches Fluch und Unheil bringt, sowohl im Schluß der Gesetzesbücher des Deuteronomium als auch in Levitikus präsent. Damit haben wir einen Text des Prophetiekanons vor uns, der sich speziell mit dem Dtn auseinandersetzt, aber auch auf andere Bücher der Tora Bezug nimmt – oder sich auf diese auswirkt.[58]

Norbert Lohfink bezeichnete die Huldageschichte einmal treffend als eine „strategische Stelle"[59] im DtrG. Es legt sich die Vermutung nahe, daß die Huldageschichte etwas mit jenem Prozeß zu tun hat, der das ursprünglich im sogenannten „Deuteronomistischen Geschichtswerk" verankerte Buch Deuteronomium von seinem literarischen Ort abtrennt und an das Buch Numeri anfügt.[60] Im Rahmen dieses Geschehens, durch das der Pentateuch entsteht, werden die prophetischen Fäden, die sich im Tetrateuch, in den Büchern Gen - Num, bereits finden, durch eine prophetische Theologie verknüpft. Teils werden wohl auch noch Einzelperlen eingewoben wie etwa die Prophetisierung Abrahams in Gen 20,7 und die für den Propheten typische Fürbitte von Gen 18,17ff.

Das Dtn wird durch diese kompositorische Arbeit als „zweites Gesetz", als „Deutero-Nomium" ausgewiesen. Da das Buch sich durch seinen Rahmen als Rede des Mose deklariert, rekapituliert es mit diesem „anderen Gesetz" vor dem Übertritt in das Land noch einmal die Ereignisse von Ex - Num. Daher kann in *diesem* Buch auch vom „Buch der Tora" die Rede sein.

Dieser Prozeß, der das Dtn vom DtrG abtrennt, ist gleichzeitig die Geburtsstunde des Kanonteils der Frühen Prophetie. Ob mit demselben redaktionellen Prozeß auch die bereits vorhandenen Buchteile der Schriftprophetie angefügt wurden oder ob dies erst später erfolgt ist, kann hier nicht geklärt werden. Die Indizien verweisen darauf, daß dies im Gefolge davon geschehen ist, vermutlich nicht allzu lange danach.

9. Die Rahmung der Frühen Prophetie durch prophetische Frauen im Moseamt

Die Forschung hat in bezug auf die Frage, welche der prophetischen Gestalten in der Nachfolge des Mose stehen, das Geschlecht als exegetisches Kriterium benützt.[61] Ausschließlich „Propheten" werden in der Nachfolge des „Überpropheten" Mose wahrgenommen. Aber die Nachfolge des Mose tritt nach der Vorderen Prophetie kein Mann an, sondern eine Frau, nämlich Debora, die erste Prophetin der Richterzeit. Die Geschichte der Prophetie in der Königszeit, wie sie der Kanonteil der Vorderen Prophetie darstellt, wird wiederum von einer Frau abgeschlossen. Hulda ist die letzte prophetische Gestalt, die in 2 Kön auftritt. Wie Butting[62] mit Berufung auf Steck treffend aufgezeigt hat, wird durch die Rahmungen von Büchern und Kanonteilen eine Leseanleitung festgelegt. Dieser Kanonteil, der viele Geschichten von so unterschiedlichen prophetischen Gestalten wie etwa Samuel, Natan, Elija und Elischa, Achia von Schilo und Jesaja erzählt, wird durch zwei Erzählungen gerahmt, die Frauen als Prophetinnen auftreten lassen. Während die erste davon, die Deborageschichte, darstellt, daß Israel Ruhe im Lande bekommt, kündigt die letzte an, daß unabwendbares Unheil das Land heimsuchen wird.

Mit der hier vorliegenden Rahmung wird zweierlei festgeschrieben: Prophetie begleitet Israels Wohnen im Land, und das prophetische Amt wird von Personen beider Geschlechter wahrgenommen. Klara Butting setzt hier, da sie dem dtn Prophetiegesetz nicht dieselbe Bedeutung zumißt, wie dies in meiner Interpretation geschieht, die Akzente anders. Für sie stehen die Prophetinnen in der Nachfolge Mirjams. „Mit dem Auftritt der Prophetin Hulda, die der namhaften Jerusalemer Prominenz die Weisung Gottes zu verstehen gibt, wird die Rezeption der Tora als eine gesellschaftsverändernde Praxis dargestellt, die immer wieder bestehende Autoritätsverhältnisse in Frage stellt."[63] „Angesichts einer Geschichte der Prophetie, in der sich nach der Darstellung des Geschichtswerkes in erster Linie Männer zu Wort gemeldet haben, betont Huldas Auftritt in 2 Kön 22 eher Diskontinuität".[64] Diese Sichtweise Buttings, die sich ähnlich schon bei Wacker[65] findet, geht m. E. mit der überwiegenden Vorstellung, daß in der Geschichte Israels jeweils Männer die Machtpositionen innehatten, konform. Sie setzt zudem voraus, daß die Darstellung von 2 Kön 22 der historischen Realität entspricht. Die Hermeneutik des Verdachts müßte nach meinem Dafürhalten in eine andere Richtung denken: Wenn es möglich ist, solche Geschichten zu erzählen, müssen in der Realität tatsächlich wesentlich häufiger Frauen in der Position des Mose aufgetreten sein – zumindest in der Abfassungszeit der Texte. Ob dieses Faktum weiblicher Leitungskompetenz allerdings gleich mit einer Krise der traditionellen Autoritätsstrukturen[66] verbunden gewesen sein muß, wage ich zu bezweifeln und setze daher die Akzente etwas anders. Die Geschichte beweist nicht, daß durch sie althergebrachte Autoritätsstrukturen verändert werden oder daß Frauen „als historisch greifbares Individuum fast völlig ausgelöscht"[67] worden seien, sondern vielmehr, daß *die Autorität nie ausschließlich in männlichen Händen war*. Die Darstellung, daß dies so gewesen sei, ist ein Produkt androzentrischer Geschichtsklitterung, das es aufzudecken, nicht aber zu perpetuieren gilt. Insofern ermöglichen es solche Geschichten, der Geschichte in die Karten zu schauen: Viel zu viele männliche Figuren liegen offen da und viel zu wenig weibliche. Sie aus dem Stapel der androzentrisch geschriebenen Geschichte aufzudecken und nicht auf dem Sonderstapel „Frauen" abzulegen, ist eines der zentralen Anliegen geschlechterfairer Exegese.

Mit Debora und Hulda in der Nachfolge des Mose werden eben nicht auch noch zwei Frauen in die sonst nur durch männliche Propheten begleitete Geschichte eingeschrieben. Die Rahmung schreibt vielmehr die prophetische Funktion – primär und ultimativ – den Frauen zu. Durch diesen Rahmen ist der Kanonteil der Frühen Prophetie nicht durch zwei Schwalben, die noch keinen Sommer machen, bereichert worden, sondern der gesamte Kanonteil muß, wie Butting bereits feststellte, anders gelesen werden. Diese Rahmung mahnt zur Vorsicht: Auch wenn die biblischen Texte wenige Frauen im prophetischen Amt bezeugen, so war und ist Prophetie kein Phänomen, das allein durch männliche Subjekte getragen wird.

Debora steht in ihrer Fülle der Ämter von Richterin, Prophetin und militärischer Führungskraft sowohl in der Nachfolge Mirjams als auch Moses, der alle Ämter in ihrer Fülle kumulierte. Sie befindet sich in bester Gesellschaft, nämlich von Samuel, und entspricht dem durch diese beiden Gestalten konstruierten prophetischen Ideal der Richterzeit. *Hulda* steht – der erzählten Königszeit entsprechend – der politischen und der priesterlichen Führungselite gegenüber. Sie stellt durch ihre Tat, die ein Gesetzesbuch „kanonisiert", sowohl die Verbindung zum Mose der Tora her als auch durch die *Schrift*, die sie bewertet, die Verbindung zur *Schriftprophetie*. Im Gegenüber zu den Führungseliten steht sie in der Tradition, wie sie bei Jesaja oder Jeremia bezeugt ist. Ihr ist es allerdings als einziger beschieden, daß man auf sie hört. Hulda steht am Ende der Zeit im Land, und sie bestätigt, daß alles über das Land kommen wird, was in der Schriftrolle geschrieben steht: Die Verachtung der Prophetie und die Falschprophetie wurden bereits im Dtn als Ursache für den Landverlust angegeben – und dieser steht in der erzählten Zeit nach dem Auftreten Huldas unmittelbar bevor.

Wenn die Spätzeit diesen höchst bedeutsamen Akt der Legitimierung eines prominenten Teiles der Tora (Deutero-Nomium =

andere, zweite Tora) einer Frau zuschreibt, so müssen zur Zeit dieser den Pentateuch und die Prophetie betreffenden Redaktion Frauen zentralen Einfluß auf die „Buchwerdung" der Heiligen Schriften Israels gehabt haben. Die – auch von Feministinnen – häufig vertretene These, daß Frauen in nachexilischer Zeit, je näher man zum „Judentum" hinkommt, je weniger Rechte und Einfluß gehabt hätten, erweist sich damit als (manchmal auch antijüdisch formuliertes) Klischee, das weder den biblischen Texten noch dem archäologischen Befund, der im Kapitel über Noadja noch darzustellen sein wird, entspricht. Frauen, die Literatur gestalten und in der Literatur als Gestalten auftreten, sind gerade in nachexilischer Zeit keine Seltenheit.

Die Prophetin Hulda wurde jedenfalls in der Zeit des Zweiten Tempels eine populäre Figur. Nicht umsonst trägt bis heute eines der Tore des Herodianischen Temenos in Jerusalem den Namen „Huldator". Ihr Grab wird durch die Rabbinen in der Nähe der Königsgräber bezeugt. Erst seit dem Mittelalter ist diese Tradition auf den Ölberg in die Nähe der Himmelfahrtskapelle gewandert.[68]

Wenn man bedenkt, daß das dtn Ämtergesetz dem Prophetenamt die höchste Würde vor allen anderen Ämtern verleiht und gerade dieses in die Nachfolge der Hauptfigur der Tora stellt, wird klar, daß die Person mit der meisten Autorität in der ganzen Erzählung jene Frau ist, zu der man angeblich nur deswegen geht, weil sie sich mit Alltagsproblemen so gut auskennt. Die Spitzen des Staates, die die übrigen Ämter vertreten, ordnen sich der Prophetin unter, da nur sie zum Wort JHWHs Zugang hat. Die Erzählung um Hulda ist in unserer, in bezug auf Frauen in Führungspositionen so aufgeladenen Zeit eine heilsame Geschichte, auf die zu hören es sich lohnt. Eine biblisch begründete Amtstheologie kann nicht an ihr vorbeigehen.

[1]   Siehe dazu den Forschungsüberblick bei Spieckermann, Sargonidenzeit, 17-30.
[2]   Deswegen anzunehmen, daß „Joschijas Abstammung von Jedida ausschlaggebend für seine Wahl" gewesen sei, ist wohl eine Überinterpretation (Lee, Kyung Sook, Die Königsbücher, in: Schottroff, Luise – Wacker, Marie-Theres, Hg., Kompendium Feministische Bibelauslegung, Gütersloh 1999[2], 130-145; 142).
[3]   Siehe diese Deutung bei Hentschel, Georg, 2 Könige, NEB.AT, Würzburg 1985; 105.
[4]   Die materialreichste Besprechung dieser zwei Kapitel in bezug auf den historischen Hintergrund und die Forschungsgeschichte ist immer noch Spieckermann, Sargonidenzeit, 41-160; für die Analyse des Textes siehe Tagliacarne, Pierfelice, „Keiner war wie er". Untersuchung zur Struktur von 2 Könige 22-23, ATSAT 31, St. Ottilien 1989.
[5]   Siehe dazu Begg, Christopher, The Non-Mention of Zephaniah, Nahum and Habakkuk, BN 38/39 (1987), 19-25.
[6]   Vgl. Rüterswörden, Hulda, 234f.
[7]   Zu diesem Faktum und seiner Deutung vgl.: Koch, Klaus, Das Profetenschweigen des deuteronomistischen Geschichtswerks, in: FS Wolff, Hans Walter, Die Botschaft und die Boten, Jeremias, Jörg – Perlitt, Lothar, Hg., Neukirchen-Vluyn 1981, 115-128.

[8]   Vgl. dazu Spieckermann, Sargonidenzeit, 59, sowie zur nordisraelitischen Besied-
      lung Würthwein, Ernst, Die Bücher der Könige. 1. Kön. 17 – 2. Kön. 25, ATD 11/2,
      Göttingen 1984; 450.

[9]   Rüterswörden, Hulda, 235.

[10] So bereits Wacker, Marie-Theres, 2. Könige 22,8.9a.10b.11-20: Hulda – Prophetin vor
      dem Ende, in: Schmidt, Eva Renate u.a., Hg., Feministisch gelesen I, Stuttgart 1989²,
      91-99; 93.

[11] Vgl. dazu Rüterswörden, Hulda, 237-239. Er meint, daß דרש mit der Präposition בְּעַד
      in den meisten Fällen (Jes 8,19; Jer 21,1f.) für das Eintreten für andere gebraucht
      werde (vgl. ebd., 238). Wenn man allerdings, wie Rüterswörden es tut, in Jes 8,19 אֹב,
      „tote Ahnen", mit dem Mittel zur Totenbeschwörung identifiziert, ist diese Deutung
      unmöglich. Für die Deutung von „befragen" als Entscheidungsfindung siehe
      Hardmeier, Christof, Prophetie im Streit vor dem Untergang Judas, BZAW 187, Berlin
      1990; 309-311.

[12] Rüterswörden, Hulda, 240; die Idee findet sich bereits bei Wacker, Hulda, 95.

[13] Zum chiastischen Aufbau des Orakels siehe Halpern, Baruch, Why Manasseh Is
      Blamed for the Babylonian Exile: The Evolution of a Biblical Tradition, VT 48
      (1998), 473-514; 495, sowie Butting, Prophetinnen, 145.

[14] Vgl. die Formulierungen „zur Wüste" oder „zum Fluch" werden in Dtn 28,37; Jer
      25,18; 44,12 oder die Vorstellung vom nicht verlöschenden Zorn in Jer 7,20. Die Nähe
      des Huldaorakels zu Jer hat Edelman, Diana, Huldah the Prophet – of Yahwe or
      Asherah?, in: Brenner, Athalya, Hg., A Feminist Companion to Samuel and Kings,
      FCB I/5, Sheffield 1994, 231-250; 232-242, herausgearbeitet.

[15] Für authentische Orakel aus der Joschijazeit hält Halpern, Manasseh, 501, die beiden
      Sprüche Huldas. Siehe zur Auslegungsgeschichte in bezug auf das Eintreffen ihrer
      Botschaft ebd., 493-505.

[16] Siehe zu dieser Problematik Edelman, Huldah, 238-241, sowie Priest, John, Huldah's
      Oracle, VT 30 (1980), 366-368.

[17] Zur Opposition von „Unheil" über diesen Ort (V16) und der Ausnahmeregelung für
      Joschija (V20), dem „Schalom" zugesprochen wird (V20), siehe Tagliacarne, Keiner
      war wie er, 418.

[18] Siehe Handy, Lowell K., The Role of Huldah in Josiah's Cult Reform, ZAW 106
      (1994), 40-53.

[19] Das tut auch Handy, Huldah, 45: „However, Huldah, the prophetess who confirms the
      contents of the scroll allegedly found in the temple, clearly plays the narrative role
      held by the priests of the omen deities in the previous two texts. She is consulted by
      the king through intermediaries so that she may double-check the word of God ...". Er
      setzt den Text in die nachexilische Zeit (vgl. ebd., 46f.). Zur umstrittenen zeitlichen
      Datierung des Textes siehe die Forschungsübersicht ebd., 46f.

[20] Siehe Edelman, Huldah, 231. Ihre These ist prägnant zusammengefaßt ebd., 248-250.

[21] Das Wort „Riß", בֶּדֶק, kommt außer in Ez 27,9.27, wo die Risse am Schiff gemeint
      sind, nur noch bei den beiden Tempelrenovierungen von Joasch und Joschija vor (vgl.
      2 Kön 12,6.7.8.9.13; 22,5; 2 Chr 34,10).

[22] Die Chronik läßt auch bei der Hiskijanischen Reform die Gelder, das Silber, auf „Treu
      und Glauben" (בֶּאֱמוּנָה) ausschütten (2 Chr 31,12.15). Die Formulierung weist
      eindeutig in nachexilische Zeit.

[23] Siehe dazu den Artikel: Arad, in: Negev, Avraham, Hg., Archäologisches Bibellexi-
      kon, Neuhausen-Stuttgart 1991, 32-34; 33.

[24] Vgl. den jegliche Historizität der Joschijanischen Reform ablehnenden Artikel von
      Niehr, Herbert, Die Reform des Joschija, in: Groß, Walter, Hg., Jeremia und die
      „deuteronomistische Bewegung", BBB 98, Weinheim 1995, 33-55, und den im selben
      Band erschienenen, für eine Minimallösung plädierenden Artikel von Uehlinger,
      Christoph, Gab es eine joschijanische Kultreform?, in: ebd., 57-89.

[25] Ein knapper, übersichtlicher Forschungsüberblick zur Entstehungsgeschichte des DtrG
      und den Zusammenhang mit 2 Kön 22f. findet sich bei Kaiser, Otto, Grundriß der
      Einleitung in die kanonischen und deuterokanonischen Schriften des Alten Testaments
      I, Gütersloh 1992; 85-98, sowie bei Braulik, Einleitung, 184-188.

186

[26] Butting, Prophetinnen, 127f.

[27] Albertz, Religionsgeschichte, 309, verweist darauf, daß die dtr Verfasser auf Originalquellen zurückgreifen und „kaum mehr als 80 Jahre von den Ereignissen getrennt sind und damit für ein Publikum schreiben, dessen Eltern bzw. Großeltern die Maßnahmen Josias noch selber erlebt haben." Tagliacarne, Keiner war wie er, 409, rät hingegen, den Auffindungsbericht in bezug auf die Historizität mit „äußerster Skepsis" zu betrachten.

[28] Rüterswörden, Hulda, 242.

[29] Um Finanzfragen der Priesterschaft geht es auch in Dtn 18,1-8.

[30] Hiskija läßt in einer militärischen Krisensituation nicht Gott befragen, sondern beauftragt Jesaja, in dieser Situation zu beten (2 Kön 19,1-7).

[31] Siehe dazu bereits Dietrich, Walter, Prophetie und Geschichte, FRLANT 108, Göttingen 1972; insbes. 107-109.

[32] Vgl. zum Folgenden die kurze Zusammenfassung der Forschung bei Butting, Prophetinnen, 147.

[33] So bereits Spieckermann, Sargonidenzeit, 159.

[34] Spieckermann, ebd., 73-78, hat (mit Verweis auf Perlitt) gezeigt, daß סֵפֶר הַבְּרִית nirgends so harmonisch mit dem Kontext verbunden ist, wie hier; er vermutet daher, daß die Formulierung von der Joschija-Reform in die Sinaiperikope gelangt ist. Die Formulierung סֵפֶר הַבְּרִית verweist nicht ins Dtn, sondern auf Ex 24,7, auf den Bundesschluß am Sinai nach der Gottesoffenbarung.

[35] Siehe dazu Butting, Prophetinnen, 147-156.

[36] So etwa Würthwein, Ernst, Die Josianische Reform und das Deuteronomium, ZThK 73 (1976), 395-423; 405: „Nicht das Handeln Josias soll oder sollte verständlich gemacht werden, sondern das Handeln Jahwes. Wir dürfen den ganzen Passus, der von der Huldabefragung handelt, getrost Dtr zuschreiben, und zwar dem wegen seiner Beeinflussung durch die Prophetie ... so bezeichneten DtrP."

[37] Daß die klare Trennung der Ämter von König, Priester, Schreiber und Prophetin, die 2 Kön 22f. widerspiegelt, auf das nachexilische Ideal des Kultes verweist, vermutet Handy, Huldah, 47.

[38] Begg, Non-Mention, 20, nimmt an, daß in diesem anonymen männlichen Plural Zefanja mitgemeint sein könnte. Das wäre wohl ein seltener Beleg dafür, daß auch berühmte Männer wie die Schriftpropheten (Jeremia, Nahum und Habakkuk miteingeschlossen?) in einem Kollektiv untergehen. Meist ist dieses Faktum nur für Frauen nachweisbar. Beggs Beobachtung, daß die Führungselite des Volkes im DtrG wesentlich besser wegkommt als in der Schriftprophetie, die teils alle Ämter für korrupt hält, ist nicht von der Hand zu weisen (vgl. ebd., 22).

[39] Diese Verbindung hat bereits Berges, Verwerfung, 198, hergestellt.

[40] In 2 Kön 22,8 und Neh 8,3 wird die Schrift „Buch der Tora" genannt, in Neh 8,1 „Buch der Tora des Mose".

[41] Kessler, Rainer, Staat und Gesellschaft im vorexilischen Juda, VT.S 47, Leiden 1992; 217f., verweist beim Zusammenwirken von König, Beamten und Volk beim Bundesschluß als Verpflichtung auf Reformen auf die parallel gebaute Erzählung von Jer 34,8-22. Er vertritt die These, daß in vorexilischer Zeit der König nicht einfach Gesetze promulgieren konnte, sondern das Volk dem Bund beitreten mußte (vgl. ebd., 215).

[42] So bereits Rüterswörden, Hulda, 240. Spieckermann, Sargonidenzeit, 53, vermutet sogar, daß Schafan und Hilkija deswegen keine Reaktion zugebilligt wird, um das Interesse ausschließlich auf den König zu konzentrieren.

[43] Siehe dazu die anschauliche Graphik bei Steins, Georg, Die Chronik als kanonisches Abschlußphänomen, BBB 93, Weinheim 1995; 218.

[44] Vgl. zum Folgenden wie auch zur Forschungsgeschichte zum Verhältnis der beiden Versionen: Glatt-Gilad, David A., The Role of Huldah's Prophecy in the Chronicler's Portrayal of Josiah's Reform, Bib. 77 (1996), 16-31; 16-20.

[45] Vgl. ebd., 19.

[46] Siehe zum Folgenden auch ebd., 25-29.

[47] Üblicherweise werden als die ältesten Teile des Dtn die Gesetze ohne den erzählerischen Rahmen der Moserede gesehen. Wie Levin, Christoph, Joschija im deuteronomistischen Geschichtswerk, ZAW 96 (1984), 351-371; 371, treffend feststellt, hängt

die Datierung des Urdeuteronomiums in die Joschijazeit jedoch nicht an der Frage der Historizität von 2 Kön 22f.

[48] Exemplarisch sei hier auf zwei Versuche verwiesen: Vgl. Spieckermann, Sargonidenzeit, 153-160 (Zusammenfassung seiner Literarkritik), der den Buchfund und Teile des Orakels als früheste, ins ausgehende 7. Jhd. datierbare Schicht nimmt, die von DtrG eingearbeitet worden sei. Levin, Joschija, 367, teilt das spät angesetzte Orakel Huldas auf zwei verschiedene Schichten auf und hält den Fundbericht für noch später (vgl. ebd., 371).

[49] „This text does not reflect the propaganda of Josiah, but rather the historiography of the author of Kings; therefore the coming Exile is the center of the prophetic word, not a religious reform on the part of Josiah." (Handy, Huldah, 51f.).

[50] So bereits Koch, Profetenschweigen, 119.

[51] Spieckermann, Sargonidenzeit, 302.

[52] Einige der Namen sind durch Siegel aus der Zeit belegt; vgl. dazu Crüsemann, Tora, 311-313.

[53] Vgl. 7,11; 11,32 und die Formulierung des Ämtergesetzes 17,10 in bezug auf die Weisung der sakralen Gerichtsbarkeit.

[54] Zu den Belegen von סֵפֶר הַתּוֹרָה und den Varianten im DtrG (dieses Buch, Buch des Bundes, Buch der Tora des Mose) siehe Spieckermann, Sargonidenzeit, 56.

[55] Rüterswörden, Hulda, 240f.

[56] Mit Camp, Claudia V., 1 and 2 Kings, in: Newsom, Carol A. – Ringe, Sharon H., Hg., The Women's Bible Commentary, Westminster 1992, 96-109; 109, gegen Butting, Prophetinnen, 144.

[57] Darüber besteht freilich kein Konsens. Siehe den Stand der Forschung in der Studie von Otto, Eckart, Das Deuteronomium im Pentateuch und Hexateuch, FAT 30, Tübingen 2000.

[58] Letzteres vermutet Spieckermann, Sargonidenzeit, 73ff., für das „Buch des Bundes" (s.o.).

[59] Lohfink, Norbert, Zur neueren Diskussion über 2 Kön 22-23, in: Ders., Hg., Das Deuteronomium, BEThL 68, Leuven 1985, 24-48; 31.

[60] Zu diesem Konzept der Entstehung des Pentateuchs siehe Braulik, Einleitung, 134.182ff.; ähnlich auch nun Chapman, Stephen B., The Law and the Prophets, FAT 27, Tübingen 2000; 285. Allerdings gehen die Vorstellungen über den ursprünglichen Ort des Dtn derzeit stark auseinander. Siehe dazu den Überblick über die neuere Forschung bei Otto, Eckart, Mose der Schreiber, ZAR 6 (2000), 320-329.

[61] So nimmt Rendtorff, Samuel, 28, an, daß die erste prophetische Gestalt nach Mose Samuel gewesen sei. Auch daß der letzte „Prophet wie Mose" Jeremia sei und nicht Hulda (so etwa Köckert, Prophetengesetz, 85), ist zweifach zu verneinen: Einerseits ist im Kanonteil der Vorderen Prophetie eindeutig Hulda die letzte, und andererseits reicht im Schriftprophetenkanon das Konzept der Prophetie in der Nachfolge des Mose nicht nur bis Jeremia, sondern bis Maleachi, der in Mal 3,22 die Mosetora einschärft. Die Prophetie in der Mosenachfolge wird erst in künftigen Tagen enden, wenn ganz Israel in die Mosefunktion eintritt (vgl. Joël 3).

[62] Vgl. Butting, Prophetinnen, 165; zur Deutung des Rahmens siehe ebd., 165-189. Sie nimmt die Beobachtung von Christensen auf, daß beide prophetischen Frauen mit ihrem „Sitz" vorgestellt werden (Ri 4,5; 2 Kön 22,14).

[63] Ebd., 161.

[64] Ebd., 164.

[65] „Stellt demnach die Hulda der Hebräischen Bibel das Bild des prophetischen Amtes als männliches Privileg in Frage, so die Hulda der späteren jüdischen (und christlichen) Tradition auch die Theologie, die Schriftgelehrsamkeit als rein männliche Wissenschaft." (Wacker, Hulda, 96).

[66] Siehe Butting, Prophetinnen, 180.189.

[67] So Wacker, Hulda, 95.

[68] Siehe Jeremias, Joachim, Heiligengräber in Jesu Umwelt, Göttingen 1958; 51-53.

Wenig genug erfahren wir aus dem Kanonabschnitt der „Schriftpropheten" über *Frauen als Subjekte der Prophetie.* Die einzige
explizit als נְבִיאָה, „Prophetin", bezeichnete Frau findet sich im
Jesajabuch. Von ihr erfahren wir im Rahmen der sogenannten
„Denkschrift" des Jesaja.

Dieser Abschnitt von Jes 6-8 wird – zumindest in einigen
Passagen von der inzwischen gegenüber Frühdatierungen
skeptisch gewordenen Forschung – noch immer auf den histo-
rischen Propheten Jesaja, der im ausgehenden 8. Jhd. v. Chr. in
Jerusalem gewirkt hat, zurückgeführt. Jes 6, die sogenannte
„Berufungsvision" des Propheten, und Jes 8 heben sich, da sie im
„Ich-Bericht" gestaltet sind, von der im „Er-Bericht" gehaltenen
Immanuel-Perikope in Kap. 7 und von den umliegenden Texten
ab, die der Gattung nach aus prophetischen Worten, aus Sprüchen
und aus Liedern bestehen.

Das Jesajabuch wird im folgenden unter wechselnden Ge-
sichtspunkten wahrgenommen. Am Anfang der Wahrnehmung
steht das Buch als sinnvolle Sammlung, die in sich eine intendierte
Einheit bildet. Das Buch kann und will vor allem in seinen narrativen Teilen als „Fabel", die die Geschichte Israels vom Todesjahr
des Königs Usija 739 v. Chr. (vgl. Jes 6,1) bis ins 4. Jhd. hinein
begleitet, gelesen werden. Historische Datierungen in der
Erzählung können zwar stimmig, müssen aber deswegen noch
lange nicht historisch zuverlässig sein. Und sie können in dieser
Ambivalenz durchaus auch mehrdeutig sein: Sie vermitteln dann
sowohl eine Botschaft über den häufig als „Jerusalemer Jesaja"
bezeichneten Propheten des 8. Jhd. als auch über die Zeit, in der
der Text entstanden oder weitergewachsen ist.

Im folgenden sollen daher die Deutungen des Textes für die
erzählte Zeit und die erzählende Zeit unterschieden werden. Während die erste zwar nicht historisch zuverlässig sein muß, jedoch
für die Jesaja-Erzählung allemal ihre Gültigkeit hat, muß sich die
Deutung für die erzählende Zeit immer bewußt sein, daß es sich
um hypothetische Annahmen handelt, denn die Jesajaforschung ist
derzeit weiter denn je von einem Konsens über die Entstehungszeit
der Einzeltexte entfernt.

Die folgende graphisch angeordnete Übersetzung soll dazu dienen, die doch sehr ins Detail gehenden Argumentationen dieses Kapitels anschaulicher werden zu lassen:

(1) Und es sprach JHWH וַיֹּאמֶר יְהוָה אֵלַי
   zu mir:
   „Nimm dir eine große Spiegeltafel
   und schreib darauf
   mit dem Griffel von Menschen:
      Für Maher-Schalal-Hasch-Bas"
    [für „Eile*beute* (שָׁלָל) Raubebald"].

(2)   Und ich will mir als Zeugen nehmen /
   / Und ich will warnen[1]
     glaubwürdige Zeugen:
     Urija, den Priester,
     und Secharja,
     den Sohn Jeberechjas.

----

(3)   Und ich nahte
     der Prophetin.
     Und *sie* wurde schwanger.

     Und *sie* gebar
         einen Sohn.

 Und es sprach JHWH וַיֹּאמֶר יְהוָה אֵלַי
   zu mir:
   „Rufe   seinen Namen:

    Maher-Schalal (שָׁלָל)-*Hasch-Bas*.
(4)   Denn noch bevor der Knabe weiß,
  'mein Vater' *und 'meine Mutter'*
        zu rufen,
     wird man den Reichtum Damaskus'
     und die *Beute* (שָׁלָל) Samarias
    vor dem König von Assur hertragen."

1. Ist im Text wirklich alles so klar, wie es dargestellt wird?

Viele Kommentatoren verstehen die Notiz aus Jes 8,1-4 so, daß der Prophet Jesaja sich der Prophetin nähert, sie schwanger wird und einen Sohn gebiert, der sodann von seinem Vater mit zeichenhaftem Namen benannt werden soll. Sie nehmen den

Hinweis auf „die Prophetin" fraglos und ohne Reflexion als Beleg dafür, daß Jesaja zu seiner Ehefrau geht und mit ihr ein Kind zeugt. Diese Frau hat aber nach dem Verständnis des Textes ohne Zweifel selber eine prophetische Funktion inne, wodurch der Kindername, den der Prophet Jesaja dem Sohn der prophetischen Mutter gibt, doppeltes Gewicht bekommt. Liest man den göttlichen Befehl, den Kindernamen auf eine große Tafel zu schreiben, auf dem Hintergrund der bereits besprochenen Stelle von Ex 38,8, so handelt es sich dabei vermutlich nicht um irgendeine Tafel, sondern um das Handwerkszeug einer Prophetin, die ihren Dienst am Heiligtum versieht.

1.1 Unterschiedliche Inszenierung ein und desselben Stückes: Wovon unterrichtet uns Jes 8,1-4?

Das „Stück", das uns Jes 8,1-4 vorstellt, kann wegen der mangelnden Eindeutigkeit des verwendeten Vokabulars sowie aufgrund der sparsamen Regieanweisungen offensichtlich unterschiedlich „inszeniert" werden.

Der Text wird durch die beiden Gottesreden von V1 und V3b-4 geprägt. Beide laufen auf eine Botschaft von schnellem Raub und eiliger Beute hinaus. Für das Verständnis des Abschnittes ist zu fragen, ob die Reden JHWHs gliedernd sind oder ob mit dem Narrativ in V3a („und ich nahte") oder auch mit dem Subjektwechsel in V3aβ („und sie wurde schwanger") ein neuer Handlungsabschnitt einsetzt. Alle drei Möglichkeiten ergeben einen passablen Sinn, aber je nach Entscheidung stellt sich das Verständnis des Textes unterschiedlich dar:

- Werden die beiden JHWH-Reden als das Geschehen gliedernd gesehen, dann wird die Handlung von V1-3a als Einheit wahrgenommen: Jesaja erhält einen Auftrag, sucht sich vorerst Zeugen und nähert sich sodann der Prophetin, die schwanger wird und ein Kind gebiert. Erst nach dieser abgeschlossenen Handlungsfolge greift JHWH nach gut neun Monaten erneut ein und macht den Handlungsablauf nachträglich zu einer zusammenhängenden Zeichenhandlung, die er entsprechend dem Aufgeschriebenen deutet.

- Wird der Narrativ in V3a, „und ich nahte", als Gliederungssignal einer neu einsetzenden Folge von Handlungen genommen, dann muß man V1-2 als Sinneinheit sehen: Jesaja wendet sich nach diesem Verständnis ab V3 vom prophetischen Auftrag weg wieder dem Alltag zu. JHWH jedoch bringt schließlich in seiner Rede von V3b-4 beide Handlungen durch die Deutung in Verbindung.

- Wird der Subjektwechsel in V3aβ als Neueinsatz einer Handlungsfolge gewertet, dann ist V2-3aα so zu verstehen, daß Jesaja sich zuerst Zeugen nimmt und sich dann der Prophetin nähert, offensichtlich um mit ihr gemeinsam den Gottesauftrag der Aufzeichnung auszuführen. Erst mit dem Gang zu ihr ist Jesajas Auftrag ausgeführt. Die Gottesrede gibt ihm in V3b eine neuerliche Handlungsanweisung, die den ersten Auftrag deutet.

1.2 Handelt Jesaja wie befohlen?

Keine der beiden Gottesreden hat einen wirklich entsprechenden, eindeutigen „Ausführungsbericht", der belegen würde, daß Jesaja genau so handelt, wie ihm aufgetragen ist. Wir erfahren weder, ob Jesaja das Gehörte wirklich aufschreibt, noch daß das Kind tatsächlich den entsetzlichen Namen bekommt. Die Lesenden nehmen dies nur folgerichtig an, da Jesaja ein Prophet ist und man damit erwarten kann, daß er ausführt, was JHWH ihm sagt (vgl. Dtn 18,18; Ez 33,7ff.).

Die deutschen Bibelübersetzungen machen glauben, daß die beiden Handlungen Jesajas in V2a.3a als Ausführungen zur göttlichen Anweisung in V1 zu lesen sind, da sie durchweg den hebräischen Text[2] von V2 an V3 angleichen: „Und ich nahm mir..." „Und ich ging..." (Luther). Dadurch werden die beiden Handlungen auf ein und dieselbe Ebene gestellt und gleichwertig als Folgen der Gottesrede in V1 präsentiert. Der hebräische Text hat jedoch in V2 die Selbstaufforderung und in V3 die Erzählform. Diese grammatikalische Differenz ist nicht einzuebnen.

Die beiden Aktionen Jesajas sind nach dem Verständnis des masoretischen Texts nicht auf einer Ebene zu sehen. Sie können daher *nicht* als gleichwertige Folgen aus der Anweisung Gottes verstanden werden. So ergibt sich das Problem, daß unklar bleibt, wann und vor wem Jesaja das Angewiesene ausführt.

Auf Bernhard Duhm[3] geht der in der Forschung oft befolgte Vorschlag zurück, zur Problemlösung der unklaren Handlungsabfolge[4] die Erzählform von V3a plusquamperfektisch zu übersetzen: „ich hatte mich genähert". Die Zeugung des Kindes geht nach diesem Verständnis dem göttlichen Auftrag voraus. Ob es – wie die grammatikalisch gleichen Formen nahelegen – bereits als geboren zu denken ist, bleibt unentschieden.

Gegen ein solches Verständnis des Textes kann hingegen kein Zweifel bestehen, daß in V3 ausschließlich Narrative („und ich ging ... und sie wurde schwanger und gebar...") die Erzählung voranbringen. Wildberger versteht daher den Vers als normale Fortsetzung der Handlung und diese als eine Einheit, stellt jedoch die im Text bezeugte Abfolge um: „Das naheliegendste Verständnis geht also doch dahin, daß die Niederschrift des

Namens nicht nur der Geburt, sondern sogar der Zeugung voranging, wobei anzunehmen ist, daß der Prophet den Befehl zur Namengebung unmittelbar nach demjenigen zur Beschriftung der Tafel empfangen hatte."[5] Diese Handlungssequenz belegt der Text jedoch nicht, sondern Schwangerschaft und Geburt gehen dem Befehl zur Benennung des Kindes *voraus.*

Der Handlungsablauf ist also eher so zu verstehen, daß mit V3 eine vom vorhergehenden V2 unabhängige Handlung erzählt wird. Die Folgerung, die Jesaja in Ausübung seiner prophetischen Pflicht, die Botschaft auszurichten (vgl. Ez 33,1ff.), aus der göttlichen Anweisung zieht, ist dann die Warnung an die zuverlässigen Zeugen. Bei dieser Deutung ist also die erste Reaktion das Ausrichten der Botschaft. Erst nach dieser *nicht angeordneten öffentlichen Mitteilung* der Botschaft folgt das *angeordnete Aufschreiben.* Damit werden die Worte als Beweis, daß es eine Warnung gegeben hat, vor dem Eintreffen schriftlich fixiert. Die Zeichenhandlung der Aufzeichnung belegt, daß Jesaja von Beute und Raub schon vor Kriegsbeginn weiß. Dazu geht er aber offensichtlich zur Prophetin und schreibt wohl bei ihr die Worte auf – oder läßt sie durch sie aufschreiben.

2. Gibt die Bibel Einblick in das „Privatleben" großer Männer?

Im Zuge der von christlichen Forschern getragenen historisch-kritischen Prophetenforschung wurden die Ich-Berichte der Prophetenbücher gleichsam als „Konfessionen" gelesen: Sie würden Aufschluß über das Innenleben und die persönlichen Erlebnisse[6] sowie die familiären Lebensumstände der großen Männer geben, die die israelitische Religion zu dem gemacht hätten, was sie nach dem Zeugnis der Bibel ist.

Die im Mitteleuropa des 19. Jhd. entwickelten Vorstellungen der Geschlechtscharaktere schlagen sich in der Exegese gerade dieser Prophetentexte anschaulich nieder. Sie wird vor allem von der konstruierten Trennung von Berufs- und Privatleben getragen, bei der die gesellschaftlichen Bereiche in private, die den Frauen zugeordnet werden, und in öffentliche, die von den Männern dominiert werden, aufgeteilt werden.

Werden die sogenannten „Berufungsberichte" einerseits zwar als innere und persönliche Erfahrungen der prophetischen Individuen gesehen, so werden sie andererseits dennoch dem öffentlichen Bereich des prophetischen Berufs zugeordnet. Die berühmten Kindernamen bei Jesaja und Hosea, die Frauen der Propheten Ezechiel (Ez 24,15ff.) und Hosea (Hos 1-3) sowie Jeremias Ehelosigkeit (Jer 16,2ff.) wurden hingegen dem familiären Bereich zugeordnet und als Grenzüberschreitung der beiden Bereiche gedeutet: Der Prophet sei mit seiner ganzen Existenz, sogar mit seinem „Privatleben", in den prophetischen Ruf involviert. Gott greife sogar nach seiner Familie, wenn es darum gehe, die Botschaft anschaulich auszurichten.

Diese Sichtweise, die sich bis heute in manchen Publikationen findet, ist eine ideologische Konstruktion. Sie gibt sich keine Rechenschaft darüber, ob „öffentlich" und „privat" überhaupt adäquate Kategorien sind, die biblische Welt und ihre Lebensbereiche zu beschreiben.[7] Und sie reflektiert nicht die für biblische Zeiten vorausgesetzten Denkweisen über das kulturelle und soziale Geschlecht.

Die Vorstellungen darüber, was zu biblischen Zeiten „männlich" und was „weiblich" gewesen sei, sind bis zum Beginn der Frauenforschung beinahe unreflektiert geblieben. Man hat sich zwar Gedanken darüber gemacht, ab wann man frühestens mit der Domestizierung des Kamels rechnen kann und in welcher Zeit Pferde als Kavallerie oder mit Streitwagen im Krieg eingesetzt wurden, aber der Tatsache, daß auch mit massiven Veränderungen in bezug auf die Geschlechterverhältnisse zu rechnen ist, wurde kaum Beachtung geschenkt. Die Geschlechterfrage bildete lange Zeit einen blinden Fleck in der alttestamentlichen Forschung. Nur so sind Erklärungen, die über das „Privatleben" des Propheten spekulieren, überhaupt zu verstehen.

Von „Jesajas Familie", über seinen Familienstand, ob er etwa in Polygynie lebt oder nicht, die Anzahl und das Geschlecht seiner Kinder und wovon er diese ernährt, erfahren wir im gesamten Jesajabuch nichts. Familiäre Umstände sind offensichtlich Themen, für die das Prophetenbuch sich nicht speziell interessiert.

2.1 Die Frau des Propheten, Prophetin oder beides?

Viele männliche Exegeten, die sich der Ehemoral der Kirchen verpflichtet fühlten, haben die Verben von V3a als Handlungsabfolge gelesen und die Prophetin wie selbstverständlich als *die* Ehefrau des Propheten gedeutet. Ein paar Beispiele sollen dies veranschaulichen.

So schreibt etwa Eising in seinem Jesajakommentar in der bis heute fortlaufend erscheinenden Reihe „Geistliche Schriftlesung": „Gott befiehlt dem Propheten eine Handlung, durch die er öffentliches Aufsehen erregen soll. Er soll vor Zeugen einen Namen für das Kind festlegen, das seine Frau erwartet."[8] Das ist alles, was er zur Begegnung Jesajas mit der Prophetin zu sagen hat. Der Text spricht nun aber weder von „*seiner* Frau" noch davon, daß Jesaja eine *schwangere* Ehefrau habe. Der Text sagt uns vielmehr, daß

Jesaja sich „der Prophetin" genähert habe. Und er sagt, daß sie schwanger wurde und ein Kind gebar. Was der Kommentator hier als exegetischen Kommentar zum Text präsentiert, ist eine christkatholische Interpretation der Stelle, die davon ausgeht, daß Propheten selbstverständlich in Einehe leben, nur mit ihren Ehefrauen verkehren und Frauen keinerlei Ämter innehaben: alles Gegebenheiten also, die nach dem Ausweis der Hebräischen Bibel durchaus nicht so sein müssen...

Bernhard Duhm, der die Forschung des vorigen Jahrhunderts mit der Stilisierung der Propheten zu charismatischen Einzelgängern entscheidend geprägt hat, schreibt in seinem Kommentar: „Jes. nennt sein Weib 'die Prophetin', hat also den Namen Nabi nicht für sich abgelehnt wie Amos (c. 7,14), hat auch nur ein Weib."[9] Um das Gewicht dieser Kommentierung ermessen zu können, muß man zuerst einmal lesen, wieviel Duhm etwa zum Griffel und zur Schrift zu sagen hat, mit denen Jesaja schreiben soll. Von der Prophetin erfahren wir nach Duhm, daß Jesaja sie so *nenne*, nicht daß sie tatsächlich eine sei. Wir erfahren, daß *die Prophetin* seine Frau sei, was wiederum nicht im Text steht. Und wir bekommen erklärt, daß er nur ein einziges „Weib" habe, was ebenfalls nicht gesagt wird.

Selbst wenn die Prophetin seine Ehefrau wäre, wäre die Angabe *die Prophetin* eher ein Hinweis darauf, daß es neben dieser noch andere Ehefrauen des Propheten gibt. So schreibt etwa Wildberger zum Verhältnis der „jungen Frau" aus Jes 7,14 zur Prophetin: „Will man in jener doch Jesajas Frau sehen, muß die הנביאה von 8 3 eine andere Frau des Propheten sein, und man hat Gelegenheit, bei der Darstellung der Familienverhältnisse Jesajas seine Phantasie frei walten zu lassen."[10] Damit hat Hans Wildberger zweifelsohne recht. Aber Bernhard Duhm findet auch nicht den Titel der Frau einer Erklärung wert; was ihn an „der Prophetin" interessiert, ist der Zirkelschluß, der auf Annahmen beruht, die allesamt nicht im Text stehen: Weil *er* seine Ehefrau als *Nebija*, als „Prophetin", vorstelle, habe er angeblich selber den Titel *Nabi*, „Prophet", nicht abgelehnt. Der Text aber sagt schlicht und einfach, daß er, von dem wir nicht erfahren, ob er sich als *Nabi* versteht, sich der Prophetin nähert.

Bei einem Mann des vorletzten Jahrhunderts wie Conrad von Orelli, der 1891 seinen Kommentar zu Jesaja und Jeremia verfaßt hat, klingt die Lösung des Rätsels, wer denn die Prophetin sei, noch wesentlich differenzierter als bei den eingangs zitierten Autoren. Auch für ihn ist die Prophetin fraglos die Ehefrau des Jesaja. Aber er thematisiert diese Bezeichnung wenigstens als Deutung: „*Die Prophetin* hieß Jesajas Gattin im Volksmund umsomehr, da sie wie seine ganze Familie an der Darstellung des prophet. Wortes teilnahm."[11] Orelli schreibt die Bezeichnung „Prophetin" zwar einer quasi inoffiziellen Tradition zu, indem er den in der ganzen Stelle nicht angesprochenen Volksmund bemüht, aber er läßt die Frau *nicht* am Auftrag *des Jesaja* teilhaben, sondern unmittelbar an der Darstellung des *prophetischen Wortes*. Er billigt ihr damit direkte prophetische Funktionen zu, die, wenngleich er sie familiär aufteilt, nicht über den Ehemann vermittelt werden.

Nun ist aber die Bezeichnung „die Prophetin", הַנְּבִיאָה, das Substantiv mit Artikel, zur Bezeichnung der Ehefrau eines Propheten nicht gebräuchlich. Bereits Wildberger[12] hat darauf hingewiesen, daß die oft als Parallelbeispiel herangezogene Bezeichnung מַלְכָּה, „Königin", als Beweis dafür, daß im AT Ehefrauen nach der Profession ihrer Männer bezeichnet werden konnten, nicht schlüssig ist.

Keine einzige der Ehefrauen von den biblischen Königen wird je als „Königin" bezeichnet. Als מַלְכָּה werden in der gesamten Bibel nur die zweifelsohne selber über ihr Königreich herrschende Königin von Saba (vgl. 1 Kön 10,1-13) und die am orientalischen Königshof in der Rolle der Favoritin des Harems stehende Ester, die die „Königin Waschti" ersetzt, bezeichnet. Sonst ist nur noch im Hohelied im Rahmen der Herrschertravestie von „Königinnen" die Rede (Hld 6,8f.).

Damit ist klar, daß im Hebräischen die Ehefrauen nicht mit der grammatikalisch weiblichen Form der Funktionsbezeichnung ihrer Ehemänner betitelt werden. Wenn die Ehefrau eines Propheten gemeint wäre, müßte im Hebräischen die Bezeichnung אֵשֶׁת הַנָּבִיא, „die Frau des Propheten", stehen (vgl. in der Rede des Propheten Ezechiel: „*meine Frau*", Ez 24,18). Diese Frau, von der Jes 8,3 redet, muß also selber Prophetin gewesen sein, auch wenn sie zum Zeitpunkt des Geschehens bereits eine Ehefrau des Jesaja gewesen sein sollte. Sie ist es nicht erst durch die in 8,3 beschriebene Annäherung des Propheten, die dann sexuell gedeutet werden muß, geworden. Daß diese Deutung aber nicht die einzig mögliche ist, wird in der Folge noch zu zeigen sein, auch wenn Jes 8,18[13] dies nahelegen wird.

2.2 Warum sich Jesaja der Prophetin „naht"

Die Wendung קָרֵב אֶל אִשָּׁה, „sich einer Frau nahen", meint in der überwiegenden Mehrzahl seiner Belege die körperliche Annäherung zu einer sexuellen Begegnung. In Dtn 22,14 ist dies etwa die Folgehandlung von לָקַח אִשָּׁה, „eine Frau nehmen", was die Eheschließung samt dem Vollzug der Ehe anzeigt.

Auch bei den Aufzählungen jener Sexualpartnerinnen, die tabu sind, steht zur Verdeutlichung des Gemeinten das eindeutige „die Scham aufdecken" (Lev 18,6.14.19; 20,17). Wenn Ez 18,6 es verbietet, sich einer Frau während ihrer Menstruation zu nähern, ist damit wiederum klar die sexuelle Begegnung angezeigt. Abimelech bewahrt die Tatsache, daß er Sara „nicht genaht" war, vor den Todesfolgen aufgrund der Anklage wegen Ehebruchs (Gen 20,4). Alle diese Beispiele verstehen die Wendung als eine Handlung, die den Vollzug von Sexualität zum Ziel hat.

Nach biblischem Befund kann sich ein Mann aber auch ohne sexuelle Absichten „einer Frau nähern". In Num 5,16.25 tut dies etwa der Priester, der an einer des Ehebruchs verdächtigten Frau das Eifersuchtsordal vornehmen soll. Damit kann einerseits als sicher gelten, daß mit dieser Formulierung immer die Konnotation der *körperlichen Nähe* mitgegeben ist. Andererseits ist jedoch die Aussage in Jes 8,3a damit nicht so eindeutig sexuell zu interpretieren, wie dies vorerst den Anschein hat. Es gibt mehrere Möglichkeiten, sie zu verstehen:

- Die erste ist die meist als einzig mögliche angesehene, die die Handlungen von V3a in einem Tat-Folge-Zusammenhang sexuell versteht: Jesaja nähert sich der Prophetin, um mit ihr zu schlafen, worauf sie schwanger wird.
- Eine zweite Möglichkeit besteht darin, die Annäherung des Propheten an die Prophetin nicht sexuell, sondern neutral zu verstehen. Damit würde Jesajas Handlung, die mit V2 in Gang kommt, mit V3aα zu Ende sein. Der Subjektwechsel zeigt dann eine andere Handlungsfolge an: Die Prophetin wird schwanger und gebiert ein Kind, von dem nicht eindeutig klar ist, ob Jesaja der Vater ist oder nicht.

Wer die Prophetin von ihrer Herkunft her ist oder wie sie heißt, wird nicht gesagt. Alles, was wir über sie wirklich erfahren, ist, daß sie vom sprechenden Subjekt Jesaja aufgesucht wird und er schließlich ihr Kind benennt. Ob als Folge aus dieser Begegnung oder zeitlich davon abgesetzt, diese Prophetin wird schwanger und gebiert ein Kind, für das sodann JHWH einen überaus ungewöhnlichen Namen bestimmt.

2.3 Die Kinder in der „Denkschrift" Jes 6-8

In 7,3 erfahren die Lesenden, daß JHWH dem Propheten befiehlt, mit seinem Sohn *Schear-Jaschub*, „Ein Rest kehrt um", aus der Jerusalemer Innenstadt an das Ende der Wasserleitung des oberen Teiches hinauszugehen, um dort den judäischen König Ahas zu treffen.

Die Anweisung könnte entweder darauf schließen lassen, daß Jesaja noch mindestens einen weiteren Sohn hat, da sonst der Name nicht als Näherbeschreibung des mitzunehmenden Kindes genannt werden müßte. Oder aber der Name soll die auszurichtende Botschaft Jesajas andeuten. Eine entsprechende Geschichte, wie dieser Name entstand, ist uns nicht überliefert. Nirgends erzählt das Jesajabuch, daß der Name auf eine göttliche Anweisung zurückgehe. Der Satzname *Schear-Jaschub* deutet überwiegend auf Unheil hin und nur bedingt auf Hoffnung, da er aussagt, daß *nur ein Rest* umkehren wird. Ein Bruchteil des Volkes wird dies allerdings wirklich tun. Wer das Jesajabuch fortlaufend liest, bringt den Kindernamen mit der Botschaft der sogenannten „Berufungsvision" in Verbindung (vgl. Jes 6,8-13).

Der Sohn, den Jesaja nach 7,3 mitnehmen soll, wird vom Alter her nicht bestimmt. Er könnte auch schon erwachsen gedacht werden. Daß man sich ihn offensichtlich in einem Alter vorstellt, in dem er bereits laufen kann, schließen die Leserinnen und Leser indirekt aus den chronologischen Notizen der sogenannten „Denkschrift": Das Kind müsse noch ein Knabe sein, da Jesaja im Todesjahr des Königs Usija berufen worden sei (6,1), was nach der Chronologie der Geschichte Israels im Jahr 739 v. Chr. geschah. Da das Kind offenkundig einen prophetischen Symbolnamen trägt, müsse es *nach* Jesajas Berufung zum Propheten geboren sein.

Der Botschaft nach zu schließen, ist das Wort, das er auszurichten hat, für die Umstände der sogenannten syrisch-efraimitischen Krise der Jahre 734-733 v. Chr. bestimmt (7,4-9): *Schear-Jaschub,* „Ein Rest kehrt um", ist anwesend, wenn dem König als Zeichen für die Rettung aus der Bedrängnis durch die nördlichen Königreiche die Geburt eines Kindes angekündigt wird, das den Namen *Immanuel,* „Gott mit uns", tragen soll. Wenn die beiden Namen sich gegenseitig erklären sollen – und nur so ist das stumme Auftreten des Jesajasohnes sinnvoll zu verstehen –, dann wird Gott mit dem Rest sein, der umzukehren bereit ist.

Bei Immanuel ist nicht klar, wer als Vater des Kindes zu sehen ist, ob nun der König oder der Prophet oder sonst wer. Die Mutter wird als „die junge Frau von Stand", הָעַלְמָה,[14] bezeichnet, und sie benennt das Kind (7,14). Eine in patriarchalen Gesellschaften übliche Zuordnung zu einem Mann, sei es zum Vater als noch unverheiratete Tochter, sei es als Ehefrau zu einem Gatten, fehlt. Deswegen wurde auch häufig vermutet, daß die junge Frau bei der Begegnung des Propheten mit dem König anwesend zu denken und damit eine Frau aus dem Gefolge von Ahas oder auch „die Prophetin"[15] sei.

Von Empfängnis, Geburt und Namengebung eines dritten Kindes erfährt man in der Denkschrift aus dem Kapitel, das für die Frage nach den Prophetinnen relevant ist. Bei diesem Sohn wird wiederum nur die Identität der Mutter eindeutig festgelegt. Sie wird mit ihrer Profession vorgestellt, jedoch nicht mit Namen. Daß der Prophet der Vater des Kindes ist, wird nirgends ausdrücklich gesagt, sondern daraus geschlossen, daß V3a einen Tat-Folge-Zusammenhang darstelle. Die Zusammenhänge sind aber bei weitem nicht so eindeutig, wie manche Exegeten dies gerne darstellen.

Die zweite Gottesrede in V3b weist Jesaja an, das Kind der Prophetin mit dem Namen jener Botschaft zu benennen, die er vorher aufschreiben sollte (V1). V4 begründet diesen überaus befremdlichen Kindernamen: Das mit dem Namen Angekündigte wird eintreffen, noch bevor der Knabe sprechen lernt. Dies ist wohl primär gemeint, wenn es heißt, daß er „mein Vater" und „meine Mutter" zu rufen weiß. Denn in jeder Kultur sind die ersten Worte, die ein Kind lernt, die mit Lallauten gebildeten Verkleinerungsformen von Vater und Mutter, wie Papa und Mama[16] oder eben hebräisch „*abi* und *immi*". Wenn sich die Formulierung nochmals auf V3a zurückbezieht, um das Geschehen dort zu verdeutlichen, dann wäre die Erwähnung von Vater und Mutter als Betonung der prophetischen Begabung beider Elternteile zu verstehen und Jesaja als Vater des Kindes erwiesen.

2.4 Inschrift und Kindername

Die Präposition -ל, „für", „zu", vor „Maher-Schalal-Hasch-Bas" in 8,1 ist schwierig zu deuten. Liest man die Inschrift ohne das Wissen von V4, so würde man sie eher mit „zu eiliger Beute und raschem Raub" übersetzen. Erst durch die Applikation der Botschaft als Namen übersetzt man die Präposition treffender mit „für".

Wie in der Forschung häufig gesehen, sind Satznamen gerade als Zusatznamen, die die Funktion eines Kindes ausdeuten, nicht selten. „Schear-Jaschub" und „Immanuel" sind solche Namen, und die sogenannten „Thronnamen" des verheißenen Kindes aus Jes 9,5, die „wunderbarer Rat", „Gottes Held", „Ewigvater" und „Fürst des Friedens" heißen, gehen in dieselbe Richtung. Der Name fügt sich also gut in die Namengebung der Jes 8,1-4 umgebenden Kapitel ein.

Den Sinn der Anweisung, „Für Maher-Schalal-Hasch-Bas" aufzuschreiben, wird aus V1 vorerst nicht ersichtlich. In der Bibel werden häufig Namen mit sprechender Bedeutung gegeben. Die Anweisung, diesen Namen bei der Geburt des Kindes zu bestimmen, ist ganz im Rahmen des Brauches, die junge Generation mit Namen zu benennen, die die Erfahrungen der Eltern deuten. Man denke hier bloß an die Namen der Söhne Rahels und Leas in Gen 29-30.

Entweder ist die Aufzeichnung der Botschaft noch vor Eintreten der Schwangerschaft deswegen nötig, weil das Ereignis, auf das sie sich bezieht, unmittelbar bevorsteht und daher noch vor Jahresfrist eintreten könnte, oder aber die Erfüllung des Wortes läßt noch länger auf sich warten und muß daher bis zum Tag des Eintreffens schriftlich präsent gehalten werden.

Beim fortlaufenden Lesen von Jes 6-8 stellt sich assoziativ freilich noch eine weitere Verbindung ein. Auch für das verheißene Kind der jungen Frau aus Kap. 7 wurde mit der Formulierung „Denn noch bevor der Knabe weiß..." (כִּי בְּטֶרֶם יֵדַע הַנַּעַר) der Zeitpunkt angegeben, zu dem die Botschaft spätestens eintreffen und sich damit als wahr erweisen wird (7,16; vgl. 8,4). Beim „Immanuel" genannten Kind wird als Zeitpunkt dafür die Unterscheidungsfähigkeit von Gut und Böse und damit das Erwachsenwerden angegeben. Beim Namen des Sohnes der prophetischen Mutter steht die Erfüllung des Wortes wesentlich früher an, nämlich binnen ein bis zwei Jahren. Noch vor dem Spracherwerb des Kindes wird es geschehen, daß Damaskus und Samaria zur Beute der Assyrer werden. In Jes 7 wurden, wenn von den Regionalreichen die Rede war, beinah durchgängig die Könige für ihre Länder erwähnt. Hier stehen die Hauptstädte als pars pro toto für die Königreiche Aram und Israel, denen mit dem Kindernamen der Untergang prophezeit wird.

Erst durch die göttliche Deuterede in V3b-4 wird klar, daß die in V1 angeordnete Symbolhandlung ihr Ziel in der Benennung eines Kindes findet, das einen sprechenden Namen erhalten soll. Ließ der Name von Jesajas (älterem) Sohn *Schear-Jaschub* noch einen Hoffnungsschimmer, so ist der Name des Prophetinnensohnes nun ganz von der bis zum Ende vollzogenen Kriegshandlung geprägt: Beutemachen ist der letzte Akt der siegreichen Krieger, bevor sie wieder abziehen (vgl. Ri 5,30). Wenn der Name also den Endpunkt der Kriegshandlungen angibt, sind damit alle diesem „krönenden Abschluß" vorausgehenden Kriegsgreuel mitangekündigt. Der einzige Trost – wenn man davon überhaupt reden kann – ist, daß alles sehr schnell gehen wird. *Maher-Schalal-Hasch-Bas*, das Kind, das diesen Namen erhält, wird immer, wenn es bei seinem Namen gerufen werden wird, Zeugnis für die schnelle Beute und den raschen Raub ablegen.

„Beute", שָׁלָל, und „Raub", בַּז, meinen etwa in Dtn 2,35; 3,7; 20,14 die Kriegsbeute, die auch Frauen und Kinder miteinbezieht. Durch diesen Kontext bekommt der Kindername eine noch abseitigere Dimension. „Beute", שָׁלָל, steht etwa im Deboralied Ri 5,30 gleich viermal zur Beschreibung von Frauen als zur Vergewaltigung freigegebenen Kriegstrophäen. Die beiden Wörter „Beute", שָׁלָל, und „Raub", בַּז, stehen auch wenig später im Jesajabuch, in Jes 10,6, parallel und beschreiben den Raubzug Assurs. Auch wenn teilweise vermutet wird, daß Maher-Schalal-Hasch-Bas ein militärischer Schlachtruf sei, der bereits im 2. Jt. v. Chr. in Ägypten zu belegen ist und wohl zur Anfeuerung der Soldaten gedient hat, sind dennoch die biblischen Belege für die Auslegung signifikant.

Im Ezechielbuch wird an zwei Stellen mit den beiden Wurzeln, die in Jes 8 den Kindernamen begründen, gespielt, sodaß man den Eindruck bekommt, dort finde sich eine Ätiologie dieses Namens. In Ez 29,19 wird in einer Gottesrede angekündigt, daß Nebukadnezzar die Schätze Ägyptens rauben, plündern und als Beute wegschleppen wird:

> „Siehe, ich gebe Nebukadnezzar, dem König von Babel, das Land Ägypten, und er wird wegtragen seine Schätze und seine Beute erbeuten und seinen Raub rauben...“

Noch auffälliger sind die Textbezüge zu Ez 38,12f., die offensichtlich im Abschnitt um den Ansturm des mythischen Königs Gog mit dem Namen spielen. Im Rahmen einer Gottesrede wird das Tun Gogs beschrieben, der gegen ein Volk vorgeht, das unbefestigt – ohne Mauern und Riegel – ehemalige Trümmer wiederbewohnt. Dieser mit einem Decknamen bezeichnete König kommt,

> um zu erbeuten die Beute und um zu rauben den Raub... [Sie] sprechen zu dir: „Um zu erbeuten die Beute kommst du? Um zu rauben den Raub hast du deine Versammlung versammelt? Um wegzutragen Silber und Gold, um Erwerb zu erwerben zu erbeuten die große Beute?“

Insgesamt zehnmal wird hier mit den beiden Wurzeln gespielt. Es geht an dieser Stelle wie in Jes 8 um den Feind aus dem Norden. Der will das im Land wieder ansässige Israel plündern, wird jedoch selber zu Raub und Beute (Ez 39,10) durch ein Volk, das seine Waffen vernichtet hat (Ez 39,9f.; vgl. dazu Jes 2,2-4).

Die Stellen erweisen, daß Beute und Raub jeweils mit der unersättlichen Großmacht aus dem Norden verbunden werden. Sind dies in der erzählten Zeit von Jes 8 die beiden nördlichen Reiche Israel und Aram, die Juda mit Krieg drohen, so ist es in Ez 29,19 der Babylonierkönig, der schließlich Jerusalem zerstören wird. In Ez 38f. ist es Gog, der König des Feindes aus dem Norden schlechthin. Ähnlich wie im Juditbuch, wo der babylonische König Nebukadnezzar als Assyrer vorgestellt (Jdt 1,1) und mit dieser Identifizierung eine Bündelung der Bedrohung durch die zeitgenössische Macht aus dem Norden symbolisiert wird, scheint es auch mit unseren Belegen zu sein: „Maher-Schalal-Hasch-Bas“, raschen Raub zu rauben und eilig Beute zu erbeuten, war durch die Geschichte hindurch immer wieder die Begierde der mächtigen Feinde aus dem Norden. Der Gott Israels läßt sie jedoch selber zu Beute und Raub werden.

2.5 Die Funktion der Prophetin: Nur Kinder gebären?

Wenn nach dem Aufgezeigten nun nicht mehr einfach behauptet werden kann, daß Jesaja zu seiner Ehefrau geht und mit ihr ein Kind zeugt, das JHWH später mit Symbolnamen benannt wissen will, welche Funktion hat dann der Gang zur Prophetin? Welche Rolle spielt sie für die Botschaft, und was bedeutet dies für den Verkündigungsauftrag Jesajas?

Der Abschnitt ab 8,3aβ erzählt eine neue Handlung, die vor allem durch ihren Ausgang in engste Verbindung mit der ersten gebracht wird. JHWH spricht wiederum zum Propheten und weist ihn an, die aufgeschriebene Botschaft als Kindernamen für den neugeborenen Sohn der Prophetin zu verwenden.

Wenn die Funktion der prophetisch begabten Frau hier also auf ihre Mutterrolle beschränkt gezeichnet wird, ist für feministisch Interessierte dennoch kein frühzeitiges Naserümpfen angesagt: Auch männliche Berufskollegen der Prophetin zeugen Kinder, um sie mit Namen zu benennen, die die Botschaft verdeutlichen. Sprechende Namen waren in biblischen Zeiten das, was man heute einen „idealen Werbeträger" nennt: Sooft man die Namen der Kinder ruft, ist die Prophetie präsent.

Wenn man den Hinweis aus 8,18 auf Jesajas Kinder, die zu Zeichen geworden sind, als Erklärung unserer Stelle heranzieht, so ist Jesaja als Vater des Kindes der Prophetin zu deuten. Berücksichtigt man die gesellschaftlichen Normen in bezug auf die Sexualität, so ist anzunehmen, daß die Frau zu Jesajas Ehefrau geworden ist. Ob sie dies bereits vor der Annäherung Jesajas, die dann zur Initiierung der Zeichenhandlung wird, war, das erfahren wir aus dem Text jedoch nicht.

Im Alten Israel ist eine Abfolge von Zeremonien bei einer Heirat[17] nur für freie Jungfrauen, die einen Mann auf derselben ökonomischen Stufe oder einer höheren heiraten, anzunehmen. Wird eine Tochter eines verarmten Mannes zur Nebenfrau eines Reichen, so haben wir vermutlich keine Eheurkunde, wie sie biblisch bereits in Gen 31,50 indirekt bezeugt ist, anzunehmen. Eine Ehe mit einer freien Witwe kommt vermutlich ohne Zeremonie, allein durch den wiederholten geschlechtlichen Vollzug, zustande. Da Männer im Alten Orient prinzipiell polygyn leben können, ist die Integration einer solchen Frau in die bereits bestehende Familie mit einer oder mehreren Frauen kein gesellschaftliches Problem. Es gibt also durchaus mehrere Möglichkeiten, die nicht erzählte Vorgeschichte dieser Frau zu denken und so die erzählerischen Lücken zu füllen.

Damit läßt sich erweisen, daß die postulierten Einblicke in die „Familienverhältnisse" – falls sie überhaupt gegeben werden – ganz anderer Natur sind, als in der Forschung so oft angenommen wird: Es ist keine Trennung in die zwei Bereiche von Familie und Berufsleben nachzuweisen. Sowohl die in Jes 8,3 erwähnte Frau als auch die in Jes 7-8 erwähnten Kinder sind Teil der prophetischen Botschaft. So vermittelt es das Jesaja*buch*. Daß es sich um eine politische Botschaft handelt, wird durch das dem

König auszurichtende Gotteswort für eine bevorstehende militärische Krise deutlich. Das vermeintliche „Privatleben" des Jesaja und das seiner Berufskollegin ist also in hohem Maß politisch.

3. Ein Blick in die Requisitenkammer einer Zeichenhandlung

Bemüht man sich einmal, genau am Text zu bleiben, die erzählerischen Lücken zu thematisieren und sie nicht von vornherein fraglos phantasievoll zu füllen, so wird nicht nur Jesajas „Privatleben" fraglich, sondern es zeigen sich weitere Leerstellen im Text. Neben dem dominierenden prophetischen Wort, das zentral für die Beauftragung mit einer Botschaft ist, treten uns in den prophetischen Texten nicht nur Visionen und Auditionen gegenüber, sondern auch Handlungen, die mit auszudeutenden Zeichen operieren.

3.1 Die göttliche Anweisung: „Nimm dir"

Die Aufforderung קַח־לְךָ, „Nimm dir", findet sich häufig in göttlichen Anweisungen zu prophetischen Zeichenhandlungen.[18] Die von Gott so unterwiesenen prophetischen Menschen werden angehalten, einen Gegenstand zu nehmen und mit ihm eine Handlung zu vollziehen, die auf die auszurichtende Botschaft hin transparent wird.

So soll sich etwa Jeremia einen eigens gekauften Gürtel *nehmen* und diesen an den Eufrat bringen (Jer 13,1ff.); Hosea soll sich eine hurerische Frau und hurerische Kinder *nehmen*, um das Verhältnis von Gott und Volk zu symbolisieren (Hos 1,2). Auch Achija von Schilo fordert Jerobeam auf, sich zehn Stücke seines in zwölf Teile zerrissenen Mantels zu *nehmen*, um die Teilung von Salomos Reich anzuzeigen (1 Kön 11,31).
Auch vom *Nehmen* eines Gegenstandes, um die gehörten Gottesworte wie in Jes 8,1 aufzuschreiben, ist häufiger in der Schriftprophetie die Rede: Jeremia soll sich eine Buchrolle *nehmen* und alle Dinge in ihr aufschreiben (Jer 36,2). Nachdem der König das Buch vernichtet hat, soll er sich noch einmal eine andere Rolle *nehmen*, um das neue Wort festzuhalten (Jer 36,28.32). Ezechiel soll zur prophetischen Zeichenhandlung, die die Belagerung Jerusalems ankündigt, ein Holz (Ez 37,16) oder einen Lehmziegel *nehmen* und den Plan Jerusalems auf ihm einritzen (Ez 4,1).

Der göttliche Befehl an Jesaja steht also ganz im Rahmen üblicher Anweisungen, eine Botschaft festzuhalten oder sie durch spezielle Handlungen zu visualisieren. Die Aufforderung, sich etwas zu nehmen, verweist also sowohl auf prophetische Zeichenhandlungen als auch auf göttliche Aufträge, das Gehörte aufzuschreiben. Ob die Verschriftung, die einer Veröffentlichung gleichkommt, selber das Zeichen ist oder das Zeichen nicht eher von vornherein auf das Kind hinzielt, ist nicht eindeutig zu klären. Da 8,18 explizit betont, daß die Kinder, und vor allem ihre Namen, Zeichen und Wunder mit Hinweischarakter sind, ist eher anzunehmen, daß der göttliche Auftrag zum Schreiben von vornherein auf das Festhalten eines Kindernamens gerichtet ist. So läßt sich resümieren, daß die in den beiden Gottesreden an Jesaja gerichteten Aufträge eine inhaltliche Einheit bilden[19] und als ganze die prophetische Zeichenhandlung formen: Sie beginnt mit dem Aufschreiben der Botschaft, welche dann später als Kindername bestimmt wird.

3.2 Das Schreibmaterial Jesajas

Jesaja bekommt nach 8,1 von JHWH die Anweisung, „Für Eilebeute-Raubebald" „mit Menschengriffel" auf eine „große Tafel" zu schreiben. Für uns Heutige, die im Alltag überall mit großen beschriebenen Tafeln, von Plakaten über elektronisch gesteuerte Leuchtschilder bis zu Menütafeln vor Restaurants, konfrontiert sind, ist diese Anweisung nichts Besonderes. Wir vermuten automatisch, daß er eine ohnedies allseits verfügbare Tafel nehmen solle und diese wegen der Lesbarkeit des Geschriebenen groß sein müsse.[20]

Das Wort für Tafel, גִּלָּיוֹן, kommt in der Hebräischen Bibel jedoch nur noch ein einziges Mal, wenige Kapitel vor unserem Text in Jes 3,23, vor. Dort wird der Gegenstand im Rahmen der Bestandteile der eleganten Damentoilette genannt. In einem Drohwort gegen die Töchter Zions heißt es, daß JHWH beabsichtigt, ihnen alle Schmuckstücke und Accessoires, die als Attribute von hochgestellten Frauen gelten, wegzunehmen und sie in Trauer- statt in Festgewänder zu kleiden (3,16-4,1). Der Gegenstand muß aber deswegen noch kein Toilettspiegel sein. Die Botschaft, die Jes 3 vermitteln will, ist nicht gegen die Eleganz der Damenwelt an sich gerichtet, sondern eine Gerichtsankündigung an die hochgestellten, wohlhabenden Frauen Jerusalems. Zu diesem Kreis gehören selbstverständlich die Ehefrauen mächtiger Männer. Aber sicher gehören auch Frauen dazu, die Führungspositionen im Machtgefüge der Königszeit innehaben, wie wir es aus dem Zeugnis der Bibel kennen.

Das Wort גִּלָּיוֹן wird in 3,23 beinah durchgängig[21] mit „Spiegel" übersetzt, während dies für den Gegenstand, auf den Jesaja nach 8,1 schreiben soll, nicht der Fall ist. גִּלָּיוֹן wird also in seinen beiden einzigen biblischen Belegen in den beiden Kapiteln des Jesajabuches ganz offensichtlich mit einem gender-bias übersetzt, der in der Konvention gründet, daß seriöse Männer keine Spiegel mit sich herumtragen würden, Frauen hingegen schon. Aber warum sollte Jesaja keinen Zugang zu einem Spiegel haben? Weil er ein Mann ist und keine Frau?

Als Schreibunterlagen für göttliche Botschaften verwendet Jesaja andernorts allerdings eine לוּחַ genannte „Tafel" oder ein Buch, in das die Botschaft geritzt werden soll (30,8: סֵפֶר). לוּחַ steht in der überwiegenden Zahl der Belege[22] für die steinernen Gesetzestafeln vom Sinai. Nach Ex 24,12 stehen auf ihnen die Tora und das Gebot geschrieben. Auch in Spr 3,3 und 7,3 sind Tafeln im Zusammenhang mit Gebot und Tora genannt, wenn es in metaphorischer Sprache heißt, daß die Weisung auf die Tafel des Herzens[23] geschrieben werden soll. Vom Festhalten prophetischer Schau auf „Tafeln" (לְחוֹת) spricht auch Hab 2,2. Es ist zweifelhaft, ob solche Tafeln immer aus Stein zu denken sind.[24]

So läßt sich resümieren, daß die Hebräische Bibel häufiger davon spricht, daß sowohl Tora als auch Prophetie auf „Tafeln" geschrieben werden, diese jedoch nirgends sonst als גִּלָּיוֹן, „Spiegeltafeln", bezeichnet werden. Daß man diese Schreibunterlage als außergewöhnlich empfunden hat, zeigt bereits die targumische Übersetzung mit dem geläufigeren לוּחַ.

Wildberger[25] schließt aus Hab 2,2, daß der Brauch, Offenbarungen in leicht lesbarer Schrift auf Tafeln zu schreiben, auf „jerusalemische Kultpropheten" verweise, die ihre Tafeln wahrscheinlich am Eingang zum Tempel zur Schau gestellt hätten. Dabei zieht er zur Interpretation Sir 12,11 heran und liest den nach dem Sinn der LXX emendierten Text מנלי ראי, „der, welcher den Spiegel putzt". Er sieht den Gegenstand daher als geputzte Tafel an, die, um sie leichter beschriften zu können, poliert worden sei.[26]

Nimmt man diese Spur auf, so kommt man in der Hebräischen Bibel freilich auch noch zu anderen „Spiegeln", mit denen Frauen hantieren: In Ex 38,8 stießen wir bereits anläßlich der Ausstattung des Wüstenheiligtums durch den von Mose beauftragten Bezalel auf Frauen, die, wenn man bei der eingespielten Übersetzungstradition bleibt, mit „Spiegeln" hantierten. Wie bereits zu dieser Stelle erarbeitet, handelt es sich bei diesen Frauen sehr wahrscheinlich um Prophetinnen – und zwar auch dann, wenn man מַרְאֹת nicht als „Spiegel" übersetzt, sondern als „Visionen". Selbst wenn man diese, für alle anderen biblischen Belege des Wortes einhellig bezeugte Übersetzung wählt, ist der Text allein deswegen interessant, weil ausgerechnet jene Kultgeräte, die nach Ex 38,8 aus den Spiegelplatten der diensttuenden Frauen hergestellt wurden, in der erzählten Jesaja-Zeit auf Anweisung von Ahas durch den in Jes 8,2 erwähnten Priester Urija umgestaltet werden (vgl. 2 Kön 16,10-16).

Nimmt man diese Verbindungen mit Wildbergers Spur zu den „Kultpropheten" zusammen, so könnte sich die „Spiegeltafel" am besten als Zunftmerkmal der diensttuenden prophetischen Frauen am Eingang zum Offenbarungszelt erklären lassen.

גִּלְיוֹן würde dann in Jes 8,1 eine „Spiegeltafel" bezeichnen, wie sie für Prophetinnen des Heiligtums typisch ist. Bei solchen Spiegeltafeln handelt es sich vermutlich um geplättete Metalltafeln, die von Prophetinnen zur Aufzeichnung ihrer Botschaften genutzt wurden. Freilich hat man sich diese nicht als eine Art Plakat vorzustellen, das für alle lesbar ist, da mit keinem sehr hohen Anteil in der Bevölkerung zu rechnen ist, der des Lesens und Schreibens mächtig war. Der Effekt war vermutlich anders zu erreichen als durch Lesbarkeit für das ganze Volk: Griffige, knappe Botschaften wie etwa „Eilebeute-Raubebald" werden von Kundigen schnell abgelesen und mündlich wie ein Lauffeuer weiter verbreitet.

Wenn nun aber die Spiegeltafeln das Handwerkszeug der Prophetinnen sind und Jesaja von Gott angewiesen wird, auf eine solche Tafel zu schreiben, dann muß er notwendigerweise, um den göttlichen Befehl auszuführen, zu einer Prophetin gehen. Auch wenn Wildberger keine Verbindungen zu den diensttuenden Frauen herstellt, ist ihm recht zu geben, wenn er schreibt: „Jesajas Frau mag ähnlich der Hulda zur Zeit Jeremias ... am Heiligtum in Jerusalem das Amt einer Kultprophetin ausgeübt haben. Bei der Wertschätzung des Tempels durch Jesaja ist das trotz der Vorbehalte, die er gegen die Kultfrömmigkeit zu erheben hatte, keineswegs eine Unmöglichkeit."[27] Damit erklärt sich besser, warum Jesaja angewiesen wird, dieses für einen Propheten unkonventionelle Schreibmaterial zu verwenden, um seine Botschaft aufzuschreiben. Es ist nicht so, wie Wildberger[28] vermutet, daß er erst *nach* der Beschriftung der Tafel zur Prophetin geht, sondern er muß zu ihr gehen, um dies zu tun.

Nach Hab 2,2 soll die prophetische Vision deutlich niedergeschrieben[29] werden, damit alle, die vorbeigehen, die Worte leicht lesen können. Demselben Zweck dient wohl auch die Anweisung an Jesaja, eine *große* Tafel zu nehmen, um darauf nur ein paar Worte aufzuschreiben.

Das Wort חֶרֶט, das entweder für die Schrift oder das Schreibgerät steht, kommt nur noch bei der Herstellung des goldenen, zweifelsohne auch metallenen Stierkalbes in Ex 32,4 vor. Insofern könnte man es, falls es ein Schreibutensil sein sollte, als harten Griffel beschreiben, mit dem man fähig ist, Metall zu ritzen. Während die Tafeln (לֻחֹת), die nach Ex 32,15f. Mose vom Berg bringt, mit *göttlicher Schrift* beschrieben sind, soll Jesaja die Spiegeltafeln mit *menschlicher Schrift* oder mit menschlichem Schreibwerkzeug beschriften. Wildberger[30] verweist darauf, daß אֱנוֹשׁ, „menschlich", wenn es als Bezeichnung von technischen Dingen wie Maßeinheiten steht, mit „gewöhnlich" zu übersetzen ist (vgl. 2 Sam 7,14; Dtn 3,11). Wenn man annimmt, daß der Text nicht aus der Zeit des Jerusalemer Jesaja stammt, dann könnte damit auch die nach dem Exil

„gebräuchlichere" Quadratschrift im Gegensatz zur althebräischen gemeint sein, in welcher selbst in Qumran noch der Gottesname geschrieben wurde.

In Hab 2,2 wird auch der Grund für die Aufzeichnung genannt: Noch ist nicht Zeit, daß das Geschaute eintrifft, aber es wird sicher kommen. Der Prophet soll inzwischen – wie Jesaja in 8,17 – die Position des „Wartens" (חכה: Hab 2,3; Jes 8,17) einnehmen. Das Problem, das die Aufzeichnung prophetischen Geschehens nötig macht, ist offensichtlich das des Eintreffens (בוא) des Wortes, das nach dem Prophetiegesetz in Dtn 18,21f. als Wahrheitsbeweis dient (vgl. auch Jes 30,8ff. und Jer 36).

4. Variationen der Rollenvergabe bei einer Zeichenhandlung

Meist wird die Rollenverteilung in der kurzen Erzählung von Jes 8,1-4 fraglos vorausgesetzt. In die im Text unbestimmte Handlungsabfolge wird dann insofern deutend eingegriffen, als angenommen wird, daß Jesaja vor Zeugen die göttliche Botschaft auf die Tafel schreibt. Dann erst würde er zur Prophetin gehen, um mit ihr zu verkehren. Aber die Funktion der Zeugen ist nicht so eindeutig, wie die Forschung dies gerne darstellt.

4.1 Zeugen oder Gewarnte?

Die Handlung Jesajas in V2 ist nicht mit aller notwendigen Eindeutigkeit zu bestimmen, da das Hebräische עוד II sowohl „zu Zeugen nehmen" als auch „warnen", „einschärfen" bedeuten kann. Die Handlung Jesajas in V2a bekommt aber je nach Übersetzung einen grundverschiedenen Sinn:

- Nimmt man mit den deutschen Übersetzungen die erste Möglichkeit an, dann sucht sich Jesaja Zeugen, durch die er erreichen will, daß zuverlässig bezeugt wird, *was* er *zu welchem Zeitpunkt* als Botschaft empfangen und aufgeschrieben hat. Die Reaktion Jesajas auf das Gehörte muß man dann so verstehen, daß er das von Gott Angewiesene vorerst vor Zeugen, die angesehene Mitglieder der Jerusalemer Gesellschaft sind, zu Gehör bringen und dann erst ausführen will. Denn von einem *Aufschreiben vor Zeugen* sagt der Text nichts – weder in der göttlichen Anweisung noch in der berichteten Ausführung.
- Nimmt man hingegen in V2 die Bedeutung „warnen" an, dann wird die prophetische Zeichenhandlung, die Gott in V1 anordnet, auf das Schreiben einer Notiz beschränkt, die darauf hindeutet, daß bald schneller Raub und Beute bevorstehen. Die Aufzeichnung soll zudem auf einer speziellen Tafel und in

Normalschrift geschehen. Von einer entsprechenden Ausführung wird nicht berichtet. Dafür wird aber von einer Folgerung, die Jesaja offensichtlich aus dem Inhalt der Inschrift zieht, erzählt: Er will einflußreiche Zeugen von den bevorstehenden Ereignissen in Kenntnis setzen, auf daß diese später nicht sagen können, sie hätten ihre politischen Entscheidungen ohne Kenntnis des Gotteswortes treffen müssen. Jesaja sucht sich augenscheinlich deswegen Zeugen, weil er die Inschrift so deutet, daß man *nicht Beute machen*, sondern *zur Beute werden* wird, wenn man es nicht versteht, Ruhe zu bewahren (vgl. 7,4.9). Als Adressaten seiner Warnung vor Eintritt des Ereignisses sucht er sich zwei Leute, die im politischen Zentrum seiner Zeit stehen: den Priester Urija und Secharja, den Sohn Jeberechjas.

Beide Deutungen ergeben einen plausiblen Sinn für die erzählte Zeit des Jerusalemer Jesaja, die Jes 6-8 durch die Kontinuität der Erzählfigur des Propheten angibt, von dem und über den erzählt wird. Auch die Namen Damaskus, Samaria und Assur (8,4; 7,4-9) verweisen in die Zeit der syrisch-efraimitischen Krise in den späten dreißiger Jahren des 8. Jhd., zu der Jesaja ab 7,1ff. Stellung bezieht.

4.2 Überraschende Antworten auf eine langweilige Fragestellung: Die Identität von Jesajas Zeugen

Die von Jesaja ausgesuchten Zeugen, der Priester Urija und Secharja, der Sohn Jeberechjas, begegnen auch andernorts in der Bibel.

Urija ist ebenso nach dem Zeugnis von 2 Kön 16,10-16 Priester in der Zeit, von der erzählt wird: Als Ahas sich als Vasall dem assyrischen König Tiglat-Pileser III. (745-727 v. Chr.) unterwirft, gibt er Urija den Auftrag zu einer umfassenden „Kultreform". Herzstück der Umbauten im Tempel ist die Errichtung eines assyrischen Opferaltars im JHWH-Heiligtum, auf dem der König nicht nur die Vasallenopfer darbringen läßt (16,12f.), sondern jegliche Gaben aller Opfernden (V15). Das heißt nichts anderes, als daß dieser Altar nunmehr der einzige sein soll, auf dem geopfert wird, und damit die JHWH-Altäre des Jerusalemer Tempels ersetzen soll. Ausdrücklich betont die Beschreibung immer wieder, daß Urija all die Anweisungen erhält, die er sodann getreulich ausführt (V10.15.16).

Als weitere reformerische Aktionen läßt Ahas die Kessel und Wasserbecken für die Waschungen der Priester umgestalten, von ihren Metallgestellen nehmen und auf den Boden stellen (V17). Das sogenannte „eherne Meer", eines dieser Becken, beraubt er ebenfalls seines Ständers. Damit zerstört er, was Gott am Sinai ausdrücklich herzustellen befiehlt und minutiös ausgeführt und eingeweiht wird (Ex 30,18; 31,9; 35,16; 38,8; 39,39; 40,7.11.12.30; Lev 8,11), Salomo wiederum in seinem Tempel als

Ausstattung aufstellt (1 Kön 7,23ff.) und schließlich bei der Tempelzerstörung von den Babyloniern vernichtet oder als Beute fortgeschleppt wird (2 Kön 25,13ff.).

Das kultische Becken aus Metall, für dessen Umbau der in Jes 8,2 erwähnte Priester Urija verantwortlich zeichnet, wurde übrigens nach Ex 38,8 aus den – wohl zu diesem Zweck gespendeten – „Spiegelplatten" der am Eingang des Offenbarungszeltes diensttuenden Frauen hergestellt.

Jesaja nimmt sich mit Urija daher *nicht* einen im Sinne des JHWH-Kultes *glaubwürdigen Zeugen*, denn Urija ist nach dem Erweis der Erzählung in den Büchern der Vorderen Prophetie gerade das Gegenteil von zuverlässig. Jesaja nimmt sich vielmehr einen Zeugen, der nach Ausweis des Königebuches *zuverlässig in die Politik des Königs eingreifen* könnte, wenn er es denn wollte.

Der zweite Zeuge trägt einen Namen, der vor allem in eindeutig nachexilischen Texten sehr häufig belegt ist. Secharjahu, wie die Langform des Namens im hebräischen Text von Jes 8,2 lautet, ist wahrscheinlich mit jenem Secharja identisch, der nach 2 Kön 18,2 (parr. 2 Chr 29,1 belegt für ihn die Langform Secharjahu) der Vater Abis, der Frau des Königs Ahas ist, die diesem den Thronfolger Hiskija gebar.[31] Diese assoziative Identifizierung durch die Zusammenschau der Geschichten aus der Vorderen und Hinteren Prophetie ist vom heutigen Bibeltext sicher gewollt, daran kann kein Zweifel sein. Folglich ist der zweite von Jesaja ausgewählte Zeuge der Schwiegervater des Königs und möglicherweise der Vater jener jungen Frau, der der Prophet nach 7,14 die Schwangerschaft und die Geburt des Kindes verheißt, das Immanuel genannt werden soll. Auch dieser Zeuge wäre aufgrund seiner verwandtschaftlichen Bande her mächtig genug, in die Politik einzugreifen, und von seiner Nähe zum Hof allemal dazu befähigt, den König sofort zu informieren.

4.3 Zeugen und Botschaft der erzählten Zeit: Die Politik der Hautevolee zu Zeiten des Jerusalemer Jesaja

Jesaja wendet sich also nach 8,2 an zuverlässige Zeugen, deren Namen laut dem Zeugnis der Frühen Prophetie im Umkreis jenes König Ahas auftreten, dem er nach Ausweis der Denkschrift eine politisch hochbrisante Botschaft auszurichten hat.

Wie immer sich der Königshof dazu stellen wird, hier stehen Fragen der Weltpolitik zur Entscheidung an, da der eigentliche Verursacher der Krise das assyrische Weltreich ist. Der König hatte in 7,12 ein Zeichen für die Bekräftigung der Botschaft von 7,4-9 abgelehnt. Es wurde ihm dennoch gegeben. Auch das Geschehen, das in 8,1-4 erzählt wird, will der biblische Text offensichtlich in diesem Kontext lesen, denn er bezieht in 8,4 zu den Machtkonstellationen der Zeit Stellung: Es wird nicht geschehen, daß die beiden Reiche Aram und Israel, deren Hauptstädte Damaskus und Samaria sind, Juda zu bedrängen vermögen, denn sie werden selber eine Beute der Assyrer werden (7,7ff.; 8,4). Der Inhalt der Botschaft beider Perikopen ist also auf der Erzählebene der gleiche: Juda hat nichts zu befürchten, denn die Bedränger werden selber derart bedrängt werden, daß sie schließlich zur Beute werden. Wenn es gelingt, in Judas Führungsetagen Ruhe zu bewahren, wird die Krise ohne Schaden vorübergehen (7,4). Das die Botschaft vergegenwärtigende Zeichen sagt klar: „Gott ist mit uns" (7,14), und das auf die Spiegeltafel zu schreibende Wort verweist darauf, daß die Bedroher besiegt werden (8,1-4).

Die Annalen des Königebuches sagen nun aber deutlich, daß es Ahas und seinem Hof nicht gelingt, Ruhe zu bewahren (2 Kön 16,7ff.), daß er dabei bleibt, das Zeichen nicht zu wollen (vgl. Jes 7,12). Es steht geschrieben, daß Ahas Boten zu Tiglat-Pileser III. schickt, den Großkönig um Hilfe gegen die regionalen Könige bittet und sich ihm unterwirft. Ahas setzt damit zwar die Zerstörung des Aramäerreiches und des Nordreiches Israel in Gang (2 Kön 16,9), aber gleichzeitig auch den Anfang vom eigenen Untergang. Denn aus der Abhängigkeit von den großen Königreichen des Zweistromlandes wird sich das Südreich Juda nie mehr für längere Zeit lösen können.

Auf diesem Hintergrund gelesen, ist die aufzuschreibende Botschaft von Jes 8,1 durchaus ambivalent. Samaria und Damaskus werden zur Beute werden und damit keine Gefahr mehr für Juda und Jerusalem sein. Da Ahas aber die Ruhe nicht bewahrt, wird längerfristig auch Juda nicht vor demselben Schicksal bewahrt werden. Das erfährt man gleich im Anschluß an unseren Text, aus dem Gottesspruch von Jes 8,5-8, der ankündigt, daß Juda von den Assyrern überflutet werden wird.

Ähnliches werden die Erzählungen über den Propheten Jesaja und seine Begegnung mit dem Thronfolger von Ahas, Hiskija, am Ende des ersten Teiles des Jesajabuches mitteilen (Jes 36-39). Auch dieser König steht in der Bedrängnis einer Großmacht und erhält – wie sein Vorgänger Ahas – in der Krisensituation ein Wort des Propheten Jesaja (Jes 38). Auch er sucht aber schließlich vor der einen Großmacht Zuflucht bei der anderen und erntet dafür ein harsches Wort des Propheten, das den Untergang Jerusalems und seines Tempels ankündigt (Jes 39,5-7).

Dadurch kommt, wenn man das Jesajabuch als ganzes liest, der „Frühverkündigung" des Jerusalemer Jesaja dasselbe Schicksal zu wie seiner „Spätverkündigung". Daß ausgerechnet jene Passagen

(Jes 36-39) und Personen (Urija und Secharja) sich schließlich als einzige ausführlichere Nachrichten von der „Schriftprophetie" im Königebuch wiederfinden (2 Kön 18-20), ist wohl kaum Zufall. Nur in Jes 36-39 wird Jesaja wie seine Kolleginnen und Kollegen aus der Frühen Prophetie als *Nabi* bezeichnet (37,2; 38,1; 39,3), sonst aber nirgends im ganzen Buch.

Ob sich diese Ereignisse tatsächlich historisch so abgespielt haben, ist eine ganz andere Frage.[32] Entscheidend bleibt, daß das Jesajabuch uns diese Botschaft über das Schicksal der prophetischen Tätigkeit Jesajas in bezug auf die Weltpolitik vermitteln will und dies erzählerisch so tut, daß sie als Geschichte stimmig ist.

4.4 Die Zeugen und die Botschaft der erzählenden Zeit: Wie die Stifterfiguren auf Flügelaltären

Mittelalterliche Darstellungen religiöser Szenen zeigen häufig zu Füßen von Heiligen oder biblischen Gestalten im Maßstab verkleinerte Figuren, die in frommer Gebetshaltung am gezeigten Geschehen teilhaben. Ihrer äußeren Erscheinung, Kleidung und Habitus nach fügen sie sich ganz in die Bildszene ein. Die Künstler haben mit ihnen den Geldgebern des Kunstwerkes ein Denkmal gesetzt. Solche „Stifterfiguren" sind nicht (bloß) als Zeugnis von Eitelkeit zu sehen. Sie sind Zeugnis der Aneignung und aktualisierenden Adaptierung geistlicher Szenen in einer bestimmten Zeit und damit Ausdruck einer Religiosität, die es versteht, sich die alten Überlieferungen anzueignen. Der hier bezeugte Prozeß der Aneignung von Traditionen schätzt das von den Alten Übernommene, gibt es aber nicht konservierend, sondern assimilierend weiter: Jede Zeit bringt ihre eigenen Fragestellungen ein und sieht daher das Geschehen unter anderem Blickwinkel.

Wie solche Stifterfiguren hat man sich auch die Spuren späterer Bearbeitungen einer biblischen Überlieferung vorzustellen. Freilich gibt es Texte, die in einem Zug geschrieben und auch so erhalten sind. Aber die meisten, vor allem in der Tora und in den prophetischen Büchern, sind gewachsene Texte, die die Spuren vieler Hände und vieler Zeiten an sich tragen. Ein solcher Wachstumsprozeß ist nun aber nicht als Verfälschung ursprünglicher Überlieferungen zu sehen, sondern als notwendiger Aktualisierungsprozeß, der eine lebendige Tradition kennzeichnet.

Wenn man die Textbezüge, die durch die beiden Zeugennamen Urija und Secharja hergestellt werden, genauer ansieht, so finden sich die beiden Namen gehäuft in Texten der fortgeschrittenen Perserzeit.

Der Personenname *Urija* begegnet in biblischen Texten überwiegend in der Erzählung vom berühmten Hethiter Urija, der als Folge des Ehebruchs Davids mit seiner Frau Batseba sterben muß (1 Sam 11f.). Die verbleibenden Belege meinen zum einen Urija, den Priester unter König Ahas zur Zeit des Jerusalemer Jesaja (2 Kön 16,10-16; Jes 8,2). Weitere vier Stellen verweisen zum anderen auf einen Priester Urija, der beim Mauerbau nach Neh 3,4.21 eine entscheidende Rolle spielt und beim öffentlichen Verlesen der Tora durch Esra anwesend ist (Neh 8,4). Er ist der Vater jenes Priesters Meremot, der nach Esra 8,33 die Tempelgeräte und Spenden in Empfang nimmt, die der Großkönig und die Gemeinde der Gola schicken. Dieser bringt damit wieder an den Tempel, was der Priester Urija zu Ahas Zeiten zerstört hat, nach der Ankündigung von Jes 39,5ff. in das Großreich des Zweistromlandes fortgebracht werden wird und nach 2 Kön 25,13ff. wirklich abtransportiert wurde.

Der Name *Secharjahu* kommt außer für den namensgleichen israelitischen König und den bereits erwähnten Schwiegervater des Ahas ausschließlich in Texten der Chronik vor, wo ihn meist levitisches Kultpersonal trägt. Die Kurzform Sacharja ist vor allem durch den Propheten bekannt.[33] In Neh 8,4 findet sich ein Secharja an der Seite des Priesters Urija, als das Volk auf die Tora verpflichtet wird. Nach 1 Chr 9,21 ist unter den Rückkehrern aus dem Exil ein Secharja, der Torwächter am Eingang des Offenbarungszeltes ist und damit seinen Dienst an genau jenem Ort versieht, an dem nach Ex 38,8 die Frauen mit ihren Spiegeltafeln arbeiten (vgl. auch 1 Sam 2,22).[34] Schließlich findet sich in 2 Chr 34,12 Secharja auch als Name eines jener Leviten, die die Kultreform Joschijas durchführen und beaufsichtigen, im Rahmen derer dann das Gesetzesbuch gefunden wird, das man Hulda zeigt.

Ob die Kurzgenealogie mit einem Vater „Berechja", wie sie sich beim in dieser Zeit wirkenden Propheten Sacharja findet, und jene beim Zeugen Secharjahu, mit einem Vater, der diesen Namen in der Langform „Jeberechja" trägt, eine zufällige Namensgleichheit darstellt, kann letztlich nicht entschieden werden. Auffällig ist sie allemal.

Beide Zeugennamen verweisen damit massiv in die fortgeschrittene nachexilische Zeit, vor allem in die Zeit Esras und Nehemias. In Neh 8,4, einer der zentralen theologischen Szenen dieser Zeit, in der das Volk öffentlich auf die Tora verpflichtet wird, treffen sie sich.

Wenn die Endform des Textes von Jes 8 aus dieser Zeit stammt, dann legt es sich nahe, daß Urija und Secharja wie Stifterfiguren in der Szene der Zeichenhandlung Jesajas mit der Prophetin knien. Sie verstehen sich freilich dann nicht als Gewarnte, sondern als Zeugen der Aufzeichnung und damit auch des Eintreffens der rechten Botschaft. Sie sind als solche gleichsam die lebenden Antitypen zu den geschichtlichen Figuren der Jesajazeit. In der Botschaft „*Maher-Schalal-Hasch-Bas*", die ankündigt, daß die Bedrängnis durch Samaria und Damaskus aufhört, können sie ihre Hoffnung auf ein Ende des Widerstands gegen den Wiederaufbau Jerusalems, wie er in Esra 4-6 oder Neh 2,11-6,19 geschildert wird, ausdrücken.[35] Daß sich die Probleme um den Mauerbau Jerusalems in persischer Zeit im Jesajabuch selber niederschlagen, daran kann wohl kein Zweifel bestehen; man denke bloß an Jes 49,16ff. und 54,11ff.

Auch „die Prophetin" ist eine Stifterinnenfigur auf diesem Tafelbild. So frauenfeindlich die Bücher Esra und Nehemia durch ihre strikte Position gegen *fremde* Frauen beim ersten Durchlesen erscheinen mögen, so deutlich wird die Mitsprache der Frauen gerade in diesen Zeiten. Um nur drei Beispiele neben der von Noadja angeführten Prophetinnengruppe (vgl. Neh 6,14) zu nennen: Frauen sind beim Mauerbau erwähnenswert beteiligt (vgl. Neh 3,12), sie sind beim Verlesen der Tora nicht nur mit dem Volk „mitgemeint", sondern explizit als Adressatinnen genannt (Neh 8,2.3), und sie führen jene Protestgruppe an, die sich gegen das ausbeuterische Wirtschaftssystem organisiert (Neh 5,1-5). Wenn der Prophet „Jesaja" zur Prophetin geht, heißt dies aber auch, daß sie derselben Parteiung angehört wie er: Nicht nur jene prophetischen Gruppen, deren allzu begeisterte Worte gegen Nehemia eingesetzt werden (vgl. Neh 6,6f.), sind von Frauen geprägt, sondern auch die prophetischen Kreise, die am Aufbau Jerusalems tatkräftig beteiligt sind und politisch die Ruhe bewahren. Wenn man in Neh 6 eine Intrige annimmt, für die man die Botschaften Noadjas und ihrer Gruppe bewußt falsch deutet, dann könnte es sogar dieselbe Gruppe sein.

5. Jesaja und die Prophetin in der Nachfolge des Mose: Prophetie als Aktualisierung der Tora

Liest man den Auftrag von 8,1-4 auf dem Hintergrund der nachexilischen Zeit und im Kontext mit Jes 36-39, so lassen sich für die dahinterstehenden Gruppen folgende sozialgeschichtliche und erzählerische Verortungen erschließen:

Jesaja und die Prophetin müssen derselben Gruppe angehören, da beide prophetische Persönlichkeiten im Dienste des Gottes Israels sind. Nimmt man an, daß Jesaja der Vater des Kindes der Prophetin ist, so ist das Paar auch nach dem genealogischen Denken der Bibel eins. Denn in der Darstellung von Volksgeschichte als Familiengeschichten zeigt eine Eheschließung immer die Verschmelzung zweier ursprünglich selbständiger Gruppen an. Sie bringen als Mann und Frau gemeinsam das Zeichen hervor: das Kind, das mit dem Symbolnamen benannt werden soll. Steht die Prophetin in der Tradition der „Frühen Prophetie", der Erzählungen über prophetische Personen, so steht Jesaja zweifelsohne für die „Späteren Propheten", für die Schriftprophetie. Diese beiden Phänomene werden in Jes 8,1-4 als ein einziges, zusammengehöriges gesehen.

Das heißt nun aber nichts anderes, als daß die Prophetie in der Nachfolge des Mose, wie sie die „Frühe Prophetie" durchgängig (aber vor allem das Dtn) bezeugt, die Schriftprophetie eingemeindet hat. Daß sie dies ausgerechnet mit der prophetischen Figur des Jesaja tut, belegt die durch die Doppelüberlieferung von 2 Kön 18-20 und Jes 36-39 geschaffene Verbindung der beiden prophetischen Kanonteile.[36] Daß bei dieser „Verdoppelung" der Erzählungen über Jesaja und Hiskija das Königebuch als der gebende Teil zu erweisen ist, hat die Forschung der letzten zwei Jahrzehnte m. E. gut begründet.[37] Im heutigen Kontext lesen sich die Erzählungen, die auch in 2 Kön zu finden sind, als Verknüpfung der beiden ursprünglich selbständig überlieferten Teile Kap. 1-35* und 40ff.* des Jesajabuchs. Durch Jes 36-39, vor allem aber durch 39,5-8, wird der Bruch in der „Fabel" des Jesajabuches, der durch die ab 40ff. in den Texten vorauszusetzende Exilierung bedingt ist, erzählerisch begründet: Der „Jerusalemer Jesaja" kündigt die Zerstörung Jerusalems an, die im darauffolgenden Kap. 40 als bereits eingetroffen vorausgesetzt wird. Mit dem Eintreffen der Botschaft erweist sich diese als wahre Prophetie in der Nachfolge des Mose (vgl. Dtn 18,18-22) und wird daher zusammen mit den neuen Worten „Jesajas" in einer Rolle überliefert.

Die theologische Sichtweise der Prophetie Jesajas als in der Nachfolge des Mose stehend findet sich noch deutlicher ausgeprägt in 2 Kön 18. Unmittelbar vor Beginn der Geschichten um Jesaja, die die Zeit um 701 v. Chr. erzählen, wird der Untergang des Nordreiches als Folge des verweigerten Hörens auf die Stimme JHWHs und seines Knechtes Mose dargestellt (18,12). Die Jesajaerzählungen lesen sich daraufhin als Probe, ob Hiskija, der *auf Mose* wie kein König vor ihm hört (2 Kön 18,6; vgl. Dtn 17,14-20), auch *auf den Propheten in der Nachfolge des Mose hören* wird oder nicht.

Gerade im Jesajabuch läßt sich auch eine Bearbeitung erkennen, die die Prophetie als Aktualisierung der Tora versteht.[38] Sie stellt den historischen Zeitraum vom Jerusalemer Jesaja (1,10; 5,24) bis zu den eschatologischen Hoffnungen der paradiesisch-friedlichen Wiederherstellung des Zions als von Prophetie begleitet dar, die sich insofern selber als Tora versteht, als sie die Mosetora aktualisiert (vgl. z. B. Jes 2,1-5; 51,1-8). Die Gruppe, die diese textlichen, aber vor allem theologisch hoch bedeutsamen Verbindungen zwischen Tora und Prophetie herstellt, ist offensichtlich mit der von Frauen dominierten Prophetiegruppe der nachexilischen Zeit verbunden. Diese Gruppe schreibt sich mit „der Prophetin" in Jes 8,3 in die Bücher der klassischen Propheten ein. Zu dieser Prophetin muß der „Schriftprophet" gehen, um der Vorstellung von der Zuverlässigkeit der Botschaft gemäß dem Prophetiegesetz des Dtn Genüge zu tun. Denn eine Botschaft muß durch ihr Eintreffen verifiziert werden. Steht die Erfüllung eines Wortes längere Zeit aus, so muß es niedergeschrieben werden, um sich später als wahr zu erwiesen. Damit leistet die Prophetin für Jesaja ähnliche Dienste, wie sie Baruch für Jeremia tut.

Diese Vorstellung der Verifizierung eines Gotteswortes durch sein *späteres Eintreffen* und die daraus resultierende Notwendigkeit, die Botschaft *vorher schriftlich festzuhalten*, begegnet nicht nur in 8,1-4, wo mit Schwangerschaft, Geburt und Sprechen-Lernen nicht einmal drei Jahre zu überbrücken sind. Die Anweisung zum Festhalten und Aufbewahren der Botschaft begegnet wieder in der Gottesrede ab 8,16,[39] wo offensichtlich das prophetische Wort als Tora bezeichnet wird, da es als aktualisierte, an die je gegenwärtige Situation adaptierte Mosetora verstanden wird. Dieser Anschlußtext belegt einerseits die Zeichenfunktion der Kinder Jesajas. Die Gabe von Zeichen und Vorzeichen gehört nach Dtn 13,2f. zu den Charakteristika eines Propheten. Wird dort allerdings von der Gabe solcher Zeichen gesprochen, die zwar eintreten, jedoch im Namen anderer Götter gewirkt wurden, so sind die Zeichen und Vorzeichen, die Jesaja aufzuweisen hat, von Gott selber gegeben. Er wird damit als wahrer Prophet erwiesen.

Anstatt jedoch Jesajas Botschaft zu hören und danach zu handeln, wollen die Menschen – wie ihr König in Jes 7,10ff. – keine Zeichen wahrer Prophetie, damit sie die Gottesworte nicht hören müssen. Sie halten sich lieber an die illegitimen Mittel der Zukunftsergründung, die im Prophetiegesetz von Dtn 18,9ff. verboten und als illegitime Praktiken deklariert werden. Diese Art der Prophetie trägt nun aber den Keim in sich, das Volk aus dem Land zu vertreiben, wie es mit den Völkern, die vorher dort wohnten, geschehen war. Hunger, Bedrängnis, Not, Anarchie und Finsternis (Jes 8,21-23) kündigt die Tora in ihren Flüchen den Gesetzesübertretern mehrfach als Konsequenz für ihr Tun an (Lev 26,14ff.; Dtn 28,15-68). Der schwierige Text Jes 8,19ff.[40] greift offensichtlich auf diese Texte zurück, um zu zeigen, wohin die Ablehnung wahrer prophetischer Botschaft und die Zuflucht zu illegitimen prophetischen Praktiken führt.

In der erzählten Zeit steht der Bestand Judas auf dem Spiel, da es die Kleinstaaten des Nordens aufgrund der Bedrängnis durch den mächtigen Feind aus dem Nordosten bedrohen. Wenn das Wort als Deutung dieser Situation formuliert ist, dann wird der Rückgriff auf die illegitimen „prophetischen" Praktiken, die im Land verpönt sein sollen, doppelt aussagekräftig: Das Volk wird, auch wenn es vorerst noch einmal glimpflich davonkommt, keinen Bestand im Lande haben. Nur ein Rest wird bleiben (Jes 6,13; 7,3), alles andere wird zum Raub und zur Beute werden (8,1-4).

Jes 8,1-4.16ff. läßt sich in der heutigen Form und im heutigen Kontext als Erweis der Prophetie in der Nachfolge des Mose lesen, in der das Eintreffen des prophetischen Wortes zum Wahrheitserweis wird. Solches theologisches Gedankengut ist frühestens für Jeremia, also für die Exilszeit, anzunehmen, ist aber in der gründlichen Ausführung, wie sie hier zutage tritt, sicher später. Die Kreise, die eine solche Theologie vertreten, arbeiten vermutlich in der konsolidierten Perserzeit und sind daher wohl identisch mit jenen, die das Dtn mit der Tora verbinden, was nach 2 Kön 22 ebenso durch eine Prophetin geschieht. Sie verknüpfen offensichtlich auch die „Frühen" mit den „Späten Prophetien", was in Jes 8,1ff. und Jes 36-39; 2 Kön 18f. – und möglicherweise auch in den nach dem Schema von „Berufungsberichten" gestalteten Texteinheiten – in Erscheinung tritt, die sich sowohl in der Tora als auch in beiden Teilen des Prophetiekanons belegen lassen (vgl. z. B. Ex 3; Ri 6; 1 Sam 3; Jes 6). Wenn die Annahme trägt, daß diese Gruppe sowohl bereits vorhandene ProphetInnentraditionen entsprechend bearbeitet als auch neue Texte und Notizen einfügt, dann muß man annehmen, daß Frauen an richtungsweisenden Redaktionen der Bibel entscheidenden Anteil hatten: Sie überarbeiten ganze Buchsammlungen, um sie zu sinnstiftenden Kanonteilen zusammenzufügen.

6. Die einzige wahre Prophetin der Prophetenbücher: Schriftprophetie und Kinder mit symbolischen Namen

Nach diesem ausführlichen Durchgang durch die vier Verse und ihre offenen Fragen kann die eingangs formulierte These nun begründeter dargestellt und pointiert zusammengefaßt werden.

Die Erwähnung der Prophetin ist nicht beiläufig, sondern integraler Bestandteil der berichteten prophetischen Zeichenhandlung. Letztere erhält gerade dadurch ihre Brisanz und Eindringlichkeit, daß *beide* an der Verkündigung der Botschaft „Für Maher-Schalal-Hasch-Bas" beteiligten Personen der Prophetie zuzuordnen sind.

Aufgrund des Fehlens von Hinweisen auf deviante Praktiken ist selbstverständlich darauf zu schließen, daß diese Prophetin in einer Linie mit ihrem Partner steht. Sie gehört somit zu den JHWH-Prophetinnen. Der Artikel läßt darauf schließen, daß die Frau als „*die* Prophetin" ebenso bekannt gewesen sein muß wie Jesaja selber. Ansonsten müßte man sie mit *eine* Prophetin bezeichnen oder bei ihrem Eigennamen nennen, wie dies etwa beim Auftrag Hoseas der Fall ist, sich eine hurerische Frau und hurerische Kinder zu nehmen (Hos 1,2f.). Gomer ist tatsächlich „nur" die Ehefrau Hoseas und hat keinerlei selbständige prophetische Funktion.

So ist es ein Produkt rezeptiven Lesens, wenn die Prophetin als Ehefrau Jesajas interpretiert wird, und keine textgemäße Auslegung. Mit der Prophetin ist es also wie heute auch noch im realen Leben: Die Frau Professor ist die Frau des Herrn Professors, auch wenn sie beruflich seine Schreibkraft oder Reinigungsfrau war. Die Professorin hat selber eine Professur und muß deswegen noch lange nicht mit einem Professor verheiratet sein. In Deutschland,[41] wo akademische Grade und Titel bis heute in ausschließlich männlicher Form vergeben werden, wird daher vor allem an die Ehefrau des Professors gedacht, wenn von der Frau Professor die Rede ist. Daß diese in manchen Kreisen mehr Ansehen hat als die Frau Professorin, versteht sich aus der Tatsache, daß erstere die klassischen Weiblichkeitsvorstellungen besser erfüllt, denn sie definiert sich über ihren Mann und nicht durch ihren Beruf.

Bei Jesajas Berufskollegin ist es anders. Sie, die Prophetin, wirkt mit dem Propheten zusammen, um die Gottesbotschaft auszurichten. Sie ist allerdings die einzige unter den Prophetinnen, von der ein Kind erwähnt wird. Während wir aus der Schriftprophetie öfter von Propheten erfahren, daß sie Kinder bekommen, die dann auch im Dienst der prophetischen Botschaft stehen (Jesaja, Hosea), spielt das Kinderkriegen bei den Prophetinnen – wie auch bei den Propheten der „Frühen Prophetie" – keine Rolle. Mutter- und Vater-Sein ist nicht die ihnen zugedachte Hauptrolle. Da wir aber nicht annehmen können, daß prophetisch Begabte zölibatär gelebt haben (einzige und daher in Jer 16,2ff. eigens begründete Ausnahme ist Jeremia), ist es das Natürlichste der Welt, daß Prophetinnen – wie ihre männlichen Berufskollegen auch – verheiratet waren und Kinder hatten. In Jes 8,3f. liegt ein Beleg dafür vor, daß auch die prophetisch begabten Frauen den Verkündigungsauftrag mit ihrer ganzen Existenz und allen ihren Lebenszusammenhängen wahrnehmen. Es kann daher nicht angehen, von der Prophetin aus Jes 8,3 zu behaupten, sie sei eigentlich keine richtige Prophetin, da sie ja bloß ein Kind gebäre. Eine geschlechterfaire Deutung sieht die Schwangerschaft und das Gebären der Prophetin daher nicht als marginale, auf die typisch weibliche Rolle beschränkte Aufgabe, sondern deutet sie auf ein und derselben Ebene wie das Kinder-Zeugen ihrer männlichen Berufskollegen: Das vorgeblich Private ist politisch. Das Kind, das sie gebiert, trägt durch seinen prophezeienden Namen Gottes Wort in die Welt.

Innerhalb des Kanonteils der Schriftprophetie[42] ist Jes 8,1 der erste Befehl zum Aufschreiben eines prophetischen Wortes. Der

Vorgang der schriftlichen Fixierung wird konstitutiv für diese Bücher, die im Gegensatz zum Kanonteil der „Frühen Prophetie" nur wenig über prophetische Menschen erzählen, sondern vielmehr ihre Worte überliefern. Schriftprophetie entsteht durch göttliche Anweisung, das Gehörte und Geschaute aufzuschreiben. Wenn nun gerade dieser Vorgang, von dem hier erstmals innerhalb der Prophetie die Rede ist, als entscheidend von einer weiblichen prophetischen Gestalt geprägt gezeichnet wird, so soll nichts anderes damit gesagt werden, als daß die Schriftprophetie ebenso von Frauen wie von Männern getragen ist.

Die Notiz, die den LeserInnen sagt, daß Jesaja zu der Prophetin geht, um erstmals seine Botschaft aufzuzeichnen, setzt damit ein Signal für diesen Kanonteil: Auch die Schriftprophetie ist kein rein männliches Phänomen. Wenn sie auf weite Strecken als solches dargestellt wird und auf noch weitere Strecken in christlichen Kreisen so interpretiert wird, erhält sie durch die Prophetin, zu der Jesaja geht, eine an den Beginn des Verschriftungsprozesses eingetragene Korrektur, die uns von vornherein darauf hinweist: An den Prophetenbüchern haben von Anfang an Frauen geschrieben!

[1] Das Hifil von עוד II kann sowohl „verwarnen", „einschärfen" (Neh 13,15.21 u.ö.) oder wie in Jer 32,10.25.44 „als Zeugen nehmen" bedeuten (vgl. KBL[3] III, 751). Die Form וְאָעִידָה wird von Davidson als eine jener seltenen he-paragogicum-Formen gedeutet, die möglicherweise wie die nun-paragogicum-Formen ein altes Hebräisch nachahmen wollen (vgl. Fischer, Rut, 86-88). Sie kann aber auch als Kohortativ „ich will warnen" (Jer 6,10; Ps 50,7; 81,9; Neh 13,21), „ich will als Zeugen nehmen" (Dtn 31,28) verstanden werden.

[2] Dazu wird MT in seiner Punktierung geändert und der Kohortativ von V2 an die waw-imperfecta von V3 angeglichen.

[3] Vgl. Duhm, Bernhard, Das Buch Jesaja, HK III/1, Göttingen 1914[3]; 56.

[4] Siehe zur Diskussion nun auch Barthel, Jörg, Prophetenwort und Geschichte, FAT 19, Tübingen 1997; 187ff.

[5] Wildberger, Hans, Jesaja 1-12, BK X/1, Neukirchen-Vluyn 1980[2], 314.

[6] So etwa Scott, R.B.Y. – Kilpatrick, George G.D., The Book of Isaiah. Chapters 11-39, in: IntB 5, New York 1956, 151-381; 222: „Isaiah's personal memoirs".

[7] Siehe dazu Fischer, Kriterium, 148-152.

[8] Eising, Hermann, Das Buch Jesaja I, GSL.AT 2/1, Düsseldorf 1970; 75.

[9] Duhm, Jesaja, 56.

[10] Wildberger, Jesaja, 314.

[11] Orelli, Conrad von, Die Propheten Jesaja und Jeremia, KK 4, München 1891[2]; 39.

[12] Vgl. Wildberger, Jesaja, 318.

[13] Siehe dazu unter 3.5.

[14] Engelken, Karen, Frauen im Alten Israel, BWANT 130, Stuttgart 1990; 71f., erweist, daß עֲלָמוֹת weibliche Palastangehörige bezeichnen.

[15] So z. B. Clements, Ronald E., Isaiah 1-39, NCBC, Grand Rapids 1980; 95.

[16] Die italienische Bibelübersetzung Bibbia Emmaus gibt dies denn auch so wieder: „babbo e mamma".

[17] Siehe zu den rechtlichen und ökonomischen Grundlagen der Ehe im Alten Israel: Fischer, Irmtraud, Die Erzeltern Israels, BZAW 222, Berlin 1994; 73-116.

[18] Siehe dazu Wildberger, Jesaja, 314f.

[19] Ob der logische Erzählfortschritt allerdings auf eine ursprüngliche literarische Einheit aus der Zeit des Jerusalemer Jesaja schließen läßt, wie Barthel, Prophetenwort, 193, dies annimmt, sei dahingestellt. Die zweite neuere Monographie, die sich an der Entstehungsgeschichte jesajanischer Texte versucht, Becker, Uwe, Jesaja – von der Botschaft zum Buch, FRLANT 178, Göttingen 1997; 94, sieht V2 als späteren Zuwachs und 8,1 als spätere redaktionelle Überleitung von 6,1-8* zur ursprünglichen jesajanischen Zeichenhandlung in 8,3-4, deren Abschluß in 8,16* zu finden sei (vgl. ebd., 98.102).

[20] So etwa Wildberger, Jesaja, 315.

[21] Teils wird der Text in Anlehnung an LXX, die mit „durchsichtige Gewänder" übersetzt, geändert: Statt גִּלָּיוֹן wird גְּלָמִים gelesen und mit „Obergewänder" oder „Schleiergewänder" übersetzt, da im Kontext von Bekleidungsstücken die Rede sei (so etwa Wildberger, Jesaja, 135.144); teils wird auch an Papyrus gedacht.

[22] Vgl. Ex 24,12; 31,18; 32,15f.19; 34,1.4.28f.; Dtn 4,13; 5,22; 9,9-17; 10,1-5; 1 Kön 8,9; 2 Chr 5,10.

[23] In Jer 17,1 wird auf die Tafel des Herzens die Sünde Judas eingraviert.

[24] In Ez 27,5 geht es um die Beschreibung einer Schiffsausstattung, was daher nicht an Metallteile, sondern an geplättete Holzplanken denken läßt. Ezechiel wird noch ein weiteres Mal angewiesen, im Rahmen einer Zeichenhandlung auf Holz zu schreiben, was ebenso ein glattes Stück voraussetzt (Ez 37,16), das als Schreibtafel genützt wird.

[25] Vgl. Wildberger, Jesaja, 315.

[26] Siehe ebd. Der hebräische Sirachtext hat רז כמגלי. LXX liest ὡς ἐκμεμαχὼς ἔσοπτρον.

[27] Wildberger, Jesaja, 317f.

[28] Vgl. ebd., 317.

[29] Die Vokabel für die deutliche Aufzeichnung, באר, verwendet die Hebräische Bibel nur noch zweimal und zwar eindeutig für die Aufzeichnung der Tora durch Mose selber (Dtn 1,5; 27,8). Da es sich um die schriftliche Fixierung von „dieser Tora" handelt, ist vermutlich das Buch Dtn gemeint. Tora und prophetische Schauung werden dadurch, daß beide schriftlich festgehalten werden müssen, einander gleichgestellt.

[30] Vgl. Wildberger, Jesaja, 312.

[31] Siehe ebd., 316.

[32] Hardmeier, Prophetie, 302, z. B. setzt die Erzählungen von 2 Kön 18f. als Propagandadokument nationalreligiöser Kreise in die Belagerungspause von 588 v. Chr. und sieht sie als „narrative Gegenprophetie gegen Jeremia".

[33] Der Prophet Sacharja wird in Sach 7,1.8 als Sohn Berechjas, des Sohnes Iddos vorgestellt, wohingegen Esra 5,1; 6,14 ihn nur als Sohn Iddos kennt. Ob dieser Sacharja identisch ist mit jenem, den Esra nach 8,16f. zu Iddo nach Kasifa schickt, um von ihm Leviten für den Dienst am Heiligtum gesandt zu bekommen, ist nicht eindeutig zu sagen.

[34] Neben diesen Belegen findet sich der Name gleich dreimal in der Liste der Einwohnerschaft Jerusalems in Neh 11,4.5.12 und in der Priester- und Levitenliste von Neh 12,16.35.41, wobei in 12,16 wiederum jener Sacharja aus dem Geschlecht des Iddo als Oberhaupt einer Priesterfamilie erwähnt wird. In 1 Chr 15,20; 16,5 tragen levitische Musiker den Namen, in 2 Chr 17,7 ein Toralehrer, den König Joschafat ausschickt, um das Volk zu lehren, und in 2 Chr 24,20 den gesteinigte Sohn des Priesters Jojada unter König Joasch.

[35] Ein kleiner Hinweis darauf könnte in Neh 3,34 die Bezeichnung חֵיל שֹׁמְרוֹן für die Oberschicht – oder aber die bewaffnete Truppe – Samarias, die sich gegen die Bauleute in Jerusalem wendet, sein. חֵיל hat mehrere Bedeutungen; es kann sowohl mit „Reichtum" als auch mit „Heer" oder „Stärke" übersetzt werden. Mit חֵיל wird auch das assyrische Belagerungsheer vor Jerusalem zu Hiskijas Zeiten bezeichnet (2 Kön 18,17 parr. Jes 36,2). Jes 8,4 verheißt zwar, daß der חֵיל דַּמֶּשֶׂק, das „Heer / der Reichtum von Damaskus", vom König von Assur einhergetragen werden wird, aber die Machtkonstellationen dieser Zeit gleichen jenen der frühen Jesajazeit: Wenn Juda Ruhe bewahrt, wird das Großreich im Nordosten die Feinde im unmittelbaren Norden zur Räson bringen. Ähnliche Gedanken finden sich bei Watts, John D.W., Isaiah 1-33, WBC 24, Waco 1985; 115: „That is the point of the Vision with its

implied message for fifth-century Jews: Persia's hegemony is Yahweh's will. Accept it! Live with it! Find the will of God for you within it."

[36] Im Jeremiabuch ist dies durch die Doppelüberlieferung von 2 Kön 24,18-25,30 und Jer 52 nachweisbar, wobei jedoch der Prophet Jeremia in den Passagen der „Frühen Prophetie" nicht genannt wird, da seine Stelle die Prophetin Hulda einnimmt.

[37] Vgl. die Forschungsgeschichte bei Berges, Ulrich, Das Buch Jesaja, HBS 16, Freiburg 1998; 266-277.

[38] Siehe dazu bereits ausführlich Fischer, Tora.

[39] Williamson, Hugh G.M., The Book Called Isaiah, Oxford 1994; 94-115, sieht 8,1-4 mit 8,16-18 und 30,8 als hermeneutischen Schlüssel, der die Anfügung des Dtjes-Teiles ermöglicht (vgl. 240-244). Die Nacherzählung von Jes 8,1-4 gelingt ihm allerdings, ohne die Prophetin auch nur zu erwähnen (vgl. ebd., 95).

[40] Siehe dazu ausführlicher Fischer, Tora, 51-57.

[41] Im Gegensatz dazu werden in Österreich, das die Titel in der alltäglichen Anrede liebt, per Gesetz die akademischen Grade und Titel geschlechtsspezifisch verliehen.

[42] Der nach Handschriften bestbelegteste Befund der kanonischen Anordnung der Bücher innerhalb des Schriftprophetenkanons bezeugt die Anfangsstellung von Jes. Vgl. dazu Brandt, Endgestalten, 144.

Die Unterscheidung von wahrer und falscher Prophetie und vor allem die Gefährdung des Volkes, die aus der Falschprophetie erwächst, war nach biblischer Geschichtsdarstellung Thema seit der Einsetzung der Prophetie (Dtn 13,2ff.; 18,9ff.; indirekt auch Num 12). Dabei wurde von Anfang an betont, daß Frauen wie Männer sowohl in der wahren Prophetie tätig sind, die in der Nachfolge des Mose steht, als auch in der falschen Prophetie, die sich durch die Hinwendung zu anderen Gottheiten und inakzeptable Praktiken auszeichnet. Die Vordere Prophetie erzählte dazu die Beispielsgeschichte über die Frau von En-Dor und den Propheten Samuel (1 Sam 28), worin sie die Falschprophetie narrativ ad absurdum führte.

Wenngleich im Kanonteil der Schriftprophetie die Problematik der wahren und falschen Prophetie und des Konflikts, in dem sich auch die prophetisch begabte Gestalt in bezug auf das Eintreffen oder Ausbleiben des Wortes befindet, vor allem im Jeremiabuch abgehandelt wird (Jer 27f.), so ist für unsere Fragestellung nach den Gotteskünderinnen dennoch nicht dieser Prophet relevant. Nur Ez 13 verknüpft die Frage nach den Kriterien der Prophetie auch mit der Frage nach dem Geschlecht ihrer Subjekte.

Die literarische Präsentation der Problemstellung entspricht der jeweiligen Eigenart der beiden Kanonabschnitte: Die Frühe Prophetie stellt sie mit den für sie typischen Mitteln der Erzählung, die das Prophetiegesetz von Dtn 18 narrativ verarbeiten, dar. Die Schriftprophetie handelt das Thema unter Verwendung der für sie charakteristischen Formen wie der Wortereignis-, der Boten- und der Erkenntnisformel, der Phrase „Ausspruch JHWHs", des Weherufes und von Elementen aus der Schelt- und Drohrede mit ihren Begründungen ab und setzt zudem Metaphern ein.

Ez 13,1-16 gegen Propheten	Ez 13,17-23 gegen Prophetinnen
(1) Und es erging das Wort JHWHs an mich folgendermaßen: (2) Menschensohn, prophezeie gegen die Propheten Israels, die PROPHEZEIEN (הִנָּבֵא אֶל־נְבִיאֵי יִשְׂרָאֵל הַנִּבָּאִים), und sag zu den PROPHETEN AUS IHREM EIGENEN HERZEN (וְאָמַרְתָּ לִנְבִיאֵי מִלִּבָּם):	(17) Du aber, Menschensohn, richte dein Angesicht gegen die Töchter deines Volkes (אֶל־בְּנוֹת עַמְּךָ), die PROPHEZEIEN AUS IHREM EIGENEN HERZEN (הַמִּתְנַבְּאוֹת מִלִּבְּהֶן), und rede prophetisch gegen sie (וְהִנָּבֵא עֲלֵיהֶן).
(3) So spricht Adonaj JHWH (כֹּה אָמַר אֲדֹנָי יהוה): *Wehe* (הוֹי עַל־הַנְּבִיאִים) über die Propheten, die ... nichts gesehen haben. ...	(18) ... So spricht Adonaj JHWH (כֹּה־אָמַר אֲדֹנָי יהוה): *Wehe* (הוֹי לְ-) den [Prophetinnen], die ...
[V4-8 Propheten sind nicht in die Bresche in der Mauer gesprungen, *schauen Täuschung, wahrsagen Trug* (חָזוּ שָׁוְא וְקֶסֶם כָּזָב), sie sagen: *Spruch JHWHs!* (נְאֻם־יהוה), aber JHWH hat sie nicht gesandt und hat nicht geredet.]	[(V18-21) Prophetinnen entscheiden über Leben und Tod im Volk, indem sie *Trug* betreiben (כזב), auf den das Volk hört. JHWH kündigt die Zerstörung der textilen Gegenstände an, mit denen die Frauen hantieren.]
(8) Darum (לָכֵן), so spricht Adonaj JHWH (כֹּה אָמַר אֲדֹנָי יהוה): Weil (יַעַן) ihr ... Darum: Siehe ich, gegen (לָכֵן הִנְנִי אֶל-) *Spruch Adonaj JHWHs* (נְאֻם אֲדֹנָי יהוה)	(20) Darum (לָכֵן), so spricht Adonaj JHWH (כֹּה־אָמַר אֲדֹנָי יהוה): Siehe ich, gegen (הִנְנִי אֶל-)
(9) ... und ihr (mask.) sollt erkennen, daß ich Adonaj JHWH bin (וִידַעְתֶּם כִּי אֲנִי אֲדֹנָי יהוה). [V10-15 Bild der Mauer]	(21) ... und ihr (fem.) sollt erkennen, daß ich JHWH bin (וִידַעְתֶּן כִּי־אֲנִי יהוה).
(10) Weil und alldieweil (יַעַן וּבְיַעַן) ... (13) Darum (לָכֵן), so spricht Adonaj JHWH (כֹּה אָמַר אֲדֹנָי יהוה) (14) ... und ihr (mask.) sollt erkennen, daß ich Adonaj JHWH bin (וִידַעְתֶּם כִּי־יהוה). (16) ... *Spruch Adonaj JHWHs* (נְאֻם אֲדֹנָי יהוה).	(22) Weil (יַעַן) ... (23) Darum (לָכֵן) *Täuschung sollt ihr nicht mehr schauen* (שָׁוְא לֹא תֶחֱזֶינָה) und *Wahrsagung nicht mehr wahrsagen* (וְקֶסֶם לֹא־תִקְסַמְנָה), sondern ich werde mein Volk aus euren (fem.) Händen retten, ... und ihr (fem.) sollt erkennen, daß ich JHWH bin (וִידַעְתֶּן כִּי־אֲנִי יהוה).

1. Männer und Frauen prophezeien nach eigenem Belieben

Das Kapitel 13 ist insofern als eine Einheit abgrenzbar,[1] als 13,1 mit der Wortereignisformel „Und es erging (geschah) das Wort JHWHs an mich folgendermaßen" eingeleitet und mit 14,1 ein anderer Personenkreis eingeführt wird, für den in 14,2 wiederum mit dieser Formel ein neuerliches Gotteswort ergeht.

Der Text 13,1-23 ist durch die zweifache Anrede JHWHs an den Propheten Ezechiel als „Mensch", „Menschensohn", mit seiner doppelten Aufforderung, prophetisch gegen Propheten und gegen prophezeiende Töchter des Volkes zu reden, in die zwei Teile V2-16 und V17-23 zu gliedern.

In beiden Abschnitten geht es offensichtlich um Menschen, die nicht von JHWH zur Wortverkündigung gesandt wurden, sondern nach „ihrem eigenen Herzen" prophetisch tätig sind (V2.17). Sie sind auch insofern keine Beauftragten JHWHs, als sie mit ihren Tätigkeiten Dinge bewirken, die Ausdruck dafür sind, daß sie JHWH nicht anerkennen (V9.14.21.23). Die Anerkenntnis JHWHs als Herrn wird daher als Ergebnis des strafenden Eingreifens der Gottheit Israels angesagt.

Über beide Gruppen, zu denen Ezechiel mit der Botenformel „so spricht Adonaj JHWH" reden soll, wird zuallererst ein Weheruf gesprochen (V3.18). Er stellt einleitend ihr inkriminiertes Tun vor, das sich bei aller Verschiedenheit auf den Begriff „Trug" bringen läßt (vgl. die gemeinsame Wurzel כזב V6-9.19). Trügerisch handeln nun aber nicht Menschen (vgl. auch V22), die fremde Gottheiten verehren, sondern das Volk des Gottes Israels (V9.10.17.18.19a.19b.21.23).

In beiden Abschnitten finden sich zwei Drohworte, die mit „darum" (V8.13.20.23) und dem Botenspruch (V8.13.20) eingeleitet und durch die Erkenntnisformel abgeschlossen werden (V9.14.21.23). Im ersten Abschnitt folgt darauf noch ein zusätzliches Drohwort (V15f.). JHWH läßt durch seinen Propheten jeweils die verhängte Strafe begründen („weil": V8.10.22). Er weist darauf hin, daß er gegen die Propheten (V8.9) und gegen die textilen Gegenstände, die die prophezeienden Frauen benutzen (V20), vorgehen wird.

Die in so vielen Elementen parallele Gestaltung beider Abschnitte, die im Rahmen von Ezechiels Vorliebe für Zweierstrukturen zu sehen ist, kann nur auf die Gleichwertigkeit der beiden Gottesworte, auf die Ebenbürtigkeit der Angesprochenen[2] und der Schwere ihrer Vergehen schließen lassen.

Von der ersten Gruppe ist konsequent in grammatikalisch männlichem Geschlecht die Rede. Wie so oft bereits betont, muß dies noch nicht heißen, daß es sich bei den Bezeichneten ausschließlich um Männer handeln müsse. Von der zweiten Gruppe ist nun aber in grammatikalisch weiblicher Form die Rede. Dies läßt darauf schließen, daß in dieser Gruppe entweder ausschließlich Frauen tätig sind oder sie die eindeutige Führungsposition innehaben. Es ist zwar nicht auszuschließen, daß auch in der ersten Gruppe Frauen mitgemeint sein könnten, im folgenden soll aber wegen der polaren Gegenüberstellung aufgrund des Geschlechts im ersten Teil von „Propheten" die Rede sein, im zweiten jedoch von „Prophetinnen".

2. Strafdrohung gegen die Propheten, die dem Volk nicht die Mauer machen (Ez 13,1-16)

Die Adressaten des Abschnittes V1-16 werden „Propheten" genannt. Ihre Tätigkeit wird als „prophetisch reden" beschrieben. Sie sind hierin mit Ezechiel auf einer Ebene zu sehen. Er, der von Gott selber meist als „Menschensohn", einfacher übersetzt als „Mensch", angesprochen wird, wird ebenso Prophet genannt (נָבִיא: 2,5; 14,4ff.; 33,33), und er wird immer wieder wie in unserem Text dazu aufgerufen, prophetisch zu reden (נבא nif.). Die angesprochene Gruppe unterscheidet sich offensichtlich nicht in den Praktiken vom Propheten Ezechiel, sondern darin, daß sie keinen Auftrag von JHWH hat (V6). Diese Propheten sagen daher offensichtlich das falsche Wort zur falschen Zeit und deklarieren dieses dennoch als JHWH-Wort (V7).

Ez 13,2.17 bezeichnet die beschriebene Prophetie als frei erfunden, als Prophezeien nach eigenem Herzen und als hinter dem eigenen Geist Hinterhergehen (V3).[3] Auch hier trifft sich die Anschuldigung mit der Auseinandersetzung um die Falschprophetie im Jeremiabuch (Jer 23,16-32).[4] In Jer 23,16 wirft der Prophet seiner Kollegenschaft vor, „Visionen des eigenen Herzens" zu haben (vgl. V26). Diese Leute, die ohne göttliche Sendung reden (Jer 23,21.32; vgl. Ez 13,6), verkünden Schalom, wo doch das Gegenteil von JHWH beschlossen ist (Jer 23,17.22; vgl. Ez 13,10.16). Das Jeremiabuch belegt anschaulich, daß die Heilsbotschaft „Schalom!", zur unrechten Zeit gesprochen, die klassische Falschprophetie sein kann, weil sie dem Gottesvolk den Weg zur lebensnotwendigen Umkehr verbaut (Jer 6,14; 8,11; 23,17; vgl. Ez 7,25f.).

Zu den gerügten Propheten gehört, wie zu den Mitgliedern der wahren Prophetie in der mosaischen Tradition (vgl. Dtn 18,22), das *Wort*. Wie diese „warten" sie auf das *Eintreffen des Wortes*, um sich als wahre Propheten zu erweisen (יחל: V6; vgl. z. B. Mi 7,7 und die Thematik im Abschnitt unmittelbar vor unserem Text, Ez 12,21-28). Wenn JHWH diese Propheten beschimpft, wie Füchse[5] in den Trümmern einer zerstörten Stadt zu sein (V4), so kann dies nur darauf hinweisen, daß *diese* Propheten bereits den Normalzustand in Israel darstellen. Denn in zerstörte Städte, die in Trümmern liegen, kehrt bald wieder die Wildnis ein, für die die scheuen Füchse ein Symbol sind.

Der folgende V5 bleibt insofern im Bild, als ein Teil der Trümmer, die eingerissene Mauer, näher fokussiert wird. Wenn JHWH die Propheten beschuldigt, daß sie nicht in die „Breschen" (פֶּרֶץ Pl.) gesprungen seien, so klagt er sie an, die spezifische prophetische Funktion, die seit der Stiftung der Prophetie am Sinai zentral ist (Dtn 18,16ff.), nicht wahrgenommen zu haben.

Ein prophetischer Mensch in der Nachfolge des Mose müßte Mauerfunktion für das Volk gegen seinen Gott haben, und er müßte in die „Bresche" (vgl. Ez 22,30: פֶּרֶץ) treten für das Land, damit JHWH es nicht vernichte. Wie nach Ps 106,23 Mose in die „Bresche" (פֶּרֶץ) springt und damit Gott von seinem Zorngericht abhält,[6] so erwartet dies JHWH nach dem Zeugnis des Ezechielbuches von allen prophetisch Begabten in der Nachfolge des Mose (Ez 22,30; vgl. Sir 45,23).

Die Metapher der rissigen Mauer mit der Bresche, die in V4 beginnt und sich bis V15 fortsetzt, ist dann weder schwierig[7] zu deuten noch steht sie für Israel als umzäunten Weinberg.[8] Sie steht vielmehr für die wahre Prophetie in der Nachfolge des Mose, die eine Mauerfunktion zwischen Gott und seinem Volk hat. Wer auf die wahre Prophetie, die einer ehernen Mauer gleichkommt (Jer 1,18f.; vgl. Ez 4,1-3),[9] nicht hört und sich dem Trug und der Lüge der falschen Prophetie zuwendet (Ez 13,6ff.), der ist von einer brüchigen Mauer umgeben. Sie ist übertüncht, um ihr den Anschein von festem Halt zu geben (V10-15). Ihr Einsturz bedeutet den Tod der Bewohner der Stadt (V14). Der Zusammenbruch dieser Mauer, der Fall der falschen Prophetie, dient dem Volk und den Propheten daher zur Erkenntnis des wahren Gottes JHWH. Dieselbe theologische Vorstellung findet sich auch bei Jes 30,8-14: Das trotzige Volk, das auf die Tora und ihre Aktualisierung durch die Prophetie nicht hören will,[10] wird von der zusammenbrechenden Mauer erschlagen werden (V13). Die übertünchte Wand, die die Gottesrede als Mäuerchen mit Mörtel denunziert, das nur den Anschein hat zu halten, fällt in sich zusammen, sobald das Wort sich erfüllt. In dem Augenblick, in dem klar wird, daß es sich bei der Ankündigung des Friedens um Falschprophetie handelt, trifft das Gegenteil ein, und Jerusalem[11] fällt (V14): „Die Falschprophetie hat ihr eigenes Ende herbeigeführt und die Katastrophe verschuldet."[12]

Die brüchige Mauer, von der in Ez 13,1-16 so viel die Rede ist, steht für die Prophetie,[13] die nur behauptet, ein JHWH-Wort zu haben, aber nichts als Lug und Trug ist. Die Propheten nehmen ihre Schutzfunktion für das Volk nicht wahr. Ja, sie können die schützende Mittlerfunktion gar nicht wahrnehmen, da sie keinen Auftrag dazu haben. Daß diese Deutung schlüssig ist, erweist die Tatsache, daß jenem Propheten, der bei seiner Berufung zur ehernen und damit uneinnehmbaren Mauer *gegen* das Volk gesetzt wird (Jer 1,18f.; 15,20), konsequenterweise die Fürbittfunktion des Mose verboten wird (7,16; 11,14; vgl. auch 15,1). Wenn Jeremia in 14,11-16 trotz Verbot dennoch für das Volk eintritt, so deswegen, weil es von falscher Prophetie, die Lug und Trug verkündet, verführt wurde.

Dieselbe Sprach- und Bilderwelt für das Vergehen der prophetischen Zunft findet sich innerhalb des Ezechielbuches nochmals in 22,23-31. Täuschung und Trug bestimmen die Visionen und Wahrsagungen (V28; vgl. 13,6-9.23). Prophetisch Begabte, die dem Volk nicht „die Mauer machen" und ihre Brüchigkeit mit Verputz übertünchen (תָּפֵל + מוּחַ: 22,28; vgl. 13,10-15), sind nicht bereit, für das Volk in die Bresche zu springen (22,30; 13,5).

Die durch drei Negationen geprägte Strafdrohung von V9 kündigt den Lügenpropheten die Konsequenz ihres Handelns an: Die Hand JHWHs wird sich gegen sie wenden, und sie werden infolgedessen dem inneren Kreis des Volkes nicht mehr angehören, nicht in die Schrift Israels eingeschrieben und nicht zur Erde Israels kommen. Der Ausschluß aus dem Volk kann als mildere Variante der Todesdrohung aus dem dtn Prophetiegesetz gesehen werden (vgl. Dtn 18,20). Das Wort vom verweigerten Einschreiben in die Schrift Israels (וּבִכְתָב בֵּית־יִשְׂרָאֵל לֹא יִכָּתֵבוּ) könnte einerseits auf die Geschlechterregister verweisen, die bei der Rückkehr aus dem Exil von entscheidender Bedeutung für die Legitimität der Gemeinde werden (vgl. Esra 2,62; Neh 7,64); andererseits wäre aber auch die Deutung auf jenes Register, das alle verzeichnet, die am Leben bleiben sollen (Jes 4,3; vgl. Jer 22,30; Ps 69,29), möglich.

Noch näher legt sich jedoch jene Deutung, die die Vorstellungen von Ex 32,32f. aufnimmt: Mose tritt im Rahmen der Krise wegen des goldenen Kalbes als Mittler für das sündige Volk ein. Er bittet dabei JHWH, falls er zum Verzeihen nicht bereit sei, auch ihn aus dem Buch, das er geschrieben habe, auszutilgen. Die Antwort JHWHs präsentiert eine ganz ähnliche Theologie wie Ezechiel im Rahmen seiner „Wächtermetapher" (vgl. Ez 3,16-21; 33,1ff.[14]): Nur der Mensch, der gesündigt hat, wird aus dem Buch gestrichen, nicht aber ein unschuldiger. Prophetische Menschen sind dazu da, das Volk vor Sünde und Straffolge zu warnen, nicht jedoch, um für die Schuldigen in den Tod zu gehen.

Die dritte Strafankündigung gegen die Propheten von V9, daß sie nicht in die Ackererde Israels kommen werden, wurde meist nur insofern beachtet, als man daraus den Standort Ezechiels im Exil bestimmte.[15] Aber es ist wohl auch hier mit Hinweischarakter zu rechnen: Wie die sündige Generation der Wüstenwanderung

nicht ins Land kommen wird, so werden diese Propheten nicht
dorthin (zurück-)kommen (vgl. Ez 20,38).[16]

So läßt sich zusammenfassend sagen, daß die prophetische
Gruppe, über die in Ez 13,2-16 der Weheruf gesprochen wird,
prophetisch redende Menschen sind, die sich ohne Auftrag ein
Wort JHWHs anmaßen (vgl. Dtn 18,22), das daher folgerichtig
auch nicht eintreffen wird: Das Gegenteil von Schalom wird
kommen, nämlich der Zusammenbruch dieser prophetischen Gilde
und des ganzen Volkes, das ihr geglaubt hat (13,15f.). Die
Propheten, die weder die schützende Mauerfunktion noch die
bewahrende Wächterfunktion wahrgenommen haben, werden samt
dem ungewarnten und ungeschützten Volk untergehen.

3. Strafdrohung gegen die prophezeienden Töchter des Volkes, die über Leben und Tod entscheiden (Ez 13,17-23)

Die Adressaten des zweiten Abschnittes werden als „Töchter meines Volkes, die aus ihrem eigenen Herzen prophezeien" (V17)
vorgestellt. Die Ausleger deuten diese Bezeichnung (נבא hitp.)
sehr häufig als zweitklassige Prophetie, da wahre Prophetie als
„prophetisch reden" (נבא nif.) beschrieben werde. So übersetzt
etwa Greenberg die entsprechenden Passagen in V2 mit
„Propheten, die aus ihrem eigenen Herzen sprechen", in V17
jedoch mit „Frauen deines Volkes, die den Propheten aus ihren
eigenen Herzen spielen".[17] Während die männlichen Glieder des
prophetischen Berufs als solche bezeichnet werden, würden
Frauen sich bloß als solche aufspielen. Daß derlei Übersetzungen
nicht zu rechtfertigen sind, hat bereits Renate Jost[18] mit ihrem
Hinweis auf Ez 37,10 gezeigt. Dort steht נבא hitp., das ich mit
„prophezeien" wiedergebe, als Ausführung der göttlichen Anweisung an Ezechiel, daß er über das verstreute Menschengebein
„prophetisch reden" (37,9: נבא nif.) solle, damit die Toten wieder
lebendig werden. Was Ezechiel tun soll und tatsächlich tut, hat
keinerlei abwertenden Klang. Er wirkt als Prophet und bringt als
solcher vom Tod zum Leben. Die so häufig zu findende
abwertende Übersetzung, wenn das Verb Frauen als Subjekte hat,
ist also als gender-bias zu entlarven und daher aufzugeben. Beide
in Ez 13 gescholtenen Gruppen gehören zur Prophetie, die eine
nicht weniger als die andere. Ob bei *beiden* Stellen „eine Konnotation, die das prophetische Tun als magisches Beschwören hin-
stellen will",[19] gegeben ist, mag man fragen. Bei einer solchen
Deutung muß man allerdings beachten, daß die Grenzen zur Magie
und Mantik im Alten Orient sicher nicht so klar waren, wie wir sie

in unserer aufgeklärten westlichen Kultur konstruieren und in die Zeit der Textentstehung zurückprojizieren wollen.[20]

Die angesprochenen Prophetinnen werden näherhin als „Töchter meines Volkes" bezeichnet. Damit steht fest, daß es sich nicht um fremde Frauen handelt, sondern um Prophetinnen der eigenen Volksgemeinschaft. Die Bezeichnung von freien Frauen als „Töchter" kommt sowohl für Ausländerinnen[21] als auch für weibliche Mitglieder des Gottesvolkes[22] vor und wird meist dort verwendet, wo von den Frauen einer Stadt oder eines Landes die (öffentliche) Unabhängigkeit betont werden soll.[23] Der Ausdruck weist also keinesfalls auf unmündige Kinder hin, sondern bestenfalls auf die junge Generation (vgl. die prophetisch begabten Töchter in Joël 3,1).

Der Weheruf trifft die Prophetinnen, weil sie offensichtlich Textilien herstellen,[24] mit denen sie Hände und Häupter umwinden, und dies von JHWH als „Seelenjagd", als „Menschenjagd", angeprangert wird (13,18). Die Ausdrücke für „Band" und „Hülle" sind singulär in der Hebräischen Bibel. Auf die Form kann nur von der beschriebenen Funktion her geschlossen werden. Beide Textilien dienen zum Umbinden, andernfalls würde die Androhung des Zerreißens in V21 wenig Sinn machen.[25] Einerseits werden die Hände umwunden, andererseits der Kopf, was eindeutig auf ein Ritual des Bindens, vielleicht im Kontext mit einem Amulett,[26] schließen läßt, das man sich vorerst magisch vorstellt. Aber im offiziellen Gebetsritual Israels ist das Binden der Hände und des Hauptes mit den Tefillin und das Tragen eines Gebetsschals bis heute Brauch (vgl. Dtn 6,8; 11,18; Ex 13,16).[27] Die Gebetsriemen, die im heutigen Judentum nur Männer[28] anlegen, binden den Beter an die Tora. Es ist zu betonen, daß in Ez 13,18 ein völlig anderes Vokabular für diesen Binderitus verwendet wird. Aber deswegen auf Magie[29] zu schließen, ist m. E. nicht zwingend, zumal sich nur ein einziger Terminus aus dem Spektrum der verbotenen prophetischen Praktiken aus Dtn 18,9ff. findet: קסם, „wahrsagen", ist eine Tätigkeit, die in unserem Text sowohl den Propheten (V6.9) als auch den Prophetinnen (V23) nachgesagt wird.

Die vollzogene Praktik wird nicht als solche angeprangert, sondern weil man mit ihr Menschenfang betreibt und Leute ums Leben bringt. Falls der schwierige Text richtig gedeutet ist, wird in 13,20 die Jagd auf Seelen (נְפָשׁוֹת) mit der Metapher vom Vogelfang dargestellt. Auch dies ist nicht fremd in der biblischen Bilderwelt, die den prophetischen Auftrag veranschaulichen will (vgl. Am 3,5). Für die Befreiung seines Volkes aus der Bedrängnis wird die Gottheit Israels häufig mit dieser Metapher gepriesen (vgl. z. B. Ps 124,7; die Menschen, die wie Vögel gefangen sind und aus dem Netz befreit werden, werden auch hier mit נְפָשׁוֹת bezeichnet). In Hos 7,11-16 wird der Vogelfang aber auch als Metapher für den zum Gericht jagenden Gott verwendet. Alle diese Bilder, in denen das Volk wie Vögel gefangen wird, verweisen auf das Unbeständige, aber auch auf die Hilflosigkeit der Menschen, wenn Jäger es auf sie abgesehen haben.

Manchmal wird behauptet, die Propheten hätten es mit dem ganzen Volk als Auditorium zu tun, die Prophetinnen aber bloß mit einzelnen.[30] Allein die Tatsache, daß sich sechs der acht Vorkommen des Leitwortes „Volk" im zweiten Abschnitt finden, straft diese These Lügen.[31] Die Frauen bedienen keine „Privatklientel", und ihr Tun ist genauso effektiv tödlich wie jenes der Berufskollegen (vgl. V14.18f.). Es geht um Leben oder Tod bei ihrem Tun. Dabei fällt allerdings auf, daß das Wort „leben" doppelt so oft vorkommt wie das Wort „sterben". Was die prophetischen Frauen wollen, ist offensichtlich also doch nicht vorrangig der Tod der Menschen.

Die Diskussion mit dem *polaren Wortpaar „leben und sterben"* von Menschen hat im Ezechielbuch Verweischarakter. Einerseits hat der Prophet selber auf Anweisung seines Gottes hin die Macht, sterben und leben zu lassen (11,13; 37,7ff.).[32] Andererseits handelt Ez 18 mit diesem polaren Wortfeld das Problem der Kollektivschuld in Familien und jenes des Zeitpunkts der Bekehrung ab. JHWH beansprucht die Hoheit über alle Menschenleben (נְפָשׁוֹת: 18,4). Nur wer sündigt und in seiner Sünde verbleibt, der soll sterben (18,4.13.18.20.24ff.). Wer aber nach Gottes Satzungen und Rechtsvorschriften[33] handelt, der wird leben (V9.17.19.21.23), selbst wenn er vorher gesündigt hat (V21ff.27f.). Auch in dieser Abhandlung überwiegt das Wort „leben", geht es doch darum, daß JHWH die Umkehr der Sünder will, damit sie *leben* (18,32).

Den Prophetinnen wird nun aber in der Urteilsbegründung gerade die Bestärkung der Frevler und die Schwächung der Gerechten zur Last gelegt (13,22). Sie haben das Wächterinnenamt, das die Menschen, die Unrecht tun, zur Umkehr und damit zum *Leben* führen soll (vgl. 3,16-21; 33,1-9), nicht nur nicht wahrgenommen, sondern sie haben zum Gegenteil angeleitet.[34] Das polare Wortfeld von leben und sterben prägt auch die beiden „Wächterperikopen" im Ezechielbuch (3,16ff.; 33,1ff.). Das Vergehen der Frauen liegt damit nicht in irgendwelchen obskuren magischen Praktiken, sondern in der Vernachlässigung und sogar Verkehrung ihrer spezifischen prophetischen Aufgabe.[35] Der Weheruf JHWHs erweist damit indirekt, daß er die prophetische Wache nicht nur von Ezechiel selber, sondern auch von den Prophetinnen erwartet hätte.[36] Denn wahre Prophetie leitet zum Halten der Gebote und damit zum Leben an. Falsche Prophetie leitet davon weg (vgl. Ez 20,10ff.).

Das ist dieselbe Theologie, wie sie bereits aus Dtn 13,2-6[37] erhoben wurde. Ein Prophet, der die Menschen davon abbringen will, auf Gottes Wegen zu gehen, hat, selbst – oder gerade – wenn sein prophetisches Tun Wirkung zeigt, ein todeswürdiges Verbrechen begangen (Dtn 13,6). Wenn JHWH ankündigt, sein Volk aus den Händen dieser Prophetinnen retten zu wollen (Ez 13,23), um sich als JHWH zu erweisen, dann ist das Todesschicksal der Frauen bereits vorab besiegelt.

Der unmittelbare Kontext (14,1-11) thematisiert die Problematik an Ezechiel noch einmal: Wenn jemand kommt, der Götzenkult betreibt, um JHWH durch ihn prophetisch befragen zu lassen, dann wird dieser Mensch als Erweis, daß JHWH der Herr ist, ausgetilgt werden (14,8). Ein Prophet aber, der sich in dieser Situation anmaßt, ein prophetisches Wort zu verkünden, der wird – wie der Anfragende selber – aus Israel ausgerottet werden (14,9f.), da beide ihre eigene Schuld tragen müssen. Nur so erhofft JHWH, der Falschprophetie Herr werden zu können, die das Volk davon abhalten will, Gottes Volk zu sein (14,11).

4. Das Diptychon der Falschprophetie im Ezechielbuch: Vernachlässigung, Verwirklichung und Erlöschen des mosaischen Amtes

In kritischen Zeiten beim Volk zu bleiben, die Mittlerfunktion wahrzunehmen, es zu warnen, um es zur Umkehr zu bewegen, und bei Bedarf in die Bresche der Mauer zu springen, das sind die Funktionen, die in (nach-)exilischen Zeiten von der Prophetie in den Fußstapfen des Mose erwartet werden (Ez 22,30; vgl. Ps 106,23).[38] Prophetie als Wache, um das Volk vor tödlichem Unheil zu bewahren, ist nach dem Ezechielbuch aber nichts anderes als Prophetie in der Nachfolge des Mittlers und Wächters Mose.

In den Zeiten, in denen das Ezechielbuch entsteht, entziehen sich die in Israel prophetisch Begabten ihrer Aufgabe, für die JHWH sie bestimmt hat. Wenn das Buch Jona als exemplarische Abhandlung der Thematik gelten kann,[39] so ist das Problem vor allem in nachexilischer Zeit virulent. Die prophetisch redenden Frauen des Ezechielbuches (Ez 13,17ff.) sind also offensichtlich keine Einzelgestalten ihrer Zeit. So kann auch die aufgrund des gender-bias so gesehene „Kleinmantik" der Prophetinnen nicht als

Hinweis auf das kultische Vakuum des Exils gedeutet werden.[40]
Wenn Greenberg allen Ernstes fragt: „Waren diese Frauen 'kleine
Fische', zu unbedeutend für Gottes Aufmerksamkeit?",[41] und sich
wundert, warum den Frauen nicht der Tod angedroht, sondern nur
die magischen Geräte weggenommen werden, so kann er dies nur,
weil er die Textbezüge von Ez 13 exegetisch für nicht relevant
hält. Von diesen her ist sonnenklar, daß diejenige, die zum Warnen
beauftragt ist, dies jedoch nicht tut oder sogar andere vom rechten
Weg abbringt, wie eine Mörderin schuldig wird und die Folgen
ihres Tuns tragen muß.[42] Beim Wächterdienst der Prophetie geht
es um nichts anderes als um Leben oder Tod. Sich diesen Dienst
ohne Auftrag anzumaßen, wie den prophetischen Frauen
vorgeworfen wird, heißt, sich in die Sphäre des Todes zu begeben.
Die Prophetinnen entweihen[43] daher JHWH bei seinem Volk
(13,19), das lieber auf Trug (V19; vgl. V6ff.) hört als auf ein
Gotteswort. Das Urteil über Leben und Tod haben sich die Frauen
mit dem Eingriff in JHWHs Hoheitsrechte (Ez 18,4) also bereits
selber gesprochen.[44]

Zur Entscheidung darüber, wer leben und wer sterben soll, ist
im Ezechielbuch nur der Prophet Ezechiel *beauftragt*. Er wird daher von Anfang an berufen, dem abtrünnigen Volk das Gotteswort
zu verkündigen, gleich ob es gehört wird oder nicht (2,1-7).
Ezechiels *Wort* ist zugleich der Erweis dafür, daß JHWH auch in
seinen Zeiten, wie in Dtn 18,15.18 zugesagt, einen mit Prophetie
begabten Menschen in der Nachfolge des Mose aus Israels Mitte
erstehen läßt (Ez 2,5). Unabhängig davon, ob das prophetisch
vermittelte Gotteswort sofort Wirkung zeitigt oder nicht, wird es
aber eintreffen, es wird kommen (בוא Ez 33,33; Dtn 18,22).
Dadurch wird es den Beweis für die Erfüllung der Zusage aus dem
Prophetiegesetz liefern, denn das Volk wird erkennen, daß „ein
Prophet" *in Israels Mitte* war (Ez 2,5; 33,33; vgl. Dtn 18,15.18).

Wie Iain Duguid[45] einleuchtend aufgezeigt hat, wird gerade
Ezechiel als neuer Mose gezeichnet, da er nach Ez 40-48 als
einziger Mensch nach Mose *gesetzgebend* wirkt. Er selber wird
zwar (wie Mose) nicht mehr in das Land kommen, aber JHWH
bringt ihn in göttlichen Visionen dorthin (40,1ff.), damit er auf
einem hohen Berg direkt von Gott sein *neues Heiligtum*
geoffenbart bekommt. Der Genauigkeit in bezug auf die Angaben
des Begegnungzeltes bei Mose entspricht hier jene in bezug auf
den neuen Tempel. In Ezechiels Verfassungsentwurf, der nunmehr
das neuerliche und endgültige Leben im Land regelt, kommt die
Prophetie, sei es falsche oder auch wahre, nirgends vor.[46] Dies ist
nicht anders zu deuten, als daß durch die *Geistbegabung*, von der
im Vers unmittelbar vor der Tempelvision gesprochen wird

(39,29), die Funktion der Prophetie für das Volk wegfällt: Wem ein Herz gegeben ist, das *„Rechtssatzungen und Rechtsentscheide"* bewahren kann (Ez 36,27), dem ist es geben, nach der *Tora* zu leben. Der Doppelausdruck „Rechtssatzungen und Rechtsentscheide" bezeichnet sehr häufig und vor allem an höchst prominenter Stelle die göttliche Offenbarung des Gesetzes am Horeb (Dtn 5,1.31). Wenn der Geist nun aber über das ganze Haus Israel ausgegossen wird (Ez 39,29), können alle Mitglieder des Volkes das Gesetz halten. Die Formulierung steht im Zusammenhang mit Joël 3, wo die *Geistausgießung* die Demokratisierung der Prophetie am Tag JHWHs bewirkt. Wenn Ez 13,5 den Propheten vorwirft, am *Tag JHWHs* nicht in die Bresche gesprungen zu sein, so heißt dies auch, daß der für das Volk furchtbare Tag JHWHs[47] dort nicht mehr furchtbar ist, wo das Wächteramt funktioniert – oder es jeder für sich selber wahrnehmen kann. Die bei prophetischer Verkündigung immer bestehende Gefahr, daß jemand das Wort zwar hört, sich aber nicht daran hält (Ez 33,32), ist damit endgültig gebannt. Die Stadt mit ihrem zentralen Tempel, die Ezechiel für die Zukunft seines Volkes erschaut (Ez 40-48), ist daher eine, in der das Volk zur Gottesbegegnung keine Mittelsperson mehr braucht. Ihr Name ist: „JHWH ist hier" (Ez 48,35).

---

[1] Zum Aufbau der Einheit vgl. Zimmerli, Walther, Ezechiel 1-24, BK 13/1, Neukirchen-Vluyn 1979²; 285-288, der den Text als (nicht einheitliches) Diptychon beschreibt, und Greenberg, Moshe, Ezechiel 1-20, HThK.AT, Freiburg 2001; 271f., der ebenfalls ein Schaubild bietet, das sich von dem hier erarbeiteten in manchen Punkten unterscheidet. Eine deutsche Synopse der beiden Abschnitte findet sich bei Hossfeld – Meyer, Prophet, 127-129, die den Text aus zwei authentischen Ezechielworten, die von einem Redaktor bearbeitet worden seien, entstanden sehen. Die Literarkritik, die nach Kriterien des parallelen Aufbaus vorgenommen wird (ebd., 130), überzeugt nicht. Was jedoch als Sichtweise des nachezechielischen Redaktors beschrieben wird, ist durchaus interessant.

[2] Die Meinung von Becker, Joachim, Der priesterliche Prophet, SKK.AT 12/I, Stuttgart 1971; 41, „Ezechiel stellt die Tätigkeit der Prophetinnen seiner Zeit nicht auf eine Stufe mit der (angemaßten) Verkündigung des Wortes Jahwes durch die falschen Propheten. Sie fällt mehr in den Bereich niederer Zauberpraktiken" ist damit sicher nicht haltbar. Hossfeld – Meyer, Prophet, 133, nehmen für ihren Redaktor an, daß er Propheten und Prophetinnen auf eine Stufe stellen will; im ezechielschen Orakel jedoch scheiden sie die prophezeienden Frauen kurzerhand aus und meinen, ein originales Wort gegen Hexen rekonstruieren zu können (vgl. ebd., 139).

[3] Dies bezeugt vielleicht indirekt die historisch gesehen späte, bei Ez jedoch häufig belegte Vorstellung der Prophetie durch Geistbegabung (vgl. Ez 2,2; 3,12.24; 8,3; 11,1.5 u.ö.; siehe dazu das Kapitel über Joël 3). Keinesfalls ist der Text so zu verstehen, daß es sich um „Berufspropheten" handeln müsse, da nur sie sich auf den Offenbarungsempfang durch den Geist beriefen, während die „Einzelpropheten" sich auf das Wort stützten (so Fohrer, Georg, Ezechiel, HAT 13, Tübingen 1955; 69).

[4] Auf diese Stelle verweist weniger differenziert bereits Greenberg, Ezechiel, 273f.

[5] Zimmerli, Ezechiel, 291, hat auf das gemeinsame Wortfeld von Ez 13,4f. mit Neh 3,35 verwiesen: Dort spottet Tobija über den Mauerbau Nehemias, daß auf diese

Stadtmauer die Füchse (שׁוּעָל) hinaufgehen (עלה) und sie einreißen (פרץ) werden. Auf diese Verbindung wird im Kapitel über Noadja noch einmal zurückzukommen sein.

6   Siehe dazu bereits Greenberg, Ezechiel, 279f.

7   So mit manchen anderen etwa Hölscher, Gustav, Hesekiel, BZAW 39, Giessen 1924; 83f., dem es nicht gelingt, den Metaphern im Kontext einen Sinn abzugewinnen.

8   So etwa Greenberg, Ezechiel, 279. Brownlee, William H., Ezekiel 1-19, WBC 28, Waco 1986; 190f., deutet das Bild der beschädigten Mauer allegorisch auf den ruinösen moralischen Zustand des Volkes. Hossfeld – Meyer, Prophet, 141, suchen ratlos bei der Mauer, die von Aussatz befallen ist, Zuflucht (Lev 14,33ff.).

9   In Jer 1,18f. sowie in 15,20 wird die Mauer der wahren Prophetie *nicht zum Schutz für das Volk* vor JHWH errichtet, sondern als Mauer JHWHs *gegen das Volk* eingesetzt. Dieselbe Vorstellung findet sich in der von JHWH angeordneten Zeichenhandlung in Ez 4,1-3. Der Prophet richtet – wie sein Auftraggeber – sein Angesicht (4,3; vgl. 13,17) gegen die Stadt.

10 Vgl. dazu bereits Fischer, Tora, 69-78.

11 Pohlmann, Karl-Friedrich, Das Buch des Propheten Hesekiel (Ezechiel). Kapitel 1-19, ATD 22/1, Göttingen 1996; 189, sieht in „V.14 indirekt, aber unverkennbar auf die Eroberung Jerusalems 587 v. Chr." angespielt. Daß die Femininformen auf Jerusalem verweisen, vermutet bereits Carley, Keith W., The Book of the Prophet Ezekiel, Cambridge 1974; 83.

12 Hossfeld – Meyer, Prophet, 142.

13 Die Mauer ist nicht Symbol für das Volk, wie etwa Cooke, George A., The Book of Ezekiel, ICC, Edinburgh 1951 (Ndr. v. 1936); 138, meint.

14 Hossfeld – Meyer, Prophet, 135, reihen daher konsequent auch dieses Kapitel ihrem nachexilischen Redaktor zu, der für die Endgestalt von Ez 13 verantwortlich sei.

15 Greenberg, Ezechiel, 276, hat daraus geschlossen, daß es sich um Propheten handeln müsse, die wie Ezechiel selber bei der ersten Deportation bereits ins Exil kamen und denen die Rückkehr verwehrt wird.

16 Diese Beobachtung findet sich bei Hossfeld – Meyer, Prophet, 140f.

17 Greenberg, Ezechiel, 269.270. Ähnlich bereits ein Jahrhundert vorher Cornill, Carl Heinrich, Das Buch des Propheten Ezechiel, Leipzig 1886; 251, für die Frauen: „die sich als Prophetinnen aufspielen", während er in V.2 „Propheten" übersetzt (ebd., 247). Auch Zimmerli, Ezechiel, 296, verweist das Tun der Prophetinnen in den „Bereich einer niederen Kleinmantik und des Zaubers". Anders aber bereits in den 50er Jahren Fohrer, Ezechiel, 73, der die Frauen „falsche Prophetinnen" nennt.

18 Vgl. Jost, Himmelskönigin, 182.

19 Hossfeld, Ezechielbuch, 382, im Rahmen seines Exkurses zu *nb'* im Ezechielbuch.

20 Siehe dazu den Artikel von Lang, Bernhard, Street Theater, Raising the Dead, and the Zoroastrian Connection in Ezekiel's Prophecy, in: Lust, Johan, Hg., Ezekiel and His Book, BEThL 74, Leuven 1986, 297-316, der die separierende Unterscheidung von magischem und prophetischem Handeln gründlich hinterfragt.

21 Zu Töchtern anderer Völker vgl. 2 Sam 1,20; Jes 16,2; Jer 49,3; Ez 16,27.57; 32,16.

22 Während die Wendung „Söhne deines Volkes" (vgl. z. B. Ez 3,11; 33,2.12.17) das Volk als ganzes meint, ist hier der weibliche Teil der Bevölkerung angesprochen, und zwar jener, der sich prophetisch betätigt. Zu Töchtern mit Herkunftsbezeichnungen, die auf das eigene Volk verweisen, vgl. 2 Sam 1,24; Ps 48,12; 97,8; Hld 1,5; 2,7; 3,5 u.ö.; in Jes 3,16f. steht die Töchterbezeichnung ebenso in einer geschlechtsspezifischen Scheltrede, die auf jene an die männliche Führungsschicht folgt (3,1-15).

23 Oft ist davon die Rede, daß „Töchter" Spottlieder nach dem Fall einer fremden Stadt oder eines fremden Landes singen (z. B. 2 Sam 1,20). Auch Spottlieder auf den Feind, der unverrichteter Dinge abziehen muß, weisen in diese Richtung (vgl. Jes 37,22).

24 Vom „Nähen" (חפר) ist in der Hebräischen Bibel nur noch bei den Kleidern im Paradies (Gen 3,7), von Trauergewändern bei Ijob 16,15 und bei Koh 3,7 in Opposition zum Zerreißen die Rede.

25 So bereits Cornill, Ezechiel, 251.

26 Vgl. etwa Fohrer, Ezechiel, 74.

27 Der Hinweis auf die Tefillin findet sich bereits bei Eichrodt, Walther, Der Prophet Hesekiel 1-18, ATD 22/1, Göttingen 1959; 95.

[28] Jost, Himmelskönigin, 181, verweist zudem auf die grammatikalisch männlichen Suffixe in V20b.21a, die möglicherweise später eingetragen wurden, da man das Tragen von Phylakterien nur mehr bei Männern kannte. Diese Erklärung ist wohl zutreffender als jene von Zimmerli, Ezechiel, 285, der von „Textverwahrlosung" spricht.

[29] So mit vielen anderen Fuhs, Hans Ferdinand, Ezechiel 1-24, NEB.AT, Würzburg 1984; 72f. Hals, Ronald M., Ezekiel, FOTL 19, Grand Rapids 1989; 88, überschreibt den Abschnitt sogar mit „Making black magic, 13:17-23".

[30] So etwa Eichrodt, Hesekiel, 94, der meint, es handle sich um „lichtscheue Zauberpraktiken zugunsten einzelner Klienten, die den ihnen geleisteten Dienst gegen Bezahlung empfangen", während die männlichen Kollegen es mit dem „Anliegen des Gesamtvolkes" zu tun hätten.

[31] Gerade die neuassyrischen Ischtar-Prophetien, die etwa die prophetischen Gattungen des Heilsorakels oder des Botenspruchs auch in außerbiblischer Verwendung bezeugen, sind zum überwiegenden Teil von Frauen gegeben. Dabei handelt es sich um hochoffizielle Prophetien für den Königshof. Diese Orakel sind keinesfalls für die sogenannte „private Frömmigkeit" verfaßt, wozu häufig jene Bereiche trivialisiert werden, in denen Frauen als führend gezeichnet werden.

[32] Dies hat bereits Zimmerli, Ezechiel, 296, gesehen. Greenberg, Ezechiel, 275, sieht es als Privileg des Propheten an, „zu verkünden, wer leben und wer sterben sollte"; diese Deutung funktioniert für Ez 13 nur dann, wenn man die Frauen ganz aus dem Kreis der Prophetie heraus- und in die Mantik hineinnimmt.

[33] Vgl. die dem Dekalog ähnlichen Auflistungen von 18,6-8.11-13.15-17.

[34] Für Jes 4,4 stellt sich im Kontext von Ez 13,17-20 die Frage, ob die „Töchter Zions", die Blutschuld auf sich geladen haben, nicht auch Prophetinnen sein könnten, die ihr Wächterinnenamt nicht wahrgenommen haben und daher am Tod vieler Menschen schuld sind.

[35] Siehe dazu bereits Duguid, Ezekiel, 136.

[36] Ähnlich bereits Cooke, Ezekiel, 137, und Eichrodt, Hesekiel, 89: „der Prophetenname wird ihnen also nicht bestritten, sie haben einen legitimen Auftrag für Israel ... Aber sie haben diesen Auftrag in verantwortungsloser Weise mißbraucht".

[37] Siehe dazu den entsprechenden Abschnitt in Teil II.

[38] Diese Sichtweise ist nicht neu (vgl. Pohlmann, Hesekiel, 190), aber sie ist nie in der Breite und Konsequenz wie hier ausgeführt worden.

[39] Auf das Buch Jona, das die Thematik der verweigerten Warnung vor dem Gericht und des Fürbittdienstes wie eine Lehrerzählung aufgreift, verweist Zimmerli, Ezechiel, 290.

[40] So ebd., 298. Ähnlich Pohlmann, Hesekiel, 194, allerdings ohne misogyne Zwischentöne.

[41] Greenberg, Ezechiel, 276.

[42] Siehe dazu bereits Duguid, Ezekiel, 101.

[43] Die Entweihung JHWHs durch mangelnden Gehorsam seinen Satzungen und Rechtsvorschriften (die häufig die gesamte Gesetzesmaterie der Tora meinen) gegenüber thematisiert vor allem Ez 20. In 22,26 heißt es, daß die Priester die Tora JHWHs entweihen. Die häufig vertretene Deutung, daß JHWH dadurch entweiht würde, daß man sich für die prophetische Tätigkeit – noch dazu schlecht – bezahlen lassen würde (13,19: für eine Handvoll Gerste und einen Bissen Brot), ist nicht zwingend. Gegen den Vorwurf des Gewinnstreben wendet sich bereits Jost, Himmelskönigin, 183. Aber die Getreideprodukte müssen nicht auf schäbige Bezahlung verweisen. Brownlee, Ezekiel, 195f., vermutet, daß sie bei magischen Riten Verwendung fanden. Cooke, Ezekiel, 147, der die Prophetinnen als Hexen sieht, deutet sie aufgrund des semantischen Feldes (Num 5,15; vgl. Lev 2,5f.) als klassische Gaben für ein Speiseopfer.

[44] Siehe dazu bereits Duguid, Ezekiel, 101.

[45] Vgl. auch zum Folgenden ebd., 137.

[46] Daß das Wortfeld der Prophetie in Ez 40-48 völlig fehlt, hat ebenfalls Duguid, ebd., 103, bereits gesehen.

[47] Die Geschehnisse am Tag JHWHs, der Zusammenbruch der Mauer und des Volkes, werden in Ez 13,11ff. ähnlich wie in Joël 3 mit Unwetterphänomenen beschrieben.

Im Kanonteil der Prophetie ist von Anfang an von prophetisch begabten Frauen die Rede. Der vordere Teil der Prophetie wird, wie
aufgezeigt, sogar durch das Auftreten von weiblichen Vertreterin-
nen der Prophetie in der Nachfolge des Mose, von Debora und
Hulda, gerahmt. Der hintere Teil der Prophetie erwähnt als erste
eine Prophetin, die vermutlich in der Tradition der prophetischen
Frauen am Offenbarungszelt steht (Jes 8,3). Wo das letzte Mal in
diesem Kanonteil von Frauen als Subjekten der Prophetie
gesprochen wird, wird nicht eine einzelne zur Verkünderin des
Gotteswortes erwählt, sondern der Geist Gottes, die *ruach*, die
über alle ausgegossen werden soll, bewirkt im ganzen Gottesvolk
die Prophetie.

Joël 3 ist christlichen Menschen bestens als sogenanntes
„Erfüllungszitat" aus der Apostelgeschichte bekannt. Die Ereig-
nisse des Pfingsttages, an dem der Geist über alle ausgegossen
wird, werden in Apg 2,17-21 explizit durch diesen Text gedeutet.
Ob sich die Kirchen heute der „Erfüllung" dieser Verheißung
rühmen können, entscheidet sich freilich nicht zuletzt an ihrer
Kirchenstruktur.[1] Denn der Geist für alle bewirkt in Joël 3 die
Aufhebung des hierarchischen Gemeindeaufbaus, der durch Amt
und Geschlecht bedingt ist. Im joëlschen Gottesvolk gibt es keine
Mittlerfunktion mehr, da das Mittleramt des Mose auf alle Glieder
des Volkes übergegangen ist.

1. Der Tag JHWHs als Tag der Geistbegabung

Das Buch Joël hat als eines seiner zentralen Themen den sogenannten „Tag JHWHs".[2] Er wird als Tag des Schreckens und der
Finsternis angekündigt, vor dem man sich fürchtet (vgl. 1,15;
2,1f.11; 4,14). Auch im Kapitel, das über die Gabe der Prophetie
spricht, ist dieser Tag präsent. Vor diesem Tag, der in 3,4 als groß
und schrecklich charakterisiert wird, wird das Ausschütten des
Geistes geschehen, der die prophetischen Phänomene in den
Menschen hervorbringt. Der Tag selber jedoch wird, wie in 4,18,
wo der Tag JHWHs aus der Tempelquelle über Juda den

paradiesischen Überfluß bringt, ein Tag der Rettung auf dem Zion sein.

(1) *„Und es geschieht nach diesem:*

Da werde ich <u>ausgießen meine *ruach*</u>
über alles Fleisch:
Da werden prophetisch reden eure Söhne und eure Töchter,
eure Alten werden Träume träumen,
eure Jungen werden Visionen sehen.

(2) Und auch über die Sklaven und über die Sklavinnen
werde ich in jenen Tagen

<u>ausgießen meine *ruach*.</u>

----

(3) Und ich werde Zeichen am Himmel und auf der Erde geben,
Blut und Feuer und Rauchsäulen,

(4) Die Sonne wird in Finsternis verwandelt
und der Mond in Blut,
bevor er kommt, der Tag JHWHs,
der große und schreckliche."

----

(5) *Und da geschieht es:*

Jeder Mensch, der ANRUFEN wird den Namen JHWHs,
wird gerettet werden.
Denn durch den Berg Zion und durch Jerusalem
wird ein Entrinnen geschehen,
so wie JHWH gesagt hat,
und durch die Entkommenen,[3]

die JHWH RUFEN WIRD.

Der kurze Text 3,1-5 läßt sich durch vier Zeitangaben in drei Abschnitte gliedern:

V1 setzt das Folgende vom Vorhergehenden zeitlich ab. „Und es geschieht nach diesem" setzt zwar eine vorangehende Information voraus, Einführungsformeln wie diese müssen aber nicht notwendigerweise als Hinweissignale für den ursprünglichen Zusammenhang zweier Texte gewertet werden. Sie weisen häufiger darauf hin, daß das Folgende später eingefügt wurde. Die Angabe „in jenen Tagen" in V2b schließt durch die Wiederaufnahme der in V1a angekündigten Handlung des Geistausgießens das Geschehen dieser beiden Verse ab, welche dadurch stilistisch gerahmt werden.[4] V4 datiert gleichsam das Geschehen, von dem in V3-4a geredet wird, unmittelbar vor den „Tag JHWHs", der kommen wird. An jenem Tag wird offensichtlich das in V5 Dargelegte geschehen. Damit wird deutlich, daß der „Tag JHWHs" die gesamten Ereignisse bestimmen wird: *Es geschieht in anderen als den gegenwärtigen Tagen (V1-*

2), unmittelbar vor diesem Tag (V3f.) und an diesem oder als Folge von ihm (V5).

Die V1-3 sind durch das sprechende Ich explizit als Gottesrede gekennzeichnet. Ab V4b wird über JHWH in der 3. Person gesprochen. Der „Tag JHWHs" in V4b wird jedoch meist nicht als Anzeige eines Sprecherwechsels gedeutet, sondern als Aufnahme eines feststehenden Begriffs in die Gottesrede (ähnlich in 2,1f.).[5] Der V5 ist eindeutig prophetische Rede, wodurch sich der ganze Abschnitt als prophetisches Wort mit dem Zitat einer Gottesrede zu erkennen gibt. Der Übergang von V3 zu V4 ist nicht durch einen Sprecherwechsel gekennzeichnet. Das inhaltliche Verhältnis der beiden Verse zueinander ist somit als Ankündigung und Erklärung der zweiten Gotteshandlung zu bestimmen: Die Zeichen am Himmel und auf der Erde, die Gott geben wird und die in Blut, Feuer und Säulen von Rauch sichtbar sein werden, erklärt V4 als Verdunkelung von Sonne und Mond. Da dies von den Menschen als bedrohlich empfunden wird, wird der Tag, an dem dies geschieht, auch der schreckliche genannt.

Der Abschnitt V3-4 ist durch eine polare chiastische Stilfigur gekennzeichnet, die die Phänomene als zusammengehörig darstellt: Die Zeichen am Himmel (A), welche die Sonne und den Mond betreffen (A'), bilden die Außenglieder, die Zeichen auf der Erde (B), welche in Blut, Feuer und Rauchsäulen sichtbar sind (B'), die Innenglieder. Dieses der Natur widerfahrende Geschehen wird dem Tag JHWHs vorausgehen. Es beschließt die Ankündigung einer Gotteshandlung, die die Menschen betrifft und die durch die Ankündigung der Geistausgießung in V1a.2b gerahmt wird. In V5 wird beschrieben, was an diesem Tag unter Begleitung der angekündigten Naturerscheinungen mit jenen geschehen wird, die JHWHs Namen anrufen: Sie werden allesamt gerettet werden, weil am (oder: durch den) Berg Zion und in (oder: durch) Jerusalem nach einem früheren Wort JHWHs[6] ein Entrinnen sein wird. Auch dieser Abschnitt ist durch „Rufen" und „JHWH", wenngleich mit wechselnder Subjektverteilung, von einer Inklusion geprägt und damit stilistisch zu V1-2 parallel gestaltet. Alle Abschnitte werden durch Dreiergruppen geprägt: Drei Verben der prophetischen Tätigkeit im ersten Abschnitt stehen drei Phänomenen auf der Erde im zweiten gegenüber; im dritten Abschnitt ist dreimal von Rettung und Entkommen die Rede.

Die Botschaft, die Joël 3 vermittelt, ist damit die vom Geschehen am Tag JHWHs (V3f.), der nach der Ankündigung von V1-2 und V5 nicht ein Tag des Schreckens, sondern der Rettung sein wird.

2. Die Wirkungen des Geistes: Führungscharisma und Prophetie

Der erste Abschnitt von Joël 3 ist dominiert von der Ankündigung der Geistausgießung. Die Hebräische Bibel weiß um vielfältige Wirkweisen des Geistes.[7] Als Begabung für Menschen ist in der Tora vom Geist bezeichnenderweise ausschließlich in Zusammenhang mit dem Geist des Mose die Rede. Dieser Geist kann insofern als Gottesgeist bezeichnet werden, da er nicht Moses Geist schlechthin ist, sondern „auf ihm ist" und JHWH bei Bedarf etwas von ihm nehmen und auf andere legen kann. In der ersten Geschichte, die den Gottesgeist thematisiert, beklagt sich Mose, er könne das Volk nicht mehr allein durch die Wüste ins Verheißungsland führen (Num 11,10-15). So weist Gott ihn an, 70 Älteste, ausdrücklich Männer, aus dem Volk auszuwählen und sie vor dem Begegnungszelt aufzustellen (11,16). JHWH wird sodann vom Geist, der auf Mose ruht, nehmen, um ihn auf diese Männer zu legen, die mit ihm die Leitung des Volkes übernehmen sollen (11,17-30). Als dies dann tatsächlich geschieht, beginnen selbst jene, die ausgewählt waren, jedoch nicht vor dem Zelt erschienen sind, zu prophezeien (נבא hitp., V25f.). Der Geist, den Gott von Mose nimmt und auf die Ältesten legt, bewirkt also nicht nur die Teilhabe an seinem Leitungsamt, sondern auch jene am Amt der Prophetie.

Ein Mann jedoch erhebt gegen die *Geistbegabung, die die Prophetie bewirkt*, Einspruch. Es ist Josua, der Mose von Jugend an gedient hat, diesen als „Herrn" anredet und ihn auffordert, dem allgemeinen Prophezeien ein Ende zu bereiten (V28). Mose jedoch vermag die Furcht vor der breiteren Verteilung des Geistes und der Prophetie nicht zu teilen. Er erwidert Josua, er möge sich nicht für ihn ereifern, denn niemand anderer als JHWH selber gebe den Geist auf sein ganzes Volk (נתן רוּחַ על-), auf daß alle zu prophetisch Begabten (נְבִיאִים) werden. Bewirkt hier der Geist die Prophetie nur bei den Ältesten, so erweckt er sie nach Joël 3 sowohl bei Frauen als auch Männern, bei Alten und auch Jungen seines Volkes. Insofern liest sich Joël 3 gleichsam als die Erfüllung der Bitte des Mose.[8]

Der nach Num 11 Einspruch erhebende junge Josua ist freilich nicht unter den Geistträgern und damit auch nicht unter den Propheten. Wenn das nächste Mal in der Tora von *Geistbegabung* gesprochen wird, ist von der Übergabe des Geistes und der *Führungskompetenz* von Mose auf ihn die Rede. Nachdem JHWH Mose den Tod angekündigt hat und ihn in das Land nur hineinschauen, nicht jedoch hineinkommen läßt, bittet Mose seinen Gott, er möge das Volk nicht ohne Führung in das Verheißungsland ziehen lassen (Num 27,12ff.). Der „Gott des Lebensgeistes für alles Fleisch" (כָּל־בָּשָׂר: Num 27,16;[9] vgl. Joël 3,1) solle einen Mann über die Gemeinde einsetzen, damit sie nicht sei wie eine Herde ohne Hirt. JHWH erhört dieses Gebet und beauftragt Mose, „Josua, den Sohn Nuns, in dem Geist ist," die Hand aufzulegen, ihm seine Anweisungen zu erteilen und ihm von seiner Würde abzugeben (V20). Ob sich Josua bei diesem Akt deswegen den Priestern unterstellen muß (vgl. Num 27,21), weil er nicht – wie Mose – aus Levis Stamm ist? Als der Tod des Mose unmittelbar bevorsteht, gehen die beiden gemeinsam zum Begegnungszelt vor das Lager hinaus (Dtn 31,14f.23). JHWH erscheint in der Wolkensäule und befiehlt Josua, das Volk ins Land zu führen. Die Weisung, die Tora, übergibt Mose aber nicht Josua, sondern der levitischen Priesterschaft zu treuen Händen (Dtn 31,24-29; vgl. das Ämtergesetz von 17,18).

Bei Josua bewirkt der Geist nicht – wie bei den Führungspersönlichkeiten der ersten Generation (vgl. Mirjam und Aaron nach Num 12) – prophetische Befähigung, sondern die Begabung mit Weisheit (Dtn 34,9).[10] Diese Tradition überträgt *ausschließlich das politische Leitungsamt*[11] auf Josua, *nicht aber das prophetische Mittleramt*, von dem es heißt, daß nie wieder eine prophetische Gestalt auftreten werde, wie Mose sie war (Dtn 34,10). Das Außergewöhnliche der Prophetie des Mose, der die Tora vermittelte, wird es nicht wieder geben. Es wird nur noch Prophetie in der Nachfolge des Mose geben, die die Mosetora zu aktualisieren hat (vgl. Dtn 18,18). Josua aber wird als politische Führungsfigur von JHWH – wie der König im Ämtergesetz – in die Pflicht genommen: Er soll ganz nach dem Buch der Tora, das Mose ihm anbefohlen hat, handeln (Jos 1,7f.).

In der Folge wird die Leitungskompetenz, die nach der Geschichtsschreibung der Vorderen Prophetie in vorstaatlicher Zeit nur bei Bedarf jemandem gegeben wird, durch Geist übertragen. Über die Richtergestalten, die vor allem militärische Aufgaben der Verteidigung übernehmen, kommt der Geist, der sie zu Führungsaufgaben ermächtigt.[12] Bei Saul, der in der Tradition der Richter steht, bewirkt der Geist allerdings zwischenzeitlich auch prophetische Begabung (1 Sam 10,5-11; vgl. 19,18-24). Als jedoch seine Wahl zum König besiegelt ist, das Recht des Königs verkündet und in ein Buch geschrieben vor JHWH deponiert wird (1 Sam 10,25), ist der prophetische Geist bereits erloschen (10,13). Die „Ämtertrennung", wie sie das dtn Gesetz vorsieht, wird damit nach biblischer Geschichtsdarstellung bereits beim ersten König vorgenommen. In den Königen bewirkt er fortan nicht mehr die

Prophetie, sondern wie bei Josua die Leitungskompetenz (vgl. bei David in 1 Sam 16,13).

Die Vorstellung vom Geist, der Prophetie bewirkt[13] und zur Verkündigung des Gotteswortes führt, findet sich vor allem bei Ezechiel.[14] Aber auch der fremde Prophet Bileam prophezeit im Namen des Gottes Israels durch vorherige Geistbegabung (Num 24,2), und Elischa erhält den Geist seines Vorgängers Elija, nachdem dieser entrückt wurde (2 Kön 2,15f.). In der Geschichte um Micha Ben Jimla, die um das Thema der wahren und falschen Prophetie kreist, bewirkt der (personifizierte?) Geist ebenso die Prophetie (1 Kön 22), nach Gottes Willen allerdings die Falschprophetie. Micha, der allen anderen geistverwirrten Propheten gegenübersteht (1 Kön 22,22-24), erweist sich in dieser Zeit dadurch als wahrer Prophet in der Nachfolge des Mose, daß sein Wort eintrifft (22,28ff.; vgl. Dtn 18,22).

3. Der Geist Gottes und die Fähigkeit, nach der Weisung zu leben

Aber der Geist erweckt nicht nur einzelne prophetische Gestalten. Mit Num 11,29 wird von Anfang an, bereits in der Mosezeit, das Ideal festgeschrieben, daß der Geist die *Prophetie für alle* bewirken möge. Nach und nach wird dieses Ideal im Kanonteil der Schriftprophetie wieder aufgegriffen. So wird der Gottesknecht als Geistträger (Jes 42,1) zum Propheten für die Völker, der ihnen das Recht und die Tora vermittelt, auf die sie warten (42,4).[15] Daß die Figur des Gottesknechts im Großjesajabuch kollektiv verstanden wird, daran kann kein Zweifel sein (vgl. z. B. Jes 42,18f.; 44,1; 49,3): Ganz Israel übernimmt an den Völkern die prophetische Funktion der Vermittlung von Tora. Voraussetzung dafür ist allerdings, daß Israel selber die Tora lebt (vgl. Jes 2,5), weil es die Tora im und am Herzen geschrieben hat (Jes 51,7; Jer 31,33).[16]

Mit dieser theologischen Konzeption wird, wie bei der Geistbegabung für alle, direkt bei Mose angeschlossen: In Dtn 30,14 verkündete Mose selber im Rahmen seines Abschieds und der Übergabe der Tora, daß das Wort in Mund und Herz des Volkes sei und daher auch gehalten werden könne. Als eine der Schlüsselstellen für die Vorstellung der Verbindung von Geist und Leben nach der Tora erweist sich Ez 36,26f. JHWH verheißt dort:

> (26) „Ich gebe euch ein neues Herz,
> und einen neuen Geist gebe ich in euer Inneres.
> Ich entferne das Herz aus Stein
> aus euren fleischlichen [Körpern]
> und gebe euch ein Herz aus Fleisch.
> (27) Und meinen Geist gebe ich in euer Inneres,

und ich bewirke,
daß ihr [euren Weg] nach meinen Satzungen geht,
meine Rechtsentscheide achtet und sie tut."

Die prophetischen Gestalten waren seit Mose durch die Geschichte hindurch dazu da, dem Volk den Weg nach Gottes Gebot zu weisen und die Tora durch Gottes Wort je neu zu aktualisieren. Sobald das ganze Volk befähigt ist, unmittelbaren Zugang zur Tora und zu ihrer gottgewollten Auslegung für die Gegenwart zu haben, erübrigt sich diese prophetische Funktion. Die Mosefunktion, die nach Dtn 18,15-19 darin bestand, Mittlerfunktion zwischen Gott und Volk in der Vermittlung von Tora und Prophetie wahrzunehmen, wird überflüssig, sobald der Geist die Prophetie für alle bewirkt. Der Bund zwischen Gott und seinem Volk wird daher nach Jes 59,21 darin bestehen, daß der Geist die Prophetie hervorbringt:

„Ich aber – dies ist mein Bund mit ihnen –", sagt JHWH:
„Mein Geist, der auf dir ist,
und meine Worte, die ich in deinen Mund lege,
sollen von deinem Mund nicht mehr weichen
und vom Mund deiner Nachkommen
und vom Mund der Nachkommen deiner Nachkommen,"
sagt JHWH, „von nun an bis in Ewigkeit!"

Die Funktion, die durch die Geschichte hindurch die prophetischen Gestalten in der Nachfolge des Mose innehatten, übernimmt nun das Volk als ganzes. Es bedarf keiner Vermittlung des Wortes mehr. Wie die Tora im Herzen ist, so befindet sich das sie auslegende Wort im Mund des Volkes.[17]

Die Aussagen, die von der kollektiven prophetischen Begabung durch den Geist reden, stehen (wie jene von der Tora im Herzen, dem biblischen Organ des Willens) im Kontext von Aussagen, die Israels Verhältnis zu den Völkern thematisieren (vgl. z. B. Jes 42,1-9; 51,1-8; 59,14-21). D. h. die kollektive prophetische Begabung erübrigt für das Gottesvolk die Prophetie in der Nachfolge des Mose. Aber das Gottesvolk wird gleichzeitig selber als ganzes in die Nachfolge des Mose gestellt, indem es prophetisch die Völkertora vermittelt.

Wenn in Joël 3,1f. der Geist ausgegossen wird und kollektiv die Prophetie bewirkt, so ist auch hier nach der Funktion der Befähigung und nach der Gruppe, die diese prophetische Begabung empfängt, zu fragen.

4. Wer empfängt den Geist – nur das Gottesvolk oder alle Lebendigen?

Der Geist steht als Lebenskraft grundsätzlich im Gegensatz zur Hinfälligkeit des בָּשָׂר, „des Fleisches" (vgl. Jes 31,3). Unter diesem Aspekt ist die Verheißung JHWHs, seinen Geist עַל־כָּל־בָּשָׂר, „über alles Fleisch", auszuschütten, auch zu sehen.[18]

„Alles Fleisch" bezeichnet in den meisten Fällen alles Lebendige, die gesamte Menschheit, ohne jegliche Differenzierung nach dem Geschlecht, der sozialen Rangordnung oder der ethnischen Zugehörigkeit (vgl. etwa in der Sintflutgeschichte Gen 6,12ff.; Jes 66,23). Beinahe durchgängig findet sich in der Forschung zu Joël 3 jedoch die Einschränkung dieses normalerweise universal gebrauchten Ausdruckes כָּל־בָּשָׂר auf Israel.[19] Das hängt einerseits an der Parallele in Ez 39,29, wo ebenfalls das Ausschütten (שׁפך) des Geistes, jedoch ausschließlich über das „Haus Israel" verheißen wird. Andererseits ist in Joël 3,1 ab dem unmittelbar folgenden Satz von „*euren* Söhnen und *euren* Töchtern", von „*euren* Alten und *euren* Jungen" die Rede.[20] Da die Gottesrede wohl nicht an die ganze Menschheit, sondern an das Gottesvolk ergeht, ist mit dieser 2. Pers. Pl. zweifelsohne ausschließlich Israel angesprochen. Aber rechtfertigt dies tatsächlich die enge Deutung von כָּל־בָּשָׂר auf Israel allein? Könnte der Text nicht auch so verstanden werden, daß der Geist zwar über „alles Fleisch" – also auch über die Völker der gesamten Menschheit – ausgeschüttet wird, aber nur in Israel beim ganzen Volk, unabhängig von Geschlecht, Alter und sozialem Stand, prophetische Gaben bewirkt? Gegen diese Deutung[21] spricht weder semantisch noch grammatikalisch etwas. Die erste Aussage kündigt das Ausgießen des Geistes über „alles Fleisch" an (V1), die zweite über „Sklaven und Sklavinnen" (V2). Bezeichnenderweise fehlen bei der letzten Zweiergruppe die Suffixe, die in V1 verwendet wurden, um die Wirkung des Geistes im Gottesvolk anzuzeigen: Es heißt eben *nicht* über „*eure*" Versklavten, auch wenn dies in der Auslegungsgeschichte kaum thematisiert wurde.[22] Die universale Deutung der Aussage vom Ausgießen des Geistes belegt übrigens auch die exegesegeschichtlich sehr frühe Auslegung, die Petrus nach Apg 2,21 gibt.

Folglich kann der Abschnitt durchaus so gedeutet werden, daß über alle Menschen, über Israel *und* die Völker, der Geist ausgegossen wird. Der Geistbesitz aber überschreitet nicht nur die ethnisch-religiöse Grenze zwischen Israel und den Völkern, sondern auch noch die sozialen Barrieren, indem Gott seine *ruach* auch über Sklaven und Sklavinnen ausgießt (V2). Damit ist die Gottesrede von V1-2 wohl so zu verstehen, daß JHWH seinen Geist über alle Menschen ausgießen wird, explizit auch über jene, die keine eigenständigen Personenrechte haben. Selbst das menschliche Wesen, das die letzte Stufe der sozialen Hierarchie in patriarchalen Gesellschaften einnimmt, die fremdstämmige Sklavin, wird noch Geistträgerin sein.

Aber der *Geist bewirkt nur in Israel die Prophetie*, sowohl bei Frauen als auch bei Männern, bei Alten wie bei Jungen. Die Untersuchung des Kontexts wird allerdings noch bekräftigen müssen, ob sich eine Deutung auf Menschen außerhalb von Israel nahelegt oder nicht.

5. Der Geist bewirkt die Prophetie – aber nicht in allen!

Wenn nun der Geist ausgeschüttet werden soll, so bedeutet das, daß nicht bloß ein Teil des Geistes für die Empfänger verfügbar gemacht werden soll, sondern Gottes Geist in seiner Fülle.[23]

Die Ankündigung, daß JHWH etwas „ausschütten" (שָׁפַךְ) wird, findet sich häufig mit seinem Zorn oder Grimm als Objekt.[24] Mit dem Ausgießen ist die Vorstellung von „gänzlich entleeren" verbunden. Von einem „Ausschütten" (שָׁפַךְ) des Gottesgeistes ist in der Hebräischen Bibel sonst nur noch an zwei weiteren Stellen die Rede. Die Gottesrede in Ez 39,29 spricht von der Ausgießung des Gottesgeistes im Zusammenhang mit der Rückkehrverheißung in das Land. Sie wird als Geschehen dargestellt, das den Völkern Erkenntnis über Gott und sein Volk vermittelt. Ez 39,29 ist das letzte Gotteswort unmittelbar vor der Tempelvision, die von der völligen Neugestaltung Jerusalems handelt. Auch die zweite Stelle ist im Kontext des Verhältnisses von Gott und seinem Volk in Jerusalem und den Völkern situiert. Nach Sach 12,10 verheißt die Gottesrede das Ausgießen des Geistes der Gnade und des Flehens über das Haus Davids und die Einwohner Jerusalems für „jenen Tag", an dem die Völker in feindlicher Absicht nach Jerusalem kommen werden (V1-9). JHWH sagt zu, daß die Völker, die gegen Jerusalem ziehen, zunichte gemacht werden (V9). Eine Schlüsselfigur im Geschehen spielt dabei der, „den sie durchbohrt haben". Den Kontext der Zusage der Geistausgießung bildet in Sach 12 also der Zug der Völker nach Jerusalem (vgl. Joël 4,9ff.).[25] In Jerusalem findet sowohl das Völkergericht als auch die Gabe des Geistes statt. Der Gottesgeist wird aber nicht über alle ausgegossen, sondern nur über das Haus Davids und die Bewohner Jerusalems (Sach 12,10).

Eine Geistbegabung von einer Breite, wie sie Joël 3,1f. ankündigt, ist in der Hebräischen Bibel nicht einzigartig. In Jes 42,5, der unmittelbaren Fortsetzung des ersten Gottesknechtsliedes, wird betont, daß JHWH, der Schöpfergott, Atem und Geist „allen, die auf der Erde gehen", verleiht. Allerdings spricht die Jesajastelle nicht wie Joël 3,1f. von der Begabung durch „*meinen* Geist". Als Folge der Ausschüttung von JHWHs Geist stellt sich nach 3,1 die Fähigkeit zu prophetischer Rede und Schau ein.[26] Die Söhne und Töchter des Volkes, die Kinder der Freien, werden prophetisch reden (נִבְּאוּ), die Alten werden Träume träumen (חֲלֹמוֹת יַחֲלֹמוּן) und das Jungvolk wird Visionen sehen (חֶזְיֹנוֹת יִרְאוּ). Die Ausgießung des Gottesgeistes bewirkt also *alle* möglichen *Formen wahrer Prophetie*: an erster Stelle das prophetische Reden, sodann den offenbarenden Traum, der, wenn auch nicht durchgängig (vgl. Jer 23,25-32; 29,9), so jedoch überwiegend (vgl. Gen 28,12ff.; Dtn 13,2.4.6; Dan 2,1ff.) als legitimes Offenbarungsmittel angesehen wird, sowie die Vision und das Schauen. Ausgehend von den hebräischen Wurzeln werden die prophetischen Menschen daher als „Propheten und Prophetinnen", „Seher" (vgl. z. B. Am 7,12), „Visionäre" (vgl. z. B. Jes 30,10) und „Träume Träumer" (vgl. z. B. Dtn 13,2.4) bezeichnet, wobei nur vom ersten Ausdruck die grammatikalisch weibliche Form belegt ist.

Dieselben Phänomene, die auf den Offenbarungsempfang durch das Wort, den Traum und das Gesicht hindeuten, werden bereits in Num 12,6 als Formen der regulären Prophetie aufgezeigt.[27] Sie werden dort jedoch von der außerordentlichen Prophetie des Mose abgegrenzt. Alle diese Formen prophetischer Offenbarung werden in Joël 3,1 wie bereits das Prophezeien in Num 11,24-30 durch den Geist bewirkt. An beiden Stellen ruft der Geist eine breite Streuung der Prophetie hervor. In Num 11 sind es die Ältesten, d. h. die Mitglieder der offiziellen Gemeindeleitung, die den Geist erhalten. In Joël 3 ist der Kreis derer, in denen er die prophetischen Gaben hervorbringt, wesentlich größer. Der Gottesgeist provoziert die prophetische Begabung ohne Rücksicht auf Geschlecht und Alter. Die Einengung auf die Ältesten, die automatisch Männer sind, hat ja bereits Mose als ungenügend bezeichnet (vgl. Num 11,29). Nun wird die hierarchisch geordnete, soziale Struktur des Gottesvolkes nicht nur in bezug auf den Vorrang der Alten, sondern auch in bezug auf den Vorrang der Männer aufgebrochen. Nicht nur die Ältesten, sondern auch die Söhne und Töchter, die Frauen und Männer der jungen Generation, sowie junge und alte Menschen beiderlei Geschlechts werden prophetisch begabt.

6. Eschatologische Finsternis oder Theophanie? Israels Söhne und Töchter in prophetischer Funktion für die Völker

Nachdem JHWH alles Fleisch mit seinem Geist und sein ganzes Volk mit prophetischer Begabung ausgestattet hat, kündigt er מוֹפְתִים, „Zeichen", am Himmel und auf der Erde an, die durch Blut, Feuer und Rauchsäulen näher gekennzeichnet werden.

„Zeichen und Wunder" (אוֹתֹת וּמֹפְתִים) sind in der Hebräischen Bibel jene für Israel sichtbaren Phänomene, unter denen JHWH sein Volk aus Ägypten heraus- (vgl. für die Plagen: Ex 4,21; 7,9; 11,9f.) und an den Offenbarungsberg hingeführt hat (vgl. z. B. Dtn 6,22; 34,11; Jer 32,20f. u.ö.). Es sind die Begleitzeichen, die Gott bei der Rettung seines Volkes[28] aus der Unterdrückung durch die Ägypter gewirkt hat und die er nach Dtn 4,34-38 auch in der Auseinandersetzung mit jenen Völkern hervorbringt, die sich dem Einzug ins Verheißungsland entgegenstellen.

Die „Zeichen" (מוֹפְתִים) am Himmel werden meist so gedeutet, daß sie durch „Feuer und Blut" näher beschrieben werden. Dabei wird häufig an kriegerische Handlungen bei der Einnahme einer Stadt gedacht: an Blutvergießen beim Kampf und an Feuer und Rauch bei der militärischen Zerstörung von Wehranlagen und zivilen Bauten.[29]

Die Fortsetzung von Joël 3,3 in V4, die das im Bildhorizont ungewöhnliche „Blut" wieder aufgreift, zeigt aber, daß dabei nicht an Blut von Lebewesen und damit nicht an militärische Gewalttaten gedacht ist. Von den innerbiblischen Textbezügen her wird man – vor allem nach Joëls zentralem Eingangsthema der Heuschreckenplage (Joël 1-2) und der Verwandlung in Finsternis (3,4) – auf die ägyptischen Plagen verwiesen, die vor der Herausführung aus Ägypten geschehen.[30] Diese gottgewirkten Zeichen gehen der Rettung Israels aus Ägypten voraus. Auch in Joël 3,3ff. gehen diese Zeichen der Rettung, die am Zion geschehen wird, voraus.

Das Blut kann auch mit der blutroten Farbe des Mondes assoziiert werden, wenn er in der durch Rauchschwaden verursachten Verdunkelung oder hinter Wolken verschwindet. Mit den Zeichen am Himmel kündigt JHWH die Naturphänomene von Sonnen- und Mondfinsternis als Folgeerscheinungen eines Vulkanausbruchs an, der in Feuer und Rauchsäulen[31] auf der Erde sichtbar wird.

Aber mit diesen Phänomenen ist nicht auf Naturkatastrophen verwiesen, die die eschatologische[32] Weltuntergangsstimmung am JHWH-Tag beschreiben oder die auf einen hier erkennbaren „Übergang von der Prophetie zur Apokalyptik" hinweisen würden.[33] Diese außergewöhnlichen Naturphänomene haben in der Hebräischen Bibel Hinweischarakter. Feuer und Rauchsäulen sind nicht genuin mit der Vorstellung der Eroberung von Städten verbunden, sondern vorrangig mit der Theophanie im Zusammenhang des Exodus- und Sinaigeschehens. Feuer und Rauch im Rahmen vulkanischer Phänomene begleiten den Akt der Offenbarung der Weisung am Sinai / Horeb sowohl in der Exodus- als auch in der Deuteronomium-Version der Szene von der Offenbarung des Dekalogs (vgl. Ex 19,18; 20,18; Dtn 5,4f.22-26). Gerade diese den Offenbarungsvorgang begleitenden Naturphänomene sind es, die dem Volk Furcht und Schrecken einjagen und es daher dazu bewegen, Mose als ihren Stellvertreter für die Gottesbegegnung auszuwählen, um selber der todbringenden Konfrontation mit JHWH zu entgehen (Ex 20,18-21; Dtn 5,23ff.). Das Prophetiegesetz in Dtn 18,15-18 greift explizit auf diese Erzählungen als Ätiologie der Prophetie zurück. Die Prophetie, die in ihrer wahren Form Prophetie in der Nachfolge des Mose ist, wird am Sinai im Rahmen des Offenbarungsgeschehens der Weisung gestiftet. So verstandene Prophetie vermittelt die

Gottesweisung an jene, die am unmittelbaren Offenbarungsgeschehen nicht teilnehmen.

Wenn nun JHWH ankündigt, den Geist über alles Fleisch im Rahmen eines Offenbarungsgeschehens auszugießen, so kann der Sinnzusammenhang in Joël 3 auf dem Hintergrund des Prophetiegesetzes und seiner Bezugstexte nicht anders verstanden werden, als ein Offenbarungsgeschehen an die gesamte Menschheit. Bei diesem Geschehen bewirkt der Geist, daß alle im Gottesvolk Israel prophetisch begabt werden und Israel an den Völkern die *Mittlerfunktion der prophetisch Begabten* übernimmt. Die kollektive Geistbegabung für „alles Fleisch" bewirkt aber, daß das Verhältnis der Menschheit zu Israel wie jenes von Israel zu Mose wird: *Israel steht stellvertretend für alle Lebendigen vor Gott und vermittelt ihnen die göttliche Weisung.*

Joël formuliert hier keine in der Hebräischen Bibel einzigartigen theologischen Ansätze. Er greift auf die späte Völkertheologie von Texten aus Jesaja und Micha zurück. Diese läßt die Völker zum Zion ziehen, um sich von der von Jerusalem offensiv ausgehenden, weil dort vom Gottesvolk gelebten, Tora belehren zu lassen.[34] Im Rahmen dieses Geschehens wird der Zion zum Offenbarungsberg für die Völkertora, so wie der Sinai der Offenbarungsberg für Israels Tora ist. Daß der Zion mit Sinaifarben gemalt werden muß, versteht sich von dieser Funktion her von selber (vgl. Jes 4,5f.).[35] Joël 3,3-5 beschreibt damit ein Theophaniegeschehen, wie es vom Sinai her bekannt ist, und versetzt es an den Zion. An diesem Gottesberg in Jerusalem nimmt nun Israel seine prophetische Aufgabe für die Völker wahr: Es vermittelt die ihm am Sinai gegebene Weisung prophetisch an die Völker. Die Völkertora ist damit nicht identisch mit der Sinaitora, sondern beruht auf dieser und wird für die zum Zion Hinzukommenden entsprechend aktualisiert und adaptiert.

7. Wer sind die Entkommenen, und wer wird gerettet? Heilspartikularismus versus Heilsuniversalismus

Das Ereignis, das den Zion zum Offenbarungsberg werden läßt (vgl. Joël 4,15-17), wird in kommenden, nicht gegenwärtigen Zeiten stattfinden; das bezeugen sowohl Jes 2,2 und Mi 4,1 als auch Joël 3,1. Joël bringt dieses Geschehen mit dem Kommen des JHWH-Tages in Verbindung. Die Phänomene, die auf die Gottesoffenbarung verweisen, gehen diesem großen und furchteinflößenden Tag voraus.

Am Tag JHWHs selber, so verkündet es Joël, werden alle, die JHWHs Namen anrufen, gerettet werden. Die hebräische

Formulierung כֹּל אֲשֶׁר־יִקְרָא בְּשֵׁם יְהוָה, „alle, die JHWHs Namen anrufen", meint alle, die JHWH als ihren Gott anerkennen und zu ihm beten (vgl. z. B. Jes 64,6; 65,1; Sach 13,9). Die Formulierung läßt also offen, ob nur Menschen aus dem Volk Israel damit gemeint sind oder nicht vielmehr *alle* Menschen. Für die letztere Deutung spricht, daß von כֹּל, „alles", „alle", im Text bisher nur ein einziges Mal in der Wendung כָּל־בָּשָׂר, „alles Fleisch", die Rede war. Auch diese Vorstellung von Joël 3, daß „alles Fleisch" JHWH verehrt, ist nicht neu. In Jes 66,23 ist davon die Rede, daß an jedem Sabbat und Neumond eine Wallfahrt von כָּל־בָּשָׂר, „allem Fleisch", zum Zion stattfinden wird, damit man dort vor JHWH niederfällt. Ähnlich findet sich diese universale Vorstellung von der Verehrung der Gottheit Israels durch die Völker in Sach 14,16ff., wo davon gesprochen wird, daß alle diejenigen, die von den Völkern übriggeblieben sind, jährlich zum Laubhüttenfest nach Jerusalem ziehen werden, um JHWH anzubeten und sich so in die JHWH-Verehrung Israels einzureihen.

Damit legt sich die Deutung nahe, daß mit V5 wieder zur universalen Weite der Verheißungen des Geistausgießens zurückgekehrt wird. Der Zion ist der Ort der Rettung für die gesamte Menschheit, weil JHWH selber dort wohnt (Joël 4,17; vgl. Jes 8,18).[36] Alle, die sich dorthin wenden, werden am Tag JHWHs dem Vernichtungsgericht entkommen. Daß sie dies können, ist Verdienst der zuvorkommenden Ausgießung des Gottesgeistes.[37]

Wer sind nun aber die „Entkommenen", von denen V5b spricht? In V5 kommt viermal die Präposition -בְּ vor: Im Zusammenhang der Phrase „[durch] den Namen JHWH anrufen" wird sie üblicherweise unübersetzt gelassen, bei den Ortsangaben Zion und Jerusalem meist mit „in" / „auf" übersetzt, wodurch klar wird, daß die angekündigte Rettung dort stattfinden wird. Die Erfüllungsformel „so wie JHWH gesagt hat" schließt diese Aussage ab und läßt in den meisten Übersetzungen den wortwörtlich mit „und durch die Entkommenen, die JHWH ruft" wiederzugebenden Text als einen nachklappenden Versteil[38] erscheinen, der in seiner Deutung Schwierigkeiten macht. Die EÜ etwa übersetzt: „und wen der Herr ruft, der wird entrinnen." Es ist aber auch möglich, auf „zwei Weisen der Rettung"[39] zu schließen: *auf* dem Zion und *in* Jerusalem sowie *unter* den Entkommenen, die JHWH ruft. Damit sind die Entronnenen als JHWH-Gläubige, die sich nicht in Jerusalem befinden, identifiziert.

Als eine weitere Deutung dieses schwierigen Versteiles schlägt Jörg Jeremias vor, V5b als eigenständigen Satz zu verstehen: „Und zu den Entronnenen gehört, wen Jahwe ruft".[40] Damit wäre die Gruppe der Geretteten nicht nur auf die in der Diaspora[41] Wohnenden ausgeweitet, sondern auch auf die Proselyten. Auf diese Weise wird die Völkerwelt in die Rettung einbezogen, wenn sie JHWH als Gott anerkennt und zum Zion zieht und vor allem, wenn JHWH selber sie ruft. Mit dieser Auslegung korrespondiert die universale Deutung von „allem Fleisch" in V1, über das der Geist an jenem Tag ausgegossen werden soll, an dem schließlich alle gerettet werden können.

Nun kann die Präposition -בְּ aber auch instrumental übersetzt werden, wie dies etwa in Kontexten der Fall ist, in denen von prophetischen Menschen die Rede ist.[42] Würde man die Präposition so und in allen vier Fällen gleich übersetzen, müßte der Passus heißen:

> „Alle, die *durch* den Namen JHWH anrufen werden, werden gerettet werden. Denn *durch* den Berg Zion und *durch* Jerusalem wird ein Entrinnen sein, so wie JHWH gesagt hat, und *durch* die Entkommenen, die JHWH rufen wird."

Die so verstandene Errettung würde dann nicht nur die Fremdvölker miteinbeziehen, sondern wäre vierfach vermittelt: durch die Anrufung des Gottesnamens, durch den Zion, durch Jerusalem und durch die Entkommenen, die Israels entronnenen Rest aus der Bedrängung durch die Völker bezeichnen. Diese Deutung würde also nicht nur alle Menschen in die für das Gottesvolk am Zion inszenierte Rettung miteinbeziehen, sondern die Rettung durch den kultischen Akt der Anrufung des Gottesnamens, der ausschließlich an der Wohnstatt JHWHs (Joël 4,17), am Zion, stattfindet, vermittelt sehen. Die Entkommenen des Gottesvolkes haben dann Heilsfunktion für die Völker. Der „nachklappende" Versteil ist damit als prophetische Berufung des entronnenen Gottesvolkes zu seiner prophetischen Aufgabe zu verstehen und reiht sich bestens in die im Schriftprophetiekanon bezeugte späte Völkertheologie ein. Die These vom völkerfeindlichen, partikularistischen[43] Joël im Gegensatz zu völkerfreundlichen Propheten wie Jesaja, Jona und Micha ist dann freilich nicht mehr zu halten.[44] Joël hofft wie diese – allerdings für andere als die gegenwärtigen Tage – auf die Hinkehr der Völker zum Zion, weil dort die Rettung geschieht und durch das Gottesvolk auch an sie vermittelt wird.

8. Jo-El: „JHWH ist Gott" – auch für die Völker – und Israel ist seine prophetische Mittlerfigur

Überblickt man nun alle Einzelbeobachtungen, so läßt sich Joël 3 insofern als das Ende der Prophetie[45] in der Nachfolge des Mose auslegen, als Israel ihrer vermittelnden Rolle nicht mehr bedarf. Das Volk von prophetisch begabten Söhnen und Töchtern, von alten und jungen SeherInnen wird selber zur prophetischen Figur, die zwischen seiner Gottheit JHWH und den Völkern vermittelt. *Jo-El*, „JHWH ist Gott", das prophetische Buch, das diesen Namen trägt, vermittelt den Völkern, daß JHWH auch für sie der einzige rettende Gott ist (3,5). Am Zion und durch die Entkommenen wird daher auch für die Völker ein Entrinnen vor dem vernichtenden Gericht des Tages JHWHs sein. Wie Ruth Scoralick mit ihren ausführlichen Untersuchungen der Textbezüge des Joëlbuches aufgezeigt hat, hat gerade diese Schrift „hermeneutische Bedeutung"[46] für das gesamte Zwölfprophetenbuch und ist durch die „bei der kanonischen Lektüre aufgezeigten Sinnlinien in das weitere Zwölfprophetenbuch hinein ... buchprägend"[47] geworden.

Wenn gerade dieses Buch das Ende der Prophetie in der Nachfolge des Mose ankündigt, so heißt das nichts anderes, als daß auch bei der Aufgabe, die Israel künftig an den Völkern zu erfüllen hat, Frauen egalitär beteiligt sein werden. Die Ausgießung des Geistes bewirkt in Israel nicht nur die Demokratisierung der Prophetie, sondern auch die Überschreitung der Geschlechter- und Altersgrenzen, die vormals die hierarchischen Strukturen der Gemeinde bildeten und Frauen und Junge[48] an den Rand drängten.

Konnte erwiesen werden, daß Israels theologische Geschichtsschreibung betont, daß immer wieder Frauen in der Nachfolge des Mose standen und damit für das Gottesvolk prophetische Funktionen übertragen bekamen, so zeigt sich nun auch für die künftigen Tage, daß die prophetische Aufgabe Israels an den Völkern ebenso *von Frauen wie von Männern getragen* sein wird. Prophetie in der Nachfolge des Mose für sein Volk war nicht frauenfrei und Prophetie in der Nachfolge des Mose für die Völker wird es ebenso nicht sein. Die Ausgießung des Geistes bloß über die Ältesten, über die Männer, die das Sagen haben, hat sich bereits in Num 11 für die Leitung des Gottesvolkes als unzureichend erwiesen, da sie das Leitungscharisma vom prophetischen Charisma trennte. Wenn niemand mehr im Gottesvolk belehrt werden muß, weil alle die Weisung im Herzen tragen und sie prophetisch, dem Gotteswort gemäß, auslegen können, erübrigt sich jegliche hierarchisch strukturierte Leitung.[49] Alle sind dann befähigt zum Gotteszeugnis außerhalb der gläubigen Gemeinschaft.

9. Der Bogen vom Anfang zum Ende der Prophetie in Israel

Das Joëlbuch ist vermutlich erst, dies zeigt die Forschung immer deutlicher, in der 1. Hälfte des 4. Jhd. entstanden.[50] Insofern ist die Frage, ob die Verknüpfungen zwischen den beiden Kanonteilen, die die Tora prophetisieren und die Prophetie als aktualisierende Auslegung der Tora sehen, von einer einzigen Hand hergestellt wurden, wohl abschlägig zu beantworten. Das Buch Joël ist schriftauslegende Literatur, dies hat Siegfried Bergler bereits eindrücklich bewiesen.[51] Es greift auf bereits verschriftete Texte zurück und interpretiert sie neu – wohl auch für den Rahmen des späteren Zwölfprophetenbuches. Zumindest die Verbindungslinie, die zwischen Num 11 und Joël 3 gezogen wird, läßt nicht auf eine Abfassung beider Texte aus einer Hand, sondern auf Neuinterpretation von Texten aus der Tora in der Prophetie schließen.

Die Abtrennung des Dtn vom DtrG läßt vermutlich den Kanonteil der Prophetie erst entstehen. Die Frage, ob damit zugleich die zu diesem Zeitpunkt bereits vorhandenen Bücher des Kanonteils der sogenannten „Schriftprophetie" an Jos - 2 Kön angefügt wurden oder ob dies erst später geschah, kann nicht mit Sicherheit beantwortet werden. Weder ist sich die Forschung derzeit über die Stellung des Dtn in bezug auf Ex - Num einig, noch herrscht Konsens über jene prophetischen Linien, die offensichtlich die Tora mit dem Prophetiekanon verbinden. Ein Buch wie dieses, das den Spuren weiblicher Prophetie nachgeht, kann selbstverständlich keine Entwicklung neuer Pentateuchtheorien leisten.[52] Das nächste Kapitel, das dem einzigen Beleg weiblicher Prophetie im Kanonteil der Schriften nachgeht, muß sich daher mit einer möglichen soziokulturellen Verankerung des erhobenen theologischen Denkens auseinandersetzen, um wenigstens eine zeitliche Einordnung des Phänomens vorschlagen zu können.

So muß der Bogen, den das Verständnis der Prophetie als Nachfolge in der Mittlerfunktion des Mose zieht, ohne chronologische Relationen nachgezeichnet werden (was für den Endtext immer seine Berechtigung hat). Im folgenden sollen einige Linien aufgezeigt werden, die wie rote Fäden sowohl in der Tora als auch im Kanonteil der Prophetie, im vorderen wie hinteren Teil, sichtbar werden und das Gewebe der „Prophetie in der Nachfolge des Mose" zusammenhalten.

- Die Doppelüberlieferungen der Jesajageschichten aus 2 Kön 18-20 und Jes 36-39 erweisen eine ähnliche Theologie wie die Hulda- und Joschijaerzählungen in 2 Kön 22f. Sie zeigen einen idealen König und seinen Umgang mit der Prophetie, der ganz den Vorstellungen vom Primat der Prophetie von Dtn 17f. entspricht. Jer 36 hingegen ist als Gegengeschichte dazu formuliert: Jojakim verhält sich nicht wie seine Vorgänger Hiskija und Joschija. Anstatt auf die Prophetie zu hören und aus Erschütterung über den nicht erfüllten Anspruch seine Kleider zu zerreißen, zerreißt er die Schriftrolle und verbrennt sie im Feuer, als ob er so die angekündigte Botschaft am Eintreten hindern könnte.

- Die Evozierung von Prophetie durch Geist, wie sie etwa in Num 11, zwischenzeitlich in der Saulgeschichte oder in Joël 3 vorkommt, läßt auf eine theologische Linie schließen, die konsequent fortgeschrieben wird. Sie ist von vornherein auf eine breite Streuung prophetischer Begabung hin angelegt und nicht auf die Berufung einer prophetischen Einzelgestalt. Die Dimension der Prophetie für die Völker ist zwar in der Tora (noch?) nicht vorhanden, aber die universale Weite und die Vermittlung des Heils an die Völker kann etwa an Texte wie Gen 12,1-4 anschließen.[53] Die Geistgabe für alle, die ein Leben nach der Tora ermöglicht, kann ihren Anknüpfungspunkt in Dtn 4,1ff. und 30,11-14 finden.
- Zu diesen theologischen Linien gehören in der Endgestalt auch die sogenannten „Berufungsberichte". Sie ziehen sich wie ein roter Faden bei herausragenden Gestalten durch die Geschichte Israels, wie sie der Erzählzusammenhang von Pentateuch (vgl. Ex 3) und Prophetie (vgl. Jer 1) darstellt.
- Die Zeichnung der Schriftpropheten als Toraausleger, wie ich sie exemplarisch für Jesaja aufgezeigt habe, verknüpft gezielt die Bücher, die auf Worte von prophetischen Gestalten der Königszeit zurückgehen an denen konsequent bis in hellenistische Zeit weitergearbeitet wird, mit der Tora.

So ist zu vermuten, daß als Folge des Prozesses, bei dem das DtrG in Dtn + Frühe Prophetie aufgespalten wird und schließlich die Bücher Dtn + Gen - Num zur Tora zusammengefaßt werden, die Tora-Theologie in die Schriftprophetie eingetragen wird und damit der Kanonteil der Prophetie entsteht. Die Frage, ob dieser dadurch abgeschlossen wird, ist wohl abschlägig zu beantworten. „Mit der Kanonisierung der prophetischen Schriften wird die Diskontinuität in der Geschichte der Prophetie ... in eine neue Kontinuität überführt. Dabei geht die prophetische Interpretation der religiösen Traditionen eine neue spannungsreiche Verbindung mit der Tora ein, als deren Ausleger die Propheten jetzt verstanden werden."[54]

Auf den Punkt gebracht heißt dies: Die Tora wird prophetisiert, und die Prophetie wird zur Aktualisierung der Tora. Dies stellt freilich nicht den Anfangspunkt der Sammlung prophetischer Schriften dar, sondern den Endpunkt. Der Prophetiekanon als solcher will aber genau so – und nicht als disparate Sammlung von Texten aus unterschiedlichen Zeiten – verstanden werden.

[1] „For Christians the significance of this expectation should be clear. Those who live in the age of the Spirit cannot expect God to restrict any ministry of the Spirit from anyone simply because he or she is old or young, male or female, or of high or low standing socially. Where churches attempt to do this, they risk missing the fullness of God's blessing." (Stuart, Douglas, Hosea – Jonah, WBC 31, Waco 1987; 262).

[2] Zum JHWH-Tag bei Joël, der den Endpunkt einer längeren innerbiblischen Entwicklung darstellt, siehe ausführlich Bergler, Siegfried, Joel als Schriftinterpret, BEAT 16, Frankfurt 1988; 131-185.

[3] Zur Begründung der Übersetzung siehe unter 7.

[4] Zu den stilistischen Eigenheiten des Abschnittes siehe Prinsloo, Willem S., The Theology of the Book of Joel, BZAW 163, Berlin 1985; 81f.

[5] So etwa Crenshaw, James L., Joel, AncB 24C, New York 1995; 171. Allen, Leslie C., The Books of Joel, Obadiah, Jonah and Micah, NICOT, London 1976; 97, weist darauf hin, daß „my Day" im AT nicht vorkommt.

[6] Die Erfüllungsformel „so wie JHWH gesagt hat" kann sich nicht auf das Joëlbuch beziehen, da dort bislang nie von einem solchen Geschehen die Rede war. Innerhalb der Prophetie wird man in Obadja fündig. Vgl. dazu ausführlich Bergler, Joel, 295-303. In Obd 1,17 heißt es: וּבְהַר צִיּוֹן תִּהְיֶה פְלֵיטָה, „und am Berg Zion ist Rettung" oder „und durch den Berg".

[7] Vgl. dazu Schüngel-Straumann, Helen, Rûaḥ bewegt die Welt, SBS 151, Stuttgart 1992; 22-36, sowie Fischer, JHWH, 104-108, wobei ich der dort vertretenen Frühdatierung mancher Stellen heute kritisch gegenüberstehe.

[8] Dies ist bereits oft in der Forschung gesehen worden; vgl. z. B. Allen, Joel, 99.

[9] Vgl. die ähnliche Bitte beim Autoritätskonflikt mit Korachs Leuten (Num 16,22).

[10] Auf den Aspekt der Fülle des Geistes, der von Mose auf Josua übertragen wird, verweist Stuart, Hosea – Jonah, 260.

[11] Dtn 1,9-18 nimmt auf die Geschichte der Demokratisierung der Leitungsfunktion des Mose in Num 11 Bezug. Die Männer werden in Dtn 1 nicht als Propheten erwählt, sondern als Weise und Einsichtige, die als Richter eingesetzt werden (V13). Die Führung hat hier mit Weisheit zu tun und diese wiederum mit gerechtem Richten (vgl. ähnliche Vorstellungen beim sogenannten „Salomonischen Urteil" von 1 Kön 3 oder Jes 11,2, wo der Geist die Weisheit und sodann gerechtes Urteil bewirkt).

[12] Z. B. bei Otniël: Ri 3,10; Gideon: 6,34; Jiftach: 11,29; Simson: 13,25; 14,6.19; 15,14.

[13] Schüngel-Straumann, Rûaḥ, 85, meint, daß die Verbindung von Geist und Prophetie nach dem Exil „geradezu klassisch" werde.

[14] Vgl. Ez 2,2; 3,12.24; 8,3; 11,1.5 u.ö.

[15] Siehe dazu die nähere Argumentation bei Fischer, Tora, 79-89.121-124.

[16] Vgl. ebd., 100-115.

[17] Siehe ebd., 81f. Steck, Odil Hannes, Prophetische Prophetenauslegung, in: FS Ebeling, Gerhard, Wahrheit der Schrift – Wahrheit der Auslegung, Geißer, Hans Friedrich u.a., Hg., Zürich 1993, 198-244; 240f., verweist von Jes 8,16ff. zu Jes 59,21, wo der Prophet Jesaja die Züge des Ebed, des Zion, Jeremias, Ezechiels und durch die ständige Präsenz der Prophetie sogar jene des Mose (vgl. Dtn 18,18) bekommt. Werden in Jes 8,16-18 die Kinder ins prophetische Amt einbezogen, so in 59,21 die Tradentennachkommen des Propheten. Siehe dazu auch das Schaubild bei Steck, Prophetenbücher, 175.

[18] So Wolff, Hans Walter, Dodekapropheton 2, Joel und Amos, BK 14/2, Neukirchen-Vluyn 1975²; 78, gegen Rudolph, Wilhelm, Joel – Amos – Obadja – Jona, KAT 13/2, Gütersloh 1971; 71.

[19] Siehe zum Folgenden auch Jeremias, Jörg, „Denn auf dem Berg Zion und in Jerusalem wird Rettung sein" (Joel 3,5), in: FS Klein, Laurentius, Zion – Ort der Begegnung, Hahn, Ferdinand u.a., Hg., BBB 90, Bodenheim 1993, 35-45; 35. Einen Überblick über die neuere Forschung gibt auch Scoralick, Ruth, Gottes Güte und Gottes Zorn, HBS 33, Freiburg 2002; 172-174, die sich bezüglich der universalen Deutung Jesaja 2, Joël 4 und Micha 4, BiLi 69 (1996), 208-216; 212, anschließt.

[20] Joël greift hier wohl auf die nach 2,15-17 bei der Einberufung der gottesdienstlichen Versammlung Anwesenden zurück. Alt und jung, Männer und Frauen flehen dort zu ihrem Gott angesichts der Völkerbedrängnis.

[21] Siehe dazu Fischer, Schwerter, 212f.

[22] Üblicherweise wird dieser Unterschied eingeebnet. So schreibt Deissler, Alfons, Zwölf Propheten. Hosea, Joël, Amos, NEB.AT, Würzburg 1981; 81: „‚Über alles Fleisch' meint dem Kontext nach über ‚jedermann in Israel' (vgl. Jer 12,12), allerdings einschließlich der Sklaven, die wohl in der Mehrzahl aus anderen Völkern stammten ... Diese ruaḥ soll vorab alle vom Gottesgeist ‚Überschütteten' zu ‚Propheten' machen."

[23] Dies hat bereits Wolff, Joel, 78, betont. Allen, Joel, 102, hat aufgezeigt, daß Apg 2,17f. an dieser Stelle die LXX zitiert, die „vom" Geist etwas ausschütten läßt.

[24] Z. B. Jes 42,25; Ez 14,19; 21,36; zu den Belegen vgl. Schüngel-Straumann, Rûaḥ, 26f.65.

[25] Siehe zum Zusammenhang von Geistbegabung und dem Kommen der Völker auf den Zion in friedlicher oder kriegerischer Absicht Fischer, Schwerter, 212f.

[26] Die Textbezüge, die über die prophetische Begabung durch den Geist hergestellt werden, hat ausführlich bereits Kapelrud, Arvid S., Joel Studies, UUÅ 4, Uppsala 1948; 132-137, zusammengestellt.

[27] Siehe dazu das Kapitel über Mirjam. Auf die Verbindung zwischen beiden Stellen hat bereits Wolff, Joel, 79, hingewiesen.

[28] Vgl. dazu bereits Stuart, Hosea – Jonah, 261.

[29] So etwa Allen, Joel, 101, sogar nach vorhergehender Thematisierung der Theophanieelemente.

[30] Vgl. Ex 7,14-25; 10,12-23. Siehe dazu Bergler, Joel, 271f.

[31] Robinson, Theodore H., Die zwölf kleinen Propheten, HAT 14, Tübingen 1938; 66, nimmt an, daß das Wort תִּימָרָה auf die Palmen- oder Pinienform von Vulkanwolken verweisen würde.

[32] So etwa Weiser, Artur, Das Buch der zwölf kleinen Propheten, ATD 24/I, Göttingen 1974; 121.

[33] Deissler, Joël, 82.

[34] Vgl. z. B. Jes 2,1-5; 42,1-4; 51,1-8; Mi 4,1-5. Siehe dazu Fischer, Tora, 24-36.

[35] Siehe dazu ausführlicher ebd., 29-35, sowie für das Joëlbuch Fischer, Schwerter, 212. Auf die Ähnlichkeiten in der Konzeption von Joël 3 und Jes 4 (allerdings frühdatiert!), die jeweils die Vorstellung von der Sammlung der vom Volk Übriggebliebenen am Zion vertreten, hat bereits Kapelrud, Joel, 142f., verwiesen.

[36] „... der Zion [spielt] als der Wohnort Jahwes eine entscheidende Rolle bei der Bewahrung am Tage Jahwes" (Jeremias, Zion, 41).

[37] Gegen Rudolph, Joel, 74, der die Anrufung als Bedingung für die Geistausgießung deutet.

[38] Trotz der brillanten Erklärung dieses Versteiles, die Jeremias bietet, sieht er dennoch darin einen Zusatz, der „die Härte von Kap. 4 (alle Völker werden vernichtet) abmildern will" (Jeremias, Zion, 44). In meinem Artikel Schwerter, 213, habe ich gezeigt, daß auch Joël 4 durchaus zwischen den Völkern, die unbelehrbar gegen den Zion anrennen, und denen, die sich Israel im Anrufen JHWHs anschließen, unterscheidet. Diese Theologie, die Jeremias, ebd., 45, ebenso erhebt, muß also nicht auf ein späteres Stadium verweisen.

[39] Jeremias, Zion, 42.

[40] Vgl. auch zum Folgenden ebd., 43 (unter Berufung auf Marti).

[41] Diese Deutung wird häufig vertreten. Vgl. etwa Bergler, Joel, 287f.

[42] Vgl. dazu ב, KBL³ I, 101, wo auf 1 Kön 22,28 (vgl. auch das Reden „zu" im Sinne von „durch" in Num 12) und die häufig vorkommende, gleichbedeutende, verstärkende Formulierung בְּיַד verwiesen wird, die das Reden und Wirken von prophetischen Persönlichkeiten meint (vgl. zudem 1 Sam 28,15; 2 Kön 17,13.23; 21,10).

[43] So Bergler, Joel, 240.347.

[44] Vgl. dazu ausführlicher, vor allem unter Einbeziehung der nachfolgenden Perikope des Völkersturms zum Zion in Joël 4, Fischer, Schwerter, 211-213, der sich nun Skoralick, Gottes Güte, 205, mit Argumenten von anderer Seite unterstützend anschließt.

[45] Das Ende der Prophetie (wenngleich ohne Deutung als Mosenachfolge) sieht bereits Rudolph, Joel, 72, durch diese Ankündigung gekommen. Jeremias, Zion, 38, spricht in diesem Zusammenhang von der „Entbehrlichkeit der Prophetie als Institution" und kommt damit meiner Deutung schon sehr nahe.

[46] Vgl. Scoralick, Gottes Güte, 176.

[47] Ebd., 215. Siehe dort auch die Deutung des Joël-Namens als Programm.

[48] Solche kritischen Anfragen gegen die hierarchische Gemeindestruktur, die den alten Männern den Vorrang vor den Jungen und den Frauen einräumt, sind in fast allen späten Frauenerzählungen des ATs zu erkennen: Die junge Rut versorgt ihre Schwiegermutter besser als die Männer von Stand in Betlehem (Rut 2). Die schöne Judit belehrt die Ältesten und rettet schließlich die Stadt (vgl. Jdt 8). Susanna ist gottesfürchtiger als die Ältesten, die ihre Macht zu falscher Anklage mißbrauchen und durch den jungen Daniel überführt werden (Dan 13).

[49] Wolff, Joel, 79, verweist dazu auch auf Ex 19,6f., wo das Priestertum sich ebenso erübrigt, wenn Israel zum Volk von Priestern wird.

[50] Siehe dazu Jeremias, Jörg, Joel/Joelbuch, TRE XVII, Berlin 1988, 91-97; 92.

[51] Bergler, Joel, 234, meint, daß Joël vor allem prophetische Literatur aufgreift; Scoralick, Gottes Güte, 166-178, hat nun auch starke Bezüge zu Ex aufgezeigt. Zur These Joëls als Schriftinterpret siehe zudem die knappe Zusammenfassung und seine daraus resultierende Datierung ins Jahrhundert nach Neh bei Bergler, Joel, 363-365.

[52] Neuansätze, die diesbezüglich einer gründlichen Reflexion bedürfen, sind erkennbar bei Schmid, Erzväter und Exodus, 18-55. Er mißt der ursprünglichen Trennung des Stoffes in Tetrateuch und DtrG wenig Evidenz bei (vgl. ebd., 39). Die Frühe Prophetie sieht er als Geschichtsbücher und ist der Meinung, „daß Jos-2Kön und Jes-Sach/Mal – von sich aus wenig einleuchtend – zu Nebiim zusammengeschlossen worden" seien (ebd., 47).

[53] Darauf hat für die von ihm erst für das NT zugestandene Weite bereits Wolff, Joel, 84, verwiesen. Er deutet die Geistgabe im Joëltext ausschließlich auf Israel.

[54] Rendtorff, Kontinuität, 187.

Fast alle Texte über Prophetinnen legen Spuren in die Perserzeit.
Wenn diese Situierung richtig ist, muß das Phänomen der weiblichen Prophetie in dieser Zeit so bedeutend gewesen sein, daß es
schriftliche Belege zu hinterlassen vermochte. Wie bereits Rainer
Kessler[1] aufgezeigt hat, lassen sich die Zeugnisse einer weiblich
dominierten prophetischen Gruppe an der Prophetin Noadja fest-
machen, die in Neh 6,14 als Widersacherin Nehemias genannt
wird.

1. Was wird beim letzten Versuch, den Mauerbau zu verhindern, wirklich gespielt?

Die kurze Notiz über die Prophetin Noadja findet sich im Rahmen
des abschließenden Berichts Nehemias über die Widerstände, die
er gegen sein Werk, die Stadtmauer von Jerusalem wiederherzu-
stellen, erfahren hat (6,1-19).

(1) Und es geschah, als von Sanballat, Tobija und Ge
schem, dem Araber, sowie unseren übrigen Feinde gehört
wurde, daß ich die Stadtmauer gebaut hatte und in ihr keine
Bresche mehr übrig war, da hatte ich jedoch bis zu jener
Zeit noch nicht die Torflügel in die Tore eingesetzt. (2) Da
sandte Sanballat und Geschem zu mir, um zu sagen:
„Komm, laß uns miteinander in Kefirim, in der Ebene von
Ono, zusammentreffen!" Sie aber sinnten darauf, mir Böses
zu tun. (3) Da sandte ich Boten zu ihnen, um zu sagen: „Ich
mache gerade eine große Arbeit und kann daher nicht hin-
absteigen, weil die Arbeit zurückbleiben könnte, wenn ich
abließe und zu euch hinabstiege." (4) Sie aber sandten
viermal zu mir gemäß diesem Wort. Und ich sandte zu ihnen zurück gemäß diesem Wort.
(5) Da sandte Sanballat gemäß diesem Wort ein fünftes
Mal seinen jungen Mann. Der hatte einen offenen Brief in
seiner Hand. (6) In ihm stand geschrieben: „Unter den Völkern hat man gehört, und Geschem hat es auch gesagt: Du
und die Juden sinnen auf Revolte. Deswegen baust du die
Stadtmauer! Und du willst für sie zum König werden ge-

mäß diesen Worten. (7) Auch hast du prophetisch Begabte eingesetzt, damit sie über dich in Jerusalem folgendes ausrufen: ‚König über Juda!' Nun wird es wohl auch vom König gemäß diesen Worten gehört werden. Daher komm nun und laß uns miteinander verhandeln!" (8) Ich sandte zu ihm, um ihm zu sagen: „Nichts ist geschehen gemäß diesen Worten, die du gesprochen hast. Denn in deinem Herzen hast du das erfunden!" (9) Denn sie alle wollten uns Furcht machen folgendermaßen: „Dann werden ihre Hände ablassen von der Arbeit, und sie wird nicht gemacht werden!" Nun aber, festige meine Hände!

(10) Ich kam sodann in das Haus Schemajas, des Sohnes Delajas, des Sohnes Mehetabels, der aber war [dort] festgehalten.[2] Er sprach: „Laß uns zusammentreffen im Haus Gottes, mitten im Tempelgebäude, laß uns die Türflügel des Tempelgebäudes schließen, denn sie werden kommen, um dich umzubringen! In der Nacht werden sie kommen, um dich umzubringen!" (11) Da sagte ich: „Ein Mann wie ich sollte fliehen? Und wer wie ich käme in das Tempelgebäude und würde am Leben bleiben? Ich werde nicht kommen!" (12) Da nahm ich wahr, siehe: Nicht Gott hat ihn gesandt! Denn die Prophetie hat er gegen mich gesprochen, weil Tobija und Sanballat ihn gekauft hatten. (13) Weil er gekauft war, auf daß ich mich fürchten und so handeln und sündigen sollte, damit es für sie [mir] zum schlechten Ruf werde, weil sie mich verächtlich machen wollten. (14) Gedenke, mein Gott, des Tobija und des Sanballat gemäß dieser ihrer Taten und auch der Noadja, der Prophetin, und der übrigen prophetisch Begabten, die mir zum Fürchten wurden.

(15) Die Stadtmauer wurde am Fünfundzwanzigsten des Monats Elul, nach zweiundfünfzig Tagen, vollendet. (16) Und es geschah, daß alle unsere Feinde es hörten. Und als alle Völker, die uns umgeben, es sahen, da fielen sie sehr [tief] in ihren eigenen Augen. Und sie erkannten, daß diese Arbeit von unserem Gott gemacht worden war.

(17) In jenen Tagen ergingen auch Briefe von vielen Vornehmen Judas an Tobija, und welche von Tobija kamen zu ihnen. (18) Denn viele in Juda waren mit ihm in Eidverpflichtung. Denn er war der Schwiegersohn Schechanjas, des Sohnes Arachs. Und Johanan, sein Sohn, hatte die Tochter Meschullams, des Sohnes Berechjas [zur Frau] genommen. (19) Auch sagten sie seine Guttaten vor mir her,

und meine Worte wurden ihm zugetragen. [Auch] Briefe schickte Tobija, um mir Furcht einzujagen.

Die Begebenheiten, die hier erzählt werden, spielen von ihrer zeitlichen Einordnung her zwischen der Vollendung des Mauerwerks (6,1) und dem Schließen der Stadtmauer durch das Einsetzen der Tore (6,15; vgl. die Rückschau in 7,1). Sie geben Zeugnis vom letzten Aufbäumen der Gegner einer neuerlichen Befestigung Jerusalems gegen das Vorhaben Nehemias. Während Nehemia an der Spitze derer steht, die Jerusalem wieder aufbauen wollen, werden die Gegner dieses Plans durch den Horoniter Sanballat, den Ammoniter Tobija und den Araber Geschem repräsentiert (vgl. 2,10.19; 3,33; 4,1; 6,2.5f.). Diese Gruppe desavouiert von Anfang an das Vorhaben als Rebellion gegen den König (2,19; vgl. 6,6f.). Da es Nehemia trotz des gezielt gestreuten Gerüchts über einen geplanten Aufstand dennoch gelingt, einen ansehnlichen Bautrupp, der aus *Männern und Frauen* (vgl. 3,12) besteht, zusammenzustellen, versuchen seine Gegner zunächst, die Bauleute durch gezielte nächtliche Störaktionen einzuschüchtern (4,1ff.). Als sich diese mit Waffengewalt wehren, können sie den Wiederaufbau nicht mehr stoppen. So bieten sie Nehemia mehrfach Verhandlungen an, die dieser jedoch ablehnt (6,2-4). Als nächste Stufe der Einschüchterung wird ein offener Brief überbracht (V5-7). In ihm steht geschrieben, daß die Prophetien einer Restauration des Königtums in Juda auf Nehemia appliziert werden. Dabei wird ihm unterstellt, er selber habe veranlaßt, daß diese prophetische Gruppe ihre Botschaft in Jerusalem ausruft (V7). Nehemias Tun wird damit eindeutig als Revolte gegen den König dargestellt. Ihm wird gedroht, daß der König davon erfahren werde. Welche Wirkungen solche Schreiben haben können, wird beim Tempelbau in Esra 4,7-24 anschaulich dargestellt: Dort hört der König auf die Beschuldigungen und verbietet die Fortsetzung jeglicher Arbeiten. Mit solchen schweren Anschuldigungen, die die Loyalität des königlichen Gesandten (vgl. Neh 2,1-9) in Frage stellen, wird Nehemia nach 6,6f. zu abermaligen Verhandlungen genötigt. Aber er widersteht auch diesmal (6,8f.) und deklariert die Vorwürfe als frei erfundene Worte, die nur der Einschüchterung und der Arbeitsverzögerung beim Mauerbau dienten.

Nachdem alle Versuche, mit Nehemia zu einem Vergleich zu kommen, gescheitert sind, versucht man ihn zu einem sakralen Delikt zu verleiten. Als er ins Haus des Schemaja geht, warnt dieser ihn zweimal vor dem in der kommenden Nacht geplanten Mordversuch (V10). Der Mann versucht, ihn dazu zu bewegen, mit ihm in den Tempel zu flüchten, im heiligen Bezirk Asyl zu suchen und die Tempeltore schließen zu lassen. Nehemia verweigert jedoch auch dies, da er erkennt, daß es sich lediglich um einen weiteren Einschüchterungsversuch handelt.

Trotz massivster Widerstände gelingt es Nehemia mit seinen Bauleuten, die Mauer nach nicht einmal zweimonatiger Bauzeit zu schließen und funktionsfähig zu machen. Von diesem Augenblick an erreicht Nehemia die Konsolidierung der Stadt. Die umliegenden Völker anerkennen das Werk und kommen zur Erkenntnis, daß Gott selber es vollbracht hat (V16). Auch wenn die Bevölkerung Judas sich nicht eindeutig auf Nehemias Seite stellt, sondern weiterhin mit Tobija korrespondiert und damit die Gefahr der Denunziation nicht gebannt ist, kann der Statthalter zur Reorganisation der Gemeinschaft in der Stadt übergehen. Jerusalem ist nun nicht mehr offen für jeglichen Übergriff, sondern geschützt durch seine neuen Mauern.

2. Aktion einer Clique oder Aufhetzung unterschiedlicher Gruppen gegeneinander: Wer sind Nehemias Widersacher?

Warum gehen diese Männer so hartnäckig gegen Nehemia vor? Tobija, ein wohlhabender Mann, der mit Ammon in Verbindung steht, und Sanballat, der Horoniter genannt wird, sehen die Tätigkeit Nehemias als Gesandter des Königs von Anfang an nicht gern (2,10). Nach der Darstellung Nehemias ist es in ihren Augen schlecht, daß da ein Mann kommt, der sich für das Wohl der Kinder Israels einsetzt. Welche Konfliktgründe lassen sich für diese von Anfang an bestehende Animosität aus dem Nehemiabuch erheben?

Delaja wird als Vater des Schemaja vorgestellt, der Nehemia zum Tempelasyl verführen will. Seine Genealogie wird nicht, wie es den Anschein hat, über den Vater, sondern über den mütterlichen Zweig entwickelt: Er ist der Sohn Mehetabels. Eine Frau dieses Namens[3] findet sich in der Edomitergenealogie in Gen 36,39 (parr. 1 Chr 1,50) als Gemahlin Hadars, des letzten Gliedes der Königsliste. Die Notiz an dieser Stelle läßt auf eine Dynastiebildung schließen. Aus welcher Zeit diese Liste stammt, ist bekanntlich umstritten. Möglicherweise schlägt sich in ihr ein Verzeichnis jener Bevölkerungsteile nieder, die in der zweiten Hälfte des 5. Jhd. aus den offiziellen Registern in Juda ausgeschlossen wurden (vgl. Neh 7,6ff.). Delajas Sohn Schemaja wird zwar nirgends als Prophet bezeichnet, aber Nehemia bezeichnet sein Wort als Prophezeiung (6,12), wodurch er der Gruppe der prophetisch Begabten zugeordnet wird. Er gehört nach Esra 2,59f. und Neh 7,61f. wie Tobija zu jener Gruppe, die ihre legitime Herkunft nicht erweisen kann, da ihre Namen nicht im Geschlechterverzeichnis[4] eingetragen sind (Esra 2,62; Neh 7,64). Sie werden daher aus dem Priesterstand ausgeschlossen, wofür nach Neh 7,64f. eindeutig Nehemia verantwortlich zeichnet. Aus Neh 6 ergeben sich zudem durch Heirat zustandegekommene Verwandtschaftsverhältnisse zwischen den Tobijaden und Jerusalemer Familien. Tobija ist mit der Tochter Schechanjas verheiratet und sein Sohn Johanan mit der Tochter Meschullams (6,18). Meschullam, der Sohn Berechjas, schließt sich beim Mauerbau der Partei Nehemias an (3,4.30). Mit dem Ausschluß Tobijas aus dem offiziellen Geschlechtsregister werden freilich die Ehen von Tobija und seinem Sohn als Mischehen bewertet (Neh 6,18; vgl. 10,31; 13,23-31). Tobija steht zudem mit Nehemia im Konflikt, da dieser ihn aus den Räumen des Tempels, die er mit Einverständnis des Priesters Eljaschib okkupiert hatte, vertreibt (Neh 13,4-9). Sowohl Tobija als auch die Familie Delajas haben damit gute Gründe, gegen den Statthalter vorzugehen. Durch ihre Namen zeichnen sich die am Konflikt Beteiligten – außer Geschem und Sanballat – als Verehrer JHWHs und damit als Juden aus. Allerdings ist der *Jah*-haltige Name allein noch nicht Gewähr für die Zugehörigkeit zum Gottesvolk. Man denke hier bloß an den Davididen Serubbabel der ersten Heimkehrergruppe, dessen Name auf den babylonische Hauptgott Babel verweist.

Dieser Kreis von Männern wird nun von Nehemia mit einer prophetischen Gruppe in Verbindung gebracht, deren Kopf Noadja ist. Sie wird explizit als Prophetin bezeichnet und damit auch als solche akzeptiert. Wenn eine Frau aus einer mit männlichem Plural bezeichneten Schar von prophetisch Begabten namentlich hervorgehoben wird, so ist die Annahme berechtigt, daß diese Frau entweder die Leitung der Gruppe innehat oder ihr stärkstes Mitglied ist. Es handelt sich ganz offensichtlich um jene prophetische Schar, deren Prophezeiungen von einem neuen König über Juda von der Partei Sanballats und Tobijas auf Nehemia hin gedeutet werden[5] und gegen die sich dieser verwehrt. Das Stoßgebet Nehemias an seinen Gott gipfelt in der Vergeltungsbitte gegen Tobija, Sanballat und Noadja samt ihrer prophetischen Gruppe, weil diese permanent versuchen, ihn einzuschüchtern und damit den Mauerbau zu unterbinden.

Der in Neh 6 gegebene Bericht Nehemias vom Abschluß des Mauerbaus gibt sich eindeutig als aus der Sichtweise des bedrängten Statthalters geschriebener Text zu erkennen. Es ist damit von vornherein klar, daß keine objektive Darstellung gegeben ist, sondern eher mit der literarischen Gattung der Polemik gegen die Sichtweise der Gegner zu rechnen ist.[6] Wenn Nehemia seine Widersacher als geschlossene Fraktion darstellt, so muß das noch nicht heißen, daß sie alle einer einzigen Gruppierung angehörten und tatsächlich kollaborierten. Unabhängig von dieser Einschätzung ist jedoch auch die Historizität des Geschehens,[7] vor allem die seiner Situierung nach der Mission Esras, umstritten. Es kann hier nicht der Ort sein, diese Fragen zu klären,[8] aber allein die Tatsache, daß es solche Geschichten gibt, läßt auf massive Interessenkonflikte in der erzählenden Zeit schließen.

3. Theologische Positionen der Prophetie und die soziale Stellung von Frauen in der Perserzeit

Der Konflikt um wahre und falsche Prophetie ist wohl so alt wie die Prophetie selber. Während es historisch wahrscheinlich ist, daß in der Königszeit der Konflikt zwischen prophetischen Gestalten in konkreten Situationen ausgetragen wird, steht in nachexilischer Zeit die Prophetie als Ganze auf dem Prüfstein.[9] Dies hat seinen Grund wohl darin, daß die Heilsprophetie[10] der exilischen und frühnachexilischen Zeit – anders als die Unheilsprophetie der ausgehenden Königszeit – nicht erkennbar eintrifft und allzu lange auf Erfüllung warten läßt. Als besonders problematisch erweisen sich die Ankündigungen, die auf einen neuen Sproß aus dem Davidshaus hoffen, denn diese bergen in der substaatlichen Existenzform Judas in der Perserzeit durchaus politischen Sprengstoff. Daß der Wiederaufbau der Jerusalemer Stadtmauer Voraussetzung für jegliche Restaurationsbestrebung sein muß, versteht sich von selber: Wer Revolte gegen einen starken Oberherrn plant, muß sich verteidigen können und eine Rückzugsfestung haben.

Deshalb wird in der Forschung immer wieder vermutet, daß für diese Zeit mit ähnlichen Ambitionen einer Restauration des judäischen Königtums zu rechnen sei, wie sie in frühnachexilischer Zeit in bezug auf den Davididen Serubbabel gegeben waren.[11] „Sozialgeschichtlich geht es dabei um die grundsätzliche Frage, ob man sich mit der persischen Oberherrschaft arrangiert, sich also auf eine relative Autonomie in der Provinz Juda beschränkt, dafür aber stabile politische und auch religiöse Verhältnisse bekommt, oder ob man den Traum von politischer Unabhängigkeit, Wiederherstellung der davidischen Monarchie, Mittelpunktstellung des Jerusalemer Tempels für die ganze Welt und mit all dem verbunden von weltweitem Frieden und umfassender sozialer Gerechtigkeit träumt.“[12] Die Gegenposition zur Realpolitik, die hier beschriebenen wird, ist freilich von enormer Bandbreite. Sie muß wohl näher differenziert werden, denn der Kreis ist nicht als einheitliche

Gruppe zu betrachten. Vermutlich haben wir mit realpolitischen Strömungen in *allen* beschriebenen Richtungen zu rechnen.

Die Prophetie, auch die Schriftprophetie, wird in dieser Krise immer mehr der Tora zugeordnet und als ihre Aktualisierung verstanden. Als Folge davon wird einerseits die Prophetie immer mehr zur kreativen Schriftauslegung. Andererseits werden Konzepte entwickelt, die insofern das Ende der Prophetie einläuten, als sie das Verständnis der Prophetie als aktualisierende Auslegung der Tora demokratisieren und dabei ausdrücklich auch den Rahmen patriarchaler Sozialordnung sprengen. Das Buch Joël als Schriftauslegung[13] mag für die eine Richtung stehen, Konzepte wie das Halten der Tora (Ez 36,26f.) oder die Tora im Herzen (Jes 51,7; Jer 31,33f.) und die Geistbegabung, die Prophetie bewirkt (Num 11,24-30; Joël 3), für die andere Strömung.

In bezug auf jene Prophetien, die auf eine Erneuerung des Hauses Davids und eine Führungsfigur hinzielen, die auch geistliche Qualitäten wie etwa Gottesfurcht besitzt, ist die Entwicklung wohl zweigeteilt. Einerseits führen sich konkrete *Restaurationsversuche* aufgrund der politischen Situation selber *ad absurdum* und werden damit, je länger sie andauern, desto intensiver disqualifiziert. Vermutlich hallen die Worte dieser prophetischen Gruppe in den biblischen Büchern gar nicht oder nur mehr in den Auseinandersetzungen um die Falschprophetie nach. Andererseits finden sich Spuren einer *gemäßigteren Spielart* dieser theologischen Richtung im heutigen Kanonteil der Prophetie gar nicht so selten. Vermutlich ist in Hag 2,20-22 und Sach 6,12-15 die deutlichste Ausformung dieser Strömung zu sehen (vgl. Esra 5,1ff.).[14] Häufiger tritt dieser Strang jedoch in jenen Teilen der Schriftprophetie zutage, die später das Christentum zur Ausdeutung der Heilsrelevanz des Jesus von Nazareth als Christus herangezogen hat (vgl. z. B. Jes 9,1ff.; 11,1ff.; Mi 5,1ff.). Auch jene Texte, die dem Zion Heilsbedeutung nicht nur für das Gottesvolk, sondern auch für die Völker zusprechen (vgl. Jes 2,1-5; Jes 51,3ff.; Joël 3-4), entstammen dieser theologischen Denkrichtung.

Die nachexilische Zeit[15] wurde bis vor noch gut einem Jahrzehnt in bezug auf Frauenfragen häufig als eher dunkle Zeit ohne aufschlußreiche Quellen und als Zeit der immer schwächer werdenden Position von Frauen beschrieben. Inzwischen hat sich die Wahrnehmung dieser Epoche gründlich gewandelt. Durch die Spätdatierung vieler Texte, die noch vor einer Generation in das beginnende 1. Jt. v. Chr. gesetzt wurden und nun sehr häufig frühestens exilisch datiert werden, wird diese Zeit nun auch durch biblische Texte immer bunter illustriert. Zudem gibt es neue Forschungen zur Sozialgeschichte, die sich vor allem auf außerbiblische Belege wie Inschriften, Archivmaterial und archäologische Zeugnisse stützen können.

Aus neuester Zeit seien hier nur exemplarisch die im Jahr 2001 erschienene Studie zur Stellung von Frauen im persischen Reich von Christine Roy Yoder,[16] der forschungsgeschichtliche Abriß zur Perserzeit in Christl Maiers Studie zur „fremden Frau" im Sprüchebuch[17] und der 1992 erschienene bahnbrechende Artikel von Tamara Eskenazi zu Frauen in nachexilischer Zeit[18] genannt. Alle drei Publikationen erweisen, daß Frauen gehobener Schichten in der Perserzeit sowohl ökonomisch als auch politisch einflußreich waren, Rechtsgeschäfte selbständig abwickelten und agrarische wie auch handwerkliche Betriebe leiteten (vgl. die biblischen Hinweise darauf in Spr 31,10ff.). Die Präsenz von Frauen gerade in den Büchern Esra und Nehemia, wie sie im folgenden näher dargestellt wird, stellt in dieser Zeit also keine Ausnahmesituation dar.

Die Sichtweise von Noadja als weiblicher Führungspersönlichkeit einer prophetischen Gruppe ist sozialgeschichtlich in der Perserzeit durchaus im Rahmen des Möglichen. Hinweise auf den Einfluß von Frauen lassen sich auch in den prophetischen Texten der Perserzeit finden. So werden etwa die Probleme des Mauerbaus und der Sicherheit der schwach besiedelten Stadt durch die positiv besetzten Bilder der Stadt als Frau präsentiert, wie sie etwa in Jes 54; 62; 66,10-14 zutage treten. Die Konsequenzen, die diese neuen Forschungsergebnisse für die Beurteilung der biblischen Texte aus dieser Zeit haben, sind freilich noch nicht in vollem Umfang gezogen worden. Es gilt daher, die Erkenntnisse der Sozialgeschichte dieser Zeit mit den Texten zu konfrontieren, um zu einer kreativen, geschlechterfairen Rekonstruktion dieser Epoche der Theologiegeschichte zu kommen, die den Anteil der Frauen an der Gestaltung des nachexilischen Gottesvolkes sichtbar werden läßt.

4. Der Eingang zum heiligen Bereich des Tempels – ein Ort mit Hinweischarakter für die Identität der Prophetin

Noadja wird zusammen mit einer Schar prophetisch Begabter vorgestellt und von Nehemia mit seinen Widersachern der Vergeltung seines Gottes anheim gestellt. Ist diese Zureihung der Prophetin zu dieser Clique führender Wirtschaftskreise zu begründen? Um dem nachzugehen, muß der unmittelbare Kontext, die Aktion des prophetischen Schemaja, näher angesehen werden. Da fällt auf, daß der Prophet Nehemia an den Tempel bringen will. In welchen Teil des Tempels soll nun Nehemia aber gehen, und was kann daran Sünde sein?

Das Wort הֵיכָל bezeichnet in vielen biblischen Belegen das Tempelgebäude.[19] So sitzt nach 1 Sam 1,9 Eli an dem Türpfosten, als Hanna ihr Gebet im Tempel von Schilo verrichtet. Das muß wohl auch jener Bereich im Heiligtum sein, in dem die *Frauen ihren Dienst versehen*, die Opfer von

Übergriffen durch Elis Söhne werden (2,22). In diesem Bezirk des Heiligtums schläft auch Hannas Sohn Samuel (3,3), als er in nächtlicher Audition von JHWH gerufen wird und ihm das Ende des Priestergeschlechts der Eliden mitgeteilt wird. Von dieser Stelle bekennt David in seinem Psalm, daß die Gottheit ihn von dort her erhört habe (2 Sam 22,7).

In der Erzählung vom Salomonischen Tempelbau ist הֵיכָל jener Bereich des Heiligtums, der dem Allerheiligsten vorgelagert ist und den Hauptraum des Tempels, den eigentlichen heiligen Bezirk, darstellt (vgl. 1 Kön 6-7; parr. 2 Chr 3-4). Dieser Bereich ist nach 1 Kön 6,33 mit einem Tor versehen, das jedoch nicht das Tor zum Allerheiligsten ist (vgl. 6,31). Es handelt sich also um das Außentor des heiligen Bezirks.[20] Die Ausstattung der Tore des Hauptraumes bildet in der Erzählung vom Tempelbau den Abschluß der Arbeiten (7,50).

Nach 2 Kön 18,16 muß Hiskija, um die Tributforderungen des Königs von Assur zu erfüllen, die vermutlich aus Edelmetall bestehende Verkleidung von diesen Tempeltoren entfernen, um sie abzuliefern. Daß diese Leistungen den König von Assur nicht zufriedenstellen und sein Heer dennoch vor Jerusalem erscheint, wurde bereits im Kapitel über die *Prophetin von Jes 8* besprochen. Aus dem הֵיכָל des Tempels entfernt schließlich Joschija nach 2 Kön 23,4 auf Initiative der *Prophetin Hulda* alle Gegenstände, die anderen Gottheiten als JHWH gewidmet waren. Und von dort plündert der König von Babel alle wertvollen Geräte des Salomonischen Tempels nach der Eroberung Jerusalems (24,13).

Die Chronik erzählt schließlich noch eine für unseren Kontext aufschlußreiche Geschichte: König Usija wagt es nach 2 Chr 26,16-27,2 in diesen Bereich einzudringen, um ein Rauchopfer darzubringen und wird von den Priestern des Tempels verwiesen. Die göttliche Strafe, die diese Überschreitung von Kompetenzen mit sich bringt, ist wie bei Mirjam in Num 12 Aussatz, der allerdings bei Usija von Dauer ist und bis zum Tod nicht vergeht.

Für den prophetischen Kontext ist interessant, daß Jesaja in 6,1 seine Berufungsvision im Tempel erhält. Mit הֵיכָל ist wohl der gesamte Bau gemeint, den die Herrlichkeit JHWHs erfüllt.[21] Die Vision vom neuen Tempel in Ez 41,1ff. spricht mit allen Belegen von הֵיכָל das Haupthaus an. Die vielfältigen Vorkommen in den Psalmen fügen sich in die Streuung der Belege auf die zwei Bedeutungen der engeren und weiteren Definition ein.

Im Esrabuch 3,6.10; 4,1 bezeichnet הֵיכָל wohl den ganzen Tempel, den Serubbabel mit königlicher Zustimmung wieder aufbauen will und bei dessen Renovierung das Esrabuch von ähnlichen Störaktionen berichtet (Esra 4,1ff.) wie das Nehemiabuch beim Mauerbau. Allerdings ist an keiner der Stellen nur vom „Tempel" die Rede, sondern jeweils vom „Tempel JHWHs".

So läßt sich resümieren, daß mit הֵיכָל sowohl die gesamte Tempelanlage als auch der eigentliche Tempelbau im heiligen Bezirk gemeint sein kann. Den Vorhof zu betreten, wäre nun aber keinesfalls ein Vergehen, das einen schlechten Ruf nach sich ziehen würde. Die ganze Tempelanlage zu verschließen, würde nur dann Sinn machen, wollte man die Anlage als Festung zweckentfremden. Dafür wäre allerdings eine Besatzung nötig, die bei der von Schemaja vorgeschlagenen geheimen nächtlichen Aktion jedoch keinesfalls dabei sein kann.[22] Die Rede Schemajas geht damit vom Ganzen ins Detail, vom gesamten Tempelareal, das er „Haus unseres Gottes" nennt, ins Innere des heiligen Bezirks, in den Tempelbau. So kann das Wort des Propheten also nicht anders gedeutet werden, denn als Anstiftung zum Eindringen in Areale des Tempels, die allein der Priesterschaft vorbehalten sind. Offensichtlich sollen hier Unbefugte in den heiligen Bezirk des Hauptraums eindringen, was nach 2 Chr 23,5ff. tabu ist und bereits König Usija zum Verhängnis wurde.

Nehemia argumentiert in seiner Antwort mehrschichtig. Zum einen führt er in Neh 6,11 die Unmöglichkeit der Flucht für einen Statthalter an. Die Asylsuche im Tempel käme einer politischen Bankrotterklärung gleich. Das zweite Argument in V11 ist bereits aus der Auslegung von Dtn 18,16f. und seinen Bezugstexten der Theophanie am Offenbarungsberg (Ex 20,19; Dtn 5,25) bekannt: Die allzu große Nähe zum Heiligen ist tödlich. Niemand, der die in der Tora festgelegten Grenzen überschreitet, kann am Leben bleiben, es sei denn, JHWH selber gewährt dies (vgl. Num 12,8 mit seinem Bezugstext Ex 33,18ff.). Wenn nach Num 18,1-7 der Eintritt in das Allerheiligste, das das Begegnungszelt in der Wüste birgt, als todeswürdiges Vergehen deklariert wird, so geschieht dies als Neuregelung, nachdem man die Erfahrung gemacht hat, daß *bereits die Nähe zum Heiligtum tödlich sein kann* (vgl. Num 16-17). Dieser Text ist damit als *Ätiologie der Mittlerschaft des Priesterstandes* anzusehen und hierin dem theologischen Verständnis der Prophetie im dtn Prophetiegesetz an die Seite zu stellen. Priesterschaft und Prophetie vermitteln beide zwischen Gott und Volk, haben jedoch in ihrer Funktion klar abgegrenzte Bereiche. Num 18,1ff. liest sich wie das Ergebnis einer Konfliktlösung. Die Alternative ist nicht: Priesterschaft *oder* Prophetie, sondern Priesterschaft *und* Prophetie in ihren jeweiligen Funktionsbereichen.

Nehemia erkennt nach 6,12 am Wort Schemajas und anhand seiner Argumentation, daß dieser keinen göttlichen Auftrag für sein prophetisches Tun haben kann.[23] Er begreift dies wohl deswegen, weil es kein wahres prophetisches Wort geben kann, das zum Verstoß gegen Vorschriften der Tora anleitet. Insofern läßt sich Nehemia von Dtn 18,22 beruhigen: Von einem Wort, das nicht eintreffen wird, soll man sich nicht aus der Fassung bringen lassen.[24]

Möglicherweise schwingt in Schemajas Vorschlag auch der Aspekt der Amtsanmaßung sowohl des prophetischen als auch des priesterlichen Dienstes mit. So würde sich erklären, warum Nehemia mit Schemaja *mit*gehen soll. Tobija hätte damit den Falschpropheten Schemaja gekauft, um den unschuldigen Nehemia mit einem erfundenen Gotteswort in das Innere des Tempels zu locken, um ihn zu Tode zu bringen. Denn Amtsanmaßung bleibt vor allem im Tempel nicht ungesühnt. Die Gruppe um Schemaja wäre dann auf einer Ebene mit jenen Propheten und Prophetinnen zu sehen, die nach Ez 13 ihre Fähigkeiten nicht für das Leben, sondern für den Tod einsetzen.

Denkbar wäre aber auch noch eine andere, viel logischere Deutung: Schemajas Aktion steht in Verbindung mit jener, die durch den offenen Brief aus Neh 6,6f. bekannt ist.[25] Der Mann ist dann nicht nur Mitglied einer jener prophetischen Gruppen, die die Hoffnungen auf eine Restauration des Königtums nährt, sondern er gehört zu jenen, die Nehemia diese Bestrebungen ganz bewußt unterstellen. Damit muß freilich noch nicht von der gesamten prophetischen Gruppe in Neh 6 gesagt sein, daß alle ihre Mitglieder Parteigänger von Sanballat, Tobija und Geschem sind. Denn nur von Schemaja wird explizit gesagt, daß er für diese Aktion gekauft sei.[26]

Warum aber will Schemaja Nehemia an den Tempel bringen? Daß das Mordkomplott bloß ein Vorwand ist, daran kann kein Zweifel sein, denn selbst Nehemia erkennt, daß es nur zu seiner Einschüchterung erfunden wurde (6,14). Eine Spur kann hier die Fortsetzung in V14 legen: Nehemia stößt unmittelbar nach der Ablehnung von Schemajas Ansinnen eine Vergeltungsbitte gegen Tobija, Sanballat sowie Noadja und die übrigen prophetisch Begabten aus. Noadja ist nun aber bislang noch nie in Erscheinung getreten. Wäre sie bloß der Kopf der prophetischen Gruppe, dann würde man sie wohl bereits in V7 genannt haben. Wenn Nehemia, nachdem er das Komplott durchschaut hat, Noadja Vergeltung wünscht, dann muß sie mit dem Tempel in Verbindung stehen,[27] denn unter den Zahlenden (V12) wird sie nicht genannt. Wenn Noadja eine Prophetin ist, die in der Nachfolge jener Frauen gezeichnet wird, die am Eingang des Offenbarungszeltes ihren Dienst tun (Ex 38,8; 1 Sam 2,22), und sie – entsprechend der erzählten Zeit – am Eingang zum Tempelbau ihren Dienst versieht, an jenem Tor, von dem V10 spricht, dann wollte Schemaja Nehemia zu Noadja bringen. Vom Zusammenhang mit V6f. her legt es sich sodann nahe, daß Schemaja Noadjas Kollege ist, sie jedoch unbestritten die Führungsposition innehat. Die Stellung Noadjas innerhalb der prophetischen Gruppe ist damit ähnlich einzuschätzen wie jene Elischas unter seinen sogenannten „Propheten*jüngern*", der Schar der prophetisch Begabten (vgl.

z. B. 2 Kön 2ff.): Eine Königssalbung hätte kein Mitglied dieser Gruppen vornehmen können, das konnte nur der Kopf der Gruppe! Es muß dabei nicht zwingend sein, daß Noadja als in die Intrige Eingeweihte zu denken ist. Allein, daß Nehemia des Nachts in Begleitung eines Propheten dieser Partei zu Noadja an den Tempel geht, reicht für eine Denunziation wegen Hochverrats. Man braucht ihn nur im Augenblick seines Eintreffens „wie zufällig" zu sehen und aufzugreifen, noch bevor er Noadja begegnet und den Irrtum aufklären kann. Die Anklage könnte dann tatsächlich lauten, wie sie in 6,6f. bereits angedroht wurde, denn man könnte behaupten, Nehemia und Noadja in flagranti bei der bevorstehenden Königssalbung[28] erwischt zu haben.

Bei dieser Deutung, die mir als die zutreffendste erscheint, wäre also nicht von einem generellen Mißtrauen jener Kräfte, „die das Arrangement mit den Persern suchen",[29] gegen die Prophetie auszugehen. Nehemia hält wohl aufgrund der Erfahrungen um die Restaurationsversuche, die sich in den Büchern Haggai und Sacharja niederschlagen, Distanz zu diesen Kräften. Aber inhaltlich zieht er mit Noadja an einem Strang: Jerusalem muß wieder aufgebaut werden!

5. All die Prophetinnen versammelt: Ein Blick in das „himmlisch-irdische" Jerusalem in der späteren Perserzeit

Nimmt man die Notizen aus Neh 6,7.14 nicht nur als Polemik, sondern als tatsächlichen Beleg für Spannungen im nachexilischen Gottesvolk und verortet sie sozialgeschichtlich, so wird klar, daß diese prophetisch Begabten nicht zu jenem Bevölkerungsteil zu rechnen sind, der aus der Gola zurückkommt, sondern zu den im Lande Verbliebenen.[30] Sie gehören damit zu jenen, die zunehmend von den aus dem Exil Zurückkehrenden als fremd betrachtet werden. Eine Gruppe der heimgekehrten Exilierten versucht zu verhindern, daß die Namen der im Land Verbliebenen in die Geschlechterregister eingetragen werden. Damit werden ihren Familien die vollen Bürgerrechte aberkannt: Ihre Ehen mit Rückkehrern werden als Mischehen deklariert, und der legitimierte Teil der Partnerschaft wird zur Scheidung gedrängt. Diese Leute werden aus dem Bund, dessen Inhalt die Tora des Mose ist (10,1.30), ausgeschlossen, sind aber nach dem Zeugnis des Nehemiabuches offensichtlich bei der „Verlesung" des Gesetzes in die Bezeichnung „das ganze Volk" miteingeschlossen und lassen sich davon bewegen (8,1-12). Dies kann nichts anderes bedeuten, als daß die Gruppe *nicht in Opposition zur Tora* steht, sondern sie in manchen kritischen Punkten anders auslegt.

Klara Butting sieht die Zeit der Noadja und die Konflikte, die sich hinter Neh 6 verbergen, in Zusammenhang mit den Thesen um das Werden der Tora als Kompromißdokument der Perserzeit. Sie geht bei der Sichtung der Theorie um die sogenannte „Reichsautorisation", die Anerkenntnis der Tora als persisches Regionalgesetz, vor allem der Frage nach, ob die Tora antiprophetisch und frauenfeindlich sei.[31] Dabei kommt sie zu dem wichtigen Ergebnis, daß eine solche Bewertung der Tora sowohl die tatsächlich biblisch belegten Prophetinnen beargwöhnt als auch die Sinnhaftigkeit des kanonischen Arrangements aus Gesetz und Prophetie in Frage stellt.[32] Butting sieht die Prophetinnen als Indiz für „die Krise der geschriebenen, von Männern dominierten Geschichte der Prophetie, die sich als Aktualisierung der Tora an den Pentateuch anschließt. Prophetinnen sind nicht nur das prophetische Gegenüber der Tora, sondern auch prophetisches Gegenüber des Prophetenkanons."[33] „Indem diese Frauen als Subjekte der Geschichtserinnerung überliefert werden, wird die Diskontinuität aktueller Prophetie zur Geschichte der Prophetie betont."[34] Butting ist mit ihrer Verortung des Phänomens der Prophetinnen im theologischen Kontext der Klärung des Verhältnisses beider Kanonteile zueinander recht zu geben. Die Spuren der Erzählungen und Notizen über die Prophetinnen führen – wie bereits in den entsprechenden Kapiteln aufgezeigt – implizit gerade in diese Zeit und in die soziologische Gruppe, die die Tora des Mose als ihr Gesetz anerkennt.

Mirjam als Vertreterin der Prophetie in der Perserzeit läßt sich in der Erzählung von Num 12 mit jener Gruppe identifizieren, die gegen eine radikale Lösung in der Mischehenfrage ist. Sie steht daher in Opposition zur Mosegruppe, die die alleinige Auslegung der Tora – und damit jeglicher Gesetzesmaterie – für sich beansprucht. Die Priesterschaft, die von Aaron repräsentiert wird, ist gespalten (vgl. z. B. Esra 10,18ff.), schließt sich am Ende aber der führenden Gruppe um Esra und Nehemia an, die für Mose steht. Die prophetische Gruppe kann inhaltlich den Konflikt insofern für sich entscheiden, als das Verhalten der Mosegruppe nicht zur Norm erhoben werden kann und ihr zudem der Status der legitimen Prophetie zugesprochen wird.

Die Konstellation in Neh 6, in der die aus vornehmen Familien kommende Beamtenschaft mit der Prophetie kooperiert, verweist sowohl auf die Geschichte um *die Prophetin, zu der Jesaja geht* (Jes 8,3) als auch auf die Erzählung von *Hulda* (2 Kön 22). Wie in den betreffenden Kapiteln bereits vermutet, weisen die Namen, die sich in beiden Geschichten finden, auf die persische Zeit hin und darauf, daß die führenden Männer sich wie die Stifterfiguren auf Tafelbildern in den Endtext dieser Geschichten eingetragen haben.

Auch die als Prophetinnen gedeuteten *Frauen*, die wie ihre levitischen Kollegen *Dienst am Eingang des Offenbarungszeltes* versehen, verweisen in die nachexilische Zeit. Aus den Notizen ist zu erheben, daß diese Frauen teils gut mit der Priesterschaft und den Bauleuten kooperieren (vgl. Ex 38,8), teils aber auch massive Konflikte haben, aus denen sie nicht unbeschadet hervorgehen, obwohl sie das Recht auf ihrer Seite haben (vgl. 1 Sam 2,22). Der Dienstort dieser Frauen entspricht offensichtlich jenem von Noadja. Diese prophetische Gruppe am Heiligtum steht freilich in Konkurrenz zu der dort amtierenden Priesterschaft und den Leviten.

Die Funktion von *Debora*, die als Prophetin die politisch-militärische Führungselite erst zum Handeln auffordert (vgl. Ri 4,6-9) und sie tatkräftig unterstützen muß, spiegelt ebenso eine Richtung aus der weit fortgeschrittenen Perserzeit wider und ist vermutlich einige Zeit nach Noadja und ihrer Gruppe anzusetzen. Die *Prophetin* Debora ruft in einer Zeit der eklatanten Übermacht und Bedrängnis durch die Fremdherrschaft zum Widerstand auf und gehört so zum radikaleren Flügel innerhalb des politischen Spektrums. Ihren Sieg erhofft sie nicht durch militärische Überlegenheit, sondern durch JHWH und die Taten von Frauen. Der Ruhm fällt Frauen zu, weil sie nicht nur die Initiatorinnen, sondern auch die Ausführenden des Befreiungsschlages sind. Die politische Botschaft, die mit der Prophetisierung der Richterin Debora in dieser Zeit verbunden ist, ist damit brisant. Sie kommt vermutlich von der Gruppe, die einen „JHWH-Krieg" als *theologische* Möglichkeit wach hält, weil sie aus realpolitischen Gründen gegen einen Aufruf zur Revolte ist. Nachfahren dieser Gruppe haben in noch späterer Zeit das Buch Judit geschrieben, das in der Epoche der Makkabäer gegen kriegerische Ambitionen des Gottesvolkes votiert.

In nachexilische Zeit verweist aufgrund der obskuren Praktiken auch die Geschichte um die *Falschprophetin von En-Dor*. Sie wird von einer Gruppe erzählt, die gegen die theologische (in der Perserzeit wohl niemals realpolitisch zu verwirklichende) Idee votiert, abermals ein Königtum zu installieren. Da bereits der allererste König nicht, wie die Tora es vorsieht, auf die Prophetie hört und illegale Praktiken der Gottesbefragung in Anspruch nimmt, bietet das Königtum nach der Rückkehr aus dem Exil kein geeignetes Konzept für ein dauerhaftes und friedliches Leben im Land (vgl. Dtn 18,9.12).

Die in *Ez 13* zutage tretende Auseinandersetzung von *Propheten und Prophetinnen* mit jenen prophetisch Begabten, die im Ezechielbuch schreiben, ist bei der Entstehung des Nehemiabuches vermutlich sogar ein zeitgenössischer Konflikt. Das Bild der Füchse, die auf die Mauer springen, findet sich im Kontext der eingerissenen Mauern nur an diesen beiden Stellen der Hebräischen Bibel (Ez 13,4f.; Neh 3,35). Der Vorwurf, ohne göttliche Sendung zu prophezeien und Prophetie nach dem eigenem Herzen zu erfinden und zu applizieren, wird sowohl den Frauen und Männern in Ez 13,2.17 als auch den GegnerInnen Nehemias in 6,7-14 gemacht. Daß so betriebene Prophetie für die Kontrahenten sogar lebensbedrohend sein kann, erfahren Nehemia und seine Bauleute während der gesamten Bauzeit. Nehemias Funktion als Erneuerer der Stadtmauer wird sogar zum bildgebenden Inbegriff jener Aufgabe, die Ez 13 der Prophetie zuspricht. Er schließt die Bresche, damit es wieder möglich wird, im zerstörten Jerusalem sicher zu wohnen. Von der Metaphorik her könnte Ez 13 also mit Neh 2,11-6,19 ein- und denselben Sitz im Leben haben. Ez 13 würde dann von einer prophetischen Gruppe stammen, die mit Nehemia beim Mauerbau kooperiert.

Die Zukunftshoffnung, die *Joël 3* in der Ausgießung des Geistes über alles Fleisch sieht und die *das ganze Volk am Zion prophetisch werden läßt*, ist bereits eine Synthese aus den divergierenden theologischen Richtungen der hier beschriebenen Zeit. Diese Vorstellung verbindet das Konzept der Demokratisierung der Prophetie mit der Heilsrelevanz des Zion und der prophetisch zu verstehenden Mittlerfunktion des Gottesvolkes für die Völker. Der Text muß zeitlich daher in die noch weiter fortgeschrittene Perserzeit eingereiht werden.

Viele aufgezeigten Textbezüge, die ein Gewebe zwischen den Texten, die von Prophetinnen reden, und – vor allem – dem Nehemiabuch bilden, lassen sich als Niederschlag eines Ringens von theologischen Gruppierungen deuten. Dieses endet vorerst vermutlich mit der Proklamation der Tora als verbindlichem Gesetz, welches die Prophetie kreativ aktualisiert. Der Konflikt verebbt mit der Geburt der Tora, zu der die – freilich noch nicht abgeschlossene – Prophetie als geschichtsbezogener Kommentar dazu gestellt wird.[35] Die Gruppe, die für die Prophetie steht, hat in ihren Reihen nicht nur eine starke Präsenz von Frauen, sondern thematisiert explizit Lebensbedingungen und -zusammenhänge von Frauen.[36] Sie arbeitet gezielt an einer Veränderung ungerechter Geschlechterverhältnisse (vgl. Neh 5,1-5) und widersteht offen den erkennbaren (bis heute noch wirkmächtigen) Tendenzen, Frauen aus der aktiven Teilnahme am religiösen Leben zu verdrängen. Vermutlich stammt aus dieser Gruppe auch das Rutbuch, das eine Auslegung der Tora und der Vorderen Prophetie zugunsten von Frauen betreibt und mit seiner moderaten davidischen Perspektive der oben beschriebenen prophetischen Gruppe nahesteht.[37] Die Theologie der Priesterschaft, wie sie etwa im Buch Levitikus greifbar wird, wird hingegen stark durch androzentrische Konzepte geprägt.[38]

So überrascht es nicht, daß sich für die Gruppe, die die politische Führung in Händen hat und die diese nur durch einen akzeptablen Kompromiß aller Strömungen erhalten kann, ein *Ansatz* zu egalitären Gesellschaftsstrukturen erheben läßt. Die ausdrückliche Nennung von Frauen in den Büchern Esra und Nehemia selbst dort, wo sie durch die Nennung des „Volkes" bereits „mitgemeint" sein könnten (vgl. z. B. Neh 8,3), ist dafür ein nicht zu übersehendes Indiz. Von der Audienz des Königs für seinen Gesandten wird erzählt, daß auch die Königin anwesend ist (Neh 2,6). In Esra 2,55 und Neh 7,57 werden die Nachkommen der *Soferet*, der „Schreiberin", in der Levitenliste, in Esra 8,10 jene der Schelomit[39] im Heimkehrerverzeichnis genannt. Das Gesamtverzeichnis des Volkes in Esra 2,65 und Neh 7,67 nennt explizit Sängerinnen und Mägde. Frauen sind beim Mauerbau (vgl. Neh 3,12), bei sozialkritischen Protesten (vgl. Neh 5,1ff.), bei der Verlesung der Tora (vgl. Neh 8,1ff.) und sogar beim Bundesschluß (Neh 10,29f.) aktiv. Wie oben bereits gezeigt wurde, entspricht diese Darstellung einer aktiven Partizipation von Frauen am sozialen und ökonomischen Leben durchaus den realen Gegebenheiten der Perserzeit.

So ist damit zu rechnen, daß sich in den Texten aus dieser Zeit nicht nur die Interessen der Priesterschaft, der politischen Führungselite und der prophetischen Gruppe niederschlagen, sondern auch die Anliegen der Frauen. Der Vorgang der Kompromißfindung, auf den hier – freilich notgedrungen spekulativ – zurückgeschlossen wird, ist der Sache nach nicht einmalig. Auch beim Konflikt zwischen der Priesterschaft und den Leviten läßt sich ein ähnlicher Vorgang der Eintragung des levitischen Amtes in frühe Perioden der erzählten Geschichte Israels beobachten. Auch dieser Vorgang könnte auf einen „Sitz im Leben" in der Beilegung von Rivalitäten zwischen diesen beiden Gruppen hindeuten.[40]

Die auf den ersten Blick unscheinbare Notiz über die „Prophetin Noadja und die übrigen prophetisch Begabten" in Neh 6,14 entwickelt sich damit im Kontext des Nehemiabuches zu einem Fenster auf das irdische Jerusalem in der konsolidierten Perserzeit. Die Textbezüge zu den weiblichen Subjekten der Prophetie sind Niederschlag eines ausgereiften politischen Willens, Frauen an der

Gestaltung und Leitung von Gesellschaft und Religion sowie der gesamten Kultur zu beteiligen.

Das Fenster mit Blick auf das perserzeitliche Jerusalem gibt durch das Netz von Textbezügen gleichzeitig einen perspektivischen Ausblick auf das himmlische Jerusalem, wo sich alle wiederfinden, die jemals auf Erde wandelten: Die Prophetinnen der Hebräischen Bibel leuchten – zusammen mit ihren männlichen Kollegen – wie in einem Goldmosaik als Gestalten in einer Reihe, die vom überdimensional dargestellten Mose angeführt wird. Sie stellen allesamt die Mauer um das Volk in Jerusalem dar, welches als Stadt, in der die Gottheit anwesend ist (vgl. Ez 48,35), von der Bildmitte her alles überstrahlt. Denn Prophetie hat keinen Selbstzweck. Sie ist dazu da, das Volk und seine Gottheit zusammenzuführen.

[1] In einem heute als bahnbrechend zu bezeichnenden Artikel aus dem Jahr 1996 hat Rainer Kessler, Mirjam, für zumindest einen Teil der Mirjamtraditionen als Hintergrund die Perserzeit erhoben. Die beiden Bücher zu Prophetinnen, die im letzten Jahr erschienen sind, Klara Butting, Prophetinnen, und Ursula Rapp, Mirjam, sind ihm hierin gefolgt und haben die These weiter ausgebaut. Da ich auf diese drei Publikationen aufbauen kann, kann dieser Teil kurz gehalten werden.

[2] Zu den vielfältigen Deutungen dieses schwierigen Ausdrucks, der sowohl auf Hausarrest als auch auf kultische Reinheit verweisen kann, siehe Williamson, Hugh G.M., Ezra, Nehemiah, WBC 16, Waco 1985; 249.

[3] Die meisten Ausleger nehmen hier einfach einen Männernamen an. Vgl. z. B. Williamson, Nehemiah, 258.

[4] In Ez 13,9 wird gegen jene, die aus eigenem Herzen prophezeien (vgl. Ez 13,2.17 und Neh 6,8), verhängt, daß sie nicht in die Schrift Israels geschrieben werden sollen. Esra 2,62 und Neh 7,64 lesen sich dazu beinah wie Ausführungsnotizen.

[5] Man kann also durchaus nicht wie Williamson, Nehemiah, 260, behaupten: „'Noadiah the prophetess and the rest of the prophets.' The background to these references is completely unknown."

[6] Siehe dazu Carroll, Robert P., Coopting the Prophets: Nehemiah and Noadiah, in: FS Blenkinsopp, Joseph, Priests, Prophets and Scribes, Ulrich, Eugene L. u.a., Hg., JSOT.S 149, Sheffield 1992, 87-99; 89, der der kanonischen Darstellung eine ideologische Position unterstellt, die alle anderen Gruppierungen der Zeit zum Schweigen bringen will. Wenn er der Hebräischen Bibel vorwirft, ein Produkt der Tempelideologie zu sein, und als Gegenposition dazu Qumran und das NT nennt (vgl. ebd., 92), so ist dies m. E. mehr als bedenklich. Siehe zur Problematik der häufig antijüdisch verwendeten Konzeption einer nachexilischen „jüdischen Kultgemeinde", die eine Diskontinuität mit dem vorexilischen Gottesvolk suggeriert, Blum, Erhard, Volk oder Kultgemeinde?, KuI 10 (1995), 24-42.

[7] Vgl. dazu Talmon, Shemaryahu, Esra-Nehemia: Historiographie oder Theologie?, in: FS Koch, Klaus, Ernten, was man sät, Daniels, Dwight R. u.a., Hg., Neukirchen-Vluyn 1991, 329-356. Kraemer, David, On the Relationship of the Books of Ezra and Nehemiah, JSOT 59 (1993), 73-92, argumentiert, daß weniger die Zeit der beiden Bücher unterschiedlich sein wird, als vielmehr ihre jeweilige Perspektive. Während Esra im Esrabuch als Priester mit kultischem Interesse dargestellt wird, sieht Kraemer in Neh die Tora als zentrales Thema und ordnet das Buch daher Laienkreisen zu.

[8] Siehe dazu Böhler, Dieter, Die heilige Stadt in Esdras α und Esra-Nehemia, OBO 158, Fribourg 1997, insbesondere die informative Zusammenfassung seiner These der historischen Vorrangigkeit des Werks Nehemias vor jenem Esras, ebd., 394-402.

[9] Siehe dazu bereits Kessler, Mirjam, 68.

[10] Man denke an Jes 40-55.60-62.

[11] Siehe Becker, Joachim, Esra, Nehemia, NEB.AT, Würzburg 1990; 81f. Einschlägige Texte, die darauf schließen lassen, sind Hag 2,20-23; Sach 3,8; 4,14 und 6,9-15.

[12] Kessler, Mirjam, 68.

[13] Vgl. dazu das Kapitel über Joël 3.

[14] Siehe dazu bereits Kessler, Mirjam, 68.

[15] Für einen Überblick über die zur Diskussion stehende Zeit und ihre Probleme siehe die beiden Bände: Davies, Philip R., Hg., Second Temple Studies. 1. Persian Period, JSOT.S 117, Sheffield 1991, und Eskenazi, Tamara C. – Richards, Kent H., Hg., Second Temple Studies. 2. Temple Community in the Persian Period, JSOT.S 175, Sheffield 1994.

[16] Siehe Yoder, Christine Roy, Wisdom as a Woman of Substance, BZAW 304, Berlin 2001.

[17] Vgl. Maier, Christl, Die „fremde Frau" in Proverbien 1-9, OBO 144, Fribourg 1995; 25-68.

[18] Siehe Eskenazi, Tamara C., Out from the Shadows: Biblical Women in the Postexilic Era, JSOT 54 (1992), 25-43. Vgl. ebenso ihren Forschungsüberblick Dies., Current Perspectives on Ezra-Nehemiah and the Persian Period, CR:BS 1 (1993), 59-86.

[19] In 1 Kön 21,1; 2 Kön 20,18; Jes 39,7; 2 Chr 36,7; Dan 1,4 (vgl. auch Hos 8,14; Joël 4,5; Nah 2,7) kann mit dem Wort הֵיכָל, da es einem König zugeordnet wird, sowohl ein Königspalast als auch ein Reichstempel gemeint sein.

[20] Dieses Tor steht nach 1 Kön 7,21 offensichtlich in architektonischer Einheit mit den beiden Säulen Jachin und Boas, die den Eingangsbereich flankierten. Der Name Boas kommt im gesamten AT nirgends sonst als hier und als Männername im mit Neh 6 etwa zeitgleichen Rutbuch vor. Der Mann, der dort den Namen Boas trägt, ist eine „Säule" der betlehemitischen Gesellschaft (Rut 2,1).

[21] Ähnlich ist es mit der Verheißung zum Wiederaufbau von Jes 44,28 sowie in den Belegen Jes 66,6; Jer 50,28; 51,11; Am 8,3; Jona 2,5.8; Mi 1,2; und Hab 2,20. Jer 7,4; 24,1; Hag 2,15.18 und Sach 6,12-15 (vgl. auch Sach 8,9 und Mal 3,1 sowie Ez 8,16, wo nicht die Tempelanlage, sondern der Hauptbau gemeint ist) sprechen wie das Esrabuch vom „Tempel JHWHs".

[22] Die Deutung von Neh 6,10 als Anleitung zur militärischen Tempelbesetzung durch den Statthalter hat bereits Williamson, Nehemiah, 258f., von sich gewiesen.

[23] Auch Jer 29,24-32 präsentiert einen Schemaja als Gegner Jeremias. Der Prophet spricht auch diesem Schemaja die göttliche Sendung ab, stellt seine Botschaft jedoch – wie Nehemia es mit Schemaja ebenfalls tut – als Prophetie dar. Damit wird aufgrund der Textzusammenhänge auch Jeremias Konflikt mit Falschpropheten in den Kontext der Auseinandersetzungen der Perserzeit hineingeholt.

[24] Siehe dazu bereits Hossfeld – Meyer, Prophet, 156.

[25] Vgl. Kessler, Mirjam, 69.

[26] So hat etwa Batten, Loring W., The Books of Ezra and Nehemiah, ICC, Edinburgh 1949 (Ndr. v. 1913); 257, vermutet, daß Noadja auf der Seite Nehemias stehen würde. Er nimmt dafür eine Textkorrektur vor, indem er in V12 statt הַנְּבוּאָה, „Prophetie", הַנְּבִיאָה, „Prophetin", liest. Nehemia wird damit von Noadja gewarnt. Für 6,14 schließt er sich einer Septuaginta-Lesart an, die den Passus des Furcht-Einjagens in eine Warnung umwandelt. V14b ist dann als positive Vergeltungsbitte im Gegensatz zur negativen in V14a zu lesen (siehe ebd., 258).

[27] Auch Hossfeld – Meyer, Prophet, 156, haben diese Verbindung bereits gezogen. Sie vermuten Noadja allerdings unter dem Kultpersonal oder den Tempelsängerinnen, gestehen ihr aber dennoch prophetische Aufgaben zu.

[28] Häufig wird vermutet, daß Nehemia aus davidischem Geschlecht komme (vgl. z. B. Gunneweg, Antonius H.J., Nehemia, KAT 19/2, Gütersloh 1987; 95). Gunneweg, meint, daß Nehemia versuche, den Sachverhalt zu vertuschen, daß prophetische und messianische Kreise ihn im Tempel zum König designieren wollten (vgl. ebd., 98).

[29] Kessler, Mirjam, 68.

30 So auch Carroll, Noadiah, 95-97. Er meint, daß Nehemia die imperiale Macht vertrete und der Bauauftrag nur den Reichen und Mächtigen diene. Noadja und die in Neh 6 genannten Leute würden dazu die Opposition bilden. Man müsse daher eher Hag und Sach verwerfen und Noadja aufnehmen (vgl. ebd., 99). Carrolls These ist allein deswegen nicht haltbar, weil es sich bei Sanballats und Tobijas Gruppe sicher nicht um arme Leute in Juda handelt, sondern wohl um solche, die das Sagen in Jerusalem haben und das arme Volk ausbeuten (vgl. Neh 5,1ff.).

31 Siehe Butting, Prophetinnen, 25-35.

32 Vgl. ebd., 35.

33 Ebd., 196.

34 Ebd., 200.

35 Ähnlich Butting, ebd., 78ff. und 199 (mit Bezug auf Rendtorff).

36 Auf Worte dieser Prophetinnen lassen vielleicht die von einer weiblichen Körpererfahrung inspirierten Metaphern im Jesajabuch (vgl. Jes 42,14; 49,1.14f.; 66,7-14) schließen. Siehe dazu Fischer, Irmtraud, Das Buch Jesaja, in: Schottroff, Luise – Wacker, Marie-Theres, Hg., Kompendium Feministische Bibelauslegung, Gütersloh 1999², 246-257; 248f.

37 Siehe dazu das Konzept meines Rutkommentars (Fischer, Rut, 86-94).

38 Hier sind die kultischen Reinheitsvorstellungen aus Lev zu nennen, die Frauen aufgrund biologischer Gegebenheiten von der aktiven Teilnahme ausschließen.

39 Vgl. auch zum Folgenden Eskenazi, Shadows, 36-42. Nach 1 Chr 3,19 ist Schelomit die Tochter Zerubabels, auf die möglicherweise auch ein Siegel aus der Perserzeit hindeutet (siehe dazu Avigad, Nahman, Bullae and Seals from a Post-Exilic Judean Archive, Qedem 4, Jerusalem 1976; 11, und die Deutung von Meyers, Eric M., The Shelomith Seal and the Judean Restoration, ErIs 18 (1985), 33*-38*).

40 Anschaulichstes Beispiel dafür ist die Einsetzung der verschiedenen levitischen Dienste am Tempel bereits durch David, wie sie 1 Chr 23-24 darstellt.

IV. DIE GESCHICHTEN UM PROPHETINNEN ALS THEOLOGISCHES KONZEPT DER GESCHICHTE DER PROPHETIE

Schranken

Zündest du Lichter an
und große Feuer
mit weiten Scheinen
ohne Ende.

Wirfst du in schleiernden Rauch
züngelnde Fackeln,
streust du aus Augen und Herz,
was du besitzt.

Immer nur ist es Versuch,
tastender Weg,
immer dein Bild nur,
das du vom Lichte trägst.

Ingeborg Bachmann

KEINE KOMPENSATIONSGESCHICHTE!

1. Die Geschichte der Prophetie als Geschichte von Propheten und Prophetinnen

Hinter den Geschichten um Prophetinnen stehen vermutlich keine uralten Überlieferungen. Das Konzept der Prophetie in der Nachfolge des Mose wird wahrscheinlich erst in persischer Zeit zu einem der Nachfolge Mirjams und Moses. Dies heißt nun aber nicht, daß man mit den – im Vergleich zu den männlichen Gestalten – immer noch wenigen weiblichen prophetischen Figuren ein paar Schwalben in der Bibel finden kann, die noch keinen Sommer machen. Denn das Konzept der Prophetie in der Nachfolge des Mose, das die Prophetie als kreative Auslegung der Tora versteht, ist unlösbar mit den Geschichten um die Prophetinnen verbunden. Die Erzählung über die Prophetin Hulda, die ganz offensichtlich ein Scharnier zwischen Tora und Prophetie darstellt, legitimiert das Konzept der Gewaltenteilung und der Zuordnung der Befugnisse der einzelnen Ämter als solches. Wenn als erste prophetische Gestalt in der unmittelbaren prophetischen Nachfolge Moses und Mirjams die Richterin Debora zur „Prophetin" wird und damit die prophetischen Führungsgestalten der Tora zuallererst eine weibliche Nachfolgerin bekommen, dann ist die Thematisierung des Geschlechts nicht von außen und aus heutiger Sicht herangetragen, sondern den Texten inhärent. Die Geschichte der Prophetie wird damit entscheidend als Geschichte von Prophetinnen geschrieben, wodurch die Verkündigung des Gotteswortes nicht allein durch Propheten geschieht, sondern ebenso durch Prophetinnen.

Die Prophetie wird damit in der Hebräischen Bibel, anders als in der christlichen Wirkungsgeschichte, nicht mit ausschließlich männlicher Trägerschaft vorgestellt. Das Phänomen der Prophetie ist mit „den Propheten" nur unzureichend beschrieben. „Die Propheten" als umfassende Darstellung der Prophetie zu sehen heißt, nach Quantität zu urteilen und nicht nach der Bedeutung, die gerade durch die Rahmung des Kanonteils der Vorderen Prophetie durch weibliche prophetische Gestalten angezielt ist.

Die Sichtweise der Prophetie als Übernahme des zwischen der Gottheit und dem Volk vermittelnden Amtes in der Nachfolge des

Mose ist vermutlich im Zuge der Ausgestaltung der beiden Kanonteile Tora und Prophetie gezielt mit dem gender-Aspekt verknüpft und in die Überlieferungen Israels eingetragen und so zum Konzept der Heiligen Schrift der Hebräischen Bibel worden. Mit diesem Programm wird freilich auch die Fortschreibung der Tradition nach der Schließung des Kanons ermöglicht: Die Prophetie erhält deutlich den Aspekt der Exegese,[1] der Auslegung des Gesetzes- und der erzählenden Literatur des Gottesvolkes.

Diese Perspektive ist nicht neu, sie wurde bislang allerdings noch nie unter dem Aspekt der Geschlechterfrage betrachtet. Meist wird die Zeit, in der der Prozeß des Abschlusses der Tora beginnt, mit Blick auf die priesterliche Gesetzgebung, die Frauen mit dem Argument der Unreinheit aus öffentlichen Ämtern auszuschließen versucht, als Zeit eines Patriarchalisierungsschubes der judäischen Gesellschaft angesehen.

Indem dieses Buch versucht, nicht nur nach dem jeweiligen sozialgeschichtlichen Hintergrund der unterschiedlichen Texte zu fragen und damit eine differenzierte Wahrnehmung der konsolidierten Perserzeit zu erreichen, sondern auch die Geschlechterfrage explizit zu thematisieren, entsteht ein ganz anderes Bild dieser Zeit. Jüdische Frauen in persischer Zeit sind offensichtlich in den Schriften versiert und legen diese auch aus (vgl. dazu das Rutbuch). Sie tun damit genau das, was die einander zugeordneten Kanonteile der Tora und der Prophetie als *prophetisches* Tun ansehen: Sie aktualisieren die bereits Schrift gewordene Tradition für ihre Zeit und bestehen darauf, daß der weibliche Anteil an dieser gesellschaftlich hochbedeutsamen Rolle sichtbar bleibt. Es überrascht, daß in dieser Zeit und diesem sozialen Umfeld, in der von einer Gleichberechtigung der Geschlechter sicher nicht die Rede sein kann, das Geschlecht der Schreibenden weder ein Kriterium für die Güte der Theologie noch für die wahre Prophetie ist. Die Geschichte der Prophetie weiß sowohl von Frauen wie von Männern in der Nachfolge des am Sinai gestifteten vermittelnden Amtes als auch von Falschprophetie, die von Menschen beiderlei Geschlechts betrieben wird und das Gottesvolk in die Irre führen kann. Sie hofft aber vor allem darauf, daß die prophetische Gabe allen Mitgliedern des Gottesvolkes, seien sie männlich oder weiblich, jung oder alt, zuteil wird und Israel seine prophetische Aufgabe für alle Menschen außerhalb des Gottesvolkes wahrnehmen kann (vgl. Joël 3 und der kollektiv verstandene Gottesknecht in Jes 42).

2. Konsequenzen für eine biblische Ämtertheologie

Wenn man bedenkt, daß die Tora das Amt der Prophetie als das höchstmögliche darstellt, da es alle anderen Ämter dominiert, so hat der in diesem Buch erarbeitete Befund, daß Frauen in der Nachfolge des Mose, des Propheten par excellence, gezeichnet werden, bis heute eine für jene Glaubensgemeinschaften, die die Bibel als ihre Heilige Schrift anerkennen, gewisse Brisanz: Das Konzept der Hebräischen Bibel hebelt das Traditionsargument für das höchste Amt, dem alle anderen zugeordnet sind, aus. Gleichzeitig verwehrt es eine Konzentration auf Kult und Priesterschaft: „das Erzamt, in dem sich der eigentliche Lebensverkehr Jahwes mit Israel vollziehen soll, ist das des Propheten"[2].

Die Konsequenzen für die biblische Amtstheologie hat (wenngleich in androzentrischer Sprachwahl) Udo Rüterswörden für Hulda treffend auf den Punkt gebracht. Sie haben sich für das gesamte hier beschriebene Phänomen weiblicher Prophetie in der Hebräischen Bibel als gültig erwiesen: „In dem Verfassungsentwurf des Deuteronomiums hat die Prophetie das Achtergewicht und die höchste Dignität. ... Die Vermittlung zwischen Jahwe und seinem Volk steht in diesem Denken nur den Propheten zu, nicht den Priestern. Bemerkenswerterweise kommt in 2Kön. 22 der Priester zur Prophetin. Der Prophet gilt hier mehr als der Priester ... Es gab also in exilisch-nachexilischer Zeit biblische Schriftsteller, die sich vorgestellt haben, daß eine Frau Inhaberin des Amtes schlechthin sein konnte, eines Amtes, das viel wichtiger als das des Priesters oder Königs war."[3]

Wenn am Tabor Mose und Elija erscheinen und Jesus bezeugen, so ist damit nicht nur „das Gesetz und die Propheten" präsent, sondern vor allem die Prophetie, die die Gesetze auslegt: Mose empfängt die Offenbarung am Berg, am Sinai, Debora geht zum Berg Tabor, Elija geht an den Sinai, um den neuen Auftrag zu erhalten, Jesus geht auf den Berg und stellt sich damit in die Reihe Mose – Debora – Elija hinein. Wenn die Tradition den Berg der Verklärung am Tabor lokalisiert, wo die Deborageschichte spielt, dann stellt sie Jesus in die Nachfolge der Debora. Wenn er in der Predigt, die er auf dem Berg hält, verkündet, daß auch nicht ein Jota der Tora geändert werden darf, so steht er ganz in der Tradition dieses Verständnisses der Prophetie: Prophetie ist die kreative Anwendung der unveränderlich guten Tora auf geänderte Situationen hin. Die Tora weist den Weg zum Leben. Wie dieser allerdings in der konkreten Zeit auszusehen hat, das weiß die Prophetie. Insofern sind Tora und Prophetie in der Hebräischen Bibel keine Gegensätze, sondern zwei Pole, die aufeinander hingeordnet sind und sich gegenseitig brauchen. Tora ohne Prophetie ist toter Buchstabe, Prophetie ohne Tora ist keine Prophetie. Sie ist entweder falsche oder angemaßte Prophetie.

Das in unserer christlichen Tradition als Gegensatz ausgelegte Wortpaar „das Gesetz und die Propheten" muß als Einheit begriffen werden. Die Christenheit, die in der Kanonanordnung und in der Exegese ihres „Alten Testaments" diese beiden, als zusammengehörig komponierten Teile auseinanderreißt und das Achtergewicht auf die Prophetie legt, würde viel gewinnen, wenn sie diesen Zusammenhang wieder ernster nähme. Und sie würde vor allem eines verlieren: die latente Disposition, die Hebräische Bibel der Juden als ihr „Altes" Testament auszulegen.

Das Große Glaubensbekenntnis, das das biblische Verständnis eines Credos einer Glaubensgemeinschaft und nicht eines glaubenden einzelnen Subjekts widerspiegelt, spricht von den prophetischen Gestalten in seinem dritten Teil: „Wir glauben an den Heiligen Geist, ... der gesprochen hat durch die Propheten...". Es setzt damit die theologische Linie der Verbindung von Geist und Prophetie, wie sie vom Joëlbuch bis in die Apostelgeschichte nachzuzeichnen ist, nahtlos fort: Es ist jene Linie, die für die Demokratisierung der Prophetie und für die egalitäre Begabung gegen die hierarchisch begründete Zuteilung votiert.

Selten genug finden sich in der christlichen Rezeptionsgeschichte egalitäre Darstellungen von Propheten *und* Prophetinnen. Die Fresken von Giovanni Battista Tiepolo im Palazzo Patriarchale in Udine sind eine rare Ausnahme: Den vier großen Propheten, die sich um Jaël, Judit, Potifars Frau und Susanna in einen Saal gruppieren, stehen in der Audienzhalle die sechs Prophetinnen Mirjam, Debora, Hanna, Hulda sowie Elisabeth und Hanna aus dem Neuen Testament gegenüber, die in den Bilderzyklus um Sara, Abraham und Hagar sowie Jakob und seine Frauen eingelassen sind. Es ist ein helles, freundliches Bildprogramm, das uns hier gegenübertritt. Und es ist ein Beleg dafür, daß die monomane Konzentration auf das männliche Geschlecht in der Rezeptionsgeschichte nie geschlossen durchgehalten wurde. Die Geschichte der Prophetie als Geschichte der Propheten zu sehen, entspricht daher weder der Schrift noch der Tradition.

---

[1] Siehe dazu bereits Perlitt, Mose, 598.
[2] Rad, Gerhard von, Theologie des Alten Testaments I, München 1978[7]; 112.
[3] Rüterswörden, Hulda, 242.

V. ANHANG

1. Literatur

Die Literaturangaben geben der Kürze halber ausschließlich den Haupt-
verlagsort an. Die Untertitel von Publikationen werden nur dann angeführt,
wenn sie zur Präzisierung des Haupttitels im Zitationszusammenhang notwendig erscheinen. Die Abkürzungen folgen Schwertner, Siegfried M.,
IATG², Berlin 1992. Zudem werden folgende Abkürzungen verwendet:

BI	Biblical Interpretation
BIS	Biblical Interpretation Series
CR:BS	Currents in Research: Biblical Studies
Diss.T	Dissertationen. Theologische Reihe
exuz	Exegese in unserer Zeit
FCB	The Feminist Companion to the Bible
HBS	Herders Biblische Studien
HThK.AT	Herders theologischer Kommentar zum Alten Testament
KStTh	Kohlhammer Studienbücher Theologie
NSK.AT	Neuer Stuttgarter Kommentar. Altes Testament
WBC	World Biblical Commentary
ZAR	Zeitschrift für Altorientalische und Biblische Rechtsgeschichte
ZNThG	Zeitschrift für neuere Theologiegeschichte

Ackermann, Susan, Under Every Green Tree, HSM 46, Atlanta 1992.
Albertz, Rainer, Religionsgeschichte Israels in alttestamentlicher Zeit, GAT 8/1, Göttingen 1992.
Allen, Leslie C., The Books of Joel, Obadiah, Jonah and Micah, NICOT, London 1976.
Amit, Yairah, Judges 4: Its Contents and Form, JSOT 39 (1987), 89-111.
Arad, in: Negev, Avraham, Hg., Archäologisches Bibellexikon, Neuhausen-Stuttgart 1991, 32-34.
Aurelius, Erik, Der Fürbitter Israels, CB.OT 27, Stockholm 1988.
Avigad, Nahman, Bullae and Seals from a Post-Exilic Judean Archive, Qedem 4, Jerusalem 1976.

Bal, Mieke, Murder and Difference, ISBL, Bloomington 1992 (Ndr. v. 1988).
Barthel, Jörg, Prophetenwort und Geschichte, FAT 19, Tübingen 1997.
Barton, John, Oracles of God, London 1986.
Batten, Loring W., The Books of Ezra and Nehemiah, ICC, Edinburgh 1949 (Ndr. v. 1913).
Bechmann, Ulrike, Das Deboralied zwischen Geschichte und Fiktion, Diss.T 33, St. Ottilien 1989.
Becker, Joachim, Der priesterliche Prophet, SKK.AT 12/I, Stuttgart 1971.
— Esra, Nehemia, NEB.AT, Würzburg 1990.
Becker, Uwe, Jesaja – von der Botschaft zum Buch, FRLANT 178, Göttingen 1997.

Becker-Spörl, Silvia, Und sang Debora an jenem Tag, EHS.T 620, Frankfurt 1998.

Begg, Christopher, The Non-Mention of Zephaniah, Nahum and Habakkuk, BN 38/39 (1987), 19-25.

Berges, Ulrich, Die Verwerfung Sauls, fzb 61, Würzburg 1989.

— Das Buch Jesaja, HBS 16, Freiburg 1998.

Bergler, Siegfried, Joel als Schriftinterpret, BEAT 16, Frankfurt 1988.

Block, Daniel I., Deborah among the Judges: The Perspective of the Hebrew Historian, in: Millard, A.R. u.a., Hg., Faith, Tradition, and History, Winona Lake 1994, 229-253.

Blum, Erhard, Studien zur Komposition des Pentateuch, BZAW 189, Berlin 1990, 76-88.

— Volk oder Kultgemeinde?, KuI 10 (1995), 24-42.

Böhler, Dieter, Die heilige Stadt in Esdras α und Esra-Nehemia, OBO 158, Fribourg 1997.

Brandt, Peter, Endgestalten des Kanons. Das Arrangement der Schriften Israels in der jüdischen und christlichen Bibel, BBB 131, Bonn 2001.

Braulik, Georg, Die deuteronomischen Gesetze und der Dekalog, SBS 145, Stuttgart 1991.

— Das Buch Deuteronomium, in: Zenger, Erich u.a., Einleitung in das Alte Testament, KStTh 1/1, Stuttgart 2001[4], 125-141.

Brenner, Athalya, Hg., The Feminist Companion to the Bible, Sheffield 1993ff. (Ser I); 1998ff. (Ser II).

Brownlee, William H., Ezekiel 1-19, WBC 28, Waco 1986.

Burns, Rita J., Has the Lord Indeed Spoken Only through Moses?, SBL.DS 84, Atlanta 1987.

Butting, Klara, Die Buchstaben werden sich noch wundern, Berlin 1994.

— Prophetinnen gefragt, Wittingen 2001.

Camp, Claudia V., 1 and 2 Kings, in: Newsom, Carol A. – Ringe, Sharon H., Hg., The Women's Bible Commentary, Westminster 1992, 96-109.

Carley, Keith W., The Book of the Prophet Ezekiel, Cambridge 1974.

Carroll, Robert P., Coopting the Prophets: Nehemiah and Noadiah, in: FS Blenkinsopp, Joseph, Priests, Prophets and Scribes, Ulrich, Eugene L. u.a., Hg., JSOT.S 149, Sheffield 1992, 87-99.

Chapman, Stephen B., The Law and the Prophets, FAT 27, Tübingen 2000.

Clements, Ronald E., Isaiah 1-39, NCBC, Grand Rapids 1980.

Coggins, Richard J., Prophecy – True and False, in: FS Whybray, R. Norman, Of Prophets' Visions and the Wisdom of Sages, McKay, Heather A. – Clines, David J.A., Hg., JSOT.S 162, Sheffield 1993, 80-94.

Cooke, George A., The Book of Ezekiel, ICC, Edinburgh 1951 (Ndr. v. 1936).

Cornill, Carl Heinrich, Das Buch des Propheten Ezechiel, Leipzig 1886.

Crenshaw, James L., Joel, AncB 24C, New York 1995.

Crüsemann, Frank, Die Tora, München 1992.

Davies, Philip R., Hg., Second Temple Studies. 1. Persian Period, JSOT.S 117, Sheffield 1991.

Deissler, Alfons, Zwölf Propheten. Hosea, Joël, Amos, NEB.AT, Würzburg 1981.

Dietrich, Manfried, Prophetenbriefe aus Mari, TUAT II/1, Gütersloh 1986, 83-93.

Dietrich, Walter, Prophetie und Geschichte, FRLANT 108, Göttingen 1972.

van Dijk-Hemmes, Fokkelien, Mothers and a Mediator in the Song of Deborah, in: Brenner, Athalya, Hg., A Feminist Companion to Judges, FCB I/4, Sheffield 1993, 110-114.

— Traces of Women's Texts in the Hebrew Bible, in: Brenner, Athalya – Dies., On Gendering Texts, BIS 1, Leiden 1993, 17-109.

— Some Recent Views of the Presentation of the Song of Miriam, in: Brenner, Athalya, Hg., A Feminist Companion to Exodus to Deuteronomy, FCB I/6, Sheffield 1994, 200-206.

Dion, Paul E., Deuteronomy 13: The Suppression of Alien Religious Propaganda in Israel during the Late Monarchical Era, in: Halpern, Baruch – Hobson, Deborah W., Hg., Law and Ideology in Monarchic Israel, JSOT.S 124, Sheffield 1991, 147-216.

Dohmen, Christoph – Oeming, Manfred, Biblischer Kanon warum und wozu?, QD 137, Freiburg 1992.

Duguid, Iain M., Ezekiel and the Leaders of Israel, VT.S 56, Leiden 1994.

Duhm, Bernhard, Das Buch Jesaja, HK III/1, Göttingen 1914[3].

Durham, John I., Exodus, WBC 3, Waco 1987.

Ebach, Jürgen – Rüterswörden, Udo, Unterweltsbeschwörung im Alten Testament, Teil I: UF 9 (1977), 57-70; Teil II: UF 12 (1980), 205-220.

Edelman, Diana, Huldah the Prophet – of Yahwe or Asherah?, in: Brenner, Athalya, Hg., A Feminist Companion to Samuel and Kings, FCB I/5, Sheffield 1994, 231-250.

Eichrodt, Walther, Der Prophet Hesekiel 1-18, ATD 22/1, Göttingen 1959.

Eising, Hermann, Das Buch Jesaja I, GSL.AT 2/1, Düsseldorf 1970.

Engelken, Karen, Frauen im Alten Israel, BWANT 130, Stuttgart 1990.

Eskenazi, Tamara C., Out from the Shadows: Biblical Women in the Post-exilic Era, JSOT 54 (1992), 25-43.

— Current Perspectives on Ezra-Nehemiah and the Persian Period, CR:BS 1 (1993), 59-86.

— *Richards, Kent H.,* Hg., Second Temple Studies. 2. Temple Community in the Persian Period, JSOT.S 175, Sheffield 1994.

Exum, Cheryl, Was sagt das Richterbuch den Frauen?, SBS 169, Stuttgart 1997.

Fischer, Irmtraud, Wo ist JHWH? Das Volksklagelied Jes 63,7-64,11 als Ausdruck des Ringens um eine gebrochene Beziehung, SBB 19, Stuttgart 1989.

— Die Erzeltern Israels, BZAW 222, Berlin 1994.

— Tora für Israel – Tora für die Völker, SBS 164, Stuttgart 1995.

— Die Bedeutung der Tora Israels für die Völker nach dem Jesajabuch, in: Zenger, Erich, Hg., Die Tora als Kanon für Juden und Christen, HBS 10, Freiburg 1996, 139-167.

— Schwerter oder Pflugscharen? Versuch einer kanonischen Lektüre von Jesaja 2, Joël 4 und Micha 4, BiLi 69 (1996), 208-216.

— Das Buch Jesaja, in: Schottroff, Luise – Wacker, Marie-Theres, Hg., Kompendium Feministische Bibelauslegung, Gütersloh 1999², 246-257.

— The Authority of Miriam, in: Brenner, Athalya, Hg., Exodus to Deuteronomy, FCB II/5, Sheffield 2000, 159-173.

— Die Autorität Mirjams, in: FS Krobath, Evi, Anspruch und Widerspruch, Halmer, Maria u.a., Hg., Klagenfurt 2000, 23-38.

— Gottesstreiterinnen. Biblische Erzählungen über die Anfänge Israels, Stuttgart 2000².

— Der Schriftausleger als Marktschreier. Jes 55,1-3a und seine innerbiblischen Bezüge, in: FS Steck, Odil Hannes, Schriftauslegung in der Schrift, Kratz, Reinhard G. u.a., Hg., Berlin 2000, 153-162.

— Feministische Exegese – eine Herausforderung. Die Relevanz der Abgrenzung des Kanonteiles „Propheten" in der jüdischen und der christlichen Bibel für ein geschlechterfaires Verständnis der Prophetie, ThPQ 149 (2001), 146-155.

— Das Geschlecht als exegetisches Kriterium. Zu einer gender-fairen Interpretation der Erzeltern-Erzählungen, in: Wénin, André, Hg., Studies in the Book of Genesis. Literature, Redaction and History, BEThL 145, Leuven 2001, 135-152.

— Rut, HThK.AT, Freiburg 2001.

Fohrer, Georg, Ezechiel, HAT 13, Tübingen 1955.

— Elia, AThANT 31, Zürich 1957.

Foresti, Fabrizio, The Rejection of Saul in the Perspective of the Deuteronomistic School, Studia Theologica Teresianum 5, Roma 1984.

Frevel, Christian, Mit Blick auf das Land die Schöpfung erinnern, HBS 23, Freiburg 2000.

Fuhs, Hans Ferdinand, Ezechiel 1-24, NEB.AT, Würzburg 1984.

Gerstenberger, Erhard S., Jahwe – ein patriachaler Gott?, Stuttgart 1988.

— 4. Mose 12,1-15. Mirjam – eine Frau in der religiösen Opposition, in: Schmidt, Eva Renate u.a., Hg., Feministisch gelesen 1, Stuttgart 1989², 53-59.

— „Apodiktisches" Recht „Todes"Recht?, in: FS Boecker, Hans Jochen, Gottes Recht als Lebensraum, Mommer, Peter u.a., Hg., Neukirchen-Vluyn 1993, 7-20.

Glatt-Gilad, David A., The Role of Huldah's Prophecy in the Chronicler's Portrayal of Josiah's Reform, Bib. 77 (1996), 16-31.

Görg, Manfred, Der Spiegeldienst der Frauen, BN 23 (1984), 9-13.

Greenberg, Moshe, Ezechiel 1-20, HThK.AT, Freiburg 2001.

Gunneweg, Antonius H.J., Nehemia, KAT 19/2, Gütersloh 1987.

Halpern, Baruch, Why Manasseh is Blamed for the Babylonian Exile: The Evolution of a Biblical Tradition, VT 48 (1998), 473-514.

Hals, Ronald M., Ezekiel, FOTL 19, Grand Rapids 1989.

Handy, Lowell K., The Role of Huldah in Josiah's Cult Reform, ZAW 106 (1994), 40-53.

Hardmeier, Christof, Prophetie im Streit vor dem Untergang Judas, BZAW 187, Berlin 1990.

Hatina, Thomas R., Intertextuality and Historical Criticism in New Testament Studies: Is There a Relationship?, BI 7 (1999), 28-43.

Hauser, Alan J., Two Songs of Victory: A Comparison of Exodus 15 and Judges 5, in: Follis, Elaine R., Hg., Directions in Biblical Hebrew Poetry, JSOT.S 40, Sheffield 1987, 265-284.

Hecker, Karl, Zukunftsdeutungen in akkadischen Texten, TUAT II/1, Gütersloh 1986, 56-82.

van Henten, Jan Willem, Judith as Alternative Leader, in: Brenner, Athalya, Hg., A Feminist Companion to Esther, Judith and Susanna, FCB I/7, Sheffield 1995, 224-252.

Hentschel, Georg, 2 Könige, NEB.AT, Würzburg 1985.

— 1 Samuel, NEB.AT, Würzburg 1994.

Hertzberg, Hans Wilhelm, Die Bücher Josua, Richter, Ruth, ATD 9, Göttingen 1985[6].

Hölscher, Gustav, Hesekiel, BZAW 39, Giessen 1924.

Holladay, William L., The Background of Jeremiah's Self-Understanding, JBL 83 (1964), 153-164.

— Jeremiah and Mose: Further Observations, JBL 85 (1966), 17-27.

Hossfeld, Frank-Lothar, Untersuchungen zu Komposition und Theologie des Ezechielbuches, fzb 20, Würzburg 1983[2].

— *Meyer, Ivo*, Prophet gegen Prophet, BiBe 9, Fribourg 1973.

Husson, Constance, L'Offrande du Miroir dans les Temples Égyptiens de L'Époque Gréco-Romaine, Lyon 1977.

Jeremias, Joachim, Heiligengräber in Jesu Umwelt, Göttingen 1958.

Jeremias, Jörg, Joel/Joelbuch, TRE XVII, Berlin 1988, 91-97.

— „Denn auf dem Berg Zion und in Jerusalem wird Rettung sein" (Joel 3,5), in: FS Klein, Laurentius, Zion – Ort der Begegnung, Hahn, Ferdinand u.a., Hg., BBB 90, Bodenheim 1993, 35-45.

— Anfänge der Schriftprophetie, ZThK 93 (1996), 481-499.

— Prophetenwort und Prophetenbuch, JBTh 14 (1999), 19-35.

Jost, Renate, Frauen, Männer und die Himmelskönigin, Gütersloh 1995.

Kaiser, Otto, Grundriß der Einleitung in die kanonischen und deuterokanonischen Schriften des Alten Testaments I, Gütersloh 1992.

Kapelrud, Arvid S., Joel Studies, UUÅ 4, Uppsala 1948.

Kessler, Rainer, Staat und Gesellschaft im vorexilischen Juda, VT.S 47, Leiden 1992.

— Mirjam und die Prophetie der Perserzeit, in: FS Schottroff, Willi, Gott an den Rändern, Bail, Ulrike – Jost, Renate, Hg., Gütersloh 1996, 64-72.

— Micha, HThK.AT, Freiburg 1999.

Klein, Ralph W., 1 Samuel, WBC 10, Waco 1983.

Kleiner, Michael, Saul in En-Dor. Wahrsagung oder Totenbeschwörung?, EThSt 66, Leipzig 1995.

Koch, Klaus, Ratlos vor der Apokalyptik, Gütersloh 1970.

— Das Profetenschweigen des deuteronomistischen Geschichtswerks, in: FS Wolff, Hans Walter, Die Botschaft und die Boten, Jeremias, Jörg – Perlitt, Lothar, Hg., Neukirchen-Vluyn 1981, 115-128.

Köckert, Matthias, Das Gesetz und die Propheten in Amos 1-2, in: FS Preuss, Horst Dietrich, Alttestamentlicher Glaube und Biblische Theologie, Hausmann, Jutta – Zobel, Hans Jürgen, Hg., Stuttgart 1992, 145-154.

— Zum literargeschichtlichen Ort des Prophetengesetzes Dtn 18 zwischen dem Jeremiabuch und Dtn 13, in: FS Perlitt, Lothar, Liebe und Gebot, Kratz, Reinhard G. – Spieckermann, Hermann, Hg., FRLANT 190, Göttingen 2000, 80-100.

van der Kooij, Arie, On Male and Female Views in Judges 4 and 5, in: Becking, Bob – Dijkstra, Meindert, Hg., On Reading Prophetic Texts (Gedenkschrift f. van Dijk-Hemmes, Fokkelien), BIS 18, Leiden 1996, 135-152.

Kraemer, David, On the Relationship of the Books of Ezra and Nehemiah, JSOT 59 (1993), 73-92.

Kraus, Wolfgang, Die Bedeutung von Dtn 18,15-18 für das Verständnis Jesu als Prophet, ZNW 90 (1999), 153-176.

Lang, Bernhard, Street Theater, Raising the Dead, and the Zoroastrian Connection in Ezekiel's Prophecy, in: Lust, Johan, Hg., Ezekiel and His Book, BEThL 74, Leuven 1986, 297-316.

Lee, Kyung Sook, Die Königsbücher, in: Schottroff, Luise – Wacker, Marie-Theres, Hg., Kompendium Feministische Bibelauslegung, Gütersloh 1999[2], 130-145.

Levin, Christoph, Joschija im deuteronomistischen Geschichtswerk, ZAW 96 (1984), 351-371.

Lohfink, Norbert, Die Priesterschrift und die Geschichte, in: Emerton, J.A. u.a., Hg., Congress Volume. Göttingen 1977, VT.S 29, Leiden 1978, 189-225.

— Kerygmata des Deuteronomistischen Geschichtswerks, in: FS Wolff, Hans Walter, Die Botschaft und die Boten, Jeremias, Jörg – Perlitt, Lothar, Hg., Neukirchen-Vluyn 1981, 87-100.

— Die Schichten des Pentateuch und der Krieg, in: Ders., Hg., Gewalt und Gewaltlosigkeit im Alten Testament, QD 96, Freiburg 1983, 51-110.

— Zur neueren Diskussion über 2 Kön 22-23, in: Ders., Hg. Das Deuteronomium, BEThL 68, Leuven 1985, 24-48.

— Die Sicherung der Wirksamkeit des Gotteswortes durch das Prinzip der Schriftlichkeit der Tora und durch das Prinzip der Gewaltenteilung nach den Ämtergesetzen des Buches Deuteronomium (Dt 16,18-18,22), in: Ders., Studien zum Deuteronomium und zur deuteronomistischen Literatur I, SBAB 8, Stuttgart 1990, 305-323.

Maier, Christl, Die „fremde Frau" in Proverbien 1-9, OBO 144, Fribourg 1995.

McCarter, P. Kyle, 1 Samuel, AncB 8, Garden City 1980.

Meyers, Eric M., The Shelomith Seal and the Judean Restoration, ErIs 18 (1985), 33*-38*.

Milgrom, Jacob, Numbers, JPSTC, Philadelphia 1989.

Müller, Christa, Spiegel, LÄ 5 (1984), 1147-1150.

Neef, Heinz-Dieter, Deboraerzählung und Deboralied, BThSt 49, Neukirchen-Vluyn 2002.

Niehr, Herbert, Die Reform des Joschija, in: Groß, Walter, Hg., Jeremia und die „deuteronomistische Bewegung", BBB 98, Weinheim 1995, 33-55.

Nissinnen, Martti, Spoken, Written, Quoted, and Invented: Orality and Writtenness in Ancient Near Eastern Prophecy, in: Ben Zvi, Ehud – Floyd, Michael H., Hg., Writings and Speech in Israelite and Ancient Near Eastern Prophecy, SBL Symposium Series 10, Atlanta 2000, 235-271.

Orelli, Conrad von, Die Propheten Jesaja und Jeremia, KK 4, München 1891[2].

Otto, Eckart, Von der Gerichtsordnung zum Verfassungsentwurf, in: FS Kaiser, Otto, „Wer ist wie du, HERR, unter den Göttern?", Kottsieper, Ingo u.a., Hg., Göttingen 1994, 142-155.

— Treueid und Gesetz, ZAR 2 (1996), 1-52.

— Das Deuteronomium im Pentateuch und Hexateuch, FAT 30, Tübingen 2000.

— Mose der Schreiber, ZAR 6 (2000), 320-329.

Perlitt, Lothar, Mose als Prophet, EvTh 31 (1971), 588-608.

Pohlmann, Karl-Friedrich, Das Buch des Propheten Hesekiel (Ezechiel). Kapitel 1-19, ATD 22/1, Göttingen 1996.

Priest, John, Huldah's Oracle, VT 30 (1980), 366-368.

Prinsloo, Willem S., The Theology of the Book of Joel, BZAW 163, Berlin 1985.

Rad, Gerhard von, Theologie des Alten Testaments I, München 1978[7].

Rapp, Ursula, Mirjam, BZAW 317, Berlin 2002.

Rasmussen, Rachel C., Deborah the Woman Warrior, in: Bal, Mieke, Hg., Anti-Covenant, BiLiSe 22, Sheffield 1989, 79-93.

Reis, Pamela Tamarkin, Eating the Blood: Saul and the Witch of Endor, JSOT 73 (1997), 3-23.

Rendtorff, Rolf, Kontinuität und Diskontinuität in der alttestamentlichen Prophetie, ZAW 109 (1997), 169-187.

— Samuel the Prophet, in: FS Sanders, James A., The Quest for Context and Meaning, Evans, Craig A. – Talmon, Shemaryahu, Hg., BIS 28, Leiden 1997, 27-36.

Ringgren, Helmer, צָבָא ṣābā', ThWAT 6, Stuttgart 1989, 871-876.

Robinson, Theodore H., Die zwölf kleinen Propheten, HAT 14, Tübingen 1938.

Rudolph, Wilhelm, Joel – Amos – Obadja – Jona, KAT 13/2, Gütersloh 1971.

Rüterswörden, Udo, Von der politischen Gemeinschaft zur Gemeinde, BBB 65, Frankfurt 1987.

— Es gibt keinen Exegeten in einem gesetzlosen Land (Prov 19,18 LXX), in: FS Herrmann, Siegfried, Prophetie und geschichtliche Wirklichkeit im alten Israel, Liwak, Rüdiger – Wagner, Siegfried, Hg., Stuttgart 1991, 326-347.

— Der Verfassungsentwurf des Deuteronomiums in der neueren Diskussion, in: FS Reventlow, Henning, Altes Testament – Forschung und Wirkung, Mommer, Peter – Thiel, Winfried, Hg., Frankfurt 1994, 313-328.

— Die Prophetin Hulda, in: FS Donner, Herbert, Meilenstein, Weippert, Manfred – Timm, Stefan, Hg., ÄAT 30, Wiesbaden 1995, 234-242.

Schmid, Konrad, Klassische und nachklassische Deutungen der alttestamentlichen Prophetie, ZNThG 3 (1996), 225-250.

— Erzväter und Exodus, WMANT 81, Neukirchen-Vluyn 1999.

Schmidt, Brian B., Israel's Beneficient Dead, FAT 11, Tübingen 1994.

— The „Witch" of En-Dor, 1 Samuel 28, and Ancient Near Eastern Necromancy, in: Meyer, Marvin – Mirecki, Paul, Hg., Ancient Magic and Ritual Power, Religions in the Graeco-Roman World 129, Leiden 1995, 111-129.

Schmidt, Werner H., Das Prophetengesetz Dtn 18,9-22 im Kontext erzählender Literatur, in: FS Brekelmans, Christian H.W., Deuteronomy and Deuteronomic Literature, Vervenne, Marc – Lust, Johan, Hg., BEThL 133, Leuven 1997, 55-69.

Schroer, Silvia, Die Samuelbücher, NSK.AT 7, Stuttgart 1992.

— Auf dem Weg zu einer feministischen Rekonstruktion der Geschichte Israels, in: Schottroff, Luise – Dies. – Wacker, Marie-Theres, Feministische Exegese, Darmstadt 1995, 83-172.

Schüngel-Straumann, Helen, Rûaḥ bewegt die Welt, SBS 151, Stuttgart 1992.

— Jael und Judit, in: Dies., Anfänge feministischer Exegese, exuz 8, Münster 2002, 47f. (Erstpublikation 1984).

Schüssler Fiorenza, Elisabeth, Brot statt Steine, Fribourg 1988.

— Zu ihrem Gedächtnis..., München 1988.

Scoralick, Ruth, Gottes Güte und Gottes Zorn, HBS 33, Freiburg 2002.

Scott, R.B.Y. – Kilpatrick, George G.D., The Book of Isaiah. Chapters 1-39, in: IntB 5, New York 1956, 151-381.

Seidl, Theodor, Mose und Elija am Gottesberg, BZ 37 (1993), 1-25.

Seitz, Christopher R., Mose als Prophet, BZ 34 (1990), 234-245.

Simon, Uriel, 1 Samuel 28:3-25: The Stern Prophet and the Kind Witch, in: Augustin, Matthias – Schunck, Klaus-Dietrich, Hg., „Wünschet Jerusalem Frieden", BEAT 13, Frankfurt 1988, 281-287.

Soggin, J. Alberto, Judges, London 1981.

Spiekermann, Hermann, Juda unter Assur in der Sargonidenzeit, FRLANT 129, Göttingen 1982.

Spronk, Klaas, Beatific Afterlife in Ancient Israel and the Ancient Near East, AOAT 219, Kevelaer 1986.

— Deborah, a Prophetess, in: De Moor, Johannes C., Hg., The Elusive Prophet, OTS 45, Leiden 2001, 232-242.

Steck, Odil Hannes, Überlieferung und Zeitgeschichte in den Elijaerzählungen, WMANT 26, Neukirchen-Vluyn 1968.

—   Prophetische Prophetenauslegung, in: FS Ebeling, Gerhard, Wahrheit der Schrift – Wahrheit der Auslegung, Geißer, Hans Friedrich u.a., Hg., Zürich 1993, 198-244.

—   Die Prophetenbücher und ihr theologisches Zeugnis, Tübingen 1996.

—   Der neue Himmel und die neue Erde. Beobachtungen zur Rezeption von Gen 1-3 in Jes 65,15b-25, in: FS Beuken, Willem A.M., Studies in the Book of Isaiah, van Ruiten, Jaques – Vervenne, Marc, Hg., BEThL 132, Leuven 1997, 349-365.

Steins, Georg, Die Chronik als kanonisches Abschlußphänomen, BBB 93, Weinheim 1995.

Strauss, Hans, Über die Grenzen? Exegetische Betrachtungen zu 1 Sam 28,3-25 auf dem Hintergrund bestimmter Strömungen im Rahmen des sogenannten „New Age", BN 50 (1989), 17-25.

Stuart, Douglas, Hosea – Jonah, WBC 31, Waco 1987.

Tagliacarne, Pierfelice, „Keiner war wie er". Untersuchung zur Struktur von 2 Könige 22-23, ATSAT 31, St. Ottilien 1989.

Talmon, Shemaryahu, Esra-Nehemia: Historiographie oder Theologie?, in: FS Koch, Klaus, Ernten, was man sät, Daniels, Dwight R. u.a., Hg., Neukirchen-Vluyn 1991, 329-356.

Trible, Phyllis, Bringing Miriam out of the Shadows, in: Brenner, Athalya, Hg., A Feminist Companion to Exodus to Deuteronomy, FCB I/6, Sheffield 1994, 166-186.

Tropper, Josef, Nekromantie, AOAT 223, Kevelaer 1989.

Uehlinger, Christoph, Gab es eine joschijanische Kultreform?, in: Groß, Walter, Hg., Jeremia und die „deuteronomistische Bewegung", BBB 98, Weinheim 1995, 57-89.

Vanoni, Gottfried, Mose – Prototyp des Mittlers zwischen Gott und seinem Volk, Diaconia Christi 23 (1988), 2-12.

Vattioni, Francesco, La Necromanzia nell'Antico Testamento, Aug. 3 (1963), 461-481.

Wacker, Marie-Theres, Mirjam, in: Walter, Karin, Hg., Zwischen Ohnmacht und Befreiung, frauenforum, Freiburg 1988, 44-52.

—   2. Könige 22,8.9a.10b.11-20: Hulda – eine Prophetin vor dem Ende, in: Schmidt, Eva Renate u.a., Hg., Feministisch gelesen I, Stuttgart 1989^2, 91-99.

—   „Religionsgeschichte Israels" oder „Theologie des Alten Testaments" – (k)eine Alternative?, JBTh 10 (1995), 129-155.

—   Die Bücher der Chronik, in: Schottroff, Luise – Dies., Hg., Kompendium Feministische Bibelauslegung, Gütersloh 1999^2, 146-155.

Watts, John D.W., Isaiah 1-33, WBC 24, Waco 1985.

Weinfeld, Moshe, The Worship of Molech and of the Queen of Heaven and Its Background, UF 4 (1972), 133-154.

Weiser, Artur, Das Buch der zwölf kleinen Propheten, ATD 24/I, Göttingen 1974.

Wildberger, Hans, Jesaja 1-12, BK X/1, Neukirchen-Vluyn 1980^2.

Williamson, Hugh G.M., Ezra, Nehemiah, WBC 16, Waco 1985.

—   The Book Called Isaiah, Oxford 1994.

Willi-Plein, Ina, Vorformen der Schriftexegese innerhalb des Alten Testaments, BZAW 123, Berlin 1971.

Winter, Urs, Frau und Göttin, OBO 53, Fribourg 1983.

Wolff, Hans Walter, Dodekapropheton 2, Joel und Amos, BK 14/2, Neukirchen-Vluyn 1975².

—   Dodekapropheton 4, Micha, BK 14/4, Neukirchen-Vluyn 1982.

Würthwein, Ernst, Die Josianische Reform und das Deuteronomium, ZThK 73 (1976), 395-423.

—   Die Bücher der Könige. 1. Kön. 17 – 2. Kön. 25, ATD 11/2, Göttingen 1984.

Wyss, Stephan, Fluchen. Ohnmächtige und mächtige Rede der Ohnmacht, Fribourg 1984.

Yoder, Christine Roy, Wisdom as a Woman of Substance, BZAW 304, Berlin 2001.

Zakovitch, Yair, Sisseras Tod, ZAW 93 (1981), 364-374.

Zenger, Erich, Tradition und Interpretation in Exodus XV 1-21, in: Emerton, John A., Hg., Congress Volume. Vienna 1980, VT.S 32, Leiden 1981, 452-483.

—   Das Erste Testament, Düsseldorf 1995⁵.

—   Wie und wozu die Tora zum Sinai kam, in: Vervenne, Marc, Hg., Studies in the Book of Exodus, BEThL 126, Leuven 1996, 265-288.

—   u.a., Einleitung in das Alte Testament, KStTh 1/1, Stuttgart 2001⁴.

Zimmerli, Walther, Ezechiel 1-24, BK 13/1, Neukirchen-Vluyn 1979².

2. Bildnachweise und Mottoangaben

2.1. Quellennachweise der Zitate im Vorspann zu den Kapiteln

Woolf, Virginia, Ein Zimmer für sich allein, Fischer Taschenbuch 2116, Frankfurt 1997 (Ndr. v. 1981); 107.
Busta, Christine, Einsilbig ist die Sprache der Nacht. Ausgewählte Gedichte, Gruber, Anton, Hg., Salzburg 2000; 49.
Eco, Umberto, Baudolino, München 2000; 133.
Bachmann, Ingeborg, Sämtliche Gedichte, München 1983 (Ndr. v. 1978); 16.

2.2. Bildnachweise

Das Bild des Umschlags „Selbst vor geöffnetem Fenster" (Privatbesitz, 1945) stammt von der 1897 in Leipzig geborenen Malerin Hilde Goldschmidt, die vor dem Krieg in Kitzbühel ansässig wurde. 1939 floh sie vor dem nationalsozialistischen Terrorregime nach England. 1950 kehrte sie nach Österreich zurück. Sie verstarb 1980 in Kitzbühel.

Das Bild bringt wie bei den „Gottesstreiterinnen" durch die Rahmung das Faktum zum Ausdruck, daß von all den beschriebenen Frauentexten und ihren Entstehungssituationen nur ein Ausschnitt aus der Wirklichkeit sichtbar ist und dieser sich noch dazu je nach Rahmen anders präsentiert.
Den Hinweis auf das Bild verdanke ich dem Band *Dollen, Ingrid von der*, Malerinnen im 20. Jahrhundert, München 2000; 128.

Das Bild von den Spiegelopfern im Kapitel über die Frauen am Offenbarungszelt auf S. 97 ist dem Umschlagbild von *Husson, Constance*, L'Offrande du Miroir dans les Temples Égyptiens de L'Époque Gréco-Romaine, Lyon 1977, entnommen.

294

IRMTRAUD FISCHER

Gottesstreiterinnen

Biblische Erzählungen
über die Anfänge Israels
2., bearbeitete Auflage 2000
208 Seiten. Kart.
€ 17,90
ISBN 3-17-016647-6
Taschenbuch

Nach weit verbreiteter Leseweise der Bibel führt Israel seine Herkunft auf die Erzväter zurück. An die Patriarchen seien die Verheißungen ergangen, mit ihnen habe der Gott Israels die Geschichte mit seinem erwählten Volk begonnen. Diese Sicht entspricht weder den biblischen Überlieferungen noch dem jüdischen Selbstverständnis. Israel erzählt seine Anfänge als Gottesvolk pointiert als Geschichte von Frauen mit ihren Männern und Kindern.

Das neu aufgelegte und in Teilen mit einem geschlechterfairen Forschungsansatz überarbeitete Buch der Bonner Alttestamentlerin und Frauenforscherin Irmtraud Fischer zeigt die politische Dimension der von ihr sogenannten Erzeltern-Erzählungen und deren erzählerischer Fortschreibung durch das Rut-Buch auf.

Das Buch will zum Abbau antijüdischer Klischees beitragen, indem es vergessene oder verkürzt gelesene biblische Erzählungen neu deutet. Und es will so die konstitutive Bedeutung der Frauen für ein Christentum herausstellen, das sich neu vom ersten Teil seiner Bibel inspirieren läßt.

DIE AUTORIN:

Professorin Dr. **Irmtraud Fischer** lehrt Altes Testament und Theologische Frauenforschung an der Universität Bonn.

W. Kohlhammer GmbH · 70549 Stuttgart
Tel. 0711/7863 - 7280 · Fax 0711/7863 - 8430

EDITH FRANKE
GISELA MATTHIAE
REGINA SOMMER (HRSG.)
Frauen Leben Religion
Ein Handbuch empirischer
Forschungsmethoden
2001. 236 Seiten. 22 Abb.
und 7 Tabellen. Kart.
€ 26,–
ISBN 3-17-016969-6

Theologie wird gelehrt, Religion wird gelebt. Frauen in der gegenwärtigen Gesellschaft leben Religion im Kontext ihrer besonderen Lebenswelten zwischen Tradition und Neugestaltung, zwischen Verwerfung und Neuaneignung, zwischen klassischen Frauenbildern und deren Verwandlungen, zwischen konventioneller Glaubenspraxis mit ihren Symbolen und kreativen Weiterentwicklungen.

Das vorliegende Handbuch gibt Einblick in die Forschungswerkstätten von Theologinnen und Religionswissenschaftlerinnen und zeigt damit nicht nur die bestehende Methodenvielfalt in der Religionsforschung auf, sondern präsentiert auch neue Forschungsergebnisse zur gelebten Religion von Frauen – sowohl im christlichen Kontext als auch im Bereich muslimischer Religiosität, neuer religiöser Orientierungen und Formen säkularer Spiritualität.

DIE HERAUSGEBERINNEN:

Dr. **Edith Franke**, Religionswissenschaftlerin, ist Assistentin am Seminar für Religionswissenschaft an der Universität Hannover ● Dr. **Gisela Matthiae**, Pfarrerin, Clownin, ist Studienleiterin am Frauenstudien- und -bildungszentrum der EKD in Gelnhausen ● Dr. **Regina Sommer**, Pfarrerin in Wabern/Hessen, ist nebenberuflich tätig als Referentin und Lehrbeauftragte zu Themen der Praktischen und Feministischen Theologie.

W. Kohlhammer GmbH · 70549 Stuttgart
Tel. 0711/7863 - 7280 · Fax 0711/7863 - 8430

Kohlhammer